WISSEN FÜR DIE PRAXIS

WALHALLA

Helmuth Wolf

Leitfaden für Personalräte Rheinland-Pfalz

So geht Personalratsarbeit

2., aktualisierte Auflage

Bibliografische Information der Deutschen Nationalbibliothek
Die Deutsche Nationalbibliothek verzeichnet diese Publikation in der Deutschen Nationalbibliografie; detaillierte bibliografische Daten sind im Internet über www.dnb.de abrufbar.

1

Helmuth Wolf, Leitfaden für Personalräte Rheinland-Pfalz
Walhalla Fachverlag, Regensburg 2025

Hinweis: Unsere Werke sind stets bemüht, Sie nach bestem Wissen zu informieren. Alle Angaben in diesem Buch sind sorgfältig zusammengetragen und geprüft. Durch Neuerungen in der Gesetzgebung, Rechtsprechung sowie durch den Zeitablauf ergeben sich zwangsläufig Änderungen. Bitte haben Sie deshalb Verständnis dafür, dass wir für die Vollständigkeit und Richtigkeit des Inhalts keine Haftung übernehmen.
Bearbeitungsstand: Mai 2025

Produktion: Walhalla Fachverlag, 93042 Regensburg
Printed in Germany
ISBN 978-3-8029-1827-8

Schnellübersicht

Das Personalvertretungsrecht des Landes Rheinland-Pfalz

Die Personalvertretungsgesetze des Bundes und der Länder dienen dem kollektiven Schutz der Beschäftigten in der öffentlichen Verwaltung. Geprägt wird das Personalvertretungsrecht durch den gesetzlich normierten Gedanken der partnerschaftlichen Stellung von Personalvertretung und Dienststelle. Das Bundesverfassungsgericht bezeichnet das Personalvertretungsrecht in einer seiner Entscheidungen als ein „wichtiges Mittel zur Wahrung der Menschenwürde und der Persönlichkeitsentfaltung in der Dienststelle" (BVerfGE 28, 314).

Das Personalvertretungsgesetz des Landes Rheinland-Pfalz (LPersVG) trifft Regelungen für die Verwaltungen des Landes und hat sich in seinen Grundstrukturen über viele Jahre bewährt.

Es bleibt festzuhalten, dass in der Vergangenheit eine Vielzahl von Veränderungen im Aufgabenspektrum von Dienststelle und Personalvertretung eingetreten sind. Diese sind unter anderem bedingt durch Änderungen im Dienst- und Tarifrecht, durch die sich ständig wandelnde Verwaltungsstruktur mit der Einführung betriebswirtschaftlicher Steuerungselemente und der Dezentralisierung der Budgetverantwortung sowie durch die Digitalisierung. Die digitale Verwaltung und ihre Auswirkungen auf die Beschäftigten werden eine immer größere Rolle spielen. Dabei geht es um die Transformation unserer bisherigen „automatisierten Gesellschaft" in eine „digitale Gesellschaft".

Insbesondere die sich fortentwickelnden Anforderungen an die öffentliche Verwaltung sowie die demografische Entwicklung erfordern von Dienststelle und Personalvertretung ein hohes Maß an Handlungsbereitschaft und einen gemeinsamen Willen. Dienststelle und Personalvertretung müssen die neuen Aufgabenstellungen bewältigen und auf rechtliche, soziale, wirtschaftliche und ökologische Veränderungen reagieren. Sich ändernde Organisationsstrukturen und Verfahrensabläufe müssen gemeinsam gestaltet werden.

In der heutigen modernen Verwaltung sind die personalvertretungsrechtlichen Partner, das heißt die Dienststelle und die Personalvertretung, Akteure einer gemeinsamen Managementaufgabe (Lorse, PersV 4.2008, 124 ff.).

Grundlegende Entwicklungen lassen sich nur gemeinsam mit den Beschäftigten durch deren aktive Teilhabe an der Gestaltung der Arbeitsbedingungen und des Arbeitsumfelds und deren Interessenvertretung gestalten. Um eine Akzeptanz der Beschäftigten für Veränderungen zu erreichen, muss eine aktive Einbeziehung der Personalvertretungen gewährleistet werden. Geprägt wird das Personalvertretungsrecht durch den gesetzlich normierten Gedanken der partnerschaftlichen Stellung von Personalvertretung und Dienststelle. Dienststelle und Personalvertretung müssen sich gemeinsam den Herausforderungen an eine moderne Verwaltung stellen. Sie sind aufgerufen, die Zukunftsfähigkeit und den Bestand der Dienststelle sicherzustellen. Ein moderner Personalrat darf nicht nur reagieren, er muss agieren und mitgestalten, besonders da potenzielle zukünftige Beschäftigte nicht nur ein modernes Arbeitsumfeld, sondern auch flexible Arbeitszeitmodelle und -formen erwarten. Personalvertretungen spielen eine wichtige Rolle bei der Organisation und Durchführung der Aufgaben.

Die Gesamtheit der Vorschriften des Personalvertretungsrechts und das komplexe Umfeld bestimmen das personalvertretungsrechtliche Miteinander. Der kompetente Umgang mit dem Gesetz, den Kommentierungen und der Rechtsprechung fördert die Zusammenarbeit zwischen Dienststellenleitung und Personalrat. Sie bestimmt wesentlich die verwaltungsinternen Entscheidungsstrukturen.

Mit der Neuausrichtung des Landespersonalvertretungsgesetzes zum Jahreswechsel 2024/2025 hat die Landesregierung zukünftige sowie sich bereits abzeichnende Entwicklungen berücksichtigt und damit ein zukunftsweisendes Regelungswerk geschaffen.

Dieses Praxishandbuch berücksichtigt die aktuellen Tendenzen, enthält die aktuelle Fassung des Gesetzestextes sowie wichtige Gerichtsentscheidungen.

Helmuth Wolf

Abkürzungsverzeichnis

a.a.O.	am angegebenen Ort
Abs.	Absatz
Anm.	Anmerkung
ArbGG	Arbeitsgerichtsgesetz
Art.	Artikel
BAG	Bundesarbeitsgericht
BAGE	Entscheidungssammlung des Bundesarbeitsgerichts
BB	Betriebs Berater
BEM	Betriebliches Eingliederungsmanagement
BGB	Bürgerliches Gesetzbuch
BGBl.	Bundesgesetzblatt
Bln	Berlin
BPersVG	Bundespersonalvertretungsgesetz
BVerfG	Bundesverfassungsgericht
BVerfGE	Entscheidungssammlung des Bundesverfassungsgerichts
BVerwG	Bundesverwaltungsgericht
BVerwGE	Entscheidungssammlung des Bundesverwaltungsgerichts
DB	Der Betrieb
f.	folgende
ff.	fortfolgende
GG	Grundgesetz für die Bundesrepublik Deutschland
GVBl.	Gesetz- und Verordnungsblatt
i. V. m.	in Verbindung mit
KSchG	Kündigungsschutzgesetz
LAG	Landesarbeitsgericht

LBG	Landesbeamtengesetz
Leits.	Leitsatz
LHO	Landeshaushaltsordnung
LPersVG	Landespersonalvertretungsgesetz
LRiG	Landesrichtergesetz
n.v.	nicht veröffentlicht
OVG	Oberverwaltungsgericht
PersR	Der Personalrat
PersV	Die Personalvertretung
PVB	Personalvertretungsrecht Bund
RiA	Recht im Amt
RVG	Rechtsanwaltsvergütungsgesetz
SGB	Sozialgesetzbuch
SGB VII	Sozialgesetzbuch – Siebtes Buch (Gesetzliche Unfallversicherung)
SGB IX	Sozialgesetzbuch – Neuntes Buch (Rehabilitation und Teilhabe von Menschen mit Behinderungen)
StGB	Strafgesetzbuch
VG	Verwaltungsgericht
VGH	Verwaltungsgerichtshof, Verfassungsgerichtshof
vgl.	vergleiche
VwGO	Verwaltungsgerichtsordnung
VwVfG	Verwaltungsverfahrensgesetz
WoLPersVG	Wahlordnung zum Landespersonalvertretungsgesetz
ZBR	Zeitschrift für Beamtenrecht
ZfPR	Zeitschrift für Personalvertretungsrecht
ZPO	Zivilprozessordnung

Einführung in das Personalvertretungsrecht: Grundlagen und Grundsätze

1

Bildung von Personalvertretungen (§§ 1, 12 LPersVG)

1

Der Geltungsbereich des Landespersonalvertretungsgesetzes Rheinland-Pfalz (LPersVG) ist in § 1 LPersVG geregelt. Danach sind Personalvertretungen zu bilden in den:

- Verwaltungen des Landes einschließlich der Schulen
- öffentlich-rechtlichen Betrieben des Landes
- kommunalen Gebietskörperschaften
- sonstigen nicht bundesunmittelbaren Körperschaften, Anstalten und Stiftungen des öffentlichen Rechts
- Gerichten des Landes

Mit diesem allgemeinen Grundsatz macht der Landesgesetzgeber deutlich, dass in vorstehend genannten Bereichen Personalvertretungen gewählt werden sollen. Allerdings regelt § 1 LPersVG nicht den personellen Geltungsbereich des Gesetzes. Dieser wird in § 4 und in § 98 Satz 1 LPersVG definiert.

Der Gesetzgeber stellt dies konkretisierend mit der Regelung in § 12 Abs. 1 LPersVG sicher. Die Bildung von Personalräten in Dienststellen mit in der Regel mindestens fünf wahlberechtigten Beschäftigten, von denen drei wählbar sein müssen, ist darin zwingend vorgeschrieben. Es bleibt den Beschäftigten trotzdem selbst überlassen, ob sie eine Personalvertretung wählen wollen. Das Gesetz fordert zwar mit Hilfe der Vorschriften der §§ 15 ff. LPersVG zur Wahl von Personalvertretungen auf, übt aber keinen Zwang aus. Eine allgemeine Interesselosigkeit oder ein bewusster Verzicht der Beschäftigten könnte dazu führen, dass keine Personalvertretung gebildet wird. Dies hätte zur Folge, dass die im Personalvertretungsgesetz normierten Rechte und Befugnisse der Personalvertretung nicht ausgeübt werden können. Für die in der Dienststelle tätigen Beschäftigten hätte dies erhebliche Nachteile. Die Beschäftigten müssten ihre Interessen selber durchsetzen und wahren.

Der Gesetzgeber hat im Übrigen nicht nur in Bezug auf die Wahl von Personalvertretungen, sondern in der Gesamtheit darauf verzichtet, „Zwangsmittel" vorzusehen. Anders als im Betriebsverfassungsrecht und beispielhaft im Landespersonalvertretungsgesetz Nordrhein-Westfalen verzichtet der Gesetzgeber in Rheinland-Pfalz darauf, Zwangsmittel in Form von Ordnungs- oder Bußgeldern vorzusehen. Er lässt sich dabei von der Überlegung leiten, dass dies aufgrund der bestehenden Rechtskultur und der Bindung der öffentlichen Verwaltung, also sowohl von Dienststellenleitung als auch von Personalvertretung, an Recht und Gesetz, nicht erforderlich sei. Eine Durchsetzung des Willens sowohl der Dienststelle als auch des Personalrats soll über die Einigungsstelle erfolgen. Daneben hat das Personalvertretungsrecht den handelnden Organen und Personen den Rechtsweg eröffnet. Zu Entscheidungen über Streitigkeiten nach dem Personalvertretungsrecht sind die Verwaltungsgerichte aufgerufen. Das Personalvertretungsrecht ist dem öffentlichen Recht zugeordnet und wird dem Dienstrecht zugerechnet.

Besondere Vorschriften für einzelne Zweige des öffentlichen Dienstes (§§ 87 ff. LPersVG)

Der Gesetzgeber hat Sondervorschriften für folgende besondere Verwaltungszweige getroffen:

- Grundsatz, § 87 LPersVG
- Kommunale Gebietskörperschaften sowie sonstige Körperschaften, Anstalten und Stiftungen des öffentlichen Rechts mit einstufigem Verwaltungsaufbau, die der Aufsicht des Landes unterstehen, §§ 88 ff. LPersVG
- Einrichtungen mit wirtschaftlicher Zweckbestimmung, § 90 LPersVG
- Zweckverbände und andere öffentlich-rechtliche Verbände, § 91 LPersVG
- Körperschaften des öffentlichen Rechts ohne Gebietshoheit, rechtsfähige Anstalten und Stiftungen des öffentlichen Rechts, § 92 LPersVG
- Personalräte bei den Polizeibehörden und -einrichtungen, §§ 93 f. LPersVG
- Schulen und Studienseminare, §§ 95 ff. LPersVG

- Hochschulen und Forschungsstätten, § 98 LPersVG
- Besondere kulturelle und kulturfördernde Einrichtungen, § 101 LPersVG
- Staatsforstverwaltung, §§ 103 ff. LPersVG
- Sozialversicherungsträger, §§ 107 ff. LPersVG
- Justizverwaltung, §§ 110 f. LPersVG
- Zweites Deutsches Fernsehen, §§ 112 ff. LPersVG

In diesen Sondervorschriften trifft der Landesgesetzgeber an einigen Punkten abweichende oder ergänzende Regelungen und trägt so den Besonderheiten dieser Verwaltungszweige oder Einrichtungen Rechnung. Diese vorstehend aufgeführten, für den jeweiligen Verwaltungszweig geltenden Bestimmungen sind von den Personalverantwortlichen und Personalvertretungen neben den grundlegenden Regelungen des Landespersonalvertretungsgesetzes zu beachten.

Begriffsbestimmung „Personalvertretungen"

Unter dem Oberbegriff „Personalvertretungen" fasst der Gesetzgeber die im Folgenden aufgeführten Personalräte zusammen.

„Örtlicher" Personalrat (§ 12 Abs. 1 LPersVG)

Der „örtliche" Personalrat ist die Personalvertretung in den einzelnen Dienststellen, die von den Beschäftigten der jeweiligen Dienststelle gewählt wird. Er wird in allen Dienststellen gebildet, in denen in der Regel mindestens fünf Wahlberechtigte vorhanden sind, von denen drei wählbar sein müssen. Ob ein Personalrat gebildet wird, hängt jedoch vom Willen der Beschäftigten ab, d.h. vom Willen, einen Personalrat zu wählen und von der Bereitschaft, sich wählen zu lassen.

Insofern kennt das Gesetz zwar das Recht einen Personalrat haben zu können, nicht aber die Pflicht einen haben zu müssen. Die Wahl eines Personalrates kann nicht gegen den Willen der

Beschäftigten erzwungen werden (Kneis, PersV 1978, 19 f.). Fehlt ein „örtlicher" Personalrat, hat dies allerdings keinen Einfluss auf die Wahl von Stufenvertretungen.

Bezirkspersonalrat (§ 52 Abs. 1 LPersVG)

Im Geschäftsbereich mehrstufiger Verwaltungen des Landes werden bei den Behörden der Mittelstufe Bezirkspersonalräte gebildet (§ 52 Abs. 1 LPersVG). Behörden der Mittelstufe sind Verwaltungsstellen, die einerseits einer obersten Dienstbehörde unmittelbar unterstellt sind, denen andererseits aber Dienststellen nachgeordnet sind. Die Mitglieder des Bezirkspersonalrats werden von den Beschäftigten des Geschäftsbereichs der Mittelbehörde sowie den Beschäftigten der Mittelbehörde selbst gewählt (§ 54 Abs. 1 LPersVG). In der Dienststelle „Mittelbehörde" ist darüber hinaus von den dortigen Beschäftigten ein „örtlicher" Personalrat zu wählen. Die jeweilige Größe des Bezirkspersonalrats richtet sich nach den Bestimmungen des § 54 Abs. 2 LPersVG. Jede Gruppe erhält mindestens eine Vertreterin oder einen Vertreter.

Hauptpersonalrat (§ 52 Abs. 1 LPersVG)

Im Geschäftsbereich mehrstufiger Verwaltungen des Landes werden bei den obersten Dienstbehörden Hauptpersonalräte gebildet (§ 52 Abs. 1 LPersVG). Oberste Dienstbehörde ist diejenige Behörde, der im Instanzenzug keine andere Dienststelle mehr übergeordnet ist. Die Mitglieder des Hauptpersonalrats werden von den Beschäftigten des Geschäftsbereichs der obersten Dienstbehörde und den Beschäftigten der obersten Dienstbehörde selbst gewählt (§ 54 Abs. 1 LPersVG). Für den Bereich der Dienststelle „Oberste Dienstbehörde" ist daneben von den bei ihr selbst Beschäftigten ein örtlicher Personalrat zu wählen. Die jeweilige Größe des Hauptpersonalrats richtet sich nach den Bestimmungen des § 54 Abs. 2 LPersVG. Auch hier gilt, dass jede Gruppe mindestens einen Vertreter erhält.

Nicht wählbar in den Bezirks- oder Hauptpersonalrat sind Beschäftigte, die zu selbständigen Entscheidungen in mitbestimmungspflichtigen Personalangelegenheiten der Dienststelle, bei der die Stufenvertretung zu errichten ist, befugt sind. Eine Personalversammlung zur Bestellung des Bezirks- oder Hauptwahlvorstands findet nicht statt. An deren Stelle übt die Leitung der Dienststelle, bei der die Stufenvertretung zu errichten ist, die Befugnis zur Bestellung des Wahlvorstands nach § 16 Abs. 3 LPersVG aus.

Nach § 55 Abs. 1 i. V. m. § 39 Abs. 1 Satz 1 LPersVG führen die Mitglieder der Stufenvertretung ihr Amt unentgeltlich als Ehrenamt. Die einzelnen Schutzbestimmungen werden im Kapitel über die „Rechte zum Schutz der persönlichen Stellung der einzelnen Mitglieder" ausführlich behandelt.

Zwingend zu berücksichtigen ist im Bereich der Stufenvertretungen auch § 52 Abs. 2 LPersVG; er enthält Regelungen für spezielle Verwaltungsbereiche.

Gesamtpersonalrat (§ 56 LPersVG)

Ein Gesamtpersonalrat ist gemäß § 56 Abs. 1 LPersVG in den Fällen des § 5 Abs. 3 LPersVG zu bilden, wenn sich die Beschäftigten einer Nebendienststelle oder einer räumlich weit von der Dienststelle entfernt liegenden Teildienststelle für die Bildung eigener Personalvertretungen entscheiden. Der Beschluss ist erstmals für die folgende Wahl und so lange wirksam, bis er durch Beschluss der Mehrheit der wahlberechtigten Beschäftigten in geheimer Abstimmung mit Wirkung für die folgende Wahl aufgehoben wird. Der Gesamtpersonalrat ist, soweit der Gesetzgeber keine abweichende Regelung getroffen hat, keine Stufenvertretung.

Nicht alle Regelungen des Landespersonalvertretungsgesetzes finden für die Stufenvertretungen und den Gesamtpersonalrat Anwendung. In den jeweiligen speziellen gesetzlichen Regelungen (§§ 55 und 57 LPersVG) findet sich immer ein Verweis über die entsprechende Anwendung der einzelnen Paragraphen des Gesetzes. Für Amtszeit und Mitgliedschaft der Stufenvertretung und des Gesamtpersonalrats gelten die gleichen gesetzlichen Bestimmungen wie für die örtlichen Personalvertretungen. Die Bestimmungen des Landespersonalvertretungsgesetzes über die

Geschäftsordnung und die Rechtsstellung der Personalratsmitglieder gelten mit einigen Abweichungen entsprechend. Die Regelungen über die Personalversammlung finden keine Anwendung. Die Zuständigkeit der Stufenvertretungen und des Gesamtpersonalrats bestimmt sich nach § 53 LPersVG.

Sondervertretungen

Jugend- und Auszubildendenvertretung (§§ 58 ff. LPersVG)

Eine Jugend- und Auszubildendenvertretung (JAV) ist immer dann zu bilden, wenn einer Dienststelle in der Regel mindestens fünf Beschäftigte, die für die Vertretung wahlberechtigt sind, angehören. Es muss sich also um Beschäftigte handeln, die das 18. Lebensjahr noch nicht vollendet haben (jugendliche Beschäftigte) oder sich in einer beruflichen Ausbildung befinden (Auszubildende), § 58 LPersVG. Weitere Voraussetzung ist, dass in der Dienststelle eine Personalvertretung gebildet sein muss. Die Jugend- und Auszubildendenvertretung hat keine eigenständigen Beteiligungsrechte. Sie kann nur gemeinsam mit der Personalvertretung tätig werden. Die Wahrnehmung der allgemeinen Aufgaben nach § 62 LPersVG ist der Jugend- und Auszubildendenvertretung eigenständig zu übertragen. Dabei handelt es sich um die folgenden im LPersVG aufgeführten Aufgaben:

- Beantragung von Maßnahmen beim Personalrat, die den in § 58 LPersVG genannten Beschäftigten dienen, insbesondere in Fragen der Berufsausbildung und der Übernahme der Auszubildenden in ein Beschäftigungsverhältnis,
- Überwachung, dass zugunsten der in § 58 LPersVG genannten Beschäftigten geltende Gesetze, Verordnungen, Unfallverhütungsvorschriften, Tarifverträge, Dienstvereinbarungen, Verwaltungsanordnungen und sonstige Arbeitsschutzvorschriften durchgeführt werden,
- Entgegennahme von Anregungen und Beschwerden von in § 58 LPersVG genannten Beschäftigten, insbesondere in Fragen der Berufsausbildung, und, falls sie berechtigt erscheinen, beim Personalrat auf eine Erledigung hinzuwirken; die

JAV hat die betroffenen jugendlichen Beschäftigten über den Stand und das Ergebnis der Verhandlungen zu unterrichten,

- Beantragung von Maßnahmen beim Personalrat, die dem Abbau von Benachteiligungen von weiblichen Jugendlichen und Auszubildenden dienen.

Sie hat neben der Personalvertretung darauf zu achten, dass alle Bestimmungen, von denen die Beschäftigten ihres Vertretungsbereiches betroffen sind, eingehalten werden. Die §§ 58 ff. LPersVG enthalten die für die Jugend- und Auszubildendenvertretungen maßgeblichen gesetzlichen Bestimmungen.

Ausschuss für geheime Verschlusssachen (§ 123 LPersVG)

Verschlusssachen werden grundsätzlich in verschiedene Geheimhaltungsgrade eingestuft. Man unterscheidet zwischen diesen Geheimhaltungsgraden: Streng geheim, Geheim, VS-Vertraulich oder VS-Nur für den Dienstgebrauch.

Unterliegt eine beteiligungspflichtige Maßnahme mindestens dem Geheimhaltungsgrad „VS-vertraulich", so tritt an die Stelle des Personalrats ein Ausschuss (§ 123 LPersVG). Dem Ausschuss gehören höchstens drei Mitglieder an, die der Personalrat aus seiner Mitte wählt. Ferner müssen die Mitglieder des Ausschusses ermächtigt sein, Kenntnis von Verschlusssachen des in Betracht kommenden Geheimhaltungsgrades zu erhalten. Der Gesetzgeber wollte Verschlusssachen ab einem bestimmten Geheimhaltungsgrad nur einem kleinen Personenkreis zugänglich machen, der ermächtigt ist, damit umzugehen. Personalvertretungen bei Dienststellen, die den Behörden der Mittelstufe nachgeordnet sind, bilden keinen Ausschuss, an ihre Stelle tritt der Ausschuss des Bezirkspersonalrats. Wird der zuständige Ausschuss nicht gebildet, ist der Ausschuss der bei der Dienststelle bestehenden Stufenvertretung oder, wenn dieser nicht gebildet wird, der Ausschuss der bei der obersten Dienstbehörde bestehenden Stufenvertretung zu beteiligen. Die gesonderte Ausgestaltung des Beteiligungsverfahrens im Hinblick auf das Verfahren der Nichteinigung ergibt sich ebenfalls aus den Bestimmungen des § 123 LPersVG.

Digitalisierungsausschuss (§ 69a LPersVG)

Mit dem Digitalisierungsausschuss wird dem Personalrat ein beratendes Gremium zur Seite gestellt, das es ihm ermöglicht, sich das notwendige Wissen anzueignen, eigene Ideen zu entwickeln und diese in das Digitalisierungskonzept der Dienststelle mit einzubringen. Gerade die Beteiligungsverfahren in digitalen Angelegenheiten werden immer komplexer und erfordern umfassende Kenntnisse seitens der Personalvertretungen in diesem Bereich. Der Personalrat kann in Dienststellen mit mehr als 100 Beschäftigten jeweils die Bildung eines Digitalisierungsausschusses zur Vorbereitung seiner Entscheidungen in den nachfolgend aufgeführten Angelegenheiten beantragen:

- § 80 Abs. 2 Nr. 1 LPersVG
  Einführung neuer Arbeitsmethoden sowie wesentliche Änderung oder wesentliche Ausweitung bestehender Arbeitsmethoden, insbesondere in Rationalisierungs-, Digitalisierungs- und Technologieangelegenheiten
- § 80 Abs. 2 Nr. 2 LPersVG
  Einführung, Änderung oder Erweiterung technischer Einrichtungen und Verfahren, die geeignet sind, Daten von Beschäftigten zu verarbeiten oder zu nutzen
- § 80 Abs. 2 Nr. 3 LPersVG
  Einführung, Anwendung, Änderung oder Erweiterung von Verfahren, die geeignet sind, das Verhalten oder die Leistung der Beschäftigten zu überwachen
- § 80 Abs. 2 Nr. 4 LPersVG
  Maßnahmen zur Hebung der Arbeitsleistung und Erleichterung des Arbeitsablaufs
- § 80 Abs. 2 Nr. 5 LPersVG
  Einführung, wesentliche Änderung oder wesentliche Ausweitung betrieblicher Informations- und Kommunikationsnetze
- § 80 Abs. 2 Nr. 14 LPersVG
  Auflösung, Einschränkung, Verlegung oder Zusammenlegung von Dienststellen oder wesentlichen Teilen von ihnen
- § 80 Abs. 2 Nr. 15 LPersVG
  Auslagerung von Arbeit aus der Dienststelle

1

- § 80 Abs. 2 Nr. 16 LPersVG
  Festlegung von Verfahren und Methoden von Wirtschaftlichkeits- und Organisationsprüfungen, mit Ausnahme von Prüfungen durch den Rechnungshof
- § 80 Abs. 2 Nr. 18 LPersVG
  Abschluss von Arbeitnehmerüberlassungs- und Gestellungsverträgen

Der Gesetzgeber macht durch die Formulierung „jeweils" deutlich, dass es sich nicht um einen ständigen Ausschuss handelt, der zu den vorstehend genannten Angelegenheiten regelmäßig in gleicher Besetzung zusammentritt. Der Gesetzgeber stellt dadurch sicher, dass der jeweilige Digitalisierungsausschuss je nach Mitbestimmungstatbestand mit den entsprechenden Fachleuten besetzt wird. Der Ausschuss hat die Aufgabe, die von der Dienststelle erwogene Maßnahme unter Berücksichtigung der aktuellen Erkenntnisse über Digitalisierung von Verwaltungsleistungen und Daten eingehend zu beraten. Der Ausschuss hat dann seine Stellungnahme der Dienststelle und dem Personalrat zuzuleiten. Wenn die Dienststelle ihre ersten Vorüberlegungen abgeschlossen hat und sie mit dem konkreten Planungsstadium beginnt, gilt die Maßnahme als erwogen. Dadurch erhält der Personalrat die Möglichkeit, an der Konzeption der Dienststelle mitzuwirken und auch eigene Ideen und Vorschläge einzubringen. Hat der Digitalisierungsausschuss seine Stellungnahme abgegeben, hat die Dienststelle diese in ihre Entscheidungsfindung einzubeziehen. Erst danach erfolgt die Einleitung des formellen Mitbestimmungsverfahrens. Nach der Gesetzesbegründung soll die Arbeit des Digitalisierungsausschusses dazu führen, „dass die Dienststelle bereits frühzeitig Vorstellungen und Bedenken des Personalrats berücksichtigen kann."

Die Dienststelle hat den Digitalisierungsausschuss unter Vorlage der erforderlichen Unterlagen rechtzeitig und umfassend zu unterrichten. Er muss die Zeit erhalten, sich mit der erwogenen Maßnahme zu befassen und sich informieren zu können. Dann muss er darüber beraten und sich seine Meinung bilden können. Der Ausschuss ist dann umfassend unterrichtet, wenn er alle Informationen von der Dienststelle vollständig erhält.

Die Stellungnahme des Ausschusses soll das Meinungsbild der Ausschussmitglieder wiedergeben. Daraus folgt, dass auch Mindermeinungen in die Stellungnahme aufzunehmen sind.

Der Digitalisierungsausschuss besteht aus mindestens drei, höchstens aber sechs Mitgliedern. Die Mitglieder müssen Beschäftigte der Dienststelle sein. Die Dienststellenleitung entsendet zwei oder drei Mitglieder in den Ausschuss. Um eine paritätische Besetzung des Ausschusses sicherzustellen, kann der Personalrat die gleiche Anzahl an Mitgliedern entsenden. Es ist sicherzustellen, dass die Mitglieder des Ausschusses, je nach Art der Mitbestimmungsangelegenheit, über die dafür erforderlichen digitalen Kenntnisse verfügen.

Sollte es die Personalvertretung im Rahmen der Beratung im Digitalisierungsausschuss für erforderlich halten, kann sie gemäß § 28 Abs. 2 und § 69 Abs. 5 LPersVG auch Gutachten oder Stellungnahmen von Sachverständigen oder Auskunftspersonen einholen.

Arbeitsgemeinschaft der Personalräte auf der Ebene der Kreisverwaltungen (§ 88a LPersVG)

Die bisher informell bestehende Arbeitsgemeinschaft der Personalräte der Kreisverwaltungen hat mit der Neuregelung des § 88a LPersVG eine gesetzliche Grundlage erhalten. Die Personalräte der Kreisverwaltungen können danach bei Bedarf eine Arbeitsgemeinschaft der Personalräte der Kreisverwaltungen bilden, in die jeder Personalrat ein Mitglied entsendet. Aufgabe der Arbeitsgemeinschaft ist es, alle Angelegenheiten, die die Kreisverwaltungen gleichermaßen betreffen und die einheitlich geregelt werden sollen, zu erörtern. Allerdings hat die Arbeitsgemeinschaft keine eigenständigen Beteiligungsrechte. Die Befugnisse und Pflichten der bei den Kreisverwaltungen gebildeten Personalräte werden dadurch nicht berührt. Diese bleiben erhalten. Die Bestimmungen des § 39 Abs. 2 bis 4 LPersVG über Arbeitszeitversäumnis und Freizeitausgleich gelten entsprechend.

Arbeitsgemeinschaften der Hauptpersonalräte, der Bezirkspersonalräte sowie der Personalräte der Staatskanzlei und der Ministerien (§ 46 LPersVG)

Bei Bedarf können die Stufenvertretungen auf der Ebene der Hauptpersonalräte und auf der Ebene der Bezirkspersonalräte eine Arbeitsgemeinschaft bilden. Ist bei einer obersten Landesbehörde ein Hauptpersonalrat nicht gebildet, übernehmen die dort gebildeten Personalräte insoweit diese Funktion. In die Arbeitsgemeinschaft der Hauptpersonalräte beziehungsweise der Bezirkspersonalräte entsendet jede Stufenvertretung ein Mitglied. Aufgabe der Arbeitsgemeinschaften der Stufenvertretungen, also der Haupt- bzw. Bezirkspersonalräte ist es, Angelegenheiten abzustimmen, die auf der jeweiligen Ebene von allgemeiner Bedeutung sind und über den Geschäftsbereich einer Stufenvertretung dieser Ebene hinausgehen.

Allerdings hat die Arbeitsgemeinschaft der Haupt- bzw. Bezirkspersonalräte keine eigenständigen Beteiligungsrechte. Die Befugnisse und Pflichten der nach dem Landespersonalvertretungsgesetz dort gebildeten Personalräte werden dadurch nicht berührt.

Die jeweils bei der Staatskanzlei und den Ministerien gebildeten (örtlichen) Personalräte können Angelegenheiten, die die Staatskanzlei und die Ministerien gleichermaßen betreffen und einheitlich geregelt werden sollten, in gemeinsamen Sitzungen erörtern. Das Ergebnis der gemeinsamen Besprechungen ist den Mitgliedern der Landesregierung mitzuteilen. Die den Personalräten bei der Staatskanzlei und den Ministerien gesetzlich zustehenden Rechte und Pflichten werden dadurch nicht berührt.

Die Bestimmungen des § 39 Abs. 2 bis 4 LPersVG über Arbeitszeitversäumnis und Freizeitausgleich gelten entsprechen.

Schwerbehindertenvertretung (§ 35 LPersVG; § 177 und § 178 SGB IX)

In Dienststellen mit mindestens fünf nicht nur vorübergehend beschäftigten schwerbehinderten Menschen sind eine Vertrauensperson der schwerbehinderten Menschen und ein Stellvertreter zu wählen (§ 177 SGB IX). Die Vertrauensperson muss nicht selber zu den schwerbehinderten Menschen gehören, aber die Voraussetzungen für das passive Wahlrecht besitzen und von dem genannten Beschäftigtenkreis gewählt werden. Die Aufgaben und die Beteiligung der Vertrauensperson regelt § 178 SGB IX. Die Vertrauensperson hat das Recht, an jeder Sitzung des Personalrats und dessen Ausschüssen beratend teilzunehmen, hat aber aufgrund des eigenständigen Beteiligungsverfahrens nach dem SGB IX kein Stimmrecht. Sie kann beantragen, Angelegenheiten, die einzelne schwerbehinderte Menschen oder die schwerbehinderten Menschen als Gruppe besonders betreffen, auf die Tagesordnung der nächsten Sitzung zu setzen.

Rechtsstellung der Personalvertretung

Das Personalvertretungsrecht regelt die Aufgaben und Befugnisse der Personalvertretung sowie den kollektivrechtlichen Schutz von Personen, die in den öffentlichen Dienst eingegliedert sind.

Repräsentationsorgan

Die Personalvertretungen sind das durch Wahlen gebildete Repräsentationsorgan der Beschäftigten. Geprägt wird das personalvertretungsrechtliche Amt durch die Funktion, die Gesamtheit der Beschäftigten gegenüber der Dienststelle zu repräsentieren und im Rahmen des Personalvertretungsgesetzes zu vertreten. Die Personalvertretungen sind demnach verpflichtet, die Interessen der Beschäftigten insgesamt oder auch Einzelner gegenüber der Dienststelle und deren Organen wahrzunehmen. Sie sind aber nicht bloßes Vollstreckungsorgan der Beschäftigten und unterliegen auch nicht deren Weisungen. Die Beteiligung als Mittel des kollektiven Schutzes gegenüber der Dienststelle dient dazu, die berechtigten Belange der Beschäftigten mit den dienstlichen Erfordernissen in Einklang zu bringen (BVerwG v. 12.9.1983, PersV 1985, 163; BVerwG v. 1.6.1987, ZBR 1987, 346). Sie findet aber dort ihre Grenze, wo die Erfüllung der Aufgaben der Dienststelle – insbesondere die Dienstausübung im eigentlichen Sinne – im Vordergrund steht (BVerwG v. 6.2.1991, PersR 1991, 138; Lautenbach u. a., Personalvertretungsrecht Rheinland-Pfalz, § 1 Rn. 48).

Partnerschaftsprinzip

In der Wahrnehmung ihrer Aufgaben ist die Personalvertretung ferner frei von Weisungen seitens der Dienststelle, vorgesetzten Dienststellen, Stufenvertretungen und Gewerkschaften. Die Personalvertretungen üben ihr Amt im Rahmen der vom Gesetz bestimmten Aufgaben frei und unabhängig aus. Aus dem im Gesetz normierten Partnerschaftsprinzip ergibt sich, dass die Zuständigkeit der Personalvertretung der Zuständigkeit der Dienststelle folgt. Die Rechtshandlungen der Personalvertretung werden den Beschäftigten zugerechnet, woraus folgt, dass neu gewählte Gremien an die Beschlüsse und Erklärungen ihrer Amtsvorgänger gebunden sind. In der Praxis ist dies überwiegend in zwei Bereichen von Bedeutung: Neu gewählte Personalvertretungen sind an abgeschlossene Dienstvereinbarungen gebunden und verpflichtet, ein eingeleitetes Einigungsverfahren zu Ende zu führen.

Einrichtungen des öffentlichen Rechts

Die Personalvertretungen gehören zum organisatorischen Aufbau der Verwaltung und sind aus dieser Stellung heraus Institutionen des öffentlichen Rechts, die aufgrund öffentlichen Dienstrechts gebildet werden. Ein Hinweis auf den öffentlich-rechtlichen Charakter findet sich bereits in § 2 Abs. 1 LPersVG, wonach die Personalvertretung zur Erfüllung der dienstlichen Aufgaben mit der Dienststelle zusammenarbeitet. Der Personalrat wird nach dem Gesetz an Entscheidungen beteiligt, die einen öffentlich-rechtlichen Charakter tragen (HessVGH v. 18.4.1983, DÖV 1984, 118; Thiele, DÖD 1989, 201, 205; Becker, RiA 1988, 1).

Die Personalvertretungen sind Einrichtungen des öffentlichen Rechts, aber keine Behörden im Sinne der Verwaltungsverfahrensgesetze (BVerwG v. 1.12.1982, BVerwGE 66, 291, RiA 1984, 120; Lautenbach u. a., Personalvertretungsrecht Rheinland-Pfalz,

§ 1 Rn. 45). Die Personalvertretungen sind ein internes Organ der jeweiligen Dienststelle, das lediglich innerhalb dieser verselbstständigt und dienststellenintern im Rahmen des Personalvertretungsrechts mit eigenen Aufgaben und Befugnissen ausgestattet ist (BVerwG v. 24.11.1986, ZBR 1987, 220 = PersV 1987, 422).

Nach einer Entscheidung des Bundesverwaltungsgerichts (BVerwG v. 6.3.1959, BVerwGE 8, 202) können die Personalvertretungen nicht Vermögensträger sein und besitzen auch keine eigene Rechtspersönlichkeit. Sie können weder rechtsgeschäftliche Erklärungen abgeben noch Verträge abschließen. Die Personalvertretungen sind berechtigt, einen Anwalt mit der Wahrnehmung ihrer Interessen im personalvertretungsrechtlichen Beschlussverfahren vor den Verwaltungsgerichten zu beauftragen. Insoweit besitzen sie allerdings eine Teilrechtsfähigkeit. Die Personalvertretungen sind keine juristischen Personen, können aber in beschränktem Umfang nach außen handelnd auftreten und besitzen insoweit Parteifähigkeit im Verfahren vor den Verwaltungsgerichten.

Teilrechtsfähigkeit des Personalrats für den Auftrag an einen Rechtsanwalt zur Durchführung des Beschlussverfahrens (BVerwG v. 9.3.1992 – 6 P 11/90)

Dem Personalrat steht eine Teilrechtsfähigkeit zu, die ihn in Beschlussverfahren, in denen es um die Durchsetzung, Klärung oder Wahrung seiner personalvertretungsrechtlichen Befugnisse geht, zum Abschluss eines Vertrages mit dem hinzugezogenen Rechtsanwalt befähigt. Geht es um die Durchsetzung, Klärung oder Wahrung der ihm nach dem Personalvertretungsgesetz zustehenden Rechte und ist dem Personalrat die Beteiligtenfähigkeit zuerkannt, so spricht schon dies grundsätzlich dafür, hinsichtlich der dabei zugrunde gelegten materiell-rechtlichen Position eine Teilrechtsfähigkeit anzunehmen. Da eine mit personalvertretungsrechtlichen Befugnissen ausgestattete Stelle als Beteiligte auch rechtsmittelbefugt ist und die Rechtsbeschwerde im Beschlussverfahren nur unter Inanspruchnahme eines Rechtsanwalts erhoben und begründet werden kann (§ 94 Abs. 1 ArbGG), muss mithin davon ausgegangen werden, dass der Gesetzgeber ihr zumindest insoweit auch die Fähigkeit verliehen hat, einem Rechtsanwalt Prozessvollmacht zu erteilen. Besteht insoweit eine entsprechende Teilrechtsfähigkeit, so muss eine rechtskundige Vertretung auch schon zu einem früheren Zeitpunkt möglich sein.

Verhältnis Dienststelle – Personalrat (§ 5 Abs. 5 Satz 1 LPersVG)

Das Personalvertretungsgesetz bestimmt in § 5 Abs. 5 Satz 1 LPersVG, dass der Leiter der Dienststelle die Aufgaben nach diesem Gesetz wahrnimmt. Er ist damit der Ansprechpartner des Personalrats. Auf Seiten der Personalvertretung ist der Vorsitzende beziehungsweise das vom Personalrat benannte Mitglied der Empfänger der Erklärungen der Dienststelle.

Der Dienststellenleiter kann sich durch seinen ständigen Vertreter vertreten lassen. Für den Fall der Verhinderung gelten bei den obersten Dienstbehörden, bei den Struktur- und Genehmigungsdirektionen und bei der Aufsichts- und Dienstleistungsdirektion weitergehende Vertretungsregelungen.

Weitergehende Vertretungsregelungen können durch Dienstvereinbarungen getroffen werden.

Wird die Dienststelle von einem Kollegialorgan geleitet, bestimmt dieses nach seiner Geschäftsordnung, welches seiner Mitglieder gegenüber dem Personalrat für die Dienststelle handelt und durch dieses ständig vertreten wird.

Es ist aber in jedem Fall sicherzustellen, dass dem Personalrat auf Seiten der Dienststelle der kompetenteste, das heißt zur Entscheidung befugte Gesprächs- und Verhandlungspartner gegenübersteht. Im Falle einer Vertretung muss es sich also um einen mit entsprechender „Entscheidungsbefugnis" ausgestatteten Beschäftigten handeln. Nach den Bestimmungen des Landespersonalvertretungsgesetzes widerspricht es der Systematik des Gesetzes, wenn sich der Leiter der Dienststelle dem Personalrat regelmäßig „entzieht".

Zeitpunkt der Personalratswahl (§ 21 LPersVG)

Das Landespersonalvertretungsgesetz sieht vor, dass in allen in § 1 LPersVG genannten Einrichtungen des Landes Rheinland-Pfalz die regelmäßigen Personalratswahlen innerhalb des Zeitraumes vom 1. März bis 31. Mai stattfinden sollen (§ 21 Abs. 1 LPersVG). In § 21 Abs. 2 LPersVG trifft der Gesetzgeber Regelungen für die Fälle, in denen außerhalb des regelmäßigen Wahlzeitraumes zu wählen ist. Demnach ist der Personalrat zu wählen, wenn

- mit Ablauf von zwei Jahren, vom Tag nach der Feststellung des Wahlergebnisses gerechnet, die Zahl der regelmäßig Beschäftigten um die Hälfte, mindestens aber um 50 gestiegen oder gesunken ist, ausgenommen bei Stufenvertretungen, oder
- die Gesamtzahl der Mitglieder des Personalrats auch nach Eintreten sämtlicher Ersatzmitglieder in der Reihenfolge nach § 25 Abs. 2 und 3 um mehr als ein Viertel der vorgeschriebenen Zahl gesunken ist, oder
- der Personalrat mit der Mehrheit seiner Mitglieder seinen Rücktritt beschlossen hat, oder
- die Personalratswahl mit Erfolg angefochten ist, oder
- der Personalrat durch rechtskräftige gerichtliche Entscheidung aufgelöst ist, oder
- in der Dienststelle kein Personalrat besteht.

Werden mehrere Dienststellen zu einer neuen Dienststelle zusammengelegt, in der dann noch kein Personalrat besteht, führen die bisherigen Personalräte die Geschäfte, bis ein neuer Personalrat gewählt ist, gemeinsam weiter (§ 21 Abs. 3 LPersVG). Diese Regelung endet allerdings nach Ablauf eines Jahres. Dem Vorsitzenden des Personalrats der aufgelösten Dienststelle mit dem größten Beschäftigtenstand obliegt es zu der Sitzung einzuladen und diese zu leiten. Festzulegen sind in dieser ersten gemeinsamen Sitzung der Vorsitz, die Stellvertretung sowie die Geschäftsführung des gemeinsamen Gremiums. Weiterhin hat der so gebildete gemeinsame Personalrat innerhalb einer Frist von drei Wochen nach Bildung der neuen Dienststelle den Wahlvorstand zu bestellen.

In den in § 21 Abs. 2 Nummer 1 bis 3 LPersVG genannten Fällen führt der Personalrat die Geschäfte weiter, bis der neue Personalrat gewählt ist. Innerhalb einer Frist von drei Wochen nach Eintritt der gesetzlichen Voraussetzungen hat er den für die Neuwahl erforderlichen Wahlvorstand zu bestellen.

Ist eine in der Dienststelle vorhandene Gruppe, die bisher im Personalrat vertreten war, auch nach Ausscheiden aller Mitglieder und ggf. Ersatzmitglieder durch kein Mitglied des Personalrats mehr vertreten, so ist die Gruppe aufgerufen neue Mitglieder zu wählen.

Hat eine Personalratswahl außerhalb des für die regelmäßigen Personalratswahlen festgelegten gesetzlichen Zeitraums stattgefunden, so ist der Personalrat in dem auf die Wahl folgenden nächsten Zeitraum der gesetzlich vorgesehenen regelmäßigen Personalratswahlen neu zu wählen. Hat allerdings die Amtszeit des neu, außerhalb der für die Personalratswahlen vorgesehenen Zeitraums, gewählten Personalrats zu Beginn des gesetzlich vorgesehenen Wahlzeitraumes noch nicht ein Jahr betragen, so ist er erst im übernächsten Zeitraum der regelmäßigen Personalratswahlen neu zu wählen.

Aufgaben der Gewerkschaften im Rahmen des Personalvertretungsrechts

2

Der Gewerkschaftsbegriff in der öffentlichen Verwaltung

Nach einer Entscheidung des Bundesverwaltungsgerichts vom 23.11.1962 sind Gewerkschaften auf freiwilliger Grundlage gebildete Vereinigungen unselbständig beschäftigter Personen, die mit dem Ziel und Zweck handeln, die dienstlichen, wirtschaftlichen und sozialen Interessen gegenüber dem Dienstherrn zu fördern und zu regeln (BVerwG v. 23.11.1962, BVerwGE 15, 168 = ZBR 1963, 394 = PersV 1963, 159).

2

Man muss hier aber unterscheiden zwischen dem Gewerkschaftsbegriff im Arbeitsrecht und nach dem Personalvertretungsrecht. Das Personalvertretungsrecht gilt auch für Beamte, denen die Teilnahme an einem Arbeitskampf aber nicht gestattet ist und deren Organisationen – sofern sie ausschließlich Beamte vertreten – auch keine Tarifverträge abschließen können. Infolgedessen gehören die Bereitschaft zum Arbeitskampf und die Tariffähigkeit nicht zu den Voraussetzungen, die eine Gewerkschaft im Sinne des Personalvertretungsrechts in der öffentlichen Verwaltung ausmachen. Auch reine Beamtenorganisationen sind daher Gewerkschaften. Dies gilt umso mehr, wenn sie Beamte und Arbeitnehmer organisieren.

Demnach sind Gewerkschaften alle auf überbetrieblicher Grundlage errichtete Vereinigungen. Diese Organisationen müssen über eine größere, bedeutsame Anzahl an Mitgliedern verfügen, so dass sie von einem Wechsel der Mitglieder unabhängig sind.

Ein weiteres Erfordernis ist eine gewisse „Verbandsmacht" = Durchsetzungskraft bzw. Mächtigkeit. Durchsetzungskraft in diesem Sinne „besitzen folgerichtig solche Organisationen, die über eine größere Mitgliederzahl und eine leistungsfähige Organisation verfügen sowie frei gebildet, unabhängig auf überbetrieblicher Grundlage organisiert sind" (vgl. Ilbertz/Widmaier, BPersVG § 9 Rn. 34 unter Hinweis auf BVerwG v. 25.7.2006, PersV 2007, 112). Enthält eine Vereinigung sowohl Arbeitnehmer als auch Beamte als Mitglieder, muss sich die Durchsetzungskraft auf jede dieser Mitgliedergruppen erstrecken (BAG v. 6.7.1965, BAGE 4, 351).

Das Personalvertretungsrecht gesteht an verschiedenen Stellen im Personalvertretungsgesetz den Gewerkschaften Befugnisse zu, die ansonsten eben nur einer größeren Anzahl von Beschäftigten oder aber dem Dienststellenleiter zustehen. Dies ist eben nur dann gerechtfertigt, wenn die Gewerkschaft eine gewisse Mächtigkeit hat.

Der Gewerkschaftsbegriff lässt sich daher nach dem Personalvertretungsrecht wie folgt definieren: „Gewerkschaften sind alle auf überbetrieblicher Grundlage errichteten Berufsorganisationen, die auf einem freiwilligen Zusammenschluss ihrer Mitglieder beruhen, von einem Wechsel ihrer Mitglieder unabhängig sind und deren Zweck darauf gerichtet ist, die Mitglieder gegenüber ihrem Dienstherrn bei der Gestaltung der dienstrechtlichen Beziehungen zu vertreten und sich für ihre wirtschaftlichen Belange einzusetzen (vgl. Ilbertz/Widmaier, BPersVG, § 9 Rn. 34).

Als in der Dienststelle vertreten gelten alle Gewerkschaften bereits dann, wenn ihnen auch nur ein Beschäftigter der Dienststelle als Mitglied angehört.

Die Spitzenorganisationen der Gewerkschaften

Die großen Spitzenorganisationen in der Bundesrepublik Deutschland sind der dbb – beamtenbund und tarifunion (dbb) und der Deutsche Gewerkschaftsbund (DGB).

Die Spitzenorganisationen selbst sind keine „in der Dienststelle" oder „im Personalrat vertretenen Gewerkschaften" im Sinne des Personalvertretungsgesetzes. Die Spitzenorganisationen haben keine natürlichen Personen zu Mitgliedern, sondern Mitgliedsgewerkschaften. Sie vertreten daher die Interessen der ihnen angeschlossenen Gewerkschaften und Verbände. Sie haben nicht die Vertrautheit mit den Problemen der jeweiligen Dienststellen und der dort tätigen Dienstkräfte, die das Personalvertretungsgesetz fordert. Diese Anforderungen erfüllen die den Spitzenorganisationen angeschlossenen Fachgewerkschaften/-verbände.

Aufgaben und Befugnisse der Gewerkschaften nach dem LPersVG

Den Gewerkschaften sind vom Gesetzgeber eine Reihe von Befugnissen zugewiesen worden:

- Die vertrauensvolle Zusammenarbeit mit Dienststelle und Personalvertretung, § 2 Abs. 1 LPersVG
- Recht auf Zugang zu den einzelnen Dienststellen, § 2 Abs. 2 LPersVG
- Schweigepflicht der Beauftragten, § 71 Abs. 1 Satz 1 LPersVG
- Möglichkeit, Wahlvorschläge zu machen, § 15 Abs. 4 LPersVG
- Antragsrechte hinsichtlich der Wahl und der Bestellung von Wahlvorständen, §§ 16 Abs. 2 und 3 und 17 Abs. 1 LPersVG
- Anspruch auf rechtzeitige Verständigung über Ort und Zeit der Sitzungen des Wahlvorstands, § 17 Abs. 2 Satz 1 LPersVG
- Beratende Stimme bei Sitzungen des Wahlvorstands, § 17 Abs. 2 Satz 2 LPersVG
- Anspruch auf Übersendung einer Abschrift der Niederschrift über die Wahl gegenüber dem Wahlvorstand, § 17 Abs. 3 LPersVG
- Wahlanfechtungsrecht, § 19 LPersVG
- Antragsrecht auf Ausschluss eines Mitglieds aus der Personalvertretung oder auf eine Auflösung der Personalvertretung und Recht auf Anhörung durch das Verwaltungsgericht, § 22 Abs. 1 LPersVG
- Anspruch auf Einladung zur Sitzung des Personalrats und Mitteilung der Tagesordnung, soweit eine Gewerkschaft nach § 29 Abs. 6 ein Teilnahmerecht hat, § 29 Abs. 2 LPersVG
- Beratende Teilnahme von Beauftragten der unter den Mitgliedern des Personalrats vertretenen Gewerkschaften an den Sitzungen der Personalvertretung, wenn ein Viertel der Mitglieder oder die Mehrheit einer Gruppe dies beantragt, § 29 Abs. 6 LPersVG
- Anspruch auf Zuleitung eines Teils der Niederschrift über den Teil der Sitzung des Personalrats, an dem Beauftragte von Gewerkschaften teilgenommen haben, § 37 Abs. 3 LPersVG

- Antrag auf Einberufung einer Personalversammlung, wenn im vorhergegangenen Kalenderhalbjahr keine Personalversammlung durchgeführt worden ist, § 48 Abs. 4 LPersVG
- Beratende Teilnahme von Beauftragten der in der Dienststelle vertretenen Gewerkschaften an der Personalversammlung sowie Änderungen oder Ergänzungen der Tagesordnung zu beantragen, § 51 Abs. 2 Satz 1 und 2 LPersVG
- Recht auf Einberufung einer Personalversammlung zur Wahl eines Wahlvorstands, zur Wahl der Jugend- und Auszubildendenvertretung oder auf Bestellung eines Wahlvorstands durch den Dienststellenleiter, § 61 Abs. 2 LPersVG
- Antragsrecht auf Einberufung einer Jugend- und Auszubildendenversammlung, wenn im vorhergegangenen Kalenderhalbjahr keine Versammlung durchgeführt worden ist. Das Recht der in der Dienststelle vertretenen Gewerkschaften mit beratender Stimme teilzunehmen. Anspruch auf rechtzeitige Mitteilung des Versammlungsorts, der Versammlungszeit und Übersendung der Tagesordnung, § 63 Satz 5 LPersVG i. V. m. § 51 Abs. 2 Satz 1 und 2 LPersVG

Damit die Gewerkschaften ihre Aufgaben und Befugnisse auch vor dem Hintergrund sich verändernder Arbeitsbedingungen weiterhin effektiv wahrnehmen können, hat der Gesetzgeber das in § 2 Abs. 2 LPersVG normierte Zugangsrecht der Gewerkschaften um ein elektronisches Zugangsrecht erweitert (§ 2 Abs. 3 Satz 2 LPersVG). Im Intranet der Dienststelle, das als zentrales Informations- und Kommunikationsmedium zwischen Dienststelle und Beschäftigten dient, ist auf Wunsch der Gewerkschaften über einen Hyperlink auf deren Informationsangebote hinzuweisen. Das gleiche Recht steht auch der Arbeitgebervereinigung zu, der die Dienststelle angehört. Den Gewerkschaften werden dadurch bessere Informationsrechte eingeräumt, damit sie im Rahmen ihrer Aufgabenwahrnehmung nach § 2 LPersVG die Beschäftigten der Dienststelle zeit- und ortsunabhängig mit aktuellen Informationen und ihren Anliegen versorgen können.

Wichtig: Die Aufzählung der Befugnisse (Rechte) ist abschließend und erschöpfend.

In der Wahrnehmung ihrer Aufgaben unterliegen die Beauftragten der Gewerkschaften auch den Regelungen über die Schweigepflicht. Soweit es die Möglichkeiten zur Bildung von Personalvertretungen und ihr Teilnahmerecht an Personalversammlungen betrifft, sind den Gewerkschaften vom Gesetzgeber eigenständige Rechte eingeräumt worden. Des Weiteren haben sie gegenüber den Leitern der Dienststellen und den Personalräten nur beratende und unterstützende Funktion. Sie sollen durch ihre besondere Sachkunde und Erfahrungen an der sachkompetenten Wahrnehmung personalvertretungsrechtlicher Aufgaben mitwirken (BVerwG v. 27.4.1979, ZBR 1979, 310). Die Gewerkschaften haben sich jeder Beeinflussung zu enthalten und auch kein Recht, sich in die Zusammenarbeit zwischen Personalvertretung und Dienststelle einzuschalten. Es bleibt den Personalvertretungen oder den Dienststellen überlassen, ob sie mit den Gewerkschaften zusammenarbeiten wollen. Eine Pflicht zur Zusammenarbeit ist aus § 2 Abs. 1 LPersVG nicht abzuleiten.

Personalratsamt und Gewerkschaftsmitgliedschaft/ Gewerkschaftsmandat (§ 67 Abs. 5 LPersVG)

Koalitionsfreiheit (Art. 9 Abs. 3 GG)

Auseinandersetzungen zwischen den Gewerkschaften dürfen nicht in die Personalvertretungen hineingetragen werden. Die Zusammenarbeit aller hat dem Wohl der Dienstkräfte und der Erfüllung der dienstlichen Aufgaben zu dienen. Die Freiheit der gewerkschaftlichen Betätigung als Ausfluss der Koalitionsfreiheit nach Art. 9 Abs. 3 GG wird durch die Übernahme eines Personalratsamtes grundsätzlich nicht eingeschränkt (BVerwG v. 23.2.1979, ZBR 1979, 377). Auch der Landesgesetzgeber hat deutlich gemacht, dass die rein gewerkschaftliche Betätigung in der Dienststelle nicht eingeschränkt wird, § 67 Abs. 5 LPersVG.

Trennung von Amt und Gewerkschaftstätigkeit

Die Mitglieder des Gremiums haben nach einer Entscheidung des Bundesverwaltungsgerichts „nicht die Interessen der Gewerkschaften, sondern die ihrer Gruppen und darüber hinaus aller

Beschäftigten in gleicher Weise zu vertreten, auch wenn sie als Angehörige einer bestimmten Gewerkschaft in den Personalrat gewählt wurden". Es ist immer auf die Trennung von Gewerkschaftsmandat und Personalratsamt zu achten. Die Mitglieder der Personalvertretung müssen sich so verhalten, dass das Vertrauen der Verwaltungsangehörigen in die Objektivität und Neutralität ihrer Amtsführung nicht beeinträchtigt wird. Der Personalrat und seine Mitglieder müssen alles vermeiden, was geeignet ist, die Stellung des Personalrats als Repräsentant der Gesamtheit der Beschäftigten und als neutraler Sachwalter ihrer Interessen zweifelhaft erscheinen zu lassen.

Neutralitätsgebot (§ 67 Abs. 4 LPersVG)

Das in § 67 Abs. 4 LPersVG festgelegte Neutralitätsgebot sagt aus, dass ein Personalratsmitglied in dieser Funktion nicht für eine Gewerkschaft unter Ausnutzung von Druck werben darf. Nach ständiger Rechtsprechung des Bundesverwaltungsgerichts handelt es sich dann um eine zum Ausschluss aus dem Personalrat führende Pflichtverletzung, wenn die Werbung nachhaltig war und im Zusammenhang mit ihr Druck auf den Umworbenen ausgeübt worden ist. Das Merkmal der Nachhaltigkeit ist bei einem „wiederholten Zureden und dauernden Einwirken auf den Beschäftigten" erfüllt (BVerwG v. 6.2.1979, PersV 1980, 196). Sind die gewählten Mittel objektiv geeignet, das Vertrauen eines Beschäftigten in Objektivität und Neutralität der Amtsführung eines Personalratsmitglieds zu zerstören oder zu erschüttern, ist von einem ausgeübten Druck auszugehen. Der Begriff des „Drucks" steht in engem Zusammenhang mit der nachhaltigen Werbung und verstärkt diese durch den offenen oder auch versteckten Hinweis auf die Möglichkeiten, die die Ausübung des Amtes eines Personalratsmitglieds bietet (BVerwG v. 22.8.1991, ZBR 1992, 57 = PersV 1992, 158).

Das Personalratsmitglied hat einen deutlichen Trennungsstrich zu seinem Amt zu ziehen. Eine ausdrückliche oder auch nur stillschweigende Anknüpfung an die einem Personalratsmitglied zustehenden Einflussmöglichkeiten ist zu vermeiden. In der Praxis allerdings dürfte dies unter Umständen recht schwierig sein.

Es ist davon auszugehen, dass häufig der Angesprochene von sich aus den Werbenden mit dessen personalvertretungsrechtlichem Amt in Verbindung bringt. Um eine unzulässige Form der Werbung handelt es sich auch dann, wenn gewerkschaftliches Werbe- und Informationsmaterial in den Räumen des Personalrats ausgelegt wird (OVG Lüneburg v. 29.9.1972, PersV 1973, 50). Gibt eine im Personalrat vertretene gewerkschaftliche Fraktion ein Informationsblatt mit Hinweisen auf ihre Arbeit und Erfolge heraus, so ist dies zulässig. Die Information hat aber sachlich zu erfolgen. Sie darf sich nicht gegen einzelne Personalratsmitglieder wenden und keine herabsetzenden oder herabwürdigenden Äußerungen enthalten. Diffamierungen, Unterstellungen oder Verleumdungen sind nicht statthaft. Entscheidend letztendlich sind die jedem Einzelfall zugrunde liegenden konkreten Umstände. Die Pflicht zur gewerkschaftsneutralen, objektiven Amtsführung geht im Konfliktfall immer vor.

§

Grenzen der gewerkschaftlichen Werbung durch Personalratsmitglieder (BVerwG v. 22.8.1991 – 6 P 10/90)

Eine an sich zulässige Werbung eines Personalratsmitglieds für eine Gewerkschaft ist eine zum Ausschluss aus dem Personalrat führende Pflichtverletzung, wenn die Werbung nachhaltig war und im Zusammenhang mit ihr Druck auf den Umworbenen ausgeübt worden ist. Das Merkmal der Nachhaltigkeit ist bei einem „wiederholten Zureden und dauernden Einwirken auf den Beschäftigten" erfüllt. Der Begriff des „Drucks" steht in engem Zusammenhang mit der nachhaltigen Werbung und verstärkt diese durch den offenen oder auch versteckten Hinweis auf die Möglichkeiten, die die Ausübung des Amtes eines Personalratsmitglieds bietet.

Nach der Rechtsprechung des Bundesverwaltungsgerichts vom 8.8.2024 – BVerwG 5 PB 3.24 sind sowohl die einzelnen Mitglieder des Gremiums als auch der Personalrat in seiner Gesamtheit zur Neutralität verpflichtet. Der Personalrat als Gremium und auch jedes einzelne Mitglied haben darauf zu achten, dass bei den Beschäftigten der Dienststelle keinerlei Zweifel an der Objektivität und der Neutralität der Amtsführung entstehen.

Rechte und Pflichten des Personalrats und seiner einzelnen Mitglieder

3

Grundsätze der Zusammenarbeit (§ 2 LPersVG)

Nach dem Leitmotiv des Personalvertretungsrechts, das als tragender Grundsatz in § 2 LPersVG normiert worden ist, sollen Dienststelle und Personalvertretung unter Beachtung der Gesetze und Tarifverträge vertrauensvoll und im engen Zusammenwirken mit den in der Dienststelle vertretenen Gewerkschaften und Arbeitgebervereinigungen zum Wohle der Beschäftigten und zur Erfüllung der der Dienststelle obliegenden Aufgaben zusammenarbeiten. Der sich aus dieser Vorschrift ergebende **Grundsatz der vertrauensvollen Zusammenarbeit** ist somit unmittelbar geltendes zwingendes Recht und bewusst vom Gesetzgeber allen weiteren Bestimmungen vorangestellt. Dieser tragende Gedanke des Personalvertretungsrechts enthält die Befriedungsfunktion des Gesetzes, eine Ausprägung des Sozialstaatsgedankens. Die beiden vom Gesetzgeber definierten Ziele der Zusammenarbeit stehen gleichrangig nebeneinander (BVerwG v. 20.8.1962, ZBR 1963, 35; BVerwG v. 25.6.1984, PersV 1984, 500 = ZBR 1985, 26). Der Aufgabenerfüllung der Dienststelle darf in einem Konfliktfall folglich nicht automatisch der Vorrang eingeräumt werden (BVerwG v. 25.6.1984, PersV 1984, 500).

Gleichberechtigte Partner

Vertrauensvolle Zusammenarbeit wird erreicht durch persönliche Kontakte, eine freimütige, offene Aussprache und durch gegenseitiges Vertrauen. Vertrauen darf nicht nur vom anderen Partner gefordert werden, sondern muss diesem auch entgegengebracht werden. Vertrauensvoll ist die Zusammenarbeit immer dann, wenn jeder der beiden personalvertretungsrechtlichen Partner dem jeweils anderen traut und dessen Worten Glauben schenken kann. Grundvoraussetzungen jeder vertrauensvollen Zusammenarbeit sind gegenseitiges Vertrauen und gegenseitige Offenheit (BVerwG v. 26.2.1960, PersV 1960, 152 = ZBR 1960, 128; BVerwG v. 9.3.1990, PersR 1990, 177; BVerwG v. 29.8.1990, PersV 1991, 78 = ZfPR 1990, 175; OVG RP v. 21.6.1988, 248 [249]; BAG v. 22.5.1959, AP BetrVG 1952 § 23 Nr. 3 „gegenseitige Ehrlichkeit und Offenheit"; Lautenbach u. a., Personalvertretungsrecht Rheinland-Pfalz, § 2 Rn. 6). Ausgestaltet wird dies durch eine partnerschaftliche Zusammenarbeit (nicht Gegnerschaft) zwischen Dienststelle und Personalvertretung. Beide Partner haben gemeinsam die gestellten Aufgaben zu erfüllen. Trotz unterschiedlicher Aufgabenstellung werden Personalvertretung und Dienststelle nach dem Gesetz zu Partnern, die zur gegenseitigen Offenheit verpflichtet sind. Die Personalvertretung steht dem Leiter der Dienststelle als gleichberechtigter Partner gegenüber (BVerwG v. 3.10.1983, ZBR 1984, 150 = PersV 1985, 506). Der Personalrat ist der Repräsentant der Beschäftigten gegenüber der Dienststelle und nicht deren sozialer Gegenspieler.

Ohne Einhaltung dieses Verhaltensgebots für Dienststellenleiter und Personalvertretung ist eine gedeihliche Zusammenarbeit im Interesse der Aufgabenerfüllung der Dienststelle und der dort tätigen Beschäftigten nicht möglich.

Ernster Wille zur Einigung

Ein weiterer Grundsatz ergibt sich aus § 67 LPersVG, wonach der Leiter der Dienststelle und die Personalvertretung über strittige Fragen mit dem ernsten Willen zur Einigung verhandeln müssen. Sie haben jeweils Vorschläge zur Beilegung von Meinungsverschiedenheiten zu machen. Beide müssen bereit sein, die Meinung des anderen und den jeweiligen gesetzlichen Aufgabenbereich zu respektieren, um einvernehmliche Lösungen von Streitfragen anzustreben.

Dies bedeutet, dass eine Personalvertretung auch den öffentlichen Interessen der Dienststelle Vorrang geben muss. Der Dienststellenleiter muss aber auch das Wohl der Beschäftigten im Auge behalten.

Vertrauensvolle Zusammenarbeit

Zu den Elementen der vertrauensvollen Zusammenarbeit zählen:

- Partnerschaft
- Vertrauen
- Offenheit
- Ernsthaftigkeit, gegenseitiger Respekt und Kontinuität

- Verschwiegenheitspflicht
- Keine einseitige Interessenvertretung
- Vertretung der Dienstkräfte und gleichzeitig Erledigung der öffentlichen Aufgaben
- Friedenspflicht
- Vierteljahresgespräch
- Neutralität
- Anrufung außenstehender Stellen nur hilfsweise
- Rechtzeitige und umfassende Unterrichtung
- Recht und Billigkeit

Auch die Entscheidung des Bundesverfassungsgerichts (BVerfG v. 24.5.1995 – 2 BvF 1/92) und die daraus resultierende Rechtsprechung des Bundesverwaltungsgerichts führen zu keinem anderen Ergebnis. Es verbleibt im Rahmen der verfassungsrechtlichen Vorgaben bei einer vertrauensvollen Zusammenarbeit im Sinne von Partnerschaft und Gleichberechtigung. Die Vorgaben führen bei der vertrauensvollen Zusammenarbeit gerade nicht zu einer Abwertung der Stellung der Personalvertretungen. Eine Verlagerung zu Gunsten der Dienststelle ist nicht erfolgt. Die Gleichberechtigung endet durch die Begrenzung des rechtlichen Einflusses der Personalvertretungen, allerdings mit dem Letztentscheidungsrecht eines Vertreters der obersten Dienstbehörde.

Ausgestaltung als allgemeines Beteiligungsrecht

Der Grundsatz der „vertrauensvollen Zusammenarbeit" enthält zugleich die Ausgestaltung eines allgemeinen Beteiligungsrechtes, soweit im Einzelfall nicht andere förmliche Beteiligungsrechte eingreifen. Das bedeutet für die Praxis, dass Dienststelle und Personalvertretung auch solche Angelegenheiten erörtern können, die nicht der konkreten Beteiligung der Personalvertretung unterliegen.

Festgestellte Verletzung der Grundsätze

Die Verletzung des Grundsatzes der vertrauensvollen Zusammenarbeit zwischen Dienststelle und Personalrat kann im Rahmen eines verwaltungsgerichtlichen Beschlussverfahrens festgestellt werden. Ein so festgestellter Verstoß kann sowohl für das einzelne Personalratsmitglied, für den Leiter der Dienststelle als auch für den Personalrat als Gremium Rechtsfolgen haben. Ein Verstoß auf Seiten der Personalvertretung oder eines der Mitglieder kann die Voraussetzungen des § 22 Abs. 1 LPersVG erfüllen und zu einem Ausschluss aus dem Personalrat oder zur Auflösung der Personalvertretung durch Gerichtsbeschluss führen. Die Personalvertretung ihrerseits hat bei Verstößen des Dienststellenleiters die Möglichkeit, die vorgesetzte Dienststelle einzuschalten und um Unterstützung zu bitten. Verstöße des Dienststellenleiters können ein Dienstvergehen darstellen, das zu disziplinarrechtlichen Konsequenzen führen kann (§ 9 LPersVG).

Allgemeine Aufgaben und Grundsätze

Friedenspflicht (§ 67 Abs. 2 LPersVG)

Dem Dienststellenleiter und der Personalvertretung sind alle Handlungen untersagt, die ein gedeihliches Miteinander innerhalb der Dienststelle stören, § 67 Abs. 2 LPersVG. Das Verbot, „alles zu unterlassen, was geeignet ist, die Arbeit und den Frieden der Dienststelle zu beeinträchtigen“, richtet sich unmittelbar an den Dienststellenleiter und den Personalrat als Gremium. Es richtet sich mittelbar an alle Personen, die für den Dienststellenleiter und den Personalrat handeln. Es kommt dabei nicht darauf an, dass die Handlungen den Frieden tatsächlich stören. Es reicht vielmehr aus, dass sie geeignet sind, dies zu tun. Beiden personalvertretungsrechtlichen Partnern ist zur Wahrung des Arbeitsfriedens Zurückhaltung auferlegt. Dabei ist es allerdings nicht zu beanstanden, wenn ein Personalratsmitglied die Interessen eines oder der Beschäftigten mit Nachdruck und sachlicher Schärfe vertritt. Die Friedenspflicht gestattet durchaus eine sachliche Kritik, die mit einer entsprechenden Schärfe in der Redewendung vorgebracht wird (Bundesdisziplinargericht v. 17.8.1993, PersR 1994, 28).

Wichtig: Eine Pflichtverletzung liegt vor, wenn der Personalrat den Leiter der Dienststelle in einem Flugblatt unsachgerecht übertrieben kritisiert (VGH Baden-Württemberg v. 6.9.1988, PV 1990, 133) oder gar zum Rücktritt auffordert (BVerwG v. 27.11.1981,

PV 1983, 408). Gleiches gilt aber auch für den Leiter der Dienststelle. So ist es nicht zulässig, die Verantwortung für ein Handeln auf den Personalrat zu schieben. Hierzu zählen Äußerungen wie: „Ich hätte das ja niemals getan, wenn nicht der Personalrat …", oder „Ich wäre ja schon längst tätig geworden, wenn nicht der Personalrat …".

Verstöße gegen die Friedenspflicht können auf Seiten der Personalvertretung oder deren Mitglieder den Tatbestand des § 22 Abs. 1 LPersVG erfüllen. Bei Verstößen der Dienststellenleitung oder durch deren Beauftragte hat die Personalvertretung die Möglichkeit, die vorgesetzte Dienststelle einzuschalten und zu bitten, im Wege der Dienstaufsicht tätig zu werden. Folge kann eine dienstrechtliche oder disziplinarische Maßnahme sein. Möglich ist auch, das Verwaltungsgericht anzurufen und in einem personalvertretungsrechtlichen Beschlussverfahren eine einstweilige Verfügung auf Unterlassung zu erwirken.

Neutralitätspflicht (§ 67 Abs. 4 LPersVG)

Dienststelle und Personalvertretung haben alle Handlungen zu unterlassen, die bei den Beschäftigten begründete Zweifel an der Neutralität und Objektivität der Amtsführung entstehen lassen könnten. Der Landesgesetzgeber hat hier besonders das Verbot der parteipolitischen Betätigung herausgestellt. Parteipolitische Propaganda jedweder Art ist in der Dienststelle unzulässig. Trennen muss man in der Praxis allerdings die parteipolitische Agitation, die verboten ist, von der politischen Diskussion, die mit Rücksicht auf das Grundrecht der freien Meinungsäußerung gestattet ist.

Schweigepflicht (§ 71 LPersVG)

Die Schweigepflicht bindet alle Personen, die Aufgaben und Befugnisse nach dem Personalvertretungsgesetz wahrnehmen, also nicht nur den Leiter der Dienststelle und die Mitglieder der Personalvertretung, § 71 LPersVG. Vertrauen zwischen den handelnden Personen kann sich nur dort entwickeln, wo sichergestellt ist, dass man mit den erhaltenen Informationen verantwortungsvoll umgeht und grundsätzlich Stillschweigen gewahrt wird. Dies gilt insbesondere, wenn die handelnden Personen im Zusammenhang mit der Wahrnehmung der Beteiligungsrechte Informationen über persönliche Umstände oder Daten erhalten haben.

Umfang der Schweigepflicht

Sind Angelegenheiten und Tatsachen im Rahmen der Aufgabenwahrnehmung nach dem Personalvertretungsgesetz bekannt geworden, so unterliegen sie der Schweigepflicht.

Insgesamt unterliegen der Schweigepflicht also nicht nur die persönlichen Daten und Angelegenheiten einzelner Beschäftigter, sondern alle Informationen, „die über die reine Faktenbekanntgabe hinausgehen“, sowie die Darstellung komplexer Sachverhalte (Bieler, ZfPR 1995, 62, 63). Der Gesetzgeber legt allen nach dem Personalvertretungsgesetz handelnden Personen ein Gebot der absoluten Verschwiegenheit über alle Dinge auf, die ihnen in Ausübung der Aufgaben und Befugnisse bekannt geworden sind.

Personalratsintern muss sich jedes Personalratsmitglied darauf verlassen können, dass seine Meinungsäußerungen, insbesondere, wenn sie mit der Meinungsbildung in Zusammenhang stehen, nicht nach außen getragen werden. Nach den Umständen des Einzelfalles kann sich die Schweigepflicht des Personalratsmitglieds auch auf das vermutete Abstimmungsverhalten im Personalrat bei geheimer Abstimmung beziehen. Gerade der Schutz der freien Willensbildung gebietet die grundsätzliche Einbeziehung auch dieser personalratsinternen Vorgänge in die Schweigepflicht (BVerwG v. 11.1.2006 – 6 PB 17/05).

Ein Beschäftigter, der sich an den Personalrat gewandt hat, muss sich auf die Verschwiegenheit der Personalratsmitglieder verlassen können, wenn er um die Vertraulichkeit des Wortes gebeten hat. Dies gilt insbesondere auch gegenüber dem Leiter der Dienststelle. Aus dem Grundsatz der vertrauensvollen Zusammenarbeit lässt sich seitens der Dienststelle kein Anspruch ableiten, personalratsinterne Äußerungen oder Namen von Beschäftigten offenzulegen, die den Personalrat angesprochen haben. Gibt ein Personalratsmitglied vertrauliche Informationen gegenüber dem Dienststellenleiter rücksichtslos preis, so handelt es sich um einen schweren Vertrauensbruch, der ihn für das Personalratsamt ungeeignet erscheinen lässt (LAG München v. 15.11.1977, BB 1979, 732 = DB 1978, 895). Folgerichtig ist nach der Rechtsprechung ein Personalratsmitglied, das gegen die Vertraulichkeit des Wortes verstößt, für die Ausübung des Amtes nicht geeignet. Die Dienststelle muss aus den Grundsätzen der Zusammenarbeit heraus solche Konfliktsituationen vermeiden und sollte entsprechende Informationen nicht abfragen.

Gegenseitige Offenheit innerhalb des Gremiums

Schweigepflicht besteht jedoch grundsätzlich nicht gegenüber den übrigen Mitgliedern der Personalvertretung. Innerhalb des Personalrats gilt das Gebot der gegenseitigen Offenheit. So muss auch ein Personalratsvorsitzender über mit der Dienststelle geführte Gespräche und der Vorstand über die laufende Geschäftsführung berichten. Es kann sich um einen Pflichtverstoß handeln, wenn ein Vorsitzender das Gremium nicht umfassend und fortlaufend informiert. Nur so kann sichergestellt werden, dass eine umfassende Information aller Mitglieder gewährleistet ist und alle den gleichen Informationsstand haben.

Hiervon gibt es in sehr engen Grenzen Ausnahmen. Hat ein Personalratsmitglied mit Zustimmung des Beschäftigten Einsicht in dessen Personalakte erhalten oder hat ein Personalratsmitglied von der Dienststelle die Namen der Beschäftigten erhalten, denen ein betriebliches Eingliederungsmanagement angeboten werden soll, so unterliegt dies auch gegenüber den übrigen Mitgliedern des Gremiums der Verschwiegenheit (BVerwG v. 4.9.2012 – 6 P 5.11). Die Information der anderen Mitglieder beschränkt sich in diesen Fällen auf die Informationen, die für eine ordnungsgemäße Beschlussfassung zwingend erforderlich sind.

Nimmt ein Ersatzmitglied für ein verhindertes ordentliches Personalratsmitglied an einer Sitzung teil, so muss es über die

Angelegenheiten informiert werden, zu denen es zur Beschlussfassung aufgerufen ist.

Entsprechendes gilt für die Jugend- und Auszubildendenvertretung. Nimmt die Vertretung Aufgaben nach dem Gesetz wahr, so muss sie die erforderlichen Informationen von der Dienststelle oder von der Personalvertretung erhalten. Nehmen die Schwerbehindertenvertretung oder die Gleichstellungsbeauftragte Aufgaben wahr, so können im Interesse einer sinnvollen Zusammenarbeit die zur Wahrnehmung der Aufgaben erforderlichen Informationen weitergegeben werden.

Verschlusssachen

Etwas anderes gilt nur, wenn ein einzelnes Personalratsmitglied auf Wunsch eines Beschäftigten Einsicht in dessen Personalakte oder durch die Dienststelle in Verschlusssachen mindestens der Geheimhaltungsstufe „VS – Vertraulich" erhalten hat. Ferner gilt die Einschränkung, wenn ein einzelnes vom Personalrat benanntes Mitglied im Rahmen des Informationsanspruches von der Dienststelle die Mitteilung erhalten hat, welchen Beschäftigten ein BEM-Verfahren anzubieten ist (BVerwG, Beschluss v. 4.9.2012 – 6 P 5.11).

Soweit eine Angelegenheit, an der eine Personalvertretung zu beteiligen ist, als Verschlusssache der vorstehend genannten Geheimhaltungsgrade eingestuft ist, tritt an die Stelle der Personalvertretung ein Ausschuss für geheime Verschlusssachen (§ 123 Abs. 1 LPersVG).

Schweigepflicht gegenüber Dienststelle, Einigungsstelle, Gewerkschaften

Die Verschwiegenheitspflicht gilt ferner nicht gegenüber der vorgesetzten Dienststelle und der dort für den Geschäftsbereich gebildeten Stufenvertretung sowie gegenüber dem Gesamtpersonalrat, soweit ein solcher besteht. Entsprechendes gilt umgekehrt auch für das Verhältnis der Stufenvertretung oder des Gesamtpersonalrats zum Personalrat. Dies gilt unter der Voraussetzung, dass die Vertraulichkeit von Verhandlungen und Besprechungen nicht verletzt wird und es zur ordnungsgemäßen Wahrnehmung der Aufgaben erforderlich ist (siehe auch die Ausführungen unter „Umfang der Schweigepflicht"). Bereits aus den Grundsätzen der Zusammenarbeit ergibt sich eine Verpflichtung zur Offenheit.

Die Verschwiegenheitspflicht besteht weiterhin nicht gegenüber den für den Arbeitsschutz zuständigen Behörden, den Trägern der gesetzlichen Unfallversicherung und den übrigen für den Arbeitsschutz tätigen Stellen, soweit ihnen Aufgaben nach dem Personalvertretungsgesetz zugewiesen sind.

Wird die Einigungsstelle angerufen oder ein personalvertretungsrechtliches Beschlussverfahren vor den Verwaltungsgerichten durchgeführt, so entfällt auch hier die Schweigepflicht.

Ferner gilt die Schweigepflicht nicht gegenüber den Beauftragten der in der Dienststelle vertretenen Gewerkschaften und den zuständigen Arbeitgebervereinigungen, wenn und soweit sie im Rahmen der Bestimmungen des Landespersonalvertretungsgesetzes hinzugezogen werden. Nehmen Beauftragte von Gewerkschaften oder der zuständigen Arbeitgebervereinigung an einer Personalratssitzung teil, so unterliegen diese wiederum der Schweigepflicht. Ferner können Informationen über allgemein interessierende Fragen sozialer und organisatorischer Art den Gewerkschaften mitgeteilt werden.

Offenkundige Daten

Nicht auf Personen beziehbare oder jedermann zugängliche beziehungsweise allgemein bekannte Angelegenheiten oder Tatsachen werden von der Schweigepflicht nicht umfasst.

Solange Personen nicht genannt werden und eine Identifikation nicht möglich ist, es sich nicht um Informationen handelt, die dem Personalrat vertraulich von der Dienststelle in Erfüllung seiner Informationsrechte gegeben werden, die er sich selbst verschafft hat oder die ihm von Beschäftigten (z. B. bei Anregungen und Beschwerden, § 69 Abs. 1 Nr. 3 LPersVG) vermittelt worden sind, wird man die Schweigepflicht generell verneinen können.

Jedermann bekannte oder jedermann zugängliche offenkundige Daten werden nach der Entscheidung des Bundesverfassungsgerichts zur „Informationellen Selbstbestimmung" von der Schweigepflicht nicht erfasst. So ist eine Personalvertretung nicht daran gehindert, allgemein über ihre Tätigkeit z. B. am „schwarzen Brett" oder durch Informationsblätter zu berichten, soweit die vorstehend genannten Grundsätze berücksichtigt werden und sie nicht in das Direktionsrecht des Leiters der Dienststelle eingreift. Die Beschäftigten erwarten Informationen über die vom Personalrat geleistete Arbeit. Ferner ist die Personalvertretung in der Verpflichtung, in der Personalversammlung einen Tätigkeitsbericht zu erstatten.

Verstoß

Verstößt ein Personalratsmitglied gegen die Schweigepflicht, so kann ein Ausschluss aus der Personalvertretung durch Gerichtsbeschluss erfolgen. Sofern es wissentlich oder vorsätzlich geschieht, handelt es sich regelmäßig um eine grobe Pflichtverletzung im Sinne des § 22 Abs. 1 LPersVG.

In Literatur und Rechtsprechung wird die Frage nach der Schwere der Schuld unterschiedlich bewertet. Nach einer Entscheidung des Verwaltungsgerichtes Ansbach ist die Frage nach der Schwere der Schuld unerheblich, der schuldhafte Verstoß ist bereits ausreichend (VG Ansbach v. 5.7.1976, PersV 1977, 226). Das Bundesverwaltungsgericht hat in seiner Entscheidungspraxis eine entsprechende Rechtsposition eingenommen: Gibt ein Personalratsmitglied Informationen über das Abstimmungsverhalten einzelner Personalratsmitglieder an eine Gewerkschaftszeitschrift weiter, so kann es im Wege des Erlasses einer einstweiligen Verfügung ausgeschlossen werden. In einem solchen Fall ist es dem Personalrat nicht zuzumuten, den rechtskräftigen Ausgang des Hauptsacheverfahrens abzuwarten (OVG Lüneburg v. 15.12.1997 – 18 M 4676/97, n. v.).

Wird der Straftatbestand der §§ 203 und 353b StGB erfüllt, so kommt eine strafrechtliche Verfolgung in Betracht. Beamte können zusätzlich disziplinarrechtlich verfolgt und Arbeitnehmer fristlos entlassen werden. Für die fristlose Entlassung ist allerdings Voraussetzung, dass für den Arbeitgeber eine weitere Beschäftigung nicht mehr zumutbar ist.

Auszug aus dem StGB:

§ 203 (Verletzung von Privatgeheimnissen)

(1) Wer unbefugt ein fremdes Geheimnis, namentlich ein zum persönlichen Lebensbereich gehörendes Geheimnis oder ein Betriebs- oder Geschäftsgeheimnis, offenbart, das ihm als ... anvertraut worden oder sonst bekannt geworden ist, wird mit Freiheitsstrafe bis zu einem Jahr oder mit Geldstrafe bestraft.

(2) Ebenso wird bestraft, wer unbefugt ein fremdes Geheimnis, namentlich ein zum persönlichen Lebensbereich gehörendes Geheimnis oder ein Betriebs- oder Geschäftsgeheimnis, offenbart, das ihm als

1. ...
2. ...
3. Person, die Aufgaben und Befugnisse nach dem Personalvertretungsrecht wahrnimmt,
4. ...
5. ...

anvertraut oder bekanntgeworden ist. Einem Geheimnis im Sinne des Satzes 1 stehen Einzelangaben über persönliche oder sachliche Verhältnisse eines anderen gleich, die für Aufgaben der öffentlichen Verwaltung erfaßt worden sind; Satz 1 ist jedoch nicht anzuwenden, soweit solche Einzelangaben anderen Behörden oder sonstigen Stellen für Aufgaben der öffentlichen Verwaltung bekannt gegeben werden und das Gesetz dies nicht untersagt.

§ 353b (Verletzung von Dienstgeheimnissen)

(1) Wer ein Geheimnis, das ihm als

1. ...
2. ...
3. Person, die Aufgaben oder Befugnisse nach dem Personalvertretungsrecht wahrnimmt,

anvertraut worden oder sonst bekanntgeworden ist, unbefugt offenbart und dadurch wichtige öffentliche Interessen gefährdet, wird mit Freiheitsstrafe bis zu fünf Jahren oder mit Geldstrafe bestraft. Hat der Täter durch die Tat fahrlässig wichtige öffentliche Interessen gefährdet, so wird er mit Freiheitsstrafe bis zu einem Jahr oder mit Geldstrafe bestraft.

(2) ...

(3) Der Versuch ist strafbar.

Da es sich bei § 71 LPersVG um eine Schutzvorschrift im Sinne des § 823 Abs. 2 BGB handelt, kann die Verletzung der Schweigepflicht einen Schadensersatzanspruch aus unerlaubter Handlung zugunsten desjenigen begründen, dessen Geheimnissphäre verletzt worden ist.

Beachtung datenschutzrechtlicher Vorschriften (§ 71 Abs. 3 LPersVG)

Der Personalrat erhält und verarbeitet eine Vielzahl sehr unterschiedlicher, teils hochsensibler personenbezogener Daten. Leider hat es der Landesgesetzgeber versäumt, mit der Novellierung 2024/2025 weitergehende Bestimmungen zum Datenschutz in das Gesetz aufzunehmen. Unstrittig ist, dass der Personalrat bei der Verarbeitung personenbezogener Daten die datenschutzrechtlichen Bestimmungen einzuhalten hat. Diese ergeben sich insbesondere aus der EU-Datenschutz-Grundverordnung (= Verordnung (EU) 2016/679 des Europäischen Parlaments und des Rates vom 27. April 2016 zum Schutz natürlicher Personen bei der Verarbeitung personenbezogener Daten, zum freien Datenverkehr und zur Aufhebung der Richtlinie 95/46/EG – ABl. EU Nr. L 119 S. 1) und dem Landesdatenschutzgesetz. Daraus ergibt sich für die Dienststelle auch die Verpflichtung, dem Personalrat die hierfür erforderlichen Sachmittel zur Verfügung zu stellen, damit dieser in die Lage versetzt wird, die personenbezogenen Daten zu sichern.

In den Personalvertretungsgesetzen einiger Bundesländer und im Personalvertretungsgesetz des Bundes (BPersVG) findet man die Regelung, dass die Dienststelle der für die Verarbeitung Verantwortliche im Sinne der datenschutzrechtlichen Vorschriften ist. Daraus folgt, dass Dienststelle und Personalvertretung im Rahmen der Erfüllung der datenschutzrechtlichen Pflichten auf gegenseitige Unterstützung angewiesen sind. Folgt man dieser Auffassung, trifft den Personalrat keine Pflicht, ein eigenes Verzeichnis von Verarbeitungstätigkeiten (Art. 30 der EU-Datenschutz-Grundverordnung) zu führen, allerdings muss das Verarbeitungsverzeichnis der Dienststelle auch die Verarbeitungstätigkeiten des Personalrats enthalten. Bei den datenschutzrechtlichen Auskunftsrechten

(Art. 15 der EU-Datenschutz-Grundverordnung) ist die Dienststelle ebenfalls auf die Unterstützung der Personalvertretung angewiesen, wenn und soweit der Auskunftsanspruch sich auf die durch den Personalrat verarbeiteten Daten, nicht aber z. B. die Vertraulichkeit des Meinungsbildungsprozesses bezieht.

Überwachungs-, Schutz- und Förderungsaufgaben (§§ 68 und 69 LPersVG)

Neben der Zusammenarbeit mit der Dienststelle obliegen der Personalvertretung eine Reihe wichtiger allgemeiner Aufgaben, bei denen es sich um Überwachungs-, Schutz- und Förderungsaufgaben handelt.

Dies sind Regelungen über die generelle Aufgabenstellung der Personalvertretung. Daneben besteht die Verpflichtung der Dienststelle, die Personalvertretung zu unterrichten.

Allgemeine Aufgaben sind:

- Bestellung eines Wahlvorstands, § 16 Abs. 1 LPersVG
- Erstattung eines Tätigkeitsberichtes, § 48 Abs. 1 LPersVG
- Überwachung dahingehend, „dass alle Angehörigen der Dienststelle nach Recht und Billigkeit behandelt werden, insbesondere, dass jede Benachteiligung aus Gründen ihrer Rasse oder wegen ihrer ethnischen Herkunft, ihrer Abstammung oder sonstigen Herkunft, ihrer Nationalität, ihrer Religion oder Weltanschauung, ihrer Behinderung, ihres Alters, ihrer politischen oder gewerkschaftlichen Betätigung oder Einstellung oder wegen ihres Geschlechts oder ihrer sexuellen Identität unterbleibt", § 68 Abs. 1 LPersVG
- Einsatz für die Wahrung der Vereinigungsfreiheit der Beschäftigten, § 68 Abs. 2 LPersVG
- Maßnahmen, die der Dienststelle und deren Angehörigen dienen, zu beantragen (allgemeines, formfreies Antragsrecht), § 69 Abs. 1 Nr. 1 LPersVG

- Überwachung, ob die zugunsten der Beschäftigten bestehenden Normen angewandt werden, § 69 Abs. 1 Nr. 2 LPersVG
- Entgegennahme von Anregungen und Beschwerden und Hinwirken auf Erledigung, soweit sie berechtigt sind, § 69 Abs. 1 Nr. 3 LPersVG
- Beantragung von Maßnahmen, die der Gleichbehandlung von Frauen und Männern dienen, § 69 Abs. 1 Nr. 4 LPersVG
- Beantragung von Maßnahmen, die die familienfreundlichen Arbeitsbedingungen der Beschäftigten durch die Dienststelle fördern (z. B. Pflege von Angehörigen), § 69 Abs. 1 Nr. 5 LPersVG
- Förderung der Eingliederung und der beruflichen Entwicklung Schwerbehinderter und sonstiger schutzbedürftiger, insbesondere älterer Personen, § 69 Abs. 1 Nr. 6 LPersVG
- Beantragung von Maßnahmen zur beruflichen Förderung Schwerbehinderter, § 69 Abs. 1 Nr. 7 LPersVG
- Zusammenarbeit mit der Jugend- und Auszubildendenvertretung, § 69 Abs. 1 Nr. 8 LPersVG
- Förderung der Eingliederung ausländischer Beschäftigter in die Dienststelle und des Verständnisses zwischen ihnen und den deutschen Beschäftigten, § 69 Abs. 1 Nr. 9 LPersVG

Einsatz für die Wahrung der Interessen der Fernarbeitnehmerinnen und Fernarbeitnehmer, § 69 Abs. 1 Nr. 10 LPersVG

Formelle Beteiligungsrechte (§§ 73 ff. LPersVG)

Die Regelungen über die formellen Beteiligungsrechte gehören zu den zentralen Bestimmungen des Personalvertretungsrechts und sind von besonderer Bedeutung für die Aufgaben der Personalvertretung.

Das formelle Beteiligungsverfahren kennt die Formen der Mitbestimmung, der eingeschränkten Mitbestimmung, der Mitwirkung und der Anhörung.

3

Grundsätze und Durchführung der Beteiligung	
§ 73 LPersVG	Grundsätze der Mitbestimmung
§ 74 LPersVG	Verfahren der Mitbestimmung
§ 75 LPersVG	Einigungsstelle
§ 82 LPersVG	Verfahren der Mitwirkung
Mitbestimmungsrecht des Personalrats	
§ 78 LPersVG	personelle Angelegenheiten der Arbeitnehmerinnen und Arbeitnehmer
§ 79 LPersVG	personelle Angelegenheiten der Beamtinnen und Beamten
§ 80 LPersVG	soziale und sonstige innerdienstliche sowie organisatorische und wirtschaftliche Angelegenheiten
Ausnahmen von der Mitbestimmung	
§ 81 LPersVG	Ausnahmen von der Mitbestimmung in personellen Angelegenheiten
Mitwirkungsrecht des Personalrats	
§ 83 LPersVG	Mitwirkung des Personalrats bei Kündigungen
Anhörungstatbestände in § 84 Satz 1 LPersVG	
Nr. 1	Personalplanung, Personalanforderungen einschließlich des geplanten Personalausgabenbudgets zum Haushaltsvoranschlag vor der Weiterleitung
Nr. 2	Aufteilung des Personalausgabenbudgets
Nr. 3	Erstellung und Anpassung von Gleichstellungsplänen
Nr. 4	Wesentliche Änderungen der Behördenorganisation und der Geschäftsverteilung
Nr. 5	Erweiterung von Dienststellen
Nr. 6	Neu-, Aus- und Umbau von Dienstgebäuden

Grundsätze und Durchführung der Beteiligung	
Nr. 7	Vergabe oder Privatisierung von Arbeiten und Aufgaben, die bisher durch Beschäftigte der Dienststelle wahrgenommen werden
Formelles Initiativrecht des Personalrats	
§ 74 Abs. 3 LPersVG	soziale und sonstige innerdienstliche Angelegenheiten, personelle sowie organisatorische und wirtschaftliche Angelegenheiten

Bedeutung Initiativrecht

Nach der Rechtsprechung des Bundesverwaltungsgerichtes gibt das Initiativrecht der Personalvertretung die Möglichkeit, dafür Sorge zu tragen, dass „beteiligungspflichtige Angelegenheiten nicht oder jedenfalls nicht zu lange ungeregelt bleiben, weil die Dienststelle nicht initiativ wird" (BVerwG v. 13.2.1976, BVerwGE 50, 176 = ZBR 1976, 351 = PersV 1977, 179). Wird also eine zu regelnde Angelegenheit überhaupt nicht geregelt oder bleibt sie über einen längeren Zeitraum ungeregelt, steht der Personalvertretung das Initiativrecht zu.

Nach § 74 Abs. 3 LPersVG kann der Personalrat in sozialen und sonstigen innerdienstlichen Angelegenheiten, in personellen sowie in organisatorischen und wirtschaftlichen Angelegenheiten eine Maßnahme, die seiner Mitbestimmung unterliegt, schriftlich oder elektronisch bei der Dienststellenleitung beantragen.

Hinzu kommt ein allgemeines formloses Initiativrecht nach § 69 Abs. 1 Nr. 1 LPersVG.

Sonstige Beteiligungsrechte

Sonstige Rechte und Pflichten aus der Beteiligung der Personalvertretung regeln Angelegenheiten oder begründen Ansprüche, die nicht den formellen Beteiligungsrechten zuzuordnen sind:

§ 69 Abs. 2 LPersVG	Rechtzeitige, fortlaufende und umfassende Unterrichtung
§ 69 Abs. 3 LPersVG	Teilnahme an Vorstellungs- und Auswahlgesprächen; ein Mitglied des Personalrats ist auf Verlangen der oder des zu Beurteilenden an dem Beurteilungsgespräch zu beteiligen.
§ 69 Abs. 7 LPersVG	Bei dienstlichen Gesprächen der Beschäftigten zur Überprüfung von Pflichtverletzungen, die zu arbeits- oder disziplinarrechtlichen Maßnahmen führen können, haben die Beschäftigten das Recht, ein Mitglied des Personalrats hinzuzuziehen.

Wichtig: Bei dienstlichen Gesprächen ist die oder der Beschäftigte über das beabsichtigte Gespräch rechtzeitig vorher zu unterrichten und auf das Recht hinzuweisen, ein Mitglied des Personalrats an dem Gespräch zu beteiligen und zu verlangen, dass dienstliche Beurteilungen der Personalvertretung zur Kenntnis zu bringen sind (§ 69 Abs. 8 LPersVG).

§ 76 LPersVG	Abschluss von Dienstvereinbarungen Eine Dienstvereinbarung ist in allen Angelegenheiten des Personalvertretungsrechts zulässig, soweit sie nicht lediglich Einzelmaßnahmen betreffen. Sie dient dazu, bestimmte Angelegenheiten für die nach dem Gesetz handelnden Partner verbindlich festzulegen, soweit eine gesetzliche oder tarifliche Regelung nicht besteht. Die Dienstvereinbarung ist eine generelle Regelung für eine Vielzahl von Einzelfällen.
§ 84 LPersVG	Beteiligung bei organisatorischen Maßnahmen
§ 85 LPersVG	Teilnahme an Prüfungen
§ 86 LPersVG	Beteiligung beim Arbeitsschutz Pflicht des Personalrats, bei der Vorbeugung und Bekämpfung von Unfall- und Gesundheitsgefahren mitzuwirken; Recht auf Hinzuziehung in Angelegenheiten des Arbeitsschutzes; Teilnahmerecht des Personalrats an Besprechungen in Sicherheitsfragen; Recht auf Aushändigung von Durchschriften zu Unfallanzeigen.

Pflicht zur Beteiligung

Die Aufzählung der Beteiligungsrechte ist abschließend und erschöpfend. Eine Erweiterung ist nicht möglich. Der Personalrat ist zur Beteiligung verpflichtet. Er kann auf sein Recht nicht verzichten oder es übertragen.

Dienstbefreiung (§ 39 Abs. 2 und 4 LPersVG)

Um das ihnen durch Wahl zugefallene Amt ordnungsgemäß wahrnehmen zu können, müssen die Mitglieder der Personalvertretung Zeit in Form von Dienstbefreiung erhalten (§ 39 Abs. 2 und 4 LPersVG). Soweit es zur ordnungsgemäßen Durchführung der Aufgaben erforderlich ist, gewährt das Personalvertretungsgesetz Dienstbefreiung ohne Minderung der Arbeitsentgelte oder Dienstbezüge. Die Ausübung der Personalratstätigkeit geht dem planmäßigen Dienst vor (OVG Münster v. 26.10.1956, ZBR 1957, 93 hier: Mitglieder des Wahlvorstands), denn sie dient der vom Gesetz geforderten ordnungs- und sachgemäßen Erfüllung der dem Personalrat übertragenen Aufgaben (BVerwG v. 16.10.1997, ZBR 1978, 242 = PersV 1979, 112).

Die Mitglieder der Personalvertretungen sind allerdings aufgerufen, die Dringlichkeit der beruflichen Tätigkeit und der Personalratsarbeit gegeneinander abzuwägen. Ist die Wahrnehmung der dienstlichen Aufgabe im Ausnahmefall unabweisbar dringend erforderlich, so ist ihr der Vorzug zu geben (vgl. für das BetrVG: BAG v. 11.6.1997, Leits. ZBVR 1998, 73 = ZTR 1997, 524). Dabei hat das einzelne Mitglied zu prüfen, ob es die Inanspruchnahme der Dienstbefreiung auf Grund der gegebenen Sachlage nach pflichtgemäßem Ermessen und unter vernünftiger Würdigung aller objektiven Umstände für erforderlich ansehen darf. Ist die Wahrnehmung der dienstlichen Aufgabe im Ausnahmefall unabweisbar dringend erforderlich, so ist ihr der Vorzug zu geben (vgl. für das BetrVG: BAG v. 11.6.1997, Leits. ZBVR 1998, 73 = ZTR 1997, 524).

Voraussetzungen für einen Rechtsanspruch auf Dienstbefreiung

Das Gesetz sieht unter zwei Voraussetzungen einen Rechtsanspruch auf Dienstbefreiung vor:

1. Die Dienstbefreiung muss der ordnungsgemäßen Durchführung von Personalratsaufgaben oder der ordnungsgemäßen Wahrnehmung von Personalratsbefugnissen dienen und
2. die Mitglieder des Personalrats dürfen die Dienstbefreiung aus ihrer Sicht für „erforderlich" ansehen.

Liegen diese Voraussetzungen vor, bedarf es keiner Zustimmung oder Einwilligung der Dienststellenleitung oder der sonstigen Vorgesetzten (BAG, AP 4 zu § 37 BetrVG; BAG v. 6.8.1981, AP 39 zu § 37 BetrVG, LAG BW v. 1.6.1976, DB 1976, 1820; Lautenbach u. a., Personalvertretungsrecht Rheinland-Pfalz, § 39 Rn. 25).

Wichtig: Der rechtlichen Regelung ist mittelbar zu entnehmen, dass das einzelne Personalratsmitglied auf eine solche Dienstbefreiung Anspruch hat. Dieses entbindet aber nicht von den arbeitsvertraglichen oder dienstrechtlichen Verpflichtungen. Es ist selbstverständlich, den jeweiligen Vorgesetzten von einer Abwesenheit im Rahmen der Personalratstätigkeit in Kenntnis zu setzen. Obwohl bei Vorliegen der rechtlichen Voraussetzungen die Verpflichtung zur Arbeitsleistung kraft Gesetzes entfällt, besteht vonseiten des Personalratsmitglieds eine Abmeldepflicht. Nur wenn der Dienststelle dieser Umstand bekannt ist, ist sie in der Lage, für die erforderliche Zeit für eine Vertretung zu sorgen. Die Abmeldung bei dem jeweiligen unmittelbaren Vorgesetzten muss so erfolgen, dass die Dienststelle Zeit für die Vorgabe der notwendigen Dispositionen hat.

Bei der Abmeldung sollte das Personalratsmitglied folgende Angaben machen (Lautenbach u. a., Personalvertretungsrecht Rheinland-Pfalz, § 39 Rn. 32):

1. Hinweise auf die Wahrnehmung personalvertretungsrechtlicher Aufgaben ohne nähere Spezifizierung,
2. Ort der Personalratstätigkeit,
3. zeitlicher Beginn der Abwesenheit,
4. voraussichtliche Dauer der Abwesenheit.

Der jeweilige unmittelbare Vorgesetzte kann dem Verlassen des Arbeitsplatzes nur dann widersprechen, wenn hierdurch eine wesentliche und unzumutbare Störung des Arbeitsablaufs entstehen würde (Lautenbach u. a., Personalvertretungsrecht Rheinland-Pfalz, § 39 Rn. 35).

Personalratsaufgaben während der Arbeitszeit

Das einzelne Personalratsmitglied erledigt die ihm übertragenen Personalratsaufgaben während der üblichen Arbeitszeit. Für diesen Zeitraum ist es von der Erbringung der Arbeitsleistung befreit, muss aber im entsprechenden Umfang Personalratstätigkeit verrichten. Bei der Zuteilung des Arbeitspensums ist die Dienststelle gehalten, die Personalratstätigkeit eines Beschäftigten adäquat zu berücksichtigen (vgl. für das BetrVG: BAG v. 27.6.1990, BAGE 65, 230 = BB 1991, 759 = DB 199, 973).

Dienstliche Aufgaben

Die Verpflichtung zur Dienstbefreiung erledigt sich nicht dadurch, dass die zur Wahrnehmung der Aufgaben erforderliche freie Zeit gewährt wird. Die Dienststelle kann sich nicht darauf beschränken, das Personalratsmitglied für die Zeit, in der es Personalratstätigkeit verrichtet, von seiner dienstlichen Tätigkeit freizustellen, um ihm anschließend das volle Arbeitspensum abzuverlangen, das auf eine Diensttätigkeit ohne Personalratszugehörigkeit zugeschnitten worden ist. Das Personalratsmitglied würde dadurch von der Dienststelle in die Zwangslage gebracht, die ihm übertragenen dienstlichen Aufgaben oder die Personalratstätigkeit zu vernachlässigen. Es müsste sich folglich zwischen einem dienst- oder arbeitsrechtlichen Vergehen und einem Pflichtverstoß entscheiden. Aus dem Grundsatz der vertrauensvollen Zusammenarbeit heraus muss die Dienststelle solche Konfliktsituationen vermeiden und die ordnungsgemäße Wahrnehmung personalvertretungsrechtlicher Aufgaben sicherstellen.

§ 39 Abs. 2 und 4 LPersVG erteilt zwar nicht kraft Gesetzes automatisch eine Dienst- und Arbeitsbefreiung, der Vorschrift ist aber mittelbar zu entnehmen, dass dem einzelnen Personalratsmitglied hier ein gesetzlicher Anspruch zusteht. In einzelnen Fällen kann durchaus auch ein Verstoß gegen § 6 LPersVG vorliegen. Das dort festgeschriebene Behinderungsverbot schließt grundsätzlich jede Form der Erschwerung oder Beeinträchtigung, Störung oder Belastung aus. Aus dem Sinngehalt des Gesetzes ist eindeutig abzuleiten, dass der Gesetzgeber nicht gewollt hat, dass die Mitglieder des Personalrats Freizeit für ihre Tätigkeit in Anspruch nehmen müssen.

Missbraucht ein Personalratsmitglied die gesetzliche Regelung über die Arbeitsbefreiung, liegt darin sowohl ein Pflichtenverstoß als Inhaber des Amtes als Personalratsmitglied im Sinne von § 22 Abs. 1 LPersVG wie auch eine Verletzung der beamten- oder arbeitsrechtlichen Pflichten (Lautenbach u. a., Personalvertretungsrecht Rheinland-Pfalz, § 39 Rn. 36).

Recht auf Freistellung (§ 40 LPersVG)

Unter Freistellung im Sinne des § 40 LPersVG ist die Form der Dienstbefreiung zu verstehen, die nicht in eigener Verantwortung kurzfristig in Anspruch genommen, sondern von der Dienststelle generell gewährt wird. Da für die Teilnahme an der Personalratssitzung Dienstbefreiung generell erteilt ist (BVerwG v. 22.4.1987, ZBR 1987, 247 = PersV 1988, 133), sind bei der Ermittlung des Freistellungsumfanges alle anderen Tätigkeiten, insbesondere die laufende Geschäftsführung, zu berücksichtigen.

Auswahl der freizustellenden Mitglieder (§ 40 Abs. 4 LPersVG)

Der Personalrat entscheidet durch Beschluss, welches seiner Mitglieder freigestellt werden soll. In der Auswahl der für eine Freistellung vorzuschlagenden Mitglieder ist der Personalrat nicht frei. Bei der Auswahl der freizustellenden Mitglieder hat der Personalrat zunächst die nach § 26 LPersVG gewählten Vorstandsmitglieder in der Reihenfolge ihrer Stellvertretung und sodann die weiteren Vorstandsmitglieder zu berücksichtigen (§ 40 Abs. 4 LPersVG).

Freistellungsschlüssel (§ 40 Abs. 2 LPersVG)

Der Zahlenkatalog für Freistellungen gilt nur für die örtlichen Personalvertretungen. Die Aufschlüsselung enthält Mindestzahlen, die den Normalfall regeln. Daher kann ein Dienststellenleiter bei einem den Freistellungsschlüssel ausschöpfenden Antrag nicht einwenden, dass diese Freistellung nicht erforderlich sei (OVG Münster v. 15.4.1991, RiA 1992, 149; OVG Lüneburg v. 5.10.1993, PersR 1993, 568). Die Personalvertretung ihrerseits ist verpflichtet, die vom Gesetz eingeräumte Zahl der Freistellungen auszunutzen, um eine möglichst hohe Effektivität der Personalratsarbeit zu erreichen (BVerwG v. 26.10.1977, ZBR 1978, 242 = PersV 1979, 112). Verzichtet eine Personalvertretung ohne einen besonderen Grund auf eine ihr zustehende Freistellung, kann dies unter Würdigung der Umstände des Einzelfalles eine Pflichtverletzung im Sinne des § 22 Abs. 1 LPersVG darstellen.

Wahrnehmung der Freistellung

Hat der Personalrat durch seinen Beschluss ein Personalratsmitglied „voll" freigestellt, so ist dieses vollständig von jeglicher dienstlicher Tätigkeit befreit. Der dem Personalrat zustehende Freistellungsanspruch soll sicherstellen, dass er seinen gesetzlichen Auftrag ordnungsgemäß und wirksam erfüllen kann (BVerwG v. 17.1.1969, BVerwGE 31, 192). Der Anspruch auf Freistellung steht daher auch dem Personalrat als Gremium zu, welches darüber unter Berücksichtigung der gesetzlichen Vorgaben durch Beschluss entscheidet. Der Gesetzgeber hat gezielt geregelt, dass die Freistellung der Erfüllung der dem Personalrat übertragenen Aufgaben dient.

Wichtig: Das voll freigestellte Personalratsmitglied ist nicht befugt, über diese Zeit frei zu befinden, indem es, und sei es auch nur ausnahmsweise, dienstliche Aufgaben wahrnimmt. Ein Dienststellenleiter darf keine entsprechende Anweisung geben.

Durch die Freistellung entfällt für das Personalratsmitglied die Pflicht zur Dienstleistung (BVerwG v. 19.9.1984, BVerwGE 76, 192; BVerwG v. 23.2.1994, ZBR 1994, 280). Allerdings ändert die Freistellung nichts an seiner Rechtsstellung in Bezug auf das Beschäftigungsverhältnis als Arbeitnehmer oder Beamter. Die sonstigen Rechte und Pflichten aus dem Beschäftigungsverhältnis, wie z. B. Arbeitszeitregelungen, bleiben durch die Freistellung unberührt.

Teilfreistellungen (§ 40 Abs. 2 Satz 2 LPersVG)

Auf Antrag des Personalrats sollen anstelle der ganzen Freistellung eines Mitglieds mehrere Mitglieder zum Teil freigestellt werden. In Dienststellen mit weniger als 300 Beschäftigten sind in entsprechender Anwendung der Freistellungsstaffel des § 40 Abs. 2 Satz 1 LPersVG Teilfreistellungen vorzunehmen. Der Landesgesetzgeber hat in § 40 Abs. 2 Satz 2 LPersVG geregelt, dass auf Antrag des Personalrats anstelle der ganzen Freistellung eines Mitglieds mehrere Mitglieder zum Teil freigestellt werden sollen. Ein solcher Antrag wäre immer dann zulässig, wenn nicht genügend Mitglieder des Personalrats bereit sind, eine volle Freistellung zu übernehmen oder dies aufgrund dienstlicher Belange erforderlich ist. Die Dienststellenleitung kann einem solchen von der Personalvertretung gestellten Antrag nur dann widersprechen, wenn damit ein erheblicher, besonderer organisatorischer Verwaltungsaufwand verbunden ist.

Werden die Teilfreistellungen durch eine Zersplitterung von Freistellungsanteilen so verteilt, dass eine ordnungsgemäße Erledigung der Aufgaben des Personalrats nicht mehr sichergestellt oder dadurch sogar die Funktionsfähigkeit des Gremiums beeinträchtigt wird, dürfen diese nicht erfolgen (VG Darmstadt v. 23. 1. 2018; Hess. VGH v. 28. 11. 2018, ZfPR online 4/2019, 18; Lautenbach u. a., Personalvertretungsrecht Rheinland-Pfalz, § 40 Rn. 20). Die Freistellung dient dem Ziel, die Personalratsarbeit zu unterstützen und die Aufgabenwahrnehmung zu erleichtern, nicht sie ineffizient zu machen. So hat beispielhaft der Bundesgesetzgeber geregelt, dass Freistellungen mindestens 20 Prozent der regelmäßigen wöchentlichen Arbeitszeit zu betragen haben. Auszugehen ist dabei vom Stundenumfang einer Vollzeitstelle, nicht der eventuellen Teilzeitarbeitszeit des Freizustellenden. Die Dienststelle hat die Gründe detailliert darzulegen. Durch Dienstvereinbarung können im Rahmen der Freistellungsstaffel des § 40 Abs. 2 Satz 1 LPersVG andere Regelungen getroffen werden. Kommt eine Einigung nicht zustande, entscheidet auf Antrag des Personalrats die Einigungsstelle verbindlich. Liegt die Beschäftigtenzahl in einer Dienststelle unter 300, so sind nach § 40 Abs. 2 Satz 3 LPersVG entsprechend der Freistellungsstaffel Teilfreistellungen vorzunehmen (Lautenbach u. a., Personalvertretungsrecht Rheinland-Pfalz, § 40 Rn. 21).

Stufenvertretung, Gesamtpersonalrat (§§ 55 Abs. 1, 57 LPersVG)

Die Stufenvertretungen und der Gesamtpersonalrat haben einen Freistellungsanspruch nach § 55 Abs. 1 LPersVG bzw. § 57 LPersVG in entsprechender Anwendung des § 40 Abs. 1 LPersVG. Die Freistellungsstaffel findet keine Anwendung. Es kommt also allein auf Art und Umfang der der Stufenvertretung oder dem Gesamtpersonalrat obliegenden Aufgaben an. Zu berücksichtigen ist auch, dass der Tätigkeit der Stufenvertretungen beim Verfahren der Nichteinigung eine besondere Bedeutung zukommt. Es werden hier hohe Anforderungen an die Verhandlungsbereitschaft und den Einigungswillen der personalvertretungsrechtlichen Partner gestellt. Eine Konsensbildung erfordert nicht nur eine besondere soziale Kompetenz, sondern auch einen großen zeitlichen Aufwand, dem im besonderen Maße Rechnung zu tragen ist. Nur so kann die Personalvertretung in die Lage versetzt werden, ihre Aufgaben kompetent wahrzunehmen. Der Umfang der Freistellung kann durch Dienstvereinbarung geregelt werden.

Verbot der Anrufung außenstehender Stellen (§ 67 Abs. 6 LPersVG)

Außenstehende Stellen dürfen erst angerufen werden, wenn eine Einigung innerhalb der Dienststelle nicht mehr möglich ist (§ 67 Abs. 6 LPersVG). Dazu gehören alle Stellen außerhalb der Dienststelle, die Streitschlichtungsfunktion haben.

Beispiele:

Vorgesetzte Dienststellen, Verwaltungsgerichte, Einigungsstellen

Aus dem Gebot der vertrauensvollen Zusammenarbeit ergibt sich für Dienststellenleiter und Personalvertretung die Verpflichtung, alle Konfliktfälle so zu behandeln, dass eine dienststelleninterne Lösung möglich ist.

Sach- und Rechtsauskünfte dienen der Beratung der Personalvertretung. Sie sind daher selbstverständlich nicht verwehrt. Gewerkschaften und Arbeitgebervereinigung sind ebenso wenig außenstehende Stellen wie der Landesbeauftragte für den Datenschutz; diese Stellen üben Beratungsfunktionen aus. Sie werden nicht, wie z. B. die Verwaltungsgerichte, zur Beilegung von Streitigkeiten angerufen. In Wahrnehmung seiner Aufgaben im Rahmen des Arbeitsschutzes ist der Personalrat berechtigt, die für den Arbeitsschutz und die Arbeitssicherheit zuständigen Behörden oder Träger der Unfallverhütung in Anspruch zu nehmen.

Das Verbot der Anrufung außenstehender Stellen richtet sich sowohl an den Dienststellenleiter als auch an die Personalvertretung.

§

Verbot der Anrufung außenstehender Stellen; Beratung durch einen Rechtsanwalt (OVG Berlin v. 3.3.1999 – OVG 60 PV 16/97) zum Landespersonalvertretungsgesetz Berlin

Beabsichtigt der Personalrat, zu seiner Beratung einen Rechtsanwalt hinzuzuziehen oder ihn zu beauftragen, das personalvertretungsrechtliche Beschlussverfahren einzuleiten, so muss dem ein ernsthafter Einigungsversuch mit dem Leiter der Dienststelle vorangehen. Dies ergibt sich zum einen schon aus dem in § 2 Abs. 1 PersVG Bln enthaltenen Grundsatz der vertrauensvollen Zusammenarbeit zwischen Dienststelle und Personalvertretung und zum anderen aus § 70 Abs. 3 PersVG Bln, wonach Dienststelle und Personalrat andere Stellen erst anrufen dürfen, nachdem eine Einigung nicht erzielt worden ist. Zuvor haben Dienststelle und Personalrat über strittige Fragen mit dem ernsten Willen zur Einigung zu verhandeln und Vorschläge für die Beilegung von Meinungsverschiedenheiten zu machen (vgl. § 70 Abs. 1 Satz 3 PersVG Bln).

Recht auf Durchführung von Entscheidungen (§ 77 LPersVG)

Soweit nichts anderes vereinbart war, führt die Dienststelle nach Abschluss des Beteiligungsverfahrens die Angelegenheit in angemessener Frist durch (§ 77 Satz 1 letzter Halbsatz LPersVG). Wird nach Beteiligung der Personalvertretung ein Rechtsverstoß erkennbar oder ist eine wesentliche Änderung der tatsächlichen Voraussetzungen eingetreten, so kann eine Dienststelle ausnahmsweise gehindert sein, die Maßnahme umzusetzen. Ferner kann die Dienststelle aufgrund neuer Gesichtspunkte, Erkenntnisse oder Überlegungen von der beabsichtigten Maßnahme Abstand nehmen. Die gesetzliche Vorschrift begründet insoweit keine Verpflichtung, sondern regelt die Zuständigkeit.

Wird die Maßnahme ohne das Vorliegen nachvollziehbarer sachlicher Gründe nicht unverzüglich oder zum vereinbarten Zeitpunkt durchgeführt oder zumindest eingeleitet, so wird man der Personalvertretung das Recht zusprechen müssen, das Verwaltungsgericht anzurufen. Der Gesetzgeber hat zwar eine solche Aussage nicht explizit getroffen, anderenfalls würde aber die Regelung des § 77 Satz 1 LPersVG leerlaufen. Es kann sich in einem solchen Fall um einen Verstoß gegen das Gebot der vertrauensvollen Zusammenarbeit nach § 2 Abs. 1 LPersVG handeln.

Die Durchführung von Entscheidungen steht allein dem Dienststellenleiter im Rahmen seiner Befugnisse zu (OVG Berlin v. 14.5.1997 – OVG PV [Bln] 15/94). Das gilt auch für die Durchführung von Entscheidungen, an denen der Personalrat beteiligt war oder die gemeinsam mit ihm getroffen worden sind. Die Beteiligung des Personalrats ist auf die innerdienstliche Willensbildung beschränkt, während der mit Außenwirkung verbundene Vollzug der Entscheidung allein dem Dienststellenleiter obliegt. Der Personalrat kann grundsätzlich nicht als Vollzugsorgan dienstlicher Entscheidungen auftreten. Die Maßnahme muss vom Leiter der Dienststelle unverändert so durchgeführt werden, wie sie Gegenstand des Beteiligungsverfahrens war. Ist der Dienststellenleiter veranlasst, die beabsichtigte Maßnahme zu einem späteren Zeitpunkt oder in geänderter Form durchzuführen, muss er diese erneut dem Personalrat zur Beteiligung vorlegen.

Maßnahmen, die ohne die gesetzlich vorgeschriebene Beteiligung oder unter Verstoß gegen wesentliche Verfahrensvorschriften durchgeführt werden, sind unzulässig. Soweit Rechtsvorschriften nicht entgegenstehen, sind unzulässiger Weise durchgeführte Maßnahmen zurückzunehmen.

§

Durchführung von Entscheidungen
(OVG Berlin v 14.5.1997 – OVG PV [Bln] 15/94)

Die Durchführung von Entscheidungen steht allein dem Dienststellenleiter im Rahmen seiner Befugnisse zu. Das gilt auch für die Durchführung von Entscheidungen, an denen der Personalrat beteiligt war oder die gemeinsam mit ihm getroffen worden sind. Die Beteiligung des Personalrats ist auf die innerdienstliche Willensbildung beschränkt, während der mit Außenwirkung verbundene Vollzug der Entscheidung allein dem Dienststellenleiter obliegt. Der Personalrat kann grundsätzlich nicht als Vollzugsorgan dienstlicher Entscheidungen auftreten.

Pflicht zur Unterlassung von einseitigen Eingriffen in den Dienstbetrieb

Der Personalvertretung ist es untersagt, durch einseitige Handlungen in den Dienstbetrieb einzugreifen. Sie ist nicht befugt, eigenmächtig Anordnungen des Dienststellenleiters zu widerrufen, abzuändern oder an seiner Stelle zu treffen. Hier besteht das ausschließliche Direktionsrecht des Leiters der Dienststelle. Die Personalvertretung darf auch dann nicht in den Dienstbetrieb eingreifen, wenn sie der Auffassung ist, dass gegen geltendes Recht verstoßen werde. Sie hat die Möglichkeit, die Rücknahme der Maßnahme zu verlangen oder die vorgesetzte Dienststelle zu bitten, im Wege der Dienstaufsicht tätig zu werden. Verstößt ein Personalratsmitglied oder die Personalvertretung als Gremium gegen diese gesetzliche Bestimmung, kann der Tatbestand des § 22 Abs. 1 LPersVG erfüllt sein. Das hätte den Ausschluss des Personalratsmitglieds oder die Auflösung der Personalvertretung durch Gerichtsbeschluss zur Folge.

Pflicht zur Wahrnehmung der Aufgaben im Interesse aller Beschäftigten

Der Personalrat und seine Mitglieder müssen alles vermeiden, was geeignet ist, die Stellung des Personalrats als Repräsentant der Gesamtheit der Beschäftigten und als neutraler Sachwalter ihrer Interessen zweifelhaft erscheinen zu lassen. Geprägt wird das Amt eines Personalrats nach der Rechtsprechung durch die

Funktion, die Gesamtheit der Beschäftigten gegenüber der Dienststelle zu repräsentieren. Die Mitglieder der Personalvertretung müssen sich so verhalten, dass das Vertrauen der Beschäftigten in die Objektivität und Neutralität ihrer Amtsführung nicht beeinträchtigt wird.

Pflicht zur gewissenhaften Erfüllung der übertragenen Aufgaben (§ 22 LPersVG)

Die einzelnen Mitglieder und der Personalrat als Gremium sind zur gewissenhaften Ausübung der ihnen vom Gesetz übertragenen Aufgaben verpflichtet. Bei grober Pflichtverletzung oder grober Vernachlässigung der gesetzlichen Befugnisse besteht die Möglichkeit des Ausschlusses von einzelnen Mitgliedern oder der Auflösung des Personalrates durch Gerichtsbeschluss (§ 22 LPersVG). Zu den gesetzlichen Pflichten gehört auch die vom Gesetzgeber in § 71 LPersVG normierte Beachtung der Schweigepflicht.

Ausschluss einzelner Mitglieder

Ein einzelnes Personalratsmitglied kann bei Nachweis des persönlichen Verschuldens ausgeschlossen werden. Das Verschulden ist nicht auf Vorsatz oder grobe Fahrlässigkeit beschränkt. Leichte Fahrlässigkeit ist bereits ausreichend.

Voraussetzung für den Ausschluss aus einer Personalvertretung ist eine grobe Pflichtverletzung eines Personalratsmitglieds. Eine solche Pflichtverletzung ist gegeben, wenn der Verstoß objektiv erheblich oder schwerwiegend ist, das heißt, den Arbeitsfrieden innerhalb der Dienststelle ernstlich gefährdet oder nachhaltig stört (VG München v. 27.4.2009 – M 14 P 09/08). Hinzukommen muss, dass das Verhalten subjektiv schuldhaft ist, ein mangelndes Pflichtbewusstsein erkennen lässt oder auf die Tätigkeit der Personalvertretung von nicht unbedeutendem Einfluss ist (BVerwG v. 24.3.1997 – 6 B 92/96, ZfPR 1997, 112). Dabei können auch Wiederholungen, an sich unter Berücksichtigung des Einzelfalls leichter Pflichtverletzungen in ihrer Summe, zu einem groben Pflichtverstoß werden. Ist aus der Sicht eines objektiv urteilenden neutralen Beschäftigten durch das pflichtwidrige Handeln eines Personalratsmitglieds sein Vertrauen in die zukünftige ordnungsgemäße Amtsführung des Mitglieds zerstört oder zumindest schwer erschüttert, wird der Pflichtverstoß als schwerwiegend zu betrachten sein. Stellt der Personalrat einen solchen Ausschlussantrag, ist er berechtigt, nicht aber verpflichtet, dem betroffenen Personalratsmitglied vor Beschlussfassung Gelegenheit zur Äußerung zu geben (BVerwG v. 11.1.2006 – 6 PB 17/05).

Auflösung der Personalvertretung

Für die Auflösung der Personalvertretung reicht der Nachweis des objektiven Pflichtverstoßes aus. Von der Auflösung durch das Verwaltungsgericht sind auch diejenigen Personalratsmitglieder betroffen, die für den Verstoß nicht verantwortlich sind. Eine grobe Verletzung der gesetzlichen Pflichten wird immer ein Handeln voraussetzen. Bei einer groben Vernachlässigung der gesetzlichen Befugnisse handelt es sich dagegen eher um eine Art Untätigkeit.

Antragsberechtigte

Antragsberechtigt sind je nach Tatbestand ein Viertel der Wahlberechtigten oder eine in der Dienststelle vertretenen Gewerkschaft. Das Verwaltungsgericht kann nach Anhörung der in der Dienststelle vertretenen Gewerkschaften den Ausschluss eines Mitglieds aus dem Personalrat oder die Auflösung des Personalrats wegen grober Vernachlässigung seiner gesetzlichen Befugnisse oder wegen grober Vernachlässigung seiner gesetzlichen Pflichten beschließen. Der Personalrat kann aus den gleichen Gründen den Ausschluss eines Mitglieds beantragen. Die Dienststellenleitung kann den Ausschluss eines Mitglieds aus dem Personalrat oder die Auflösung des Personalrats wegen grober Verletzung seiner gesetzlichen Pflichten beantragen.

Schutz der persönlichen Stellung des Personalratsmitglieds

Recht auf ungehinderte Ausübung der Aufgaben und Befugnisse (§ 6 LPersVG)

Mit der Schutzvorschrift in § 6 LPersVG will der Gesetzgeber die Unabhängigkeit der Personen sicherstellen, die nach dem Personalvertretungsgesetz handeln. Gleichzeitig wird die ungehinderte Ausübung der Tätigkeit gewährleistet. Die Vorschrift verbietet jede Behinderung der Personalratsarbeit. Das Verbot der Behinderung und der Benachteiligung richtet sich gegen jeden, der Aufgaben und Befugnisse nach dem Personalvertretungsgesetz wahrnimmt. Dieses sind die Dienststellenleitung, deren Vertretung und sonstige Vorgesetzte und übergeordnete Dienststellen, die Beschäftigten, außenstehende Stellen und Verbände (z. B. Gewerkschaften und Arbeitgebervereinigungen) sowie die Personalvertretungen selbst (Lautenbach u. a. Personalvertretungsrecht Rheinland-Pfalz, § 6 Rn. 7).

Behinderung der Wahrnehmung der Aufgaben und Befugnisse (§ 6 Satz 1 LPersVG)

Zur Erfüllung des Tatbestandes der Behinderung im Sinne des Personalvertretungsgesetzes genügt bereits die objektive Behinderung. Ein Verschulden muss nicht dargetan werden, denn die Unzulässigkeit ergibt sich bereits aus der Tatsache, dass eine objektive Behinderung vorliegt. Bereits aus dem Grundsatz der „vertrauensvollen Zusammenarbeit" lässt sich ableiten, dass eine unbeabsichtigte Behinderung unverzüglich zu beheben ist. Wird die Behinderung nicht behoben, besteht die Möglichkeit, die vorgesetzte Dienststelle zu bitten, im Wege der Dienstaufsicht tätig zu werden.

Wird ein Personalratsmitglied wegen eines Verhaltens in Wahrnehmung seiner Personalratstätigkeit abgemahnt und ist diese Abmahnung nicht gerechtfertigt, stellt dies eine unzulässige Behinderung der Personalratsarbeit dar. Ungerechtfertigt ist eine solche Abmahnung, wenn das Verhalten des Personalratsmitglieds nicht zugleich eine grobe Verletzung arbeitsvertraglicher Pflichten darstellt. Sind daher keine Pflichten aus dem Arbeitsverhältnis verletzt worden und wird allein ein Verhalten im Bereich der Personalratstätigkeit gerügt, so ist die Abmahnung unzulässig (OVG Berlin-Brandenburg v. 18.5.2010 – OVG 61 PV 6/09).

Wird durch ein pflichtwidriges Verhalten die Wahrnehmung der Aufgaben des Personalrats wesentlich erschwert oder im Einzelfall sogar unmöglich gemacht, so liegt eine unzulässige Behinderung der Arbeit des Personalrats vor (BVerwG v. 28.7.1989 – 6 P 1.88; Buchholz 251.6 zu § 68 Nds. PersVG; BVerwG v. 27.8.1990, PersR 1990, 327; Lautenbach u. a., Personalvertretungsrecht Rheinland-Pfalz, § 6 Rn. 9).

Der Kommentar von Lautenbach u. a. „Personalvertretungsrecht Rheinland-Pfalz" nennt beispielhaft folgende Fälle der Behinderung (§ 6 Rn. 10):

- Verweigerung der vertrauensvollen Zusammenarbeit (§ 2 Abs. 1 LPersVG)
- Verbot der Teilnahme an Sitzungen (§ 29 LPersVG), an Sprechstunden (§ 42 LPersVG) und an Personalversammlungen (§ 47 LPersVG)
- Verweigerung der Räume, des Geschäftsbedarfs und der Bürokräfte im erforderlichen Umfang (§ 43 Abs. 2 LPersVG)
- Untersagung, sich schriftlich oder mündlich mit Anregungen und Beschwerden an den Personalrat zu wenden (§ 69 Abs. 1 Nr. 3 LPersVG)
- Weigerung, die erforderlichen Unterlagen vorzulegen (§ 69 Abs. 2 LPersVG)
- Behinderung der Tätigkeit der Einigungsstelle (§§ 74, 75 LPersVG)
- Übergehen der gesetzlichen Beteiligungsrechte, insbesondere der Mitbestimmungsrechte (§§ 78 ff. LPersVG)

Verbot der Benachteiligung (§ 6 Satz 2 LPersVG)

Unter Benachteiligung gemäß § 6 LPersVG versteht der Gesetzgeber jede objektive Schlechterstellung oder Zurücksetzung einer Person, die Aufgaben nach dem Personalvertretungsgesetz wahrnimmt, gegenüber vergleichbaren anderen Beschäftigten.

Sowohl der Begriff der Benachteiligung als auch der Sinn und Zweck des Benachteiligungsverbots setzen eine Maßnahme der Dienststelle voraus, die als Schlechterstellung gegenüber vergleichbaren Beschäftigten ohne Personalratsamt zu bewerten ist (BVerwG v. 27.1.2004, PersV 2004, 313; BVerwG v. 25.2.2004, PersV 2004, 338; BVerwG v. 25.11.2004, PersV 2005, 194; BVerwG v. 21.5.2007, PersV 2007, 455). In welcher Form eine solche Benachteiligung vorgenommen wird und welche Wirkungen sie hat, ist rechtlich unbeachtlich (Lautenbach u. a., Personalvertretungsrecht Rheinland-Pfalz, § 6 Rn. 13). In seiner neueren Rechtsprechung verlangt das Bundesverwaltungsgericht keine Benachteiligungsabsicht mehr. Der Tatbestand der Benachteiligung ist somit bereits dann erfüllt, wenn sie in ursächlichem Zusammenhang mit der Wahrnehmung personalvertretungsrechtlicher Aufgaben und Befugnisse steht und nicht auf sachlichen Gründen basiert (BVerwG v. 1.2.2010 – 6 PB 36/09). Liegt objektiv eine Benachteiligung des Personalratsmitglieds wegen seiner Personalratstätigkeit vor, sind die Kriterien erfüllt. Die Rechtsprechung verlangt nur noch eine kausale Verknüpfung zwischen der Schlechterstellung und der Personalratstätigkeit. Nach den Ausführungen des Bundesverwaltungsgerichts verleiht diese objektiv-kausale Betrachtungsweise dem in § 6 LPersVG normierten Benachteiligungsverbot die notwendige Effizienz. Eine Benachteiligung eines Personalratsmitglieds liegt nach den Ausführungen des 18. Senats des OVG Lüneburg (Beschluss v. 10.1.2018 – 18 LP 5/15) dann vor, „wenn ihm objektiv im Vergleich mit einem Beschäftigten in einer vergleichbaren Situation ohne Personalratsamt (durch positives Tun) ein dienstlicher oder privater Nachteil zugefügt (Schlechterstellung i.e.S. oder Zurücksetzung) oder (durch pflichtwidriges Unterlassen) eine Leistung (Vorteilsgewährung) vorenthalten wird, weil (kausal) es in einem Personalrat tätig ist oder war (Amtsstellung) oder sich dort in einer Angelegenheit in bestimmter Weise (konkretes Tätigwerden) verhalten hat".

Die Begünstigung von Personen, die Aufgaben nach dem Personalvertretungsgesetz wahrnehmen, ist gleichfalls verboten. Es darf keine Besserstellung oder Bevorzugung gegenüber den anderen vergleichbaren Beschäftigten geben.

Verbot der beruflichen Behinderung oder Benachteiligung (§ 6 Satz 2 Halbsatz 2, § 39 Abs. 1 und § 40 Abs. 5 LPersVG)

Nach § 6 LPersVG dürfen Personen, die Aufgaben oder Befugnisse nach dem Gesetz wahrnehmen, darin nicht behindert und wegen ihrer Tätigkeit nicht benachteiligt oder begünstigt werden; dies gilt auch für ihre berufliche Entwicklung. Nach § 39 Abs. 1 LPersVG darf die Freistellung nicht zur Beeinträchtigung des beruflichen Werdegangs führen.

Insbesondere bei ganz von ihrer beruflichen Tätigkeit freigestellten und mehrfach freigestellten Personalratsmitgliedern schafft dieses Benachteiligungsverbot eine besondere Problematik, weil der berufliche Werdegang durch eine Freistellung nicht beeinträchtigt werden darf. Wenn der Gesetzgeber bestimmt, dass die Freistellung eines Personalratsmitglieds nicht zu einer Beeinträchtigung seines beruflichen Werdegangs führen darf, so liegt darin außer einem Benachteiligungsverbot auch ein an den Dienststellenleiter gerichtetes Gebot, dem Personalratsmitglied eine berufliche Entwicklung angedeihen zu lassen, wie es sie ohne die Freistellung genommen hätte. Auf entsprechende Maßnahmen des Dienststellenleiters zur Erfüllung dieses Gebots hat das freigestellte Personalratsmitglied einen unmittelbaren gesetzlichen Anspruch (BAG v. 26.9.1990 – 7 AZR 208/89, PersR 1991, 305 ff.).

Fiktion des beruflichen Werdegangs

Die Freistellung darf nicht zur Beeinträchtigung des beruflichen Werdegangs führen. Für ein freigestelltes Personalratsmitglied ist folglich eine fiktive Nachzeichnung des beruflichen Werdeganges vorzunehmen. Dabei können Mitglieder von Personalvertretungen, die in vollem Umfang von ihren dienstlichen Tätigkeiten freigestellt sind, in Bezug auf den Freistellungszeitraum nicht dienstlich beurteilt werden. Die letzte dienstliche Beurteilung ist sachgerecht nach Maßgabe der Entwicklung vergleich-

4

barer Beschäftigter fortzuschreiben (BVerwG v. 7.11.1991, ZBR 1992, 177 = Leits. ZfPR 1991, 117).

Ist die Förderung freigestellter Personalratsmitglieder, insbesondere ihre fiktive berufliche Nachzeichnung (hier Versetzung auf einen höherwertigen Dienstposten), an die Entwicklung einer Referenzgruppe vergleichbarer Beschäftigter gekoppelt, so muss diese Gruppe hinreichend groß sein. Wird eine zu kleine Referenzgruppe gebildet, verstößt dies gegen das Benachteiligungsverbot. Die zu bildende Referenzgruppe muss eine hinreichende Größe aufweisen. Nur so ist es möglich, statistische Zufälligkeiten, die sich insbesondere bei kleinen Gruppen gesteigert auswirken können, auf ein akzeptables Maß zu mindern. Unterschiedliche Leistungsentwicklungen lassen sich so besser ausgleichen. Die Betrachtung der Entwicklung einer angemessen großen Gesamtgruppe ermöglich eine um Zufälligkeiten reduzierte Aussage über den mutmaßlichen Werdegang des freigestellten Personalratsmitglieds (Beschluss des 1. Wehrdienstsenats v. 11.12.2014 – BVerwG 1 WB 6.13 = ZfPR 2/2015 S. 39). Will also die Dienststelle die berufliche Entwicklung eines voll freigestellten Personalratsmitgliedes anhand des Referenzgruppenmodells nachzeichnen so muss die Referenzgruppe einschließlich des Personalratsmitglieds aus mindestens fünf Personen bestehen. Ferner darf sie nicht von vornherein so zusammengestellt sein, dass bereits dadurch das Fortkommen des Personalratsmitglieds objektiv ausgeschlossen ist (s. a. Prof. Timo Hebeler ZfPR 2/2015 S. 39).

Bei einer derartigen Behandlung und beruflichen Förderung freigestellter Personalratsmitglieder treten immer wieder Schwierigkeiten und Rechtsfragen auf. Insbesondere kann es in der Praxis problematisch werden, wenn sich ein von der dienstlichen Aufgabenerfüllung freigestelltes Personalratsmitglied auf eine höhere Stelle bewirbt. In einem solchen Fall ist die Dienststelle gehalten den nach Art. 33 Abs. 2 Grundgesetz (GG) geforderten Leistungsvergleich bei der Auswahl der Bewerber zu beachten. Der Vergleich ist nach der Rechtsprechung des Bundesverwaltungsgerichts anhand aktueller und hinreichend differenzierter Beurteilungen vorzunehmen (BVerwG v. 30.6.2011 – 2 C 19/10).

Die von ihrer dienstlichen Tätigkeit freigestellten Personalratsmitglieder dürfen von Maßnahmen der Berufsbildung innerhalb und außerhalb der Verwaltung nicht ausgeschlossen werden. Es darf dem Personalratsmitglied nicht zum Nachteil gereichen, dass er aufgrund der Freistellung sein Fachwissen und seine spezifische Berufserfahrung nicht in einem Maße weiterentwickeln konnte wie vergleichbare nicht freigestellte Beschäftigte (BAG v. 19.3.2003, PersV 2004, 69 und Schnellenbach, ZfPR 2/2002, 51 ff.).

Praxis-Tipp:

Bei der Behandlung und beruflichen Förderung freigestellter Personalratsmitglieder treten immer wieder Schwierigkeiten und Rechtsfragen auf. Folgende Punkte sollten deshalb beachtet werden:

- Zu Beginn der Freistellung sollte eine aktenkundige Betimmung einer Gruppe von Vergleichsbeamten/-beamtinnen erfolgen.
- Falls ein Förderdienstposten ausgeschrieben wird, sind auch freigestellte Personalratsmitglieder allein aufgrund deren Bewerbung zu berücksichtigen.
- Die letzten planmäßigen dienstlichen Beurteilungen sind unter Berücksichtigung der Entwicklung von vergleichbaren Beamten und Beamtinnen fiktiv fortzuschreiben. Dabei steht dem Dienstherrn ein weiter Ermessensspielraum zu, welchen Personenkreis er bei der Fortschreibung der dienstlichen Beurteilung eines freigestellten Personalratsmitglieds in den Blick nimmt (OVG Saarland v. 18.4.2007 – 1 R 19/05). Bei der Fortschreibung einer dienstlichen Beurteilung, die über ein vom Dienst freigestelltes Personalratsmitglied zuletzt vor dessen Freistellung gefertigt wurde, darf der Dienstherr eine Leistungsentwicklung unterstellen, wie sie sich in Anlehnung an den Werdegang vergleichbarer Beamter voraussichtlich ergeben hätte (OVG Saarlouis v. 23.1.2003 – 1 W 30/02).

- Der berufliche Werdegang einer Arbeitnehmerin/eines Arbeitnehmers ist im Wege einer fiktiven Nachzeichnung so zu behandeln wie der eines vergleichbaren Beschäftigten ohne Personalratsamt, das heißt, es ist darauf abzustellen, welche höher bewertete Tätigkeit für den Betroffenen in Betracht gekommen wäre und anderen vergleichbaren, nicht freigestellten Arbeitnehmern auch übertragen wurde.
- Die nach §§ 6 und 39 Abs. 1 LPersVG gebotene Nachzeichnung des beruflichen Werdegangs freigestellter Personalratsmitglieder enthält nach ihrem Zweck und ihrer Rechtsnatur keine dienstliche Beurteilung im Sinne laufbahnrechtlicher Vorschriften und ist nicht zu eröffnen (OVG Sachsen-Anhalt, Beschluss v. 30.5.2000 – B 3 S 391/99).

Verfahren

Das Verfahren zur Verwirklichung des personalvertretungsrechtlichen „Grundsatzes der Vermeidung von Benachteiligungen bzw. Begünstigungen" liegt nach höchstrichterlicher Rechtsprechung, insbesondere im Hinblick auf fehlende Beurteilungen von annähernd gleicher Aktualität, im pflichtgemäßen Ermessen des Dienstherrn.

Ist die Förderung freigestellter Personalratsmitglieder, insbesondere ihre fiktive berufliche Nachzeichnung (z. B. Versetzung auf einen höherwertigen Dienstposten), an die Entwicklung einer Referenzgruppe vergleichbarer Beschäftigter gekoppelt, muss diese Gruppe hinreichend groß sein. Wird eine zu kleine Referenzgruppe gebildet, verstößt dies gegen das Benachteiligungsverbot. Nur so ist es möglich, statistische Zufälligkeiten, die sich insbesondere bei kleinen Gruppen gesteigert auswirken können, auf ein akzeptables Maß zu mindern (BVerwG v. 11.12.2014 – WB 6.13, ZfPR 2/2015, 39). Unterschiedliche Leistungsentwicklungen lassen sich so besser ausgleichen. Will die Dienststelle die berufliche Entwicklung eines voll freigestellten Personalratsmitgliedes anhand des Referenzgruppenmodells nachzeichnen, muss die Referenzgruppe einschließlich des Personalratsmitgliedes aus mindestens fünf Personen bestehen. Der Dienststelle steht bei der Auswahl des Personenkreises, der bei einer fiktiven Fortschreibung herangezogen wird, ein weites Ermessen zu. Allerdings verstößt die Dienststelle gegen das personalvertretungsrechtliche Benachteiligungsverbot, wenn sie eine Vergleichsgruppe so zusammenstellt, dass ein beruflicher Aufstieg von vornherein ausgeschlossen ist (BVerwG v. 30.6.2014 – 2 B 11.14; s. a. Hebeler, ZfPR 2015, 39).

Ist eine solche Fortschreibung aufgrund eines sehr langen Freistellungszeitraumes nicht möglich, muss ausnahmsweise Rückgriff auf nachrangige Gesichtspunkte wie etwa Assessment-Center, strukturierte Interviews oder Personalauswahlgespräche genommen werden (BayVGH v. 28.7.2014 – 3 ZB 13.1642). Der Hessische Verwaltungsgerichtshof (Beschluss v. 30.3.2022 – 1 B 308/21) hat eine Auswahlentscheidung für fehlerhaft gehalten, weil die letzte tatsächliche Beurteilung mehr als zehn Jahre zurücklag. Die inhaltliche Aussagekraft einer solch alten Beurteilung könne keine Grundlage für einen Qualitätsvergleich darstellen. Die Dienststelle habe dem freigestellten Personalratsmitglied eine Möglichkeit zum Erwerb einer neuen dienstlichen Beurteilung anzubieten.

Ist bei teilweise freigestellten Personalratsmitgliedern der Teil der dienstlichen Tätigkeit auf weniger als 25 Prozent der Arbeitszeit abgesunken, ist ebenfalls eine Fortschreibung der dienstlichen Beurteilung vorzunehmen.

Vom Dienst freigestellte Personalratsmitglieder sind vor einer Beförderung nicht ausnahmslos verpflichtet, die Aufgaben eines höherwertigen Dienstpostens zum Zwecke der Erprobung tatsächlich wahrzunehmen und damit auf die Freistellung zu verzichten (BVerwG v. 21.9.2006 – 2 C 13/05, ZfPR 4/2007, 98 ff.).

Die Erprobungspflicht besteht nicht, wenn sich aus der bisherigen Leistungsentwicklung aus der Art und Weise der bisherigen Aufgabenwahrnehmung der sachlichen und zeitlichen Nähe vergleichbarer, bereits vorhandener Tätigkeiten Anhaltspunkte für eine Abschätzung ableiten lassen, dass sich der Bewerber in einem entsprechenden Beförderungsamt bewährt haben würde, hätte er dieses für eine gewisse Zeit erprobungshalber ausgeübt.

Die Kollision der widerstreitenden Rechtsgrundsätze in der zwingenden beamtenrechtlichen Regelung einerseits und dem Benachteiligungsverbot des Personalvertretungsrechts andererseits ist auf der Ebene des materiellen Rechts auszugleichen. Der Ausgleich zwischen dem Benachteiligungsverbot des Personalvertretungsrechts und dem beamtenrechtlichen Gebot, sich der Eignung für den Beförderungsdienstposten zu vergewissern, kann dadurch hergestellt werden, dass aufgrund des bisherigen beruflichen Werdegangs des freigestellten Personalratsmitglieds und vergleichbarer Beschäftigter festgestellt wird, ob die Bewerberin bzw. der Bewerber den Anforderungen der Erprobung aller Voraussicht nach gerecht werden würde.

Ein freigestelltes Personalratsmitglied hat eventuell einen Anspruch auf Schadensersatz, wenn es rechtzeitig Einwendungen gegen die Bildung einer Referenzgruppe und die eigene Reihung innerhalb dieser Gruppe geltend gemacht hat und dies keine Berücksichtigung fand (OVG Niedersachsen v. 26.3.2013 – 5 LA 210/12, ZfPR online 6/2013 S. 8 ff.). Die Verwaltungsgerichte können im Fall einer Überprüfung der behördlichen Ermessensentscheidung lediglich feststellen, ob der Dienstherr den anzuwendenden Begriff oder den gesetzlichen Rahmen der Beurteilungsermächtigung verkannt hat, von einem unrichtigen Sachverhalt ausgegangen ist, allgemeingültige Bewertungsmaßstäbe nicht beachtet oder sachfremde Erwägungen angestellt hat.

Amtsangemessene Weiterbeschäftigung

Scheidet ein Personalratsmitglied aus einer Freistellung aus, so hat es keinen Anspruch auf seinen vorherigen Arbeitsplatz. Es hat allerdings Anspruch auf eine Verwendung, die seiner aktuellen Besoldungs- oder Entgeltgruppe entspricht (amtsangemessene Weiterbeschäftigung). Grundsätzlich ist eine Verwendung in der Dienststelle vorzusehen, in welcher das freigestellte Personalratsmitglied nachgezeichnet wurde. Die übertragenen Aufgaben sollen, soweit zwingende dienstliche Gründe nicht entgegenstehen, mindestens seiner früher ausgeübten Funktion gleichwertig sein. Dem ausgeschiedenen Personalratsmitglied ist in besonderer Weise die Möglichkeit der Fortbildung einzuräumen.

Nach § 40 Abs. 5 LPersVG dürfen dem Personalratsmitglied durch eine Freistellung keine wirtschaftlichen Nachteile entstehen.

Fazit für die Praxis

Für die Praxis lässt sich daraus folgendes Fazit ziehen: Ist ein freigestelltes Personalratsmitglied der Auffassung, wegen seiner Freistellung benachteiligt worden zu sein, dann müssen konkret unter Bezugnahme auf den beruflichen Werdegang vergleichbarer Beschäftigter Umstände vorgetragen werden, die eine Benachteiligung möglich erscheinen lassen. Dazu ist eine fiktive Nachzeichnung des beruflichen Werdeganges und der dienstlichen Beurteilung, wie beides sich ohne die Freistellung ergeben hätte, notwendig. Sinn und Zweck der §§ 6 und 39 Abs. 1 LPersVG ist es, Freistellung und beruflichen Werdegang miteinander in Einklang zu bringen und die freie Entscheidung für die (Fortsetzung der) Personalratsarbeit zu sichern. Diese Gesetzesauslegung und dieses Verständnis liegt der Rechtsfigur der „fiktiven Dienstpostenübertragung" zugrunde (VG Stade v. 4.7.2008 – 7 A 517/08).

Schutz vor außerordentlicher Kündigung, Versetzung, Abordnung, Umsetzung oder Zuweisung (§ 70 LPersVG)

Das Gesetz will mit den Regelungen des § 70 LPersVG die ungestörte, unabhängige Amtsausübung der Mitglieder der Personalvertretung sicherstellen. Sie sollen vor Maßnahmen geschützt werden, die sie daran hindern könnten, ihr Mandat vorübergehend oder auf Dauer wahrzunehmen.

Außerordentliche Kündigung von Personalratsmitgliedern (§ 70 Abs. 1 LPersVG)

Die außerordentliche Kündigung eines Personalratsmitglieds einschließlich des – sei es auch nur vorübergehend – nachgerückten Ersatzmitglieds, das in einem Arbeitsverhältnis steht, bedarf der Zustimmung des Personalrats (§ 70 Abs. 1 LPersVG). Sie kann nur dann ausgesprochen werden, wenn Tatsachen vorliegen, die den Arbeitgeber zur Kündigung aus wichtigem Grund ohne Einhaltung der Kündigungsfrist berechtigen und die Personalvertretung zugestimmt hat. Verweigert der Personalrat seine Zustimmung zu der außerordentlichen Kündigung oder äußert er sich nicht innerhalb der gesetzlichen Frist von drei Tagen, so kann die Dienststelle das Verwaltungsgericht anrufen. Der Antrag der Dienststelle und die Begründung müssen innerhalb der zweiwöchigen Ausschlussfrist nach § 626 Abs. 2 BGB beim zuständigen Verwaltungsgericht eingegangen sein (VG Dresden v. 23.3.2001 – 9 K 3359/00). Die verweigerte Zustimmung des Personalrats kann auf Antrag des Arbeitgebers vom Verwaltungsgericht ersetzt werden. Dabei hat das Verwaltungsgericht besonders die Stellung des Personalrats und seine Funktionsfähigkeit zu würdigen. Hat das Verwaltungsgericht dem Antrag des Arbeitgebers stattgegeben und die fehlende Zustimmung des Personalrats ersetzt, kann die Kündigung grundsätzlich rechtswirksam erst dann ausgesprochen werden, wenn die Entscheidung formell rechtskräftig ist (BAG v. 24.11.2011, PersV 2012, S. 258). Eine vor Eintritt der Rechtskraft erklärte außerordentliche Kündigung des Arbeitnehmers ist unwirksam. Eine Ausnahme gilt lediglich in solchen Fällen, in denen sich das eingelegte Rechtsmittel gegen den die Zustimmung ersetzenden Beschluss des Verwaltungsgerichtes als willkürlich und offensichtlich aussichtslos darstellt. In dem verwaltungsgerichtlichen Verfahren ist der betroffene Arbeitnehmer Beteiligter. Solange das Verfahren vor den Verwaltungsgerichten läuft, kann das Personalratsmitglied sowohl seine berufliche Tätigkeit als auch sein Personalratsamt ausüben. Hat das Verwaltungsgericht die Zustimmung zur Kündigung ersetzt und kündigt der Arbeitgeber, können die betroffenen Arbeitnehmerinnen und Arbeitnehmer Kündigungsschutzklage erheben; sie sind bis zur Rechtskraft der Entscheidung weiter zu beschäftigen (§ 70 Abs. 3 LPersVG). Diese Regelung gilt nicht für Beamte, da diese nicht in einem „Arbeitsverhältnis" stehen und auch nur unter bestimmten gesetzlichen Bestimmungen – dann aber kraft Gesetzes – zu entlassen sind. Es gibt in diesen Fällen auch für die Dienststelle keinen Handlungsspielraum.

Versetzung, Abordnung, Umsetzung, Zuweisung (§ 70 Abs. 4 LPersVG)

Die Mitglieder der Personalvertretung und die auch nur vorübergehend nachgerückten Ersatzmitglieder sind vor Versetzung, Abordnung, Umsetzung oder Zuweisung geschützt. Sie sollen nicht willkürlich ihrem Vertretungsbereich entzogen werden können.

Eine Versetzung, Abordnung, Umsetzung oder Zuweisung ist nur möglich, wenn:

1. das betroffene Personalratsmitglied zustimmt,
2. die Maßnahme aus zwingenden dienstlichen Gründen auch unter Berücksichtigung der Mitgliedschaft im Personalrat unvermeidbar ist,
3. die Personalvertretung zustimmt, falls Versetzung, Abordnung, Umsetzung oder Zuweisung gegen den Willen des betroffenen Mitglieds erfolgen und
4. eine Personalvertretung, die nicht mit derjenigen identisch sein muss, der das betroffene Mitglied angehört, mitbestimmt hat.

Für Beamtinnen und Beamte im Vorbereitungsdienst sowie im Anschluss an den Vorbereitungsdienst und im Rahmen des Aufstiegs gilt diese Regelung nicht. Für diese Zeit ruht die Mitgliedschaft im Personalrat.

Unzulässigkeit der ordentlichen Kündigung (§ 15 KSchG)

Die ordentliche Kündigung von Personalratsmitgliedern ist grundsätzlich unzulässig (§ 15 KSchG). Der Schutz gilt noch für ein Jahr nach Beendigung der Amtszeit. Beruht die Beendigung der Mitgliedschaft auf einer gerichtlichen Entscheidung, so gilt dieser Schutz nicht. Ersatzmitglieder genießen den vollen Kündigungsschutz mit Beginn des Zeitpunktes, zu dem sie für ein ordentliches Mitglied auf Dauer oder im Fall der Verhinderung auf Zeit in den Personalrat nachrücken. Der Kündigungsschutz beginnt im Falle des Ausscheidens eines ordentlichen Mitglieds an diesem Tag, im Falle der zeitweiligen Verhinderung mit dem ersten Tag der Verhinderung (Krankheitsbeginn, erster Urlaubstag, Beginn der Dienstreise usw.). Bei zeitweiliger Verhinderung endet der Kündigungsschutz mit Ablauf des letzten Tages der Verhinderung. Ersatzmitglieder genießen nur dann einen nachwirkenden Kündigungsschutz, wenn sie regelmäßig während der Vertretungszeit konkrete Aufgaben des Personalrats tatsächlich wahrgenommen haben (BAG v. 19.4.2012 – 2 AZR 233/11, NZA 12, 1449).

Die ordentliche Kündigung von Mitgliedern des Wahlvorstands ist vom Zeitpunkt der Bestellung an und die von Wahlbewerbern vom Zeitpunkt der Aufstellung des Wahlvorschlages an unzulässig. Der Schutz gilt für sechs Monate nach Bekanntgabe des Wahlergebnisses.

Weiterbeschäftigungsgebot von Mitgliedern der Jugend- und Auszubildendenvertretungen (§ 8 LPersVG)

Geschützt sind die in einem Berufsausbildungsverhältnis nach dem Berufsbildungsgesetz, dem Krankenpflegegesetz, dem Pflegeberufegesetz oder dem Hebammengesetz stehenden Beschäftigten (Auszubildende), die Mitglied in einer Personal- und/oder Jugend- und Auszubildendenvertretung sind, § 8 LPersVG. Mitglieder einer Personal- und/oder Jugend- und Auszubildendenvertretung, die im Beamtenverhältnis auf Widerruf einen Vorbereitungsdienst absolviert haben, genießen nicht den Weiterbeschäftigungsschutz nach § 8 LPersVG. Nach dem Wortlaut bezieht sich die Pflicht des öffentlichen Arbeitgebers zur Weiterbeschäftigung von Jugendvertreterinnen und Jugendvertretern eindeutig auf Beschäftigte in einem Berufsausbildungsverhältnis nach dem Berufsbildungsgesetz, dem Krankenpflegegesetz, dem Pflegeberufegesetz und dem Hebammengesetz. Dies macht der Gesetzgeber mit seiner Aussage „Verlangen die in Absatz 1 Satz 1 genannten Beschäftigten …" in § 8 Abs. 2 LPersVG deutlich.

Der Gesetzgeber will dadurch die erforderliche Unabhängigkeit bei der Wahrnehmung personalvertretungsrechtlicher Aufgaben und die Kontinuität des Vertretungsorgans sicherstellen.

Will der Arbeitgeber das Beschäftigungsverhältnis eines Mitglieds der Jugend- und Auszubildendenvertretung oder des Personalrats nach Beendigung des erfolgreich abgeschlossenen Ausbildungsverhältnisses nicht auf unbestimmte Zeit fortsetzen, so hat er dies drei Monate vor Beendigung des Berufsausbildungsverhältnisses schriftlich unter Angabe der Gründe mitzuteilen. Gleiches gilt für Beamtinnen und Beamte im Vorbereitungsdienst, die ausschließlich für eine Tätigkeit in der öffentlichen Verwaltung ausgebildet werden, wenn sie nicht in das Beamtenverhältnis auf Probe übernommen werden.

Verlangen auf Weiterbeschäftigung

Verlangt der Auszubildende innerhalb der letzten drei Monate vor Beendigung des Berufsausbildungsverhältnisses schriftlich vom Arbeitgeber seine Weiterbeschäftigung, so ist nach erfolgreichem Abschluss des Berufsausbildungsverhältnisses ein Arbeitsverhältnis auf unbestimmte Zeit begründet. Für das Weiterbeschäftigungsverlangen gilt das Schriftformerfordernis des § 126 Abs. 1 BGB (BVerwG v. 18.8.2010 – 6 P 15/09). Die im Gesetz vorgeschriebene schriftliche Form kann gemäß § 126 Abs. 3 BGB durch eine elektronische Form ersetzt werden, soweit die Voraussetzungen des § 126a BGB erfüllt werden. Richtet der Auszubildende sein Übernahmeverlangen per E-Mail an die Dienststelle, muss er, um der vorgesehenen Schriftform zu genügen, der Erklärung seinen Namen hinzufügen und das elektronische Dokument mit einer qualifizierten elektronischen Signatur versehen (OVG Hamburg v. 15.1.2011 – 8 Bf 272/09.PVL, ZfPR online Nr. 3, 2010, 10 ff. = PersV 2010, 231 ff.) Der Arbeitgeber muss folglich in diesem Zeitraum mit dem Übernahmeverlangen von Mitgliedern einer Personal- und/oder Jugend- und Auszubildendenvertretung rechnen. Daraus folgt für den Arbeitgeber eine Pflicht, bei Einstellungsvorhaben in diesem Zeitraum die Möglichkeit eines Übernahmeverlangens und damit das Entstehen eines Arbeitsverhältnisses kraft Gesetzes zu berücksichtigen (BVerwG v. 1.11.2005 – 6 P 3/05).

Die vorstehenden Ausführungen sind auch für die Fälle anwendbar, in denen das Berufsausbildungsverhältnis vor Ablauf eines Jahres nach Beendigung der Amtszeit der genannten Vertretungen erfolgreich endet.

Wahlbewerber genießen dagegen nicht den Schutz des § 8 LPersVG. Der Gesetzgeber hat hier eine dem § 15 Abs. 3 Satz 1 KSchG vergleichbare Regelung nicht getroffen. Der Arbeitgeber ist daher im Zeitraum vor der Wahl eines Auszubildenden zum Mitglied der Jugend- und Auszubildendenvertretung nicht gehalten, zu dessen Gunsten einen ausbildungsadäquaten Arbeitsplatz freizuhalten (BVerwG v. 20.11.2007 – 6 PB 14/07).

Die öffentlichen Arbeitgeber bieten gelegentlich einzelnen Mitgliedern der Jugend- und Auszubildendenvertretungen einen befristeten oder Teilzeit-Arbeitsvertrag an, mit dem Argument, dass ihnen eine unbefristete Weiterbeschäftigung nicht zuzumuten sei. Schließt der Jugendvertreter innerhalb der letzten drei Monate des Ausbildungsverhältnisses mit dem öffentlichen Arbeitgeber einen befristeten Arbeitsvertrag ab, so kann darin nach den Umständen des Einzelfalls der Verzicht auf unbefristete Weiterbeschäftigung liegen (BVerwG v. 31.5.2005 – 6 PB 1/05).

Praxis-Tipp:

Will das Mitglied einer Jugend- und Auszubildendenvertretung in dieser Situation den Verlust des möglicherweise bestehenden weitergehenden Anspruchs vermeiden, sollte dies bei Unterschrift unter einen befristeten oder Teilzeit-Arbeitsvertrag durch einen Zusatz deutlich zum Ausdruck gebracht werden:

„Der Abschluss des Vertrages erfolgt unter dem ausdrücklichen Vorbehalt der rechtlichen Prüfung nach § 8 LPersVG.“

Alternativ kann es auch unter Hinweis darauf geschehen, dass das Mitglied der Jugend- und Auszubildendenvertretung nicht auf seinen gesetzlichen Anspruch auf unbefristete Weiterbeschäftigung in einem Vollzeitarbeitsverhältnis verzichtet.

Entbindung von der Übernahmeverpflichtung

Will der Arbeitgeber das Arbeitsverhältnis nicht fortsetzen, weil er z. B. keine Beschäftigungsmöglichkeiten für den Auszubildenden hat, so muss er spätestens bis zum Ablauf von zwei Wochen nach Beendigung des Berufsausbildungsverhältnisses das Verwaltungsgericht anrufen. Lässt sich die Dienststelle anwaltlich vertreten, liegt ein rechtswirksames, an das zuständige Verwaltungsgericht gerichtete Auflösungsbegehren nur dann vor, wenn der Rechtsanwalt die Vollmacht innerhalb der gesetzlichen Ausschlussfrist dem Gericht vorlegt. Die Vollmacht muss von einem zur gerichtlichen Vertretung der Dienststelle befugten Beschäftigten unterzeichnet sein (BVerwG v. 18.8.2010 – 6 P 15/09).

Zur Frage der Unzumutbarkeit einer Weiterbeschäftigung hat das Verwaltungsgericht Dresden zu der vergleichbaren gesetzlichen Regelung im Sächsischen Personalvertretungsgesetz einige Grundsätze aufgestellt (VG Dresden v. 23.3.2001 – 9 K 2911/99):

Verfügt die Dienststelle noch über Planstellenreste, so muss sie diese zusammenfassen und vorrangig den im Personalvertretungsgesetz normierten Weiterbeschäftigungsanspruch erfüllen. Bei der Frage der Unzumutbarkeit muss immer die aktuelle reale Situation zugrunde gelegt werden. Insoweit enthält § 8 LPersVG eine Konkretisierung des in § 6 LPersVG festgeschriebenen Benachteiligungs- (aber auch Begünstigungs-)Verbotes (OVG Berlin v. 18.12.2001 – VG 60 PV 6/01). Der Weiterbeschäftigungsanspruch eines Mitglieds einer (örtlichen) Jugend- und Auszubildendenvertretung besteht nur bezogen auf die Dienststelle oder Einrichtung, bei der die Berufsausbildung erfolgt ist (SächsOVG v. 10.7.1997 – P 5 S 13/95, SächsVBl. 1998, 86). Hier kommt es allein darauf an, ob im Bereich der Ausbildungsdienststelle ein ausbildungsadäquater Dauerarbeitsplatz zur Verfügung steht. Etwas anderes gilt nach einer Entscheidung des Bundesverwaltungsgerichtes (BVerwG v. 19.1.2009 – 6 P 1/08) für den Weiterbeschäftigungsanspruch eines Mitglieds einer Jugend- und Auszubildendenstufenvertretung. Hier kommt es nicht nur auf die Ausbildungsdienststelle an, sondern darauf, ob in allen Dienststellen des Geschäftsbereiches der übergeordneten Dienststelle, bei der die Jugend- und Auszubildendenstufenvertretung gebildet ist, ein ausbildungsadäquater Dauerarbeitsplatz zur

Verfügung steht. Die Dienststelle verfügt allerdings über keinen Dauerarbeitsplatz, wenn sie eine zum Zeitpunkt des Ausbildungsendes unbesetzte Stelle für einen Beschäftigten freihalten muss, der wegen verminderter Erwerbsfähigkeit eine Rente auf Zeit erhält (BVerwG v. 9.12.2009, PersR 2010/72).

Die Zumutbarkeit der Weiterbeschäftigung eines Mitglieds einer Jugend- und Auszubildendenvertretung beurteilt sich nach den Verhältnissen im Zeitpunkt der Beendigung des Berufsausbildungsverhältnisses. So ist beispielsweise die Weiterbeschäftigung eines Mitglieds der Jugend- und Auszubildendenvertretung unzumutbar, wenn seitens des Haushaltsgesetzgebers eine Stellenbesetzungssperre verhängt worden ist und Ausnahmen der Sache nach auf Fälle eines unabweisbaren vordringlichen Personalbedarfs beschränkt worden sind, ohne dass die Mitglieder der Jugend- und Auszubildendenvertretung von der Ausnahmeregelung erfasst sind (BVerwG v. 30.5.2007 – 6 PB 1/07). Die Weiterbeschäftigung eines Mitglieds einer Jugend- und Auszubildendenvertretung auf einer in der Dienststelle vorhandenen freien Stelle hat keinen Vorrang vor deren Besetzung mit einem Beschäftigten aus dem Personalüberhang (BVerwG v. 4.6.2009 – 6 PB 6/09). Werden Arbeitsplätze nach dem Zeitpunkt der Beendigung des Berufsausbildungsverhältnisses frei, sind sie bei der Prüfung der Frage der Zumutbarkeit nicht zu berücksichtigen (BVerwG v. 29.3.2006 – 6 PB 2/06).

Im Verfahren vor dem Verwaltungsgericht ist die Personalvertretung bzw. bei einem Mitglied der Jugend- und Auszubildendenvertretung auch diese Beteiligte. Der Antrag des Auszubildenden auf Weiterbeschäftigung, der an den Arbeitgeber zu richten ist, sowie der Antrag des Arbeitgebers an das Verwaltungsgericht sind unabhängig davon, ob der Arbeitgeber seiner Mitteilungspflicht nachgekommen ist.

Unfallfürsorge, Ersatz von Sachschäden (§ 7 LPersVG)

Erleidet ein Beamter in ordnungsgemäßer Wahrnehmung seiner Rechte und Pflichten als Personalrat einen Unfall, so wird dieser einem Dienstunfall gleichgesetzt (§ 7 LPersVG). Erleidet ein

Beamter in Ausübung der Personalratstätigkeit aufgrund eines Unfalles einen Körperschaden, so ist ihm, beziehungsweise im Todesfall seinen Hinterbliebenen, Unfallfürsorge nach dem für Beamte geltenden versorgungsrechtlichen Bestimmungen zu gewähren.

Erleidet ein Arbeitnehmer in Ausübung der Personalratstätigkeit einen Unfall, so wird dieser als Betriebsunfall gewertet und ist entsprechend zu entschädigen (Siebtes Buch Sozialgesetzbuch). Die Tätigkeiten zur ordnungsgemäßen Wahrnehmung personalvertretungsrechtlicher Aufgaben werden der zu leistenden Arbeit gleichgestellt.

Die Schutzbestimmung des § 7 LPersVG erfasst nicht nur die Mitglieder des Personalrats, sondern alle Beamten und Arbeitnehmer, die Aufgaben nach dem Personalvertretungsgesetz wahrnehmen.

Hinsichtlich des Ersatzes von Sachschäden, die in Ausübung der Personalratstätigkeit entstanden sind, gelten in analoger Anwendung die beamtenrechtlichen Schadenersatzvorschriften (§ 7 Abs. 2 LPersVG).

Geschäftsführung der Personalvertretung

Stellung und Aufgaben des Vorstands (§§ 26 ff. LPersVG)

Bildung des Vorstands (§ 26 LPersVG)

In der vom Wahlvorstand spätestens sechs Werktage nach dem Wahltag einberufenen konstituierenden Sitzung bildet der neu gewählte Personalrat aus seiner Mitte den Vorstand (§ 26 Abs. 1 LPersVG).

Der Personalrat wählt aus seiner Mitte die Vorsitzende oder den Vorsitzenden. Besteht ein Personalrat aus drei Mitgliedern, so ist eine Stellvertreterin oder ein Stellvertreter zu wählen. Besteht ein Personalrat aus mehr als drei Mitgliedern, so kann er zwei Vertreter wählen. Der Personalrat bestimmt die Reihenfolge der Stellvertretung. Aus dem Gruppenprinzip des Personalvertretungsgesetzes folgt, dass bei Personalvertretungen mit mehr als drei Mitgliedern jede im Personalrat vertretene Gruppe einen Vorsitzenden oder stellvertretenden Vorsitzenden (Vorstandsmitglied) stellt. Die Vorschrift des Gesetzes hat einen weitestgehend zwingenden Charakter. Der Gesetzgeber macht dieses dadurch deutlich, dass die Stellvertreter nicht derselben Gruppe wie der Vorsitzende angehören dürfen und selbst unterschiedlichen Gruppen angehören müssen. Besteht ein Personalrat nur aus zwei Gruppen, dann darf der erste Stellvertreter nicht derselben Gruppe wie der Vorsitzende angehören. In den Dienststellen des Landes gibt es im Regelfall zwei Gruppen, nämlich die Gruppe der Beamten und die der Arbeitnehmer (der Tarifbeschäftigten).

Die Vertreter der Gruppe können auf die Zugehörigkeit zum Vorstand verzichten. Hierfür sollten aber besondere Gründe vorliegen. Beide Geschlechter sollen im Vorstand vertreten sein. Ist eine Gruppe nur durch eine Person im Personalrat vertreten, so ist diese kraft ihrer Wahl zugleich das auf die betreffende Gruppe entfallende Vorstandsmitglied.

Die Wahl des Vorsitzenden und der Stellvertreter (der Vorstandsmitglieder) erfolgt grundsätzlich für die Amtszeit des Personalrats. Wenn das erforderliche Vertrauensverhältnis nicht mehr besteht, hat der Personalrat jederzeit die Möglichkeit, ein Vorstandsmitglied mit einfacher Stimmenmehrheit abzuberufen.

Einer besonderen Begründung hierfür bedarf es nicht. Ein solcher Beschluss ist verwaltungsgerichtlich nachprüfbar. Die gerichtliche Überprüfung beschränkt sich aber auf die Frage, ob alle gesetzlichen Bestimmungen, die für eine Beschlussfassung ausschlaggebend sind, beachtet worden sind. Das betroffene Vorstandsmitglied nimmt auch zu diesem Tagesordnungspunkt an der Sitzung teil, stimmt aber nicht mit ab. Das abberufene Mitglied verliert nur seine Zugehörigkeit zum Vorstand, nicht aber seine Mitgliedschaft im Personalrat.

Sind Mitglieder des Personalrats aus Wahlvorschlägen mit verschiedenen Bezeichnungen gewählt worden und sind Mitglieder des Wahlvorschlags, der die meisten oder die zweitmeisten, mindestens aber ein Drittel der Stimmen der Angehörigen der Dienststelle erhalten hat, nicht im Vorstand vertreten, so ist eines der weiteren Vorstandsmitglieder aus diesem Wahlvorschlag zu wählen

Erweiterter Vorstand (§ 26 Satz 6 LPersVG)

5

Hat eine Personalvertretung elf oder mehr Mitglieder, so sind zwingend zwei weitere Mitglieder in den Vorstand zu wählen (§ 26 Satz 6 LPersVG). Dem Vorstand sind vom Gesetz bestimmte Aufgaben zugewiesen. Überschreitet der Personalrat eine gewisse Größe, so geht der Gesetzgeber von einer erhöhten Arbeitsbelastung der Vorstandsmitglieder aus. Um die Erfüllung der Aufgaben und damit die volle Handlungsfähigkeit der Personalvertretung sicherzustellen, wurde die Wahl der Ergänzungsmitglieder vorgesehen. Sie sind vollberechtigte Vorstandsmitglieder mit gleichen Rechten und Pflichten. Bei der Wahl der Ergänzungsmitglieder ist der Wählerwille zu berücksichtigen. Werden die Ergänzungsmitglieder nicht gewählt, so erfüllt diese Weigerung unter Umständen den Tatbestand eines Pflichtverstoßes im Sinne des § 22 Abs. 1 LPersVG.

Aufgaben des Vorstands (§ 27 Abs. 1 LPersVG)

Nach dem Willen des Landesgesetzgebers führt der Vorstand gemeinsam die laufenden Geschäfte (§ 27 Abs. 1 LPersVG). Die Gesamtheit der Vorstandsmitglieder soll mit gleichen Rechten und Pflichten die laufenden Geschäfte des Personalrats führen (BVerwG v. 16.7.1977, BVerwGE 54, 323 = ZBR 1978, 203 = PersV 1978, 353). Dies schließt selbstverständlich eine Verteilung der Sachgebiete und Aufgaben auf die Vorstandsmitglieder nicht aus (BVerwG v. 20.3.1964, BVerwGE 18, 162 = ZBR 1964, 278 = PersV 1964, 110). Hierzu sind allerdings weder der Vorstand des Personalrats noch der Personalratsvorsitzende berechtigt (BayVGH v. 17.9.1992, Leits. ZfPR 1993, 203). Es ist Aufgabe des Personalrats, die Vorstandsgeschäfte allgemein und auf Dauer auf die einzelnen Vorstandsmitglieder zu verteilen.

Bei den laufenden Geschäften handelt es sich um rein organisatorische, die Willensbildung des Personalrats vorbereitende, regelmäßig wiederkehrende Arbeiten. So hat der Vorstand die für eine Beschlussfassung des Gremiums erforderlichen Ermittlungen anzustellen und die einschlägigen Unterlagen zu beschaffen. Die Abgrenzung der laufenden Geschäfte von den Befugnissen des Gremiums ist von großer Bedeutung.

Zu den laufenden Geschäften zählen:

- Vorbereitung der Plenumsentscheidungen
- Einholen von Informationen
- Allgemeine Auswertung von Beschlüssen
- Vorbereitung von Arbeitsgruppensitzungen
- Postbearbeitung in der Geschäftsstelle
- Allgemeiner Schriftverkehr

Hat der Vorstand in Wahrnehmung seiner Aufgaben Unterlagen erhalten, so müssen diese spätestens in der Sitzung den anderen Mitgliedern des Personalrats zur Kenntnis gebracht oder übergeben werden. Jedem Mitglied des Personalrats muss das Unterlagenmaterial in derselben Vollständigkeit zur Verfügung stehen, wie es dem Vorstand vorgelegen hat (HessVGH v. 9.4.1980, PersV 1982, 376). Dabei ist es unerheblich, ob es sich um Unterlagen handelt, die der Vorstand im Rahmen der Beteiligung von der Dienststelle erhalten, oder um solche, die er selber beschafft hat.

Ist ein Vorstand nicht gebildet, obliegt die Führung der laufenden Geschäfte der Vorsitzenden oder dem Vorsitzenden des Personalrats.

Stellung des Personalratsvorsitzenden (§ 27 LPersVG)

Der Vorsitzende des Personalrats ist nicht Vorgesetzter der anderen Personalratsmitglieder, sondern „primus/prima inter pares" (Erste/Erster unter Gleichen). Er ist Personalratsmitglied mit gleichen Rechten und Pflichten, dem aber durch personalratsinterne Wahl eine besondere Vertrauensstellung zugefallen ist, die mit zusätzlichen Aufgaben und Befugnissen ausgestattet ist. Zu diesen einzelnen, in den verschiedenen Paragraphen normierten zusätzlichen Aufgaben gehören beispielhaft die Festlegung der Tagesordnung, Einladung zur Sitzung, Leitung der Sitzung und der Personalversammlung, Verantwortung für die gesetzeskonforme Durchführung und die Ausübung des Hausrechtes. Der Vorsitzende des Personalrats ist der Empfänger der offiziellen Erklärungen der Dienststelle und vertritt den Personalrat nach außen (§ 27 Abs. 2 LPersVG). Vergleichbare Befugnisse werden den übrigen Mitgliedern der Personalvertretung nicht zugestanden. Ist die Vorsitzende oder der Vorsitzende verhindert, so übernehmen die Stellvertreter in der Reihenfolge ihrer Bestimmung die Aufgaben. Der Personalrat kann für den Fall der Verhinderung der Vorsitzenden oder des Vorsitzenden und der Stellvertreterin oder des Stellvertreters Regelungen über die Vertretung treffen. Sie sind der Dienststellenleitung mitzuteilen.

Vertretungsbefugnis (§ 27 Abs. 2 LPersVG)

Nach dem Wortlaut des Gesetzes kann der Vorsitzende nur solche Erklärungen abgeben, die sich mit dem Willen der Personalvertretung decken, also der Beschlusslage entsprechen. Gibt der

Vorsitzende gegenüber der Dienststelle eine Erklärung ab, kann sie davon ausgehen, dass er dazu ermächtigt war. Hat die Dienststelle allerdings begründete Zweifel an der Vertretungsbefugnis, ist sie verpflichtet, dem nachzugehen (BVerwG v. 24.5.1965, BVerwGE 21, 240 = PersV 1966, 113 = ZBR 1965, 346 = DÖD 1965, 229). Der Personalrat ist an eine außerhalb der Vertretungsbefugnis abgegebene Erklärung seines Vorsitzenden nicht gebunden. Allerdings kann der Personalratsvorsitzende vom Personalrat durch Beschluss ermächtigt werden, seine Zustimmung zu erteilen. Er ist dabei aber an den Inhalt des Beschlusses gebunden. Darüber hinaus ist der Personalrat befugt Grundsatzbeschlüsse bzw. Alternativbeschlüsse zu fassen, um so dem Personalratsvorsitzenden einen Verhandlungsspielraum gegenüber der Dienststelle zu eröffnen. Unzulässig ist dagegen ein Grundsatzbeschluss, der dem Vorsitzenden von vornherein eine generelle Entscheidungsfreiheit einräumt (Lautenbach u. a., Personalvertretungsrecht Rheinland-Pfalz, § 27 Rn. 23).

Handelt der Vorsitzende des Personalrats, ohne dass ein entsprechender Beschluss gefasst wurde oder gibt er Erklärungen ab, die einem gefassten Beschluss widersprechen, kann er durch Mehrheitsbeschluss des Personalrats abgewählt werden (Lautenbach u. a., Personalvertretungsrecht Rheinland-Pfalz, § 27 Rn. 18).

Ausschüsse (§ 28 LPersVG)

Der Personalrat kann zur Vorbereitung von Beschlüssen Ausschüsse bilden. Die Ausschüsse haben gegenüber dem Personalrat eine beratende Funktion. In ihnen sollen die Gruppen angemessen vertreten sein. Der Personalrat beschließt mit einfacher Stimmenmehrheit über die Einsetzung eines Ausschusses. Es ist dem Personalrat zu empfehlen, alle mit der Bildung von Ausschüssen zusammenhängenden allgemeinen Fragen in der Geschäftsordnung oder in einem Geschäftsordnungsbeschluss zu regeln. Werden Ausschüsse gebildet, zu denen auch Vertreter der Dienststelle gehören (gemeinsame Ausschüsse), so hat der Personalrat das Recht, Sachverständige zu bestellen.

Offen ist, wie ein Ausschuss besetzt wird (Zahl der Mitglieder, Vertretung der Gruppen); das gilt auch für die Frage der Geschäftsführung (Vorsitz, Sitzungen, Teilnahme weiterer Personen). Nach § 178 Abs. 4 SGB IX hat die Schwerbehindertenvertretung das Recht, an allen Ausschusssitzungen beratend teilzunehmen. Gewerkschaftsbeauftragten steht kein Teilnahmerecht zu, gleichwohl können sie aber im Einzelfall eingeladen werden.

Geschäftsordnung (§ 38 LPersVG)

Die Personalvertretung kann in einer Geschäftsordnung Richtlinien für den internen Geschäftsablauf festlegen (§ 38 LPersVG). Die Geschäftsordnung bedarf der Zustimmung durch zwei Drittel der gesetzlichen Mitgliederzahl des Personalrats.

Durch eine Geschäftsordnung können keine Regelungen materiellen Inhalts getroffen werden. Mit ihr können nur das Gesetz ergänzende, eventuelle Lücken ausfüllende Regelungen, z. B. über die interne Geschäftsverteilung, getroffen werden. In der Praxis hat sich herausgebildet, dass eine Geschäftsordnung nur für Personalvertretungen ab einer gewissen Größe und für Stufenvertretungen sinnvoll scheint.

Es entspricht dem Grundsatz der partnerschaftlichen und vertrauensvollen Zusammenarbeit, dass die Geschäftsordnung des Personalrats und ihre Änderungen der Dienststelle zur Kenntnis gebracht werden.

Sprechstunden (§ 42 LPersVG)

Der Personalrat hat die Möglichkeit, Sprechstunden abzuhalten, um so den Beschäftigten Gelegenheit zu geben, ihre individuellen Probleme vorzutragen (§ 42 LPersVG). Die Sprechstunde hat folglich eine erhebliche Bedeutung für die Kommunikation zwischen dem Personalrat und den Beschäftigten. Zu den allgemeinen Aufgaben des Personalrats gehört es, Anregungen und Beschwerden entgegenzunehmen. Die Sprechstunde steht mit dieser Aufgabe unmittelbar im Zusammenhang. Weiterhin dient sie der Vorbereitung von Entscheidungen und Initiativen sowie der Informationsweitergabe an einzelne Beschäftigte, soweit hierfür nicht die Personalversammlung in Betracht kommt (BVerwG v. 18.8.2003 – 6 P 6/03). Unter Berücksichtigung dieser

Aspekte wird es bei der Beantwortung der Frage, ob Sprechstunden angeboten werden sollten, in der Praxis sehr auf die Situation in der jeweiligen Dienststelle ankommen. Arbeiten beispielsweise alle Beschäftigten in einem Dienstgebäude, kann davon ausgegangen werden, dass niemand die Sprechstunde abwarten wird. Um seine individuellen Probleme vorzutragen, spricht man sofort ein Personalratsmitglied seines Vertrauens an.

Keine Rechtsberatung

Dem Personalrat ist es auch gestattet, im Zusammenhang mit einer konkreten personalvertretungsrechtlichen Angelegenheit in einer Sprechstunde Rechtsfragen zu erörtern, soweit dies zur Ausübung seiner Beteiligungsrechte erforderlich ist. Der Personalrat ist in der eigenverantwortlichen Ausgestaltung der Erörterung mit dem betroffenen Beschäftigten grundsätzlich frei, solange ein Bezug zwischen den Fragestellungen und seinem Beteiligungsrecht gewahrt ist. Eine von einer konkreten Angelegenheit losgelöste rechtsberatende Tätigkeit gehört aber in keinem Fall zu den Tätigkeiten des Personalrats. Eine Rechtsbetreuung oder Rechtsberatung der in der Dienststelle tätigen Beschäftigten gehört nicht zu seinen im Gesetz geregelten Aufgaben (BVerwG v. 18.8.2003, a. a. O.).

Ort und Zeit der Sprechstunde (§ 42 Abs. 1 Satz 2 LPersVG)

Der Gesetzgeber hat ferner geregelt, dass Ort und Zeit der Sprechstunden im Einvernehmen mit dem Leiter der Dienststelle zu bestimmen sind. Kommt ein Einvernehmen nicht zustande, entscheidet ohne Durchführung des Stufenverfahrens gemäß § 74 Abs. 4 LPersVG die Einigungsstelle verbindlich.

Keine Benachteiligung wegen Inanspruchnahme § 42 Abs. 3 LPersVG)

Durch den Besuch der Sprechstunde entsteht weder ein Arbeitsversäumnis noch eine Minderung der Dienstbezüge oder des Arbeitsentgeltes. Die Beschäftigten dürfen wegen einer Inanspruchnahme des Personalrats nicht benachteiligt werden. Stehen dem Besuch der Sprechstunde zwingende dienstliche Gründe entgegen, können Beauftragte des Personalrats mit den Beschäftigten an deren Arbeitsplatz sprechen. Muss der Besuch der Sprechstunde des Personalrats außerhalb der Arbeitszeit erfolgen, ist dem Beschäftigten Zeitausgleich im entsprechenden Umfang zu gewähren.

Geschäftssitz der Personalvertretung

Der Personalrat hat bei der Bestimmung seines Geschäftssitzes das sich aus den Grundsätzen der vertrauensvollen Zusammenarbeit ergebende Partnerschaftsprinzip zu beachten. Daraus resultiert, dass sich der Sitz, die Geschäftsstelle des Personalrats, grundsätzlich am Sitz des Dienststellenleiters befindet. Eine vom Sitz der Dienststelle abweichende Festlegung des Sitzes der Personalvertretung ist grundsätzlich unzulässig. Der Personalrat hat daher grundsätzlich einen Anspruch darauf, am Sitz des Dienststellenleiters Räumlichkeiten zugewiesen zu bekommen (VG Dessau v. 21.11.2003 – 11 A 5/03).

Wichtig: Der Leiter der Dienststelle und der Personalrat sollen jederzeit zu einem sachlichen Gespräch und einem persönlichen Kontakt in der Lage sein.

Für den Bereich der Stufenvertretungen hat der Gesetzgeber dies auch im Wortlaut des § 52 Abs. 1 LPersVG deutlich gemacht. Dort heißt es ausdrücklich: Stufenvertretungen werden bei den Mittelbehörden bzw. bei den obersten Landesbehörden gebildet. Es heißt gerade nicht, dass Stufenvertretungen im Geschäftsbereich der Mittelbehörden bzw. der obersten Landesbehörden gebildet werden. Die Festlegung des Sitzes des Personalrats liegt in dessen Kompetenz (ZfPR 1/2008, 31).

Aufsuchen von Beschäftigten am Arbeitsplatz

Unter Berücksichtigung der dienstlichen Belange kann der Personalrat in Ausübung seines allgemeinen Überwachungsrechts auch einzelne Beschäftigte am Arbeitsplatz aufsuchen, um sich bei ihnen zu unterrichten. Eine Zustimmung des Dienststellenleiters ist nicht erforderlich. Aus dem Grundsatz der vertrauensvollen

Zusammenarbeit und im Interesse eines geregelten Dienstablaufs ist aber eine Informationspflicht abzuleiten. Es ist ein Einvernehmen mit dem Leiter der Dienststelle herzustellen.

Die Frage, ob dienstliche Belange dem Besuch entgegenstehen, also der Dienstablauf erheblich beeinträchtigt wird, kann nicht ausschließlich aus der Sicht der Personalvertretung beantwortet werden. Der Personalrat ist aber nicht verpflichtet, außer der Information über den Besuch weitere Auskünfte zu geben. Die Dienststelle hat die Möglichkeit, dem Besuch zu widersprechen. Dieses Recht wird dem Leiter der Dienststelle aber nur dann zugestanden, wenn der Besuch des Personalrats rechtsmissbräuchlich ist oder zu einer erheblichen Störung des Arbeitsablaufes oder der Ordnung führen würde.

Vierteljahresgespräch (§ 67 Abs. 1 LPersVG)

Die Dienststellenleitung und die Personalvertretung sind aufgerufen, mindestens einmal im Vierteljahr zu Besprechungen zusammenzutreffen (§ 67 Abs. 1 LPersVG). Dabei sollten unter anderem die Gestaltung des Dienstbetriebes und alle Vorgänge behandelt werden, die die Beschäftigten wesentlich berühren. Das beinhaltet auch die Aufforderung an den Vertreter der Dienststelle, über zukünftige Entwicklungen und beabsichtigte Maßnahmen zu berichten.

Das Vierteljahresgespräch ist in § 67 Abs. 1 LPersVG als wiederkehrendes Gesprächsforum vorgesehen. Es dient unter anderem auch dem regelmäßigen Informations- und Gedankenaustausch. Die Dienststelle soll hier über perspektivisch geplante Maßnahmen berichten. Diese Regelung gilt nach § 65 Abs. 2 LPersVG auch für die Stufenvertretungen. Soll von diesem gesetzlichen Regelungstypus abgewichen werden, bedarf dies des Einvernehmens beider Gesprächspartner. Auf Seiten der Personalvertretung ist eine Beschlussfassung durch das Gremium als Kollegialorgan erforderlich. Es handelt sich dabei um keine Angelegenheit der dem Vorstand obliegenden laufenden Geschäftsführung. Eine ausnahmsweise abweichende Regelung darf nicht zu einer Aushöhlung der Rechte des Personalrats und seiner Mitglieder führen. Sie muss mit der Regelung des § 67 Abs. 1 LPersVG im Einklang stehen. Dies gilt auch für verabredete Gespräche (BVerwG v. 24.2.2022 – 5 A 5.20).

Ernster Wille zur Einigung (§ 67 Abs. 1 Satz 4 LPersVG)

In diesem Gespräch sollen der Leiter der Dienststelle und die Personalvertretung über strittige Fragen mit dem ernsten Willen zur Einigung verhandeln. Sie haben jeweils Vorschläge für die Beilegung von Meinungsverschiedenheiten zu machen. Die Gesprächspartner sind aufgefordert, einen Konsens zu finden. Das bedeutet für die Praxis, dass der Leiter der Dienststelle nicht automatisch den dienstlichen Interessen den Vorrang geben darf. Der Personalrat muss diese aber in seinen Überlegungen berücksichtigen und darf nicht ausschließlich die Beschäftigteninteressen in den Vordergrund stellen.

Das Vierteljahresgespräch ist stets mit dem gesamten Personalrat zu führen. Der Gesetzgeber will so eine möglichst große Meinungsvielfalt erreichen.

Teilnehmerkreis (§ 178 Abs. 5 SGB IX, § 62 Abs. 3 LPersVG)

Der Schwerbehindertenvertretung steht nach dem Neunten Buch Sozialgesetzbuch (§ 178 Abs. 5 SGB IX) ein Teilnahmerecht zu. Die Jugend- und Auszubildendenvertretung ist hinzuziehen, wenn Angelegenheiten dieses Vertretungsbereiches erörtert werden (§ 62 Abs. 3 LPersVG).

Wichtig: Der Teilnehmerkreis ist abschließend geregelt und kann nur einvernehmlich erweitert werden. Es würde dem Grundsatz der vertrauensvollen Zusammenarbeit widersprechen, wenn einseitig, sei es von Seiten des Personalrats oder von Seiten des Dienststellenleiters, weitere dienststellenangehörige Personen zu diesen Gesprächen hinzugezogen würden. Im Falle der Hinzuziehung sachbearbeitender und damit zugleich sachkundiger Beschäftigter müssen sich Dienststellenleitung und Personalrat von dem Grundsatz der vertrauensvollen Zusammenarbeit (§ 2 Abs. 1 LPersVG) leiten lassen und in gemeinsamer Abstimmung eine Lösung finden, die dem Zweck des Vierteljahresgesprächs gerecht wird. Eine Erweiterung des Teilnehmerkreises gegen den Willen nur eines Beteiligten ist unzulässig (Lautenbach u. a., Personalvertretungsrecht Rheinland-Pfalz, § 67 Rn. 15).

Für die Praxis ist daraus abzuleiten, dass die Frauenbeauftragte oder Sachverständige nur hinzugezogen werden dürfen, wenn hierüber Einvernehmen zwischen Personalrat und dem Leiter der Dienststelle besteht.

Vertretungsmöglichkeit

Nach § 5 Abs. 5 LPersVG handelt für die Dienststelle ihre Leiterin oder ihr Leiter. Sie oder er kann sich durch die ständige Vertreterin oder den ständigen Vertreter vertreten lassen. Für den Verhinderungsfall kann sie oder er sich bei den obersten Dienstbehörden, bei den Struktur- und Genehmigungsdirektionen und bei der Aufsichts- und Dienstleitungsdirektion durch die Leiterin oder den Leiter der für Personalangelegenheiten zuständigen Abteilung vertreten lassen. Es entspricht der Systematik des Gesetzes und den Grundsätzen der Zusammenarbeit, dass im Regelfall die Leiterin oder der Leiter der Dienststelle persönlich das Gespräch mit dem Personalrat führt und sich dem nicht regelmäßig entzieht. Einen direkten Anspruch auf jederzeitige persönliche Teilnahme des Dienststellenleiters hat der Personalrat allerdings nicht (VG Dresden v. 13.7.2001 – 9 K 997/01). Beauftragt der Leiter der Dienststelle unter Beachtung der gesetzlichen Vorgaben (§ 5 LPersVG) einen Vertreter mit der Gesprächsführung, so muss er den Vertreter mit seiner Handlungsbefugnis ausstatten und sich im Nachhinein auch dessen Handlungen zurechnen lassen. Anderenfalls wäre der gesetzlichen Aufforderung zur Konsensbildung nicht Genüge getan.

Verfahren

Verfahrensregelungen für die organisatorische Durchführung des Vierteljahresgespräches sind im Gesetz nicht genannt. Diese sind nach dem Sinn des Gesetzes aber ebenfalls einvernehmlich festzulegen. Es ist auch nicht ausdrücklich geregelt, wer zu diesem

Gespräch einlädt und wo es stattfindet. In der Praxis wird die Initiative vom Personalrat ausgehen.

Auch die aktuell immer wieder auftretende Frage, ob die Zuschaltung von Vertretern der Dienststelle oder Mitgliedern des Personalrats unter Nutzung der Kommunikationstechnik vorgesehen werden kann, ist umstritten. Grundsätzlich verbleibt es bei der Durchführung bzw. der Teilnahme am Monatsgespräch bei dem Präsenzerfordernis. Es mag aus besonderem Grund (Altvater u. a., BPersVG § 65 Rn. 6 – Durchführung während der Pandemie) im Einzelfall ausnahmsweise notwendig sein, ein solches Gespräch digital oder unter Zuschaltung einzelner Teilnehmer zu ermöglichen. Voraussetzung dafür müsste aber das Einverständnis aller Teilnehmenden sowie die Einhaltung der sicherheits- und datenschutzrechtlichen Aspekte sein. Kosten- oder Termingründe sind keine besonderen Gründe. Eine Regelung wie bei der Durchführung der Personalratssitzung in § 31 Abs. 1 LPersVG ist in § 67 LPersVG zum Vierteljahresgespräch nicht eingeflossen. Insbesondere gibt es auch keinen Bezug auf die technischen Voraussetzungen, auf die Vertraulichkeit und den Datenschutz. Diese sind in den gesetzlichen Bestimmungen zur Personalratssitzung explizit aufgeführt und sehr ausführlich ausgestaltet worden. Daraus lässt sich ableiten, dass der Gesetzgeber die Durchführung des Monatsgesprächs per Video- oder Telefonkonferenz bzw. die Zuschaltung einzelner Teilnehmer grundsätzlich nicht zulassen wollte.

Eine Tagesordnung ist ebenfalls nicht vorgeschrieben. Unter Berücksichtigung der gesetzlichen Vorgaben über den Ablauf des Gesprächs ist sie aber sinnvoll. Die Gesprächspartner müssen dazu in der Lage sein, sich so vorzubereiten, dass sie zu einer kompetenten Meinungsäußerung und sachgerechten Konsensbildung befähigt sind. Auch aus den Grundsätzen der vertrauensvollen Zusammenarbeit lässt sich durchaus ein solcher Anspruch ableiten. Wird die Tagesordnung vom Personalrat aufgestellt, dann bedarf es eines Personalratsbeschlusses. Der Personalratsvorsitzende allein ist nicht befugt, eigenmächtig die Tagesordnung für ein Vierteljahresgespräch festzusetzen (OVG Nordrhein-Westfalen v. 4.10.1990, Leits. ZfPR 1991, 81).

Praxis-Tipp:

Der Personalvertretung ist zu empfehlen, eine Niederschrift in Form eines Ergebnisprotokolls zu fertigen. Die zwingende Vorschrift des § 37 LPersVG „Sitzungsniederschrift" findet auf das Vierteljahresgespräch keine Anwendung. In diesem ist zwar auch „zu verhandeln", sodass durchaus von einer Verhandlung im weitesten Sinne gesprochen werden kann. Unstrittig ist aber, dass in einem Vierteljahresgespräch keine Beschlüsse gefasst werden können und somit weder deren Wortlaut noch das Stimmergebnis zu dokumentieren sind. Da in einem Vierteljahresgespräch aber ernsthafte Lösungsversuche unternommen werden sollen, ist es sinnvoll, die wesentlichen Ergebnisse in einer Niederschrift zu erfassen, um später Zweifelsfragen auszuräumen.

Aus Gründen der Rechtssicherheit und aus dem Grundsatz der vertrauensvollen Zusammenarbeit heraus sollten die am Vierteljahresgespräch Beteiligten eine Abschrift des Ergebnisprotokolls erhalten. Fertigt auch die Dienststelle eine Niederschrift, so entspricht es dem vorstehenden Grundsatz, ist auch diese zur Verfügung zu stellen.

§

Bekanntmachung des Personalrats über den Inhalt eines Monatsgespräches (OVG Berlin v. 12.5.1998 – OVG 60 PV 1/96)

Der Personalrat ist befugt, die Dienstkräfte in einer Bekanntmachung darüber zu informieren, welche die Dienstkräfte berührenden Vorgänge in einem Monatsgespräch zwischen dem Dienststellenleiter und ihm behandelt und welche Entscheidungen dabei getroffen worden sind, solange er nicht als Vollzugsorgan dieser Entscheidung auftritt.

Aufbewahrung von personenbezogenen Unterlagen (§ 72 LPersVG)

Personenbezogene Unterlagen, die anlässlich eines Beteiligungsverfahrens zur Verfügung gestellt wurden, sind nach Abschluss des Beteiligungsverfahrens (Mitbestimmungs-, Mitwirkungs-, Anhörungsverfahrens) der Dienststelle zurückzugeben. Diese Daten zu sammeln, fortlaufend auszuwerten und in Dateien zu speichern, ist nicht zulässig.

Diejenigen Unterlagen des Personalrats, die personenbezogene Daten enthalten (z. B. Niederschriften, Personallisten), sind vor unbefugter Einsichtnahme zu schützen. Die Dienststelle ist zwingend verpflichtet, dem Personalrat geeignete Sicherungseinrichtungen zur Verfügung zu stellen. Personenbezogene Unterlagen des Personalrats sind für die Dauer der Amtsperiode des Personalrats aufzubewahren. Sie sind spätestens nach Ablauf einer weiteren Amtsperiode zu vernichten, soweit sie nicht von dem Archiv einer Gebietskörperschaft übernommen werden.

Weitere Regelungen hat der Gesetzgeber für die Aufbewahrung von Wahlunterlagen (Niederschriften, Bekanntmachungen, Stimmzettel, Freiumschläge für die schriftliche Stimmabgabe usw.) getroffen. Die Wahlunterlagen sind vom Personalrat mindestens bis zur Durchführung der nächsten Wahl aufzubewahren (§ 24 WOLPersVG).

Geschäftsbedarf, Kosten und Sachaufwand

Allgemeine Kostenregelung (§ 43 Abs. 1 LPersVG)

Bei den notwendigen Ausgaben des Personalrats handelt es sich um Ausgaben aufgrund gesetzlicher Verpflichtung. Daraus leitet sich die Pflicht der Dienststelle ab, die durch die Tätigkeit des Personalrats entstehenden Kosten zu tragen. So wird die Personalvertretung in die Lage versetzt, im Rahmen ihres Zuständigkeitsbereiches „zur Tätigkeit der Dienststelle einen qualitativ gleichwertigen Beitrag einzubringen" (VGH Baden-Württemberg v. 18.9.1990). Alle Kosten, die es der Personalvertretung ermöglichen, ihre Aufgaben sach- und zeitgerecht wahrzunehmen, fallen unter die Vorschrift des § 43 Abs. 1 LPersVG. Die Dienststelle hat der Personalvertretung Haushaltsmittel zur Verfügung zu stellen, damit diese, unabhängig vom Leiter der Dienststelle, die Art und Weise der Aufgabenerfüllung und die notwendigerweise anfallenden Kosten selbst bestimmen kann. Es kommt dabei darauf an, ob eine Personalvertretung aus ihrer Sicht die Kosten bei pflichtgemäßer Beurteilung der Sachlage zum Zeitpunkt der Beschlussfassung für erforderlich und verhältnismäßig halten durfte (BVerwG v. 25.10.2015, ZfPR online 2/2017, 5; BVerwG v. 21.11.2019, ZfPR online 1/2021, 2; OVG NW v. 12.2.1987, PersV 1989, 497; OVG NW v. 3.5.2002, PersV 2002, 451; OVG Bln-Bbg v. 22.6.2022, ZfPR online 1/2023, 11; Lautenbach u. a., Personalvertretungsrecht Rheinland-Pfalz, § 43 Rn. 13). Die Kostentragungspflicht der Dienststelle ermöglicht überhaupt erst, dass der Personalrat seine ihm gesetzlich zugewiesenen Aufgaben erfüllen kann (BVerwG v. 22.3.1963, BVerwGE 16 = PersV 1963, 231 = ZBR 1964, 280).

Sparsamkeitsgrundsatz

Da es sich um öffentliche Gelder handelt, hat die Personalvertretung den Grundsatz der sparsamen Verwendung der Haushaltsmittel unbedingt zu berücksichtigen (§ 7 Abs. 1 LHO; BVerwG v. 24.11.1986, PersV 1987, 422; BVerwG v. 9.10.1991, PersV 1992, 218; BVerwG v. 9.3.1992, PersV 1992, 429; OVG RP v. 15.1.2002, PersV 2002, 362; Lautenbach u. a., Personalvertretungsrecht Rheinland-Pfalz, § 43 Rn. 10). Als nichtrechtsfähiges Organ der Dienststelle ist der Personalrat Bestandteil der öffentlichen Verwaltung und insoweit an das Gebot der sparsamen und wirtschaftlichen Haushaltsführung gebunden. Er kann über öffentliche Mittel nicht frei verfügen. Die kostenwirksamen Entscheidungen und Betätigungen des Personalrats unterliegen vom Grundsatz denselben haushaltsrechtlichen Bindungen, denen auch die Dienststelle insgesamt unterworfen ist. Neben der Beachtung aller rechtlichen Bestimmungen ist der Personalrat auch verpflichtet, die Grundsätze der Sparsamkeit und Wirtschaftlichkeit bei seinem Handeln zu beachten.

Ferner ergibt es sich aus dem Grundsatz der vertrauensvollen Zusammenarbeit, den Leiter der Dienststelle über weitreichende Kostenfolgen zu informieren und diese mit ihm zu erörtern. Dieser hat das Recht zu überprüfen, inwieweit die Kosten in unmittelbarem Zusammenhang mit der Wahrnehmung personalvertretungsrechtlicher Aufgaben stehen.

Zudem verlangt dieser Grundsatz, dass der Personalrat vor der Festlegung des Haushaltsplanes gehört wird. Der Personalrat ist verpflichtet, seinen voraussichtlichen Bedarf rechtzeitig vor Aufstellung des Haushaltsplans bei der Dienststellenleitung geltend zu machen, um diese in den Stand zu versetzen, entsprechende Haushaltsanforderungen zu stellen.

Außerplanmäßige Kosten

Der Personalrat besitzt keine eigene Rechtspersönlichkeit. Er handelt als Teil der Dienststelle und ist somit nicht Träger vermögensrechtlicher Ansprüche und Verpflichtungen. Eine eigene Mittelbewirtschaftung findet in der Regel nicht statt. Der notwendige Finanzbedarf ist von der Dienststelle zu decken. Entstehen im laufenden Haushaltsjahr unvorhersehbare unvermeidliche Kosten, die bei der Haushaltsanforderung nicht berücksichtigt werden konnten und mit den bereitgestellten Mitteln nicht gedeckt werden können, eröffnet die Landeshaushaltsordnung die Möglichkeit, Haushaltsmittel zum Ausgleich der überplanmäßigen Ausgaben nachzubewilligen. Da auch die Personalvertretung keine Verpflichtungen eingehen darf, ohne dass dies vom Haushalt gedeckt wäre, ist sie aufgerufen, einen den Haushaltsansatz übersteigenden unvorhersehbaren unvermeidlichen Mittelbedarf so rechtzeitig anzuzeigen, dass dieser nachbewilligt werden kann.

Entstehen seitens der Personalvertretung Zahlungsverpflichtungen, die in Wahrnehmung der ihr obliegenden Aufgaben verursacht worden sind, kann die Dienststelle grundsätzlich nicht einwenden, dass die Haushaltsmittel erschöpft sind. Können aus anderen Titeln des Haushaltes Mittel übertragen werden, muss die Dienststelle alles versuchen, dies zu bewirken. Das ergibt sich aus dem Grundsatz der vertrauensvollen Zusammenarbeit. Die Dienststelle darf die Übernahme von Kosten für die Personalratstätigkeit nur dann mit der Begründung fehlender Haushaltsmittel ablehnen, wenn sie alle Möglichkeiten zur Bereitstellung über- und außerplanmäßiger Mittel ausgeschöpft hat (Ruppert, Fehlende Haushaltsmittel – Verweigerungsgrund für die Kostentragung der Dienststelle, PersV 03/2001 S. 98 ff.).

Die Einsparungen in den Haushalten der öffentlichen Verwaltung haben zwangsweise auch zu einer Verknappung der Gelder geführt, die für die ordnungsgemäße Erfüllung personalvertretungsrechtlicher Aufgaben zur Verfügung zu stellen sind. Der Gesetzgeber hat sich bei der Verabschiedung des Personalvertretungsgesetzes selbst verpflichtet, entsprechende Ansätze bei der Haushaltsplanberatung zu berücksichtigen. Den jeweiligen Verwaltungen ist aufgegeben, die Erfüllung der gesetzlichen Aufgaben sicherzustellen. Der Personalrat besitzt keine eigene Rechtspersönlichkeit. Er handelt als Teil der Dienststelle und ist somit nicht eigenständiger Träger vermögensrechtlicher Ansprüche und Verpflichtungen. Der notwendige Finanzbedarf ist von der Dienststelle zu decken.

Im Personalvertretungsgesetz sind eine Reihe kostenauslösender Vorschriften enthalten. Dazu gehören insbesondere:

- Kosten der Wahl
- Kosten durch Freistellungen und Arbeitsabminderung
- Kosten für den Geschäftsbedarf
- Kosten für geeignete Räumlichkeiten und Literatur
- Schulungskosten
- Reisekosten
- Kosten der Personalversammlung
- Kosten für Sachverständige und Beratung
- Anwaltskosten

Eine Haushaltssperre bindet auch die Personalvertretung. Allerdings sind aufgrund der besonderen gesetzlichen Aufgabenstellung andere Maßstäbe anzusetzen als bei anderen Teilen der Dienststelle.

Lehnt die Dienststellenleitung einen Antrag des Personalrats auf Übernahme von Kosten ab oder stellt sie Räume, Geschäftsbedarf, Büropersonal oder Sachbearbeiterinnen oder Sachbearbeiter nicht oder nicht im erforderlichen Umfang zur Verfügung, so entscheidet auf Antrag des Personalrats ohne Durchführung des Stufenverfahrens die Einigungsstelle verbindlich.

Es darf nicht dazu kommen, dass mit einseitigem Verwaltungsakt durch die Verweigerung der Haushaltsmittel die gesetzmäßige

Tätigkeit der Personalvertretung eingeschränkt oder behindert wird.

In aller Regel erzielen Personalvertretung und Leiter der Dienststelle Einigung über die Kostenregelungen des § 43 Abs. 1 LPersVG. Im Rahmen der Aufstellung des Haushaltsplanes sollte ausreichend Gelegenheit bestehen, die Festlegung der Kosten für die Personalratstätigkeit ausführlich zu erörtern.

Kosten der Einigungsstelle (§ 43 Abs. 1 LPersVG)

Die sachlichen und personellen Kosten des Verfahrens vor der Einigungsstelle sind Kosten im Sinne des § 43 Abs. 1 LPersVG. Ferner erhält das unparteiische Mitglied der Einigungsstelle für die Behandlung jeden Falles eine Aufwandsentschädigung, deren Höhe die Landesregierung durch Rechtsverordnung bestimmt (§ 75 Abs. 7 LPersVG).

Pflicht der Dienststelle, Räume, Geschäftsbedarf und Büropersonal zur Verfügung zu stellen (§ 43 Abs. 2 LPersVG)

Nach § 43 Abs. 2 LPersVG ist die Dienststelle verpflichtet, die Aufgabenwahrnehmung, insbesondere die laufende Geschäftsführung der Personalvertretung, sicherzustellen. Die Personalvertretung muss ihre Aufgaben ordnungsgemäß erfüllen können. Dazu gehören:

- Abhalten von Sitzungen (§ 29 LPersVG)
- Durchführung von Ausschusssitzungen (§ 28 LPersVG)
- Abhalten von Sprechstunden (§ 42 LPersVG)
- laufende Geschäftsführung (§ 27 Abs. 1 LPersVG)

Dazu wird es im Regelfall erforderlich sein, geeignete Räumlichkeiten zur Verfügung zu stellen, da sonst die Vertraulichkeit der Tätigkeit in hohem Maße gefährdet wäre. Dieses kann nur durch die Bereitstellung im Dienstgebäude oder gegebenenfalls das Anmieten in unmittelbarer Nähe der Dienststelle geschehen. Ein Personalrat kann seinen Anspruch auf Raumbedarf mit einem Verpflichtungsantrag im personalvertretungsrechtlichen Beschlussverfahren geltend machen (BVerwG v. 29.6.2004 – 6 PB 3/04).

Geschäftsbedarf (§ 43 Abs. 2 Satz 1 LPersVG)

Zum Geschäftsbedarf gehören unter anderem die erforderlichen Möbel, Arbeitsmittel, Telefon, Portokosten und Papier. Die Personalvertretung muss die Möglichkeit haben, Ferngespräche führen zu können. Für die Aufzeichnung der Gesprächsdaten sind wegen der besonderen Stellung des Personalrats besonders enge Kriterien anzusetzen. Im Idealfall sollten vom Anschluss des Personalrats keine angewählten Rufnummern, sondern nur die Kosten gespeichert werden. Je nach Umfang der Aufgaben und Größe der Personalvertretung können zum Geschäftsbedarf auch ein Kopiergerät, ein Telefax, ein Aktenvernichter, ein Anrufbeantworter, ein PC, ein Internet-Zugang und ein E-Mail-Anschluss gehören.

Büropersonal oder Sachbearbeiterinnen oder Sachbearbeiter (§ 43 Abs. 2 Satz 2 LPersVG)

Unter Büropersonal versteht der Gesetzgeber Hilfskräfte, die die büromäßige Abwicklung der Arbeit des Personalrats durchführen. Dazu zählen im Wesentlichen Schreibkräfte für die Erledigung und die Verwaltung des Schriftgutes der Personalvertretung.

Als ein Maßstab für die Ermittlung des erforderlichen Bedarfs kann die Anzahl der Personalratsmitglieder dienen.

Beispiel:

Das Oberverwaltungsgericht Sachsen-Anhalt geht bei einem aus neun Mitgliedern bestehenden Personalrat, von denen eines voll freigestellt ist, von der Zuweisung einer Bürokraft mit 20 Wochenstunden aus (OVG Sachsen-Anhalt v. 30.7.2003, ZfPR 11/2003, 304).

Bei der Auswahl der Bürokraft steht dem Personalrat wegen des besonderen zu begründenden Vertrauensverhältnisses ein Mitspracherecht zu. Für die Geltendmachung seines Anspruchs auf Zuteilung einer Bürokraft hat der Personalrat im Einzelnen darzulegen, welche der bei ihm anfallenden Tätigkeiten von einer Bürokraft wahrgenommen werden sollen und welchen zeitlichen Aufwand die Bürokraft dafür aufbringen muss (Bayer. VGH v. 8.4.2008, PersV 2009, 466; Lautenbach u. a., Personalvertretungsrecht Rheinland-Pfalz, § 43 Rn. 50). Die Bereitstellung von Büropersonal kann von der Dienststelle nicht mit der Begründung verwehrt werden, dass der Personalrat über die entsprechende, im Gesetz vorgesehene Anzahl von Freistellungen verfüge. Die Freistellungen sind nicht für die Erledigung von Büroarbeiten, sondern für die Geschäftsführung der Personalvertretung zu gewähren. Fällt die dem Personalrat zur Verfügung gestellte Bürokraft aus, so muss durch eine Vertretungsregelung die Aufgabenerfüllung sichergestellt sein. Der Personalrat benötigt dann für diesen Zeitraum einen Ersatz (SächsOVG v. 7.7.1998 – P 5 S 4/97). Die Dienststelle kann die Wiederbesetzung der Stelle nicht mit dem Hinweis auf dafür fehlende Haushaltsmittel verweigern. Vielmehr ist sie gehalten, die notwendigen haushaltsrechtlichen Voraussetzungen zu schaffen (OVG LSA v. 30.8.2000, PersV 2001, 370). Der Personalrat muss im oben geschilderten Fall beantragen, dass die Nachbesetzungssperre für diese Stelle aufgehoben oder eine Nachbesetzung aus dem vorhandenen Personalbestand vorgenommen wird. Wegen der besonderen Rechtsstellung der Personalvertretung können auch bei einer haushaltswirtschaftlichen Sperre nicht die gleichen Maßstäbe zugrunde gelegt werden wie bei anderen Teilen der Dienststelle, die abhängig organisatorischer Teil der Verwaltung sind.

Soweit es für die ordnungsgemäße Wahrnehmung personalvertretungsrechtlicher Aufgaben erforderlich ist, sind auch Sachbearbeiterinnen oder Sachbearbeiter zeitweise zur Vorbereitung von Beschlüssen zur Verfügung zu stellen.

Stellt die Dienststelle Büropersonal oder Sachbearbeiterinnen oder Sachbearbeiter nicht im erforderlichen Umfang zur Verfügung, so entscheidet auf Antrag des Personalrats ohne Durchführung des Stufenverfahrens gemäß § 74 Abs. 4 LPersVG die Einigungsstelle verbindlich.

Gesetzestexte, Kommentare, Fachzeitschriften (§ 43 Abs. 3 LPersVG)

Die Personalvertretung hat Anspruch auf „jederzeitigen Zugriff" auf Gesetzestexte, Erläuterungen und Kommentare. Nur so kann sichergestellt werden, dass sie ihre Aufgaben mit der gebotenen Sachkompetenz wahrnehmen kann. Ein Kommentar gehört nach der Rechtsprechung des Bundesverwaltungsgerichts zum „unentbehrlichen Rüstzeug" für die Personalratsarbeit (BVerwG v. 26.8.1988, BVerwGE 79, 361 = ZBR 1988, 321 = PersV 1988, 394 = ZfPR 1989, 10).

Die Personalratstätigkeit darf nicht durch zeitraubende Einengungen und Nebenarbeiten, verursacht durch unzureichende Ausstattung mit Geschäftsbedarf, beeinträchtigt werden. Dem Personalrat müssen Fachzeitschriften und Erläuterungswerke zur ständigen Benutzung zur Verfügung gestellt werden. Personalvertretungen benötigen bei der Vorbereitung und Durchführung von Sitzungen vielfach einen Kommentar oder ein Erläuterungswerk, um den ihnen gestellten Aufgaben gerecht werden zu können (VGH Baden-Württemberg v. 18.9.1990 – 15 S 831/89, n. v.). Bei Stufenvertretungen kann es unter Berücksichtigung der Besonderheiten des Geschäftsbereiches durchaus erforderlich sein, dass diese über mehrere Erläuterungswerke verfügen müssen. Dies wird regelmäßig der Fall sein, wenn die Vorstandsmitglieder weite Wege zur Geschäftsstelle der Stufenvertretung zurücklegen müssen, um die einschlägigen Bestimmungen einzusehen und sich sachkundig zu machen. Unabhängig vom Zeitaufwand würden auch unnötigerweise Fahrtkosten anfallen. In der heutigen modernen Arbeitswelt stehen viele Kommentare und die Gesetzestexte im Internet online zur Verfügung. Diese Online-Bibliotheken ermöglichen einen schnellen Zugriff, eine einfache Rechtsrecherche und sind immer auf dem aktuellen Stand. Ein aufwendiges Nachsortieren von Loseblattsammlungen ist nicht mehr erforderlich. Im Resultat sind solche Online-Zugänge damit auch kostengünstiger.

Zum erforderlichen Geschäftsbedarf gehört, jedenfalls so lange die Dienststelle über eine solche nicht verfügt, auch eine Fachzeitschrift. Der Grundsatz der sparsamen Verwendung der Haushaltsmittel kann nur die Art und Weise beeinflussen, in der die Zeitschrift dem Personalrat zur Verfügung zu stellen ist. Der Personalvertretung steht insoweit ein Auswahlrecht unter mehreren Informationsschriften zu (BVerwG v. 5.10.1989, ZBR 1960, 56 = ZfPR 1990, 43).

In einer weiteren Entscheidung hat das Bundesverwaltungsgericht ausgeführt, dass in größeren Dienststellen (ca. 300 Beschäftigte und mehr) den Personalratsmitgliedern als Gremium eine Fachzeitschrift zum „ständigen Gebrauch" zur Verfügung zu stellen ist (BVerwG v. 12.9.1989, ZBR 1990, 55).

Kosten für die Anhörung eines Sachverständigen, gutachterliche Beratung (§ 43 Abs. 1 LPersV)

Zu den von der Dienststelle zu tragenden Kosten gehören auch solche, die dadurch entstehen, dass sich der Personalrat zur Erfüllung seines gesetzlichen Auftrags dienststellenfremder Personen zur Beratung oder gutachterlicher Stellungnahmen bedient (BVerwG v. 8.11.1989 – 6 P 7/87, ZfPR 1990, 86, 89; BVerwG v. 18.6.1991 – 6 P 2/90, ZfPR 1991, 136, 137 f.).

Einer Personalvertretung steht das Recht zu, sich über bestimmte Fragen tatsächlicher Art und über solche, deren Beantwortung eine bestimmte Sachkunde erfordern, selbst zu informieren, um sachgerechte Beschlüsse fassen zu können. Die Kostentragungspflicht seitens der Dienststelle besteht immer dann, wenn sich der Personalrat objektiv innerhalb des ihm vom Gesetz zugewiesenen Aufgabenbereichs befindet und er die Beratung nach sachgerechten Erwägungen für erforderlich halten konnte (VG Köln v. 7.5.2010 – 33 K 659/10 PVB). Zunächst jedoch muss die Personalvertretung versuchen, internen Sachverstand zu nutzen. Steht interne Kompetenz zu dem gesetzlich begrenzten Thema nicht zur Verfügung oder bestehen Zweifel an der Objektivität des internen Sachverstandes, so ist die Personalvertretung berechtigt, sich externen Sachverstandes zu bedienen (BVerwG v. 14.7.1977, BVerwGE 54, 195 = ZBR 1977, 412 = PersV 1978, 126; BVerwG v. 27.2.1985, ZBR 1985, 173).

Pflicht zur Übernahme von Anwaltskosten (§ 43 Abs. 1 LPersVG)

Die Kosten der anwaltlichen Vertretung des Personalrats im verwaltungsgerichtlichen Beschlussverfahren hat die Dienststelle zu tragen, wenn die Rechtsverfolgung der Durchsetzung, Klärung oder Wahrnehmung der dem Personalrat zustehenden Befugnisse und Rechte dient und der Personalrat die Vertretung durch einen Anwalt nach pflichtgemäßen Ermessen für erforderlich hält. Es handelt sich hierbei um durch die Tätigkeit des Personalrats entstandene Kosten im Sinne des § 43 Abs. 1 LPersVG.

Der Personalrat hat allerdings zu beachten, dass er einen Anwalt beauftragt, dessen Gebührenforderung in ihrer Höhe der gesetzlichen Vergütung gemäß den Regelungen des Rechtsanwaltsvergütungsgesetzes (RVG) entspricht. Der Personalrat hat auch hier den Grundsatz der Sparsamkeit und Wirtschaftlichkeit einzuhalten. Vor Inanspruchnahme eines Rechtsanwaltes müssen alle Möglichkeiten zur Durchsetzung der Interessen der Personalvertretung ausgeschöpft werden, um aus eigener Kraft in vertrauensvoller Zusammenarbeit mit dem Dienststellenleiter anstehende Probleme zu lösen (vgl. Verbot der Anrufung außenstehender Stellen, § 67 Abs. 6 LPersVG). Die Zuhilfenahme externen Sachverstandes oder einer (Rechts-)Beratung bleibt davon unberührt.

Auch die Kosten eines Anwalts, den der Personalrat außerhalb eines gerichtlichen Verfahrens in Anspruch genommen hat, sind unter Würdigung aller Umstände des Einzelfalls von der Dienststelle zu tragen. Der Personalrat muss aber zunächst alle ihm zur Verfügung stehenden Mittel ausschöpfen, um sich selbst sachkundig zu machen. Dazu gehören das Nachlesen in den Kommentaren und der Literatur ebenso wie die Nutzung dienststelleninternen Sachverstandes oder die Nachfrage bei vorgesetzten Dienststellen oder Gewerkschaften (SächsOVG v. 16.12.1997 – P 5 S 29/96, ZfPR 1999, 191 = PersR 1999, 12 = NZA-RR 1999, 221). Der Anspruch auf Kostenerstattung kann insbesondere bestehen, wenn die Beratung dazu geführt hat, ein personalvertretungsrechtliches Beschlussverfahren zu vermeiden.

Ein Einverständnis der Dienststelle zur Inanspruchnahme eines Anwalts im verwaltungsgerichtlichen Verfahren ist nicht erforderlich. Hierüber entscheidet der Personalrat nach pflichtgemäßer

Abwägung durch Beschluss. Der Beschluss ist der Dienststelle mitzuteilen. Ein Erstattungsanspruch besteht nicht, wenn das Beschlussverfahren mutwillig oder aus haltlosen Gründen begonnen wurde (BVerwG v. 9.3.1992 – 6 P 11/90).

§

Freistellungsanspruch des Personalrats hinsichtlich der Anwaltskosten (BVerwG v. 9.3.1992 – 6 P 11/90)

Ein Freistellungsanspruch gegen die Dienststelle ist dann nicht gegeben, wenn das Beschlussverfahren mutwillig oder aus haltlosen Gründen in Gang gesetzt worden ist. Von einer Haltlosigkeit ist auszugehen, wenn die Rechtsverfolgung von vornherein offensichtlich aussichtslos war. Eine Rechtsverfolgung ist insbesondere auch dann mutwillig, wenn von zwei gleichwertigen prozessualen Wegen der kostspieligere beschritten wird. Ob eine Gleichwertigkeit gegeben ist, wird dabei nach den Aufgaben beurteilt, die dem Personalrat obliegen. Scheitert der Freistellungsanspruch aus einem der beiden Gründe, so haftet die Dienststelle dem Rechtsanwalt mangels Verpflichtung aus dem Anwaltsvertrag auch nicht unmittelbar für seine Honorarforderungen. Es ist dem Rechtsanwalt nicht nur zuzumuten, sondern dieser ist aus den bei Vertragsabschluss bestehenden Sorgfaltspflichten heraus sogar verpflichtet, dem Personalrat von der Durchführung haltloser oder gar mutwilliger Verfahren abzuraten. Kommt er dieser Pflicht nicht nach, so ist es nicht unbillig, wenn ihm für seine Tätigkeit eine Honorierung aus öffentlichen Kassen versagt wird.

Nutzung von Internet und Intranet durch den Personalrat (§ 43 Abs. 2 LPersVG)

Das Bundesarbeitsgericht hat bereits 2003 in zwei Fällen entschieden, dass einem Betriebsrat unter bestimmten Voraussetzungen ein Internet- und ein Intranetzugang zur Verfügung zu stellen ist (BAG v. 3.9.2003 – 7 ABR 8/03; 7 ABR 12/03). Diese beiden Entscheidungen des Bundesarbeitsgerichts zum Betriebsverfassungsrecht sind auch auf das Personalvertretungsrecht übertragbar. Nach der vergleichbaren Vorschrift im Landespersonalvertretungsgesetz (§ 43 Abs. 2 LPersVG) hat die Dienststelle die für die laufende Geschäftsführung erforderlichen Mittel zur Verfügung zu stellen. Dazu gehört auch der Zugang zum Internet, mit dessen Hilfe sich der Personalrat umfassend und schnell über aktuelle Fragen des Personalvertretungsrechts informieren kann. Beispielhaft sei nur erwähnt, dass die Entscheidungen der obersten Bundesgerichte im Volltext im Internet abrufbar sind. Die so vereinfachte Rechtsrecherche spart nicht nur Zeit, sondern auch Kosten. Veröffentlichungen im Intranet ermöglichen dem Personalrat, die Beschäftigten der Dienststelle aktuell und zeitnah über seine Tätigkeit zu unterrichten. Dies gilt umso mehr für die Fälle, in denen die sonstigen Informationsmöglichkeiten nicht ausreichen. Handelt es sich beim Intranet um ein übliches dienststelleninternes Kommunikationsmittel, so ist dem Personalrat ein Anspruch auf Nutzung des Intranets zur Information der Beschäftigten zuzubilligen. Der Personalrat unterliegt natürlich auch dem Grundsatz der sparsamen Verwendung der Haushaltsmittel. Ist aber der Internetanschluss für den Personalrat ohne erheblichen Kostenaufwand möglich, weil die Dienststelle bereits über eine entsprechende technische Ausstattung verfügt, so wird eine Erforderlichkeit auch unter diesem Gesichtspunkt zu bejahen sein. Hierbei sind auch die Einsparpotenziale, z. B. durch eine beschleunigte Rechtsrecherche, zu berücksichtigen. Insbesondere Online-Bibliotheken bieten diese schnelle Recherche und den aktuellen Rechtsstand. Des Weiteren regelt der Gesetzgeber in § 43 Abs. 3 Satz 2 LPersVG, dass der Personalrat für seine Bekanntmachungen und Informationen die in der Dienststelle üblichen Informations- und Kommunikationssysteme nutzen kann.

Schriftliche Mitteilungen an die Beschäftigten (§ 43 Abs. 2 LPersVG)

Unter Berücksichtigung der konkreten Verhältnisse in einer Dienststelle und einer umfassenden zeitnahen Information der Beschäftigten kann es erforderlich sein, schriftliche Mitteilungen an die Beschäftigten herauszugeben. Aus der Verpflichtung der Personalvertretung zur Beachtung des Grundsatzes zur sparsamen Haushaltsführung entscheidet sie selbst nach pflichtgemäßem Ermessen über die Herausgabe einer Informationsschrift.

Beispiel:

Reichen die sonstigen Informationsmöglichkeiten (Personalversammlung, schwarzes Brett, Sprechstunde) nicht aus, kann die Personalvertretung eine Informationsschrift herausgeben, um so das Informationsbedürfnis zu decken.

Veröffentlichungen oder Weiterleitungen von Bekanntmachungen des Personalrats sind – von den Fällen strafbaren Verhaltens abgesehen – nicht vom Ergebnis einer Inhaltskontrolle seitens der Dienststelle abhängig. Hält die Dienststelle eine Veröffentlichung des Personalrats für unzulässig, ist sie auf die Inanspruchnahme gerichtlichen Rechtsschutzes verwiesen (BVerwG v. 27.10.2009 – 6 P 11.08).

Plätze für Bekanntmachungen/Anschlagflächen (§ 43 Abs. 3 Satz 1 LPersVG)

Zu dem von der Dienststelle zur Verfügung zu stellenden Geschäftsbedarf gehört auch das „schwarze Brett". Hier kann der Personalrat Mitteilungen, die sich aus seinen gesetzlichen Aufgaben und Befugnissen ergeben, eigenverantwortlich und nach eigenem Ermessen an die Beschäftigten veröffentlichen. Der Personalrat entscheidet, was, in welcher Form und wie lange er etwas am „schwarzen Brett" bekannt machen will. So ist es ihm z. B. auch nicht verwehrt, die Dienstkräfte über das Ergebnis eines Vierteljahresgesprächs in einer Bekanntmachung zu unterrichten. Er ist befugt, die Beschäftigten darüber zu informieren, welche die Dienstkräfte berührenden Vorgänge in einem Vierteljahresgespräch zwischen dem Dienststellenleiter und ihm behandelt und welche Entscheidungen dabei getroffen worden sind. Der Personalrat hat in diesem Fall aber darauf zu achten, dass er nicht als Vollzugsorgan dieser Entscheidung auftritt.

Ferner kann der Personalrat Bekanntmachungen auch in einem von der Dienststelle bereits eingerichteten Intranet veröffentlichen lassen.

Bekanntmachungen des Personalrats (OVG Berlin v. 14.5.1997 – OVG PV [Bln] 15/94 zum Landespersonalvertretungsgesetz Berlin)

Nach § 39 Abs. 2 PersVG Bln bedürfen Bekanntmachungen des Personalrats in seinem Aufgabenbereich nicht der Zustimmung der Dienststelle. Daraus folgt in der Tat, dass der Personalrat in eigener Verantwortung entscheidet, was, in welcher Form und wie lange etwas am „schwarzen Brett" bekannt zu machen ist. Er muss sich dabei allerdings „in seinem Aufgabenbereich" halten. Mit dem fraglichen Aushang hat der Personalrat die Dienstkräfte darüber informiert, was in einem Monatsgespräch zwischen ihm und den Vertretern der Dienststelle besprochen worden ist. In den Monatsgesprächen sollen insbesondere alle Vorgänge behandelt werden, die die Dienstkräfte wesentlich berühren (§ 70 Abs. 1 Satz 2 PersVG Bln). Zu diesen Vorgängen gehören sicherlich auch Regelungen über die Verfahrensmodalitäten, die die Dienstkräfte bei Krankmeldungen und der Benutzung diensteigener Fahrzeuge einzuhalten haben. Deshalb hat sich der Personalrat durchaus im Rahmen seines Aufgabenbereichs gehalten, wenn er in dem hier fraglichen Monatsgespräch über die Einführung solcher Regelungen gesprochen hat. Dem Personalrat war es auch nicht verwehrt, die Dienstkräfte über das Ergebnis dieser Besprechung in einer Bekanntmachung zu unterrichten. Dem steht nicht entgegen, dass das Monatsgespräch nicht öffentlich stattfindet. Aus der Nichtöffentlichkeit kann eine Schweigepflicht bezüglich der wesentlichen Ergebnisse dieses Gesprächs nicht begründet werden. Die Nichtöffentlichkeit dient der Gewährleistung einer möglichst unbefangenen Diskussion; unzulässig wäre daher eine Darstellung des wesentlichen Gesprächsverlaufs, nicht hingegen der wesentlichen Ergebnisse, wie dies hier der Fall ist.

Pflicht zur Übernahme der Reisekosten, Trennungsgeld (§ 43 Abs. 4 LPersVG)

Den Mitgliedern des Personalrats sind die Kosten für Reisen zu erstatten, die in Erfüllung der Aufgaben des Personalrats entstanden sind (§ 43 Abs. 4 LPersVG); anzuwenden sind die Bestimmungen des Landesreisekostengesetzes. Diese von der Dienststelle zu erstattenden Kosten gehören zu den persönlichen Ansprüchen eines Personalratsmitglieds. Dazu gehören neben den Fahrtkosten auch die Kosten für Unterbringung und Verpflegung.

Entscheidungsbefugnis

Die Reisen eines Personalratsmitglieds müssen nicht vom Leiter der Dienststelle oder dem Anordnungsbefugten genehmigt werden. Die Personalvertretung entscheidet allein darüber, ob sie die Durchführung einer Reise nach sachgemäßen Erwägungen für notwendig hält, denn sie ist kein dem Leiter der Dienststelle unterstelltes Organ.

Reisekosten und Trennungsgeld

Die Reisekostenvergütung erfolgt auf der Grundlage des Landesreisekostengesetzes. Ein von seiner dienstlichen Tätigkeit freigestelltes Personalratsmitglied, das seine Aufgaben als Personalvertreter am Sitz der Personalvertretung, der nicht dem arbeitsrechtlichen Beschäftigungsort entspricht, wahrnimmt, hat Anspruch auf Erstattung der täglichen Fahrtkosten in der Form des Trennungsgeldes (SächsOVG v. 13.10.1998 – P 5 S 16/96, ZfPR 1999, 197 = PersV 2000, 80 = PersR 1999, 498). Die Tätigkeit am Sitz der Personalvertretung ist in diesem Fall einer Abordnung gleichzusetzen, die gemäß den reisekostenrechtlichen Bestimmungen einen Anspruch auf Trennungsgeld begründet (BVerwG v. 14.2.1990, PersV 1990, 351 = ZfPR 1990, 83). Müssen freigestellte Mitglieder eines Personalrats, die am Sitz der Dienststelle eine zweite Unterkunft genommen haben, für das ihnen bewilligte Trennungsübernachtungsgeld Steuern und Sozialabgaben entrichten, ist die Dienststelle zum Ausgleich der dadurch entstandenen Mehrbelastung verpflichtet (BVerwG v. 27.1.2004 – 6 P 9/03).

Wichtig: In diesem Zusammenhang ist auch das Rundschreiben des Ministeriums des Innern und für Sport über die Verpflichtung der Dienststelle zum Ausgleich der durch die Entrichtung von Steuern und Sozialabgaben für Trennungsübernachtungsgeld entstandenen Mehrbelastung von Personalratsmitgliedern vom 16.11.2004 zu beachten.

Aufwandsentschädigung (§ 44 LPersVG)

Ganz oder mindestens zur Hälfte freigestellte Personalratsmitglieder erhalten eine monatliche Aufwandsentschädigung, deren Höhe die Landesregierung durch Rechtsverordnung festlegt.

Die Landesregierung hat von ihrer Ermächtigung nach § 44 LPersVG Gebrauch gemacht und die Höhe der Aufwandsentschädigung festgelegt. Die monatliche Aufwandsentschädigung gemäß Satz 1 beträgt für ganz freigestellte Mitglieder von Personalräten, Bezirkspersonalräten, Hauptpersonalräten und Gesamtpersonalräten 30,00 Euro und gemäß Satz 2 für teilweise, aber mindestens für die Hälfte der regelmäßigen Arbeitszeit freigestellte Mitglieder der Gremien 15,00 Euro (GVBl. 2010 S. 292).

Verbot der Beitragserhebung (§ 45 LPersVG)

Sowohl die einzelnen Personalratsmitglieder – sie führen ihr Amt als Ehrenamt (§ 39 Abs. 1 Satz 1 LPersVG) – als auch die Personalvertretung als Organ dürfen weder Leistungen fordern noch annehmen (§ 45 LPersVG). Anderenfalls wäre die Unabhängigkeit der Personalvertretung gefährdet.

Schulungs- und Bildungsveranstaltungen (§ 41 LPersVG)

Vermittlung der erforderlichen Kenntnisse (§ 41 Abs. 1 Satz 1 LPersVG)

Nach dieser gesetzlichen Bestimmung besteht eine Pflicht der Dienststelle zur Übernahme der Kosten bei Teilnahme von Personalratsmitgliedern an Schulungs- und Bildungsveranstaltungen (§ 41 Abs. 1 und 4 LPersVG). Diese Verpflichtung besteht immer dann, wenn in der Schulungs- und Bildungsveranstaltung für die Personalratstätigkeit erforderliche Kenntnisse vermittelt werden. Zur möglichst optimalen Aufgabenerfüllung unter Berücksichtigung aller Aspekte der Beschäftigten muss die Dienststelle ein Interesse an einem kompetenten Personalrat haben (Lorse, Aktuelle Rechtsfragen der Schulung von Personalratsmitgliedern nach § 46 Abs. 6 BPersVG, PersV 2008, 124 ff.).

Es kommt von Seiten der Personalvertretung und der Dienststelle auf die individuelle Einzelfallprüfung an. Zweck der gesetzlichen Bestimmung ist es, sicherzustellen, dass die Personalvertretungen über die für die Personalratstätigkeit notwendigen Kenntnisse verfügen. Die Schulungsveranstaltung muss hinsichtlich der inhaltlichen Thematik auf die Vermittlung von Kenntnissen ausgerichtet sein, die ihrer Art nach für die Tätigkeit in der Personalvertretung benötigt werden. Ein Schulungsbedürfnis ist immer dann zu rechtfertigen, wenn die Inhalte Bezugspunkte zu den

Problemen der Personalratsarbeit aufweisen und sich durch eine offensichtliche Sachnähe auszeichnen (VG Berlin v. 30.10.2001 – VG 71 A 7/01).

Objektive und subjektive Erforderlichkeit

Das zentrale Kriterium für die Freistellung durch die Dienststelle und die damit einhergehende Kostenübernahme ist die Erforderlichkeit der Schulungs- und Bildungsveranstaltung. Es müssen also Kenntnisse vermittelt werden, die für die Tätigkeit im Personalrat und die Wahrnehmung der Aufgaben der Personalvertretung von Bedeutung sind. Unter Berücksichtigung des Grundsatzes der sparsamen und wirtschaftlichen Verwendung öffentlicher Mittel (§ 7 Abs. 1 Satz 1 LHO) steht der Personalvertretung ein eigener Beurteilungsspielraum zu. Der Dienststelle steht das Recht auf Prüfung zu, ob sich der Beurteilungsspielraum innerhalb des Gebotes nach § 7 Abs. 1 LHO bewegt. Die Dienststelle kann eine Freistellung und die Kostenzusage verwehren, wenn die angestrebte Schulungs- und Bildungsveranstaltung inhaltlich nicht erforderlich ist, in keinem angemessenen Verhältnis zum erwartenden Schulungseffekt steht oder der Wirtschaftlichkeitsprüfung nicht standhält.

Unter Berücksichtigung des Gebots der sparsamen Verwendung der Haushaltsmittel hat der Personalrat vor Beschlussfassung die objektive und subjektive Erforderlichkeit der Veranstaltung zu prüfen. Sie muss also objektiv für die Tätigkeit, die Aufgabenerfüllung der Personalvertretung und subjektiv für das zu entsendende Personalratsmitglied geboten sein. Die objektive Erforderlichkeit wird immer dann gegeben sein, wenn in der Schulungs- und Bildungsveranstaltung Kenntnisse vermittelt werden, die zum gesetzlichen Aufgabengebiet der Personalvertretung gehören und das Wissen darum aktuell benötigt wird. Subjektiv erforderlich ist die Schulungsveranstaltung für das einzelne Personalratsmitglied immer dann, wenn die Kenntnisse zur Ausübung der allgemeinen Tätigkeit innerhalb des Gremiums oder für die Wahrnehmung einer bestimmten Aufgabe innerhalb der Personalvertretung notwendig sind (BVerwG v. 23.4.1991 – 6 P 19/89) und es kein weiteres, auf diesem Gebiet geschultes Mitglied gibt.

Unter Berücksichtigung der sparsamen und wirtschaftlichen Verwendung der Haushaltsmittel reicht es im Regelfall aus, wenn ein Mitglied des Personalrats mit der speziellen Materie vertraut ist. Ausnahmen sind aber möglich, wenn beispielhaft das Thema so komplex ist, dass es von einem einzelnen Personalratsmitglied nicht bewältigt werden kann. Auch muss die Kontinuität der Aufgabenerfüllung durch den Personalrat bei längerer Abwesenheit des über die Spezialkenntnisse verfügenden Personalratsmitglieds sichergestellt sein. Die Fortführung der Aufgabenerfüllung bei komplexen Themen mit übergreifender Bedeutung ist sicherzustellen (siehe hierzu zum Arbeitsschutz und der Unfallverhütung BVerwG v. 14.6.2006 – 6 P 13.05).

Beurteilungsvorrang des Personalrats

Es besteht hierbei ein Beurteilungsvorrang des Personalrats bei der Prüfung der Erforderlichkeit und der Auswahl der Schulungsveranstaltung. Der Personalrat in seiner Gesamtheit entscheidet als gemeinsame Angelegenheit über die Erforderlichkeit einer Schulungsveranstaltung und die Entsendung des Mitglieds. Es handelt sich hierbei also nicht um ein individuelles Recht des einzelnen Mitglieds, sondern um einen Anspruch des Gremiums. Das entsandte Mitglied nimmt an einer Schulungsveranstaltung nach § 41 Abs. 1 LPersVG folglich nicht im Eigeninteresse, sondern im Interesse der Dienststelle und der vom Personalrat vertretenen Beschäftigten teil. In seiner Rechtsprechung hat das Bundesverwaltungsgericht deutlich gemacht, dass der Personalrat der Dienststelle mit der Übermittlung des Entsendungsbeschlusses alle Informationen zukommen lassen muss. Auf Grundlage dieser Informationen muss die Dienststelle überprüfen können, ob der Personalrat die Schulungsveranstaltung unter Berücksichtigung der Interessen der Beschäftigten und der Belange der Dienststelle aus seiner Betrachtungsweise für erforderlich halten konnte. Ist die Dienststelle über den Umfang der in Aussicht genommenen Schulungsveranstaltung nicht umfassend informiert worden, führt das nicht grundsätzlich zu einem Erlöschen des gesetzlichen Schulungsanspruches (BVerwG v. 9.7.2007 – 6 P 9/06).

Entsendungsbeschluss

Hält die Personalvertretung die Teilnahme eines Personalratsmitglieds an einer Schulungs- und Bildungsveranstaltung zur ordnungsgemäßen Erfüllung ihrer Aufgaben für erforderlich, so legt sie dies in einem Beschluss – dem sogenannten Entsendungsbeschluss – nieder. Dabei erstreckt sich der Beurteilungsspielraum der Personalvertretung auf sämtliche, für die Erforderlichkeit relevanten Aspekte. Dazu gehört insbesondere die Auswahl des zu entsendenden Personalratsmitglieds, der Gegenstand (Inhalt) der Schulung, der Zeitpunkt und der Ort der Schulung, das Schulungsformat, die Dauer und der Anbieter der Veranstaltung (BVerwG v. 14.6.2006 – 6 P 13.05; OVG Berlin-Brandenburg v. 16.1.2014 – OVG 62 PV 14.12). Die Personalvertretung hat ihren Beschluss der Dienststelle schriftlich oder in elektronischer Form rechtzeitig vorzulegen. Zu der Mitteilung gehört auch eine Begründung der Erforderlichkeit der Schulungsveranstaltung sowie die Übermittlung der weiteren wesentlichen Informationen. Insbesondere bei Spezialschulungen sind die Auswahl des zu entsendenden Personalratsmitglieds und die Erforderlichkeit des Schulungsinhalts konkret darzulegen.

Stehen nach Auffassung der Dienststelle der Teilnahme an der Schulungs- und Bildungsveranstaltung zwingende dienstliche Erfordernisse entgegen, kann sie innerhalb einer Frist von zwei Wochen nach Zugang des Antrags des Personalrats die Einigungsstelle anrufen. Die Einigungsstelle entscheidet dann verbindlich. Dem betroffenem Personalratsmitglied und auch dem Personalrat als Gremium ist der Rechtsweg eröffnet.

Unterscheidung von Grund- und Spezialschulung

Das Nichterfüllen der verfahrensrechtlichen Vorgaben führt nicht zu einer materiellen Verwirkung eines erforderlichen Schulungsanspruches. Unter Betrachtung des Einzelfalls könnte in einem solchen Fall allerdings ein Verstoß gegen den Grundsatz der vertrauensvollen Zusammenarbeit vorliegen. Der Personalrat hat bei seiner Beschlussfassung zu prüfen, ob er zur kompetenten Wahrnehmung seiner Aufgaben eine Schulung auf einem bestimmten Gebiet benötigt. Der Schulungsanspruch kann dabei auch aus den allgemeinen Überwachungs- und Schutzaufgaben des Personalrats entstehen.

Dem Vorstand des Personalrats kommt wegen seiner besonderen Aufgaben eine besondere Funktion in Bezug auf die Arbeitsfähigkeit des Personalrats zu. Es handelt sich hierbei um Führungsfunktionen im klassischen Sinne, die eine Beherrschung von Führungskompetenzen erfordern. Ohne sie ist die Ausübung des (Ehren-)Amtes nicht möglich. Dies wird im Regelfall einen zusätzlichen Schulungsanspruch für diesen Personenkreis erforderlich machen. Hierzu können durchaus auch Schulungsveranstaltungen gehören, die sich mit personalratsbezogener Kommunikation und Konfliktbewältigung befassen. Die überwiegende bisherige Rechtsprechung ist insoweit kritisch zu betrachten, zumal diese Themen regelmäßiger selbstverständlicher Bestandteil jeder Führungskräfteausbildung sind.

Grundschulungen

Nach der ständigen Rechtsprechung des Bundesverwaltungsgerichts ist eine Grundschulung von etwa einer Woche Dauer in jedem Fall als erforderlich anzusehen. Ein neugewähltes Personalratsmitglied bedarf einer Grundschulung, um seine Tätigkeit im Personalrat überhaupt sachgemäß ausüben zu können. Die Personalvertretungen als Gremium sind darauf angewiesen, dass ihre Mitglieder über die für Personalratstätigkeit benötigten Grundkenntnisse verfügen. Um überhaupt mit der Dienststelle als gleichberechtigter und sachkundiger Partner verhandeln zu können, müssen die Mitglieder des Personalrats über einen Grundbestand personalvertretungsrechtlich relevanten Wissens verfügen.

Wichtig: Eine Grundschulung soll spätestens bis zum Ende des auf die Personalratswahl folgenden Kalenderjahres stattfinden. Es kann davon ausgegangen werden, dass sich das Personalratsmitglied nach diesem Zeitpunkt die Grundlagen auf eine andere als die im Gesetz vorgesehene Weise angeeignet hat. Insbesondere gegen Ende dieses Zeitraumes ist folglich eine Grundschulung in jedem Fall notwendig und unaufschiebbar erforderlich. In dieser Situation muss die Personalvertretung nicht wegen fehlender Haushaltsmittel auf die Entsendung verzichten. Die Dienststelle muss die Instrumentarien des Haushaltsrechts nutzen und die Ausgaben für die Schulungsteilnahme durch Einsparungen an anderer Stelle erbringen (BVerwG v. 26.2.2003 – 6 P 9/02).

Für Arbeitnehmervertreter ist die Vermittlung von Grundkenntnissen im Arbeitsrecht für eine ordnungsgemäße Personalratstätigkeit unentbehrlich. Dazu gehören Grundkenntnisse im individuellen und kollektiven Arbeitsrecht sowie im Tarifvertragsrecht (OVG Münster v. 16.4.2008 – 1 A 4630/06.PVB). Der Schulungsbedarf eines neu gewählten Personalratsmitglieds ist daher anzuerkennen, wenn und soweit die entsprechenden Kenntnisse nicht bereits in einer Grundschulung zum Personalvertretungsrecht thematisiert worden sind. Werden in solch einer Schulung Grundlagen des Arbeitsrechts vermittelt, so handelt es sich nicht um eine Spezialschulung, sondern um die Vermittlung von Grundwissen, über das Arbeitnehmervertreter im Personalrat verfügen müssen (BVerwG v. 14.6.2006 – 6 P 13/05). Das Bundesverwaltungsgericht ist mit dieser Entscheidung von seiner bisherigen Rechtsprechung abgerückt. Danach waren Schulungen zum Arbeitsrecht nach den strengeren Maßstäben der Spezialschulung zu beurteilen. Die Vermittlung weitergehender, vertiefender (Spezial-)Kenntnisse beurteilt sich dann wiederum nach den Grundsätzen für Spezialschulungen. Für neu gewählte Vertreter der Gruppe Beamte ist in analoger Anwendung eine Grundschulung Dienstrecht als erforderlich anzusehen, soweit die Kenntnisse nicht anderweitig erworben worden sind.

Wichtig: Der Personalrat ist nicht berechtigt, ein behördeninternes Fortbildungsangebot, welches sich nicht bereits im Vorhinein nach den dazu in Betracht zu ziehenden Umständen als nicht gleichwertig erweist, zu Gunsten einer wesentlich kostenaufwendigeren gewerkschaftlichen Schulung auszuschlagen (BVerwG v. 16.6.2011 – 6 PB 5.11, ZfPR 2011 S. 116). Danach müssen Personalratsmitglieder zunächst an der kostengünstigeren Schulung teilnehmen. Stellt sich im Nachhinein heraus, dass die besuchte Schulung nicht gleichwertig war, besteht das Recht eine weitere Schulung zu verlangen.

Die Teilnahme an einer Grundschulung schließt die Teilnahme an einer zweiten Grundschulung dann nicht aus, wenn in dieser Schulung Kenntnisse vermittelt werden, die zu einer notwendigen Vertiefung bereits vorhandener Kenntnisse führen (OVG Saarland, Beschluss v. 17.7.2014 – 4 A 492/13, ZfPR online 1/2015). Dies wird immer dann der Fall sein, wenn beispielsweise Angelegenheiten aus dem zentralen Bereich der Beteiligungsrechte vertiefend auch anhand der zugehörigen Begleitgesetze und Tarifverträge vermittelt werden.

Spezialschulung

Die Teilnahme eines Personalratsmitglieds an einer Spezialschulung ist immer dann als unaufschiebbar anzusehen, wenn der dort vermittelte Schulungsinhalt zeitnahen Bezug zu einer Fragestellung hat, mit der der Personalrat aktuell betraut ist. Der Personalrat muss die dort vermittelten Kenntnisse benötigen, um einem akuten Handlungsbedarf zu genügen. Sind diese Voraussetzungen erfüllt, muss die Dienststelle ebenfalls alles tun, um eine Teilnahme zu ermöglichen (BVerwG v. 26.2.2003 – 6 P 10/02). Dazu gehören auch Kenntnisse über schon bestehende oder erprobte Strategien zur Konfliktbewältigung und Streitschlichtung, die auf modernen Erkenntnissen der Verhandlungspsychologie, des gemeinsamen Interessensausgleichs und der Aktivierung partnerschaftlicher Konsenspotenziale aufbauen (VG Berlin v. 16.4.1997 – VG 61 A 23/96). Die Erforderlichkeit einer Schulung zu den Themen Kommunikation und Konfliktbewältigung ist nach der Rechtsprechung des OVG Berlin dann gegeben, wenn das Thema in seinem Anwendungsbereich für die Personalratsarbeit behandelt wird (OVG Berlin v. 23.9.1998 – OVG 60 PV 11/97). Die sachkompetente und konfliktfreie Aufgabenwahrnehmung einschließlich einer konfliktfreien, zumindest aber konfliktreduzierenden Gesprächsführung zwischen allen personalvertretungsrechtlichen Partnern trägt den Anforderungen an eine moderne Verwaltung Rechnung.

Die Unterscheidung zwischen Grundschulung und Spezialschulung dient lediglich dazu, die Bereiche, in denen grundsätzlich jedes Personalratsmitglied Kenntnisse besitzen muss, von denen abzugrenzen, in denen einzelne Personalratsmitglieder zusätzlich geschult werden müssen. Einer Grundschulung im Personalvertretungsrecht bedarf jedes neu gewählte Personalratsmitglied, einer Grundschulung im Arbeits- bzw. Dienstrecht jedes Gruppenmitglied, um die Tätigkeit im Personalrat ordnungsgemäß ausüben zu können. Der Teilnahme an einer Spezialschulung bedarf es, um besonderen Aufgaben, die ihm innerhalb der Personalvertretung zukommen, gerecht werden zu können oder wenn der Personalrat mit einer bestimmten Fragestellung befasst ist. Die Unterscheidung zwischen Grund- und Spezialschulung sagt somit nur etwas über die Zahl der schulungsberechtigten Personalratsmitglieder aus, nicht aber über die Rechtsgebiete und Fragestellungen, zu denen ein genereller Schulungsbedarf besteht.

Umfang (§ 41 Abs. 1 Satz 2, Abs. 2 LPersVG)

Dafür stehen jedem Personalratsmitglied 20 Kalendertage, beziehungsweise in der ersten Amtszeit (sofern das Personalratsmitglied nicht zuvor Mitglied der Jugend- und Auszubildendenvertretung war) 25 Kalendertage zur Verfügung.

Ersatzmitglieder haben unter den Voraussetzungen des § 41 Abs. 2 LPersVG Anspruch auf die Teilnahme an Schulungs- und Bildungsveranstaltungen nach Abs. 1 für die Dauer von 5 Kalendertagen.

Stehen der Teilnahme eines Personalratsmitglieds an der Schulungs- und Bildungsveranstaltung nach Auffassung der Dienststellenleitung zwingende dienstliche Erfordernisse entgegen, kann sie innerhalb einer Frist von zwei Wochen nach Eingang des Antrags ohne Durchführung des Stufenverfahrens gemäß § 74 Abs. 4 LPersVG die Einigungsstelle anrufen. Die Einigungsstelle entscheidet verbindlich.

Nach § 41 Abs. 5 LPersVG führt die Mitgliedschaft in mehreren Personalvertretungen nicht zu einer Erhöhung des Freistellungsumfangs.

Ausgleich (§ 41 Abs. 4 Satz 1 LPersVG)

Auf die Schulungs- und Bildungsveranstaltungen nach § 41 Abs. 1 bis 3 findet § 39 Abs. 4 Anwendung, der bestimmt, dass Personalratsmitglieder, die durch die Erfüllung ihrer Aufgaben oder die Wahrnehmung ihrer Befugnisse außerhalb ihrer Arbeitszeit beansprucht werden, Dienstbefreiung in entsprechendem Umfang zu gewähren ist.

Kostenerstattungsanspruch (§ 41 Abs. 4 Satz 2 und 3 LPersVG)

Nach der Rechtsprechung des Bundesverwaltungsgerichts sind die tatsächlichen angemessenen Kosten einer Schulungs- und Bildungsveranstaltung auf der Grundlage eines Entsendungsbeschlusses von der jeweiligen Dienststelle zu tragen.

Den Erstattungsanspruch muss das einzelne Personalratsmitglied gegenüber der Dienststelle geltend machen und ggf. durchsetzen. Allerdings ist – neben dem betroffenen Personalratsmitglied, das seinen Erstattungsanspruch durchsetzen muss – auch der Personalrat befugt, in einem personalvertretungsrechtlichen Beschlussverfahren das Bestehen des Schulungsanspruches feststellen zu lassen. Der Personalrat ist hier in seiner eigenen Rechtsstellung, nämlich seinem Entsenderecht, betroffen. Das Entsenderecht des Personalrats wird von dem Erstattungsanspruch eines Mitglieds nicht überlagert oder verdrängt. Der Anspruch auf Freistellung steht der Personalvertretung zu. Sie hat daher eine Entscheidung darüber zu treffen, ob und welches Mitglied zu einer bestimmten Schulungsmaßnahme zu entsenden ist.

Die Teilnahme eines Personalratsmitglieds an einer für die Tätigkeit im Personalrat erforderlichen Schulungsveranstaltung kann nur aus zwingenden dienstlichen Gründen verwehrt werden. Stehen Haushaltsmittel nicht mehr zur Verfügung und ist auch kein Nachtragshaushalt mehr möglich, so ist die Teilnahme gleichfalls nicht möglich. In beiden Fällen ist aber keine Absage auf Dauer statthaft; das betroffene Personalratsmitglied hat einen Rechtsanspruch auf Teilnahme, wenn die Voraussetzungen des § 41 Abs. 1 LPersVG erfüllt sind. Die Dienststelle kann lediglich bitten, die Teilnahme auf einen späteren Zeitpunkt zu verschieben. Die Veranstaltungen im Sinne von § 41 Abs. 1 LPersVG liegen nicht nur alleine im Interesse des Personalratsmitglieds, „sondern vor allem im Interesse der Beschäftigten und der Dienststelle an einer ordnungsgemäßen Wahrnehmung personalvertretungsrechtlicher Aufgaben" (BVerwG v. 27.4.1979, BVerwGE 58, 54).

Beurteilungsspielraum der Personalvertretung bei der Prüfung der „Erforderlichkeit der Schulung" (VG Köln, einstweilige Verfügung v. 28.7.1999 – 33 L 1790/99.PVB)

Das Schulungsbedürfnis beschränkt sich nicht etwa nur auf die Wahrnehmung von Mitbestimmungsrechten, sondern kann auch im Hinblick auf die Wahrnehmung der allgemeinen Aufgaben der Personalvertretung gegeben sein. Ferner ist zu berücksichtigen, dass der Personalvertretung bei Ausfüllung des unbestimmten Rechtsbegriffs „Erforderlichkeit der Schulung" ein gewisser Beurteilungsspielraum zusteht (vgl. OVG Nordrhein-Westfalen, Beschluss v. 25.2.1998 – 1 A 2269/96.PVB).

Für die Arbeit im Personalrat geeignete Veranstaltungen (§ 41 Abs. 3 LPersVG)

Für die Dauer von insgesamt 15 beziehungsweise in der ersten Amtszeit von 20 Kalendertagen sind Personalratsmitglieder vom Dienst für die Teilnahme an Schulungs- und Bildungsveranstaltungen freizustellen, die von der Landes- oder Bundeszentrale für politische Bildung als geeignet anerkannt sind. Das Personalratsmitglied benötigt in diesen Fällen keinen Beschluss der Personalvertretung, denn es nimmt im Eigeninteresse an dieser Veranstaltung teil. Ein Anspruch auf Kostenerstattung durch die Dienststelle besteht nicht. Die Freistellung kann aus dienstlichen Gründen verwehrt werden. Freistellungen nach Rechtsvorschriften außerhalb dieses Gesetzes oder durch tarifvertragliche Regelungen werden auf die oben genannte Dauer nicht angerechnet.

Sitzungen der Personalvertretung (§§ 29 ff. LPersVG)

Einberufung der Personalratssitzung (§ 29 Abs. 2 LPersVG)

Einladung durch Vorsitzenden (§ 29 Abs. 2 Satz 1 LPersVG)

Die Einladung zur Personalratssitzung erfolgt durch den Personalratsvorsitzenden (§ 29 Abs. 2 Satz 1 LPersVG). Die Häufigkeit richtet sich nach pflichtgemäßem Ermessen, entsprechend Zahl und Dringlichkeit der anfallenden Geschäftsvorgänge. Die Erforderlichkeit zur Durchführung einer Sitzung besteht immer dann, wenn der Personalrat eine Angelegenheit zu erörtern oder zu entscheiden hat, die in seinen Zuständigkeitsbereich fällt. Erhält also beispielsweise die Personalvertretung eine Beteiligungsvorlage, so muss sie innerhalb einer vorgegebenen Frist eine Sitzung durchführen, um eine Entscheidung zu treffen. In der Praxis bedeutet dies, dass Personalvertretungen in kleinen Dienststellen mit wenigen Aufgaben nur sporadisch Sitzungen durchführen müssen, während große Personalvertretungen und Stufenvertretungen wöchentlich oder alle zwei Wochen einen festen Sitzungstag haben.

Wichtig: Personalratsentscheidungen dürfen nur in einer ordnungsgemäß einberufenen Sitzung getroffen werden, also nicht „zufällig" oder nur durch den Vorstand bzw. den Vorsitzenden.

Antragsrecht (§ 29 Abs. 3 Satz 1 LPersVG)

Den Antrag können stellen:

- ein Viertel der Mitglieder des Personalrats,
- die Mehrheit der Vertreterinnen und Vertreter einer Gruppe,
- die Dienststellenleitung,
- die Gleichstellungsbeauftragte in Angelegenheiten, die die Gleichstellung von Mann und Frau betreffen,
- die Schwerbehindertenvertretung in Angelegenheiten, die schwerbehinderte Beschäftigte betreffen,
- der Vertrauensmann der Zivildienstleistenden in Angelegenheiten, die Zivildienstleistende betreffen,

- die Mitglieder der Jugend- und Auszubildendenvertretung in Angelegenheiten, die die in § 58 genannten Beschäftigten betreffen,
- der Richterrat oder der Staatsanwaltsrat.

Andere Personen (z. B. einzelne Personalratsmitglieder oder Beschäftigte) sowie Gruppen (z. B. die Gewerkschaften) besitzen kein Antragsrecht. Diese können lediglich Anregungen zur Tagesordnung geben.

Tagesordnung (§ 29 Abs. 2 Satz 1 und 4 sowie § 29 Abs. 3 Satz 1 LPersVG)

Der beantragte Gegenstand, dessen Erörterung erbeten worden ist, muss auf die Tagesordnung gesetzt werden. Unterlässt der Vorsitzende ohne besonderen Grund die Einladung, so stellt dies eine grobe Pflichtverletzung dar, die nach § 22 Abs. 1 LPersVG zum Ausschluss aus der Personalvertretung führen kann.

Rechtzeitige Ladung (§ 29 Abs. 2 Satz 2 LPersVG)

Die Mitglieder des Personalrats sind rechtzeitig unter Mitteilung der Tagesordnung vom Vorsitzenden einzuladen (§ 29 Abs. 2 Satz 2 LPersVG). Gleiches gilt auch für die weiteren Teilnahmeberechtigten. Das bedeutet für die Praxis, dass auch die Schwerbehindertenvertretung in der gleichen Weise wie die Personalratsmitglieder einzuladen ist.

Die Jugend- und Auszubildendenvertretung und der Vertreter der nichtständig Beschäftigten sind dann vom Vorsitzenden des Personalrats in gleicher Weise einzuladen, wenn sie ein Recht auf Teilnahme haben. Hat der Personalrat im Vorfeld die Teilnahme weiterer Personen (Dienststellenleiter, Gewerkschaftsbeauftragte, Sachverständige) beschlossen, so müssen auch diese rechtzeitig unter Mitteilung der sie betreffenden Tagesordnungspunkte eingeladen werden. Schriftform ist zwar nicht zwingend vorgesehen, da die Ladung und die Tagesordnung aber den Mitgliedern eine Vorbereitung ermöglichen sollen, ist diese empfehlenswert. Bei der Definition des Begriffs „rechtzeitig“ kommt es sehr auf den Einzelfall und die äußeren Umstände an. Die Ladung durch den Vorsitzenden muss so erfolgen, dass die einzelnen Mitglieder des Personalrats und auch die weiteren Teilnahmeberechtigten sich auf die Sitzung einstellen können (d. h. den jeweiligen Vorgesetzten in Kenntnis setzen, damit dieser ggf. eine Vertretung am Arbeitsplatz organisieren kann).

Den Teilnehmern an einer Sitzung muss eine angemessene Vorbereitungszeit eingeräumt werden. Jedes Personalratsmitglied muss aufgrund der vorliegenden Tagesordnung die Möglichkeit haben, sich noch sachkundig zu machen. Darüber hinaus muss die Möglichkeit bestehen, dem Vorsitzenden eine etwaige Verhinderung mitzuteilen, damit die Ladung eines Ersatzmitglieds noch rechtzeitig erfolgen kann. Bei kurzen Äußerungsfristen lässt sich jedoch eine kurzfristige Ladung im Einzelfall nicht vermeiden. Insbesondere Ersatzmitglieder müssen in der Praxis häufig kürzere Ladungsfristen in Kauf nehmen.

Erfolgt eine Einladung ohne Mitteilung der Tagesordnung, so kann dieser Mangel nur durch einstimmigen Beschluss der vollzählig versammelten Personalratsmitglieder geheilt werden; andernfalls sind entsprechende Beschlüsse nichtig, d. h. rechtsunwirksam (BAG v. 28.4.1988, AuR 1988, 386 = BB 1988, 2390 = DB 1988, 2259; Lautenbach u. a., Personalverwaltungsrecht Rheinland-Pfalz, § 29 Rn. 19).

Dienstliche Erfordernisse (§ 30 Abs. 1 Satz 2 und 3 LPersVG)

Die Sitzungen finden unter Berücksichtigung der dienstlichen Erfordernisse in der Regel während der Arbeitszeit statt (§ 30 Abs. 1 Satz 2 und 3 LPersVG). Unter Arbeitszeit versteht der Gesetzgeber die allgemein übliche Arbeitszeit in der Dienststelle und nicht die individuelle Arbeitszeit des einzelnen Personalratsmitglieds. Dies ist dann nicht unproblematisch, wenn Mitglieder des Personalrats teilzeitbeschäftigt sind oder im Schichtdienst arbeiten. Zumindest bei Teilzeitbeschäftigten sollte der Vorsitzende deren individuelle Arbeitszeit berücksichtigen. Eine Verpflichtung hierfür besteht allerdings nicht. Der Gesetzgeber hat insbesondere auch für diese Fälle vorgesehen, dass Personalratsmitgliedern, die außerhalb ihrer individuellen Arbeitszeit beansprucht werden, dafür im entsprechenden Umfang Freizeitausgleich zu gewähren ist.

Die Personalvertretung hat bei der Anberaumung ihrer Sitzungen auf die dienstlichen Erfordernisse Rücksicht zu nehmen. Auch im Eigeninteresse sollte eine Personalvertretung die Sitzungen zu einem Zeitpunkt abhalten, von dem bekannt ist, dass allen Mitgliedern des Plenums eine Teilnahme möglich ist. Bei Personalvertretungen mit festen Sitzungszeiten stellt sich dieses Problem allerdings nicht, denn die Termine sind über einen längeren Zeitraum im Voraus bekannt.

Unterrichtung des Leiters der Dienststelle (§ 30 Abs. 1 Satz 3 LPersVG)

Der Leiter der Dienststelle ist vom Zeitpunkt der Sitzung vorher zu verständigen (§ 30 Abs. 1 Satz 3 LPersVG). Damit ist allerdings nicht gemeint, dass der Termin der Sitzung mit dem Leiter der Dienststelle zu vereinbaren ist. Bei Personalvertretungen mit festgelegten Sitzungsterminen wird es ausreichend sein, wenn die Zeiten zu Beginn der Amtszeit mitgeteilt worden sind.

Teilnahmerechte (§§ 30 ff. LPersVG)

Nichtöffentlichkeit der Sitzung (§ 30 Abs. 1 Satz 1 LPersVG)

Die Sitzungen des Personalrats sind nicht öffentlich (§ 30 Abs. 1 Satz 1 LPersVG). Dieser gesetzlich normierte Grundsatz dient dazu, eine von sachfremden Einflüssen freie Beratung und Beschlussfassung zu ermöglichen. Insbesondere muss die Vertraulichkeit der behandelten Gegenstände und das Abstimmungsverhalten des einzelnen Personalratsmitglieds gewährleistet sein. Die freie Meinungsäußerung der Personalratsmitglieder und eine von äußeren Einflüssen freie Willensbildung sind sicherzustellen. Jedes Personalratsmitglied muss sich darauf verlassen können, dass seine Äußerungen nicht nach außen getragen werden (VGH Bayern v. 31.7.1985, ZBR 1986, 92). Der Vorsitzende des Personalrats hat deswegen darauf zu achten, dass nur solche Personen an der Sitzung teilnehmen, denen das Gesetz dieses Recht ausdrücklich einräumt.

Wichtig: Eine Erweiterung des im Gesetz ausdrücklich genannten Teilnehmerkreises ist auch nicht ausnahmsweise zulässig. Die Aufzählung der Ausnahmen ist durch den Gesetzgeber abschließend und erschöpfend geregelt. Weder im Einvernehmen, noch durch Beschluss oder gar in der Geschäftsordnung können darüberhinausgehende weitere Teilnahmerechte für zulässig erklärt werden (vgl. BVerwG v. 14.7.1977, BVerwGE 54, 195 = PersV 1978, 126).

Teilnehmende Personalratsmitglieder (§ 29 Abs. 1, § 25 LPersVG)

Teilnahmeberechtigt sind zunächst die ordentlichen Personalratsmitglieder, bei deren Verhinderung das jeweilige Ersatzmitglied (§ 29 Abs. 1 Satz 2 i.V.m. § 25 LPersVG). Der Eintritt eines Ersatzmitglieds erfolgt kraft Gesetzes in den dort abschließend geregelten Fällen.

Der Personalrat soll möglichst in seiner vollständigen Besetzung zusammentreten. Der Gesetzgeber will damit eine möglichst große Meinungsvielfalt sicherstellen und Willkür bei der Meinungsbildung ausschließen. Es handelt sich zu diesem Zeitpunkt folgerichtig nicht um eine Frage der Beschlussfähigkeit der Personalvertretung.

Fernbleiben nur aus wichtigen Gründen

Ein Personalratsmitglied kann nicht der Sitzung mit der Begründung fernbleiben, dass es dienstlich überlastet sei. Personalratstätigkeit geht dem ordentlichen Dienst vor. Bleibt ein Personalratsmitglied aus nicht tragenden Gründen der Sitzung fern, so kann dies den Tatbestand des § 22 Abs. 1 LPersVG erfüllen und zum Ausschluss aus dem Personalrat führen. Jedes Personalratsmitglied ist verpflichtet, für eine gedeihliche Zusammenarbeit innerhalb der Personalvertretung zu sorgen (OVG Münster v. 8.5.1961, ZBR 1962, 162 = PersV 1963, 111) und alles zu vermeiden, was eine Beschlussunfähigkeit zur Folge haben könnte.

Ausscheiden aus dem Personalrat (§ 25 Abs. 1 Satz 1 LPersVG)

Scheidet ein Personalratsmitglied während der Amtszeit aus, so tritt das Ersatzmitglied bis zum Ende der Amtszeit in die Rechtsstellung des ausgeschiedenen Mitglieds ein.

Zeitweilige Verhinderung (§ 25 Abs. 1 Satz 2 LPersVG)

Ist ein Personalratsmitglied zeitweilig verhindert, so rückt das Ersatzmitglied nur für die Dauer der Verhinderung in die Rechtsstellung des Personalratsmitglieds ein.

Als Fälle der zeitweiligen Verhinderung kommen insbesondere die folgenden Tatbestände in Betracht: Urlaub, Elternzeit, Krankheit, dienstliche Abwesenheit, Kur, Ruhen der Mitgliedschaft und Fälle der Befangenheit.

Eine Verhinderung liegt nicht vor, wenn ein Personalratsmitglied während der Sitzung plötzlich erkrankt und deshalb einen Arzt aufsuchen muss oder es aus persönlichen Beweggründen der Sitzung fernbleibt. Dasselbe gilt, wenn plötzlich und unvorhersehbar ein Dienstgeschäft zu erledigen ist.

Ist ein Personalratsmitglied zeitweilig verhindert, ist es verpflichtet, dies dem Vorsitzenden anzuzeigen und das jeweilige Ersatzmitglied in Kenntnis zu setzen. Die Ladung des Ersatzmitglieds erfolgt dann durch den Vorsitzenden. Diese muss auch dann noch erfolgen, wenn der Vorsitzende unmittelbar zu Beginn der Sitzung von der Verhinderung eines Personalratsmitglieds erfährt und der Eintritt des Ersatzmitglieds problemfrei möglich ist. Der Eintritt wird immer dann erfolgen müssen, wenn die Ladung zeitlich und örtlich noch möglich ist und dem jeweiligen Ersatzmitglied die Teilnahme noch zugemutet werden kann. Ein Personalratsvorsitzender ist im Falle eines unangezeigten Nichterscheinens eines von ihm ordnungsgemäß zur Sitzung geladenen Personalratsmitglieds nicht verpflichtet, sich sachkundig zu machen, ob eine Verhinderung tatsächlich vorliegt (SächsOVG v. 7.4.1998, PersV 1999, 500).

Der Vorsitzende des Personalrats trägt die volle Verantwortung für die ordnungsgemäße Ladung der Personalrats- und im Verhinderungsfall der Ersatzmitglieder. Ein unkorrektes Verhalten kann – insbesondere dann, wenn es mehrfach erfolgt – eine grobe Pflichtverletzung im Sinne des § 22 Abs. 1 LPersVG sein und zum Ausschluss aus der Personalvertretung führen (BVerwG v. 14.2.1969, PersV 1970, 60).

Reihenfolge des Eintritts der Ersatzmitglieder (§ 25 Abs. 2 und 3 LPersVG)

Ein Nachrücken in eine besondere Vertrauensstellung (Vorstand, Vorsitz), die dem ausgeschiedenen oder zeitweilig verhinderten Mitglied durch personalratsinterne Wahl zugefallen ist, ist nicht möglich. In § 25 Abs. 2 und 3 LPersVG wird bestimmt, in welcher Reihenfolge die Ersatzmitglieder eintreten. Bei Listenwahl ist ein Rückgriff auf andere Listen auch dann nicht gestattet, wenn die betroffene Liste erschöpft ist. Dieses würde nach ständiger Rechtsprechung den Wählerwillen verfälschen, da der Wähler sich mit seiner Entscheidung bewusst für diese Liste und gegen eine andere ausgesprochen hat. Eine fehlerhafte Besetzung der Personalvertretung lässt die Gültigkeit der Beschlüsse zweifelhaft erscheinen (BVerwG v. 24.10.1975 – VII P 14/73, BVerwGE 49, 271 = ZBR 1976, 195).

Die Anwesenheit eines nicht teilnahmeberechtigten, in Elternzeit befindlichen Personalratsmitglieds ist nur dann von erheblicher Bedeutung, wenn das eigentlich verhindert gewesene Personalratsmitglied durch seine bloße Anwesenheit oder Mitsprache wesentlichen Einfluss auf das Beratungs- und Beschlussergebnis genommen hätte (SächsOVG v. 7.4.1998, PersV 1999, 500).

Weitere Teilnahmerechte

Diese ergeben sich unmittelbar aus den verschiedenen rechtlichen Bestimmungen:

- Ein Mitglied bzw. die gesamte Jugend- und Auszubildendenvertretung, § 32 LPersVG
- Vertrauensperson der Schwerbehinderten, § 35 LPersVG
- (evtl.) Vertrauensmann der Zivildienstleistenden, § 33 LPersVG
- (evtl.) Gleichstellungsbeauftragte, § 34 LPersVG
- (evtl.) Dienststellenleitung oder deren Beauftragte, § 29 Abs. 4 LPersVG
- (evtl.) Beauftragte der im Personalrat vertretenen Gewerkschaften, § 29 Abs. 6 LPersVG

- (evtl.) Beauftragte der Stufenvertretungen, § 29 Abs. 5 LPersVG
- (evtl.) einzelne Beschäftigte, § 29 Abs. 7 LPersVG
- Büropersonal zur Fertigung der Niederschrift, § 30 Abs. 2 LPersVG
- (evtl.) Sachverständige undandere Auskunftspersonen, § 30 Abs. 2 LPersVG
- Mitglieder des Richter- oder Staatsanwaltsrats in Wahrnehmung gemeinsamer Aufgaben, § 36 LPersVG

Sind in Gerichten an einer Angelegenheit sowohl der Richterrat als auch der Personalrat beteiligt, so entsendet der Richterrat für die gemeinsame Beschlussfassung Mitglieder in den Personalrat. Die Anzahl der entsandten Mitglieder des Richterrats muss zur Zahl der Richterinnen und Richter im gleichen Verhältnis stehen wie die Zahl der Mitglieder des Personalrats zur Zahl der Beamtinnen und Beamten, Arbeitnehmerinnen und Arbeitnehmer. Mindestens entsendet der Richterrat jedoch die in §§ 45 und 84 LRiG bestimmte Zahl von Mitgliedern.

5

Wichtig: Die Teilnahme der Dienststellenleitung oder deren Beauftragter, der Gewerkschaftsbeauftragten und der Sachverständigen erfolgt nur für die Dauer der Erörterung. Die Beratung und Beschlussfassung der Personalvertretung, insbesondere die Meinungsbildung und das Abstimmungsverhalten der einzelnen Personalratsmitglieder, unterliegen dem besonderen Vertrauensschutz.

Werden in einer Personalratssitzung schutzbedürftige, personenbezogene Daten eines Beschäftigten erörtert, können an dieser Erörterung keine Gewerkschaftsbeauftragten oder Sachverständige teilnehmen. Etwas anderes gilt nur, wenn der Betroffene der Teilnahme zugestimmt hat oder die Daten offenkundig, das heißt allgemein bekannt sind (Grundrecht auf informationelle Selbstbestimmung).

Ein Verstoß gegen das Gebot der Nichtöffentlichkeit durch Teilnehmer nicht berechtigter Personen führt grundsätzlich nicht dazu, dass gefasste Beschlüsse ungültig sind. Die Unwirksamkeit eines Beschlusses ist nur dann anzunehmen, wenn hinreichende Anhaltspunkte dafür vorliegen, dass die Teilnahme nicht berechtigter

Personen die Beschlussfassung beeinflusst hat. Danach ist von einer Ungültigkeit des Beschlusses nur dann auszugehen ist, wenn der Beschluss ohne die bloße Anwesenheit oder dem Wortbeitrag der nichtberechtigt anwesenden Personen anders gefasst worden wäre. Nach der strengeren weitergehenden Auslegung durch das Sächsische Oberverwaltungsgericht (SächsOVG v. 7.4.1998, PersV 1999) ist von der Ungültigkeit bereits dann auszugehen, wenn nicht ausgeschlossen werden kann, dass der Beschluss ohne die nicht teilnahmeberechtigte Personen anders gefasst worden wäre. Eine wiederholte Übertretung dieser Ordnungsvorschrift erfüllt aber den Tatbestand einer groben Vernachlässigung der gesetzlichen Pflichten im Sinne des § 22 Abs. 1 LPersVG.

Die Tagesordnung (§ 29 Abs. 2 und 3 LPersVG)

Die Festsetzung der Tagesordnung erfolgt durch den Vorsitzenden (§ 29 Abs. 2 LPersVG). Einzelne Personalratsmitglieder können Tagesordnungspunkte empfehlen, haben aber kein eigenständiges Antragsrecht. Dies wird beispielhaft immer dann der Fall sein, wenn ein Beschäftigter eine Anregung oder Beschwerde an ein Personalratsmitglied herangetragen hat und um Prüfung durch den Personalrat gebeten hat. Zwang zur Aufnahme einzelner Punkte in die Tagesordnung besteht unter bestimmten Voraussetzungen (§ 29 Abs. 3 LPersVG). Der Vorsitzende muss den Gegenstand, der beantragt ist, auf die Tagesordnung setzen.

Konkretisierung der Tagesordnung (§ 29 Abs. 2 Satz 4 LPersVG)

Die mitgeteilte Tagesordnung muss es jedem Personalratsmitglied ermöglichen, sich ein eigenständiges Meinungsbild von den zur Beratung anstehenden Fragen machen zu können. Die jeweilige zur Beschlussfassung anstehende Maßnahme muss exakt und klar bezeichnet sein (Lautenbach u. a., Personalvertretungsrecht Rheinland-Pfalz, § 29 Rn. 18). Eine nur globale und zahlenmäßige Angabe der Beratungsgegenstände reicht nicht aus.

Beispiel:

Ein Tagesordnungspunkt „TOP 4 Beschlussvorlagen der Gruppe Arbeitnehmer" ist nicht zulässig.

Entspricht die Tagesordnung nicht den Anforderungen, könnte ein Personalratsmitglied der Beratung und Beschlussfassung zu diesem Beratungsgegenstand widersprechen, da wesentliche Verfahrensvorschriften nicht eingehalten wurden.

Jedes geladene Personalratsmitglied muss einen unmittelbar aus der Tagesordnung ersichtlichen Bezug zu den konkreten Einzelfällen herstellen können, die in der Sitzung behandelt werden sollen. Die übersandte Tagesordnung muss eine so deutliche Bezeichnung der Beratungsgegenstände enthalten, dass ohne weiteres erkennbar ist, über welchen Sachverhalt entschieden werden soll. Fehlt es an einer solchen Konkretisierung, ist dem einzelnen Personalratsmitglied eine sachgerechte Vorbereitung auf die Sitzung und zu den einzelnen Beratungsgegenständen nicht möglich (OVG Nordrhein-Westfalen v. 27.4.2015 – 20 A122/14.PVB). Eine weitere Informationsmöglichkeit besteht etwa durch Einsichtnahme in die Unterlagen.

Allerdings haben die Mitglieder der Personalvertretung keinen Rechtsanspruch auf vorherige Übersendung aller für die Sitzung vorgesehenen Unterlagen. Einzige Informationsquelle ist nach einer Entscheidung des Bundesverwaltungsgerichts (BVerwG v. 29.8.1975, ZBR 1976, 124) die Personalratssitzung. Der Vorstand ist insoweit verpflichtet, in der Sitzung den Mitgliedern der Personalvertretung die Unterlagen in derselben Vollständigkeit zur Verfügung zu stellen, wie sie ihm selber vorgelegen haben (HessVGH v. 9.4.1980 – BVP TK 15/78). Ferner besteht gegenseitige Auskunftspflicht in der Personalratssitzung. Bei Einladung zur Personalratssitzung unter Mitteilung der Tagesordnung sind insbesondere in Personalangelegenheiten die Vorschriften des Datenschutzes einzuhalten. Wird die Tagesordnung per E-Mail übermittelt oder wird sie mit den dazugehörenden Unterlagen im besonders geschützten Netzwerk (Bereich) des Personalrats abgelegt, ist darauf zu achten, dass nur die ordentlichen Mitglieder Zugriff haben. Ist allerdings ein ordentliches

Mitglied verhindert, so ist dem jeweiligen Ersatzmitglied Zugriff zu gewähren. Der Zugriff hat sich aber auf die Unterlagen zu beschränken, zu denen er zur Mitwirkung aufgerufen ist. Er darf keinen generellen Zugriff auf den Bereich des Personalrats haben. Darüber hinaus ist darauf zu achten, dass die abgelegten Unterlagen ausschließlich gelesen, nicht aber geändert werden können. Dies gilt insbesondere auch für die Tagesordnung.

Nachträgliche Änderungen (§ 29 Abs. 2 Satz 4 LPersVG)

Die Tagesordnung muss alle Angelegenheiten enthalten, die sich aus der Erfüllung der gesetzlichen Aufgaben des Personalrats ergeben; ihre Ergänzung bedarf einer Mehrheit von zwei Dritteln der gesetzlichen Zahl der Mitglieder des Personalrats (§ 29 Abs. 2 Satz 4 LPersVG). Eine Ergänzung oder Änderung der Tagesordnung ist nur unter dort bestimmten Voraussetzungen möglich. Ein Personalratsbeschluss zu einem Gegenstand ist rechtswidrig, wenn dieser in der Tagesordnung nicht enthalten war, erst in der Personalratssitzung auf die Tagesordnung gesetzt wurde und dies nicht die Zustimmung von zwei Dritteln der gesetzlichen Zahl der Mitglieder des Personalrats gefunden hat – er also gegen den Widerspruch der gesetzlich vorgeschriebenen Zahl an Personalratsmitgliedern nachträglich auf die Tagesordnung gesetzt wurde (in sinngemäßer Anwendung der Beschlüsse: OVG Nordrhein-Westfalen v. 27.4.2015 – 20 A122/14.PVB; BAG, Beschluss v. 9.7.2013 – 1 ABR 2/13; BAG, Beschluss v. 22.1.2014 – 7 AS 6/13; BAG, Beschluss v. 15.4.2014 – 1 ABR 2/13).

In der Praxis wird es immer wieder vorkommen, dass dem Personalrat kurzfristig, nach Einladung der Mitglieder durch den Vorsitzenden, von der Dienststelle beteiligungspflichtige Angelegenheiten zur Beschlussfassung vorgelegt werden. In diesen Fällen hat der Vorsitzende die Möglichkeit, zu Beginn der Sitzung um Ergänzung der Tagesordnung zu bitten und hierüber Beschluss fassen zu lassen. Ist die erforderliche Anzahl an Personalratsmitgliedern mit der Ergänzung der Tagesordnung einverstanden, wird der in der Nichtmitteilung des Tagesordnungspunktes liegende Ladungsfehler als geheilt angesehen (BayVGH v. 14.11.2001 – 17 P 01.1526).

Von der Rechtsprechung zum Personalvertretungsrecht, dass bei einer solchen Beschlussfassung auch alle Personalratsmitglieder anwesend sein müssen, sind das Bundesarbeitsgericht und das OVG Nordrhein-Westfalen in der neueren Rechtsprechung zum Betriebsverfassungsrecht abgerückt. Das LPersVG regelt die Voraussetzungen einer wirksamen Beschlussfassung. § 31 Abs. 3 LPersVG regelt, dass der Personalrat beschlussfähig ist, wenn mindestens die Hälfte seiner Mitglieder anwesend ist. Für die Heilung des Verfahrensmangels reicht es aus, dass alle Personalratsmitglieder, im Falle einer Verhinderung die erforderlichen Ersatzmitglieder, rechtzeitig zur Personalratssitzung geladen worden, Beschlussfähigkeit gegeben ist und die Erschienenen die Ergänzung oder Erstellung der Tagesordnung einstimmig beschließen. Nicht erforderlich ist es, dass an dieser Sitzung alle Personalratsmitglieder teilnehmen. Dem Schutz der Willensbildung wird bereits durch das oben dargestellte Erfordernis der Einstimmigkeit für die Ergänzung oder Aufstellung der Tagesordnung angemessen und hinreichend Rechnung getragen (BAG, Beschluss v. 9.7.2013 – 1 ABR 2/13).

Die Sitzungsdurchführung (§ 29 Abs. 2 Satz 1 LPersVG)

Die Sitzungs- und Verhandlungsleitung liegt beim Vorsitzenden des Personalrats (§ 29 Abs. 2 Satz 1 LPersVG). Er kann im Rahmen der Sitzungsdurchführung bestimmte Tagesordnungspunkte einem einzelnen Personalratsmitglied übertragen. Der Vorsitzende leitet auch dann die Verhandlung, wenn der Dienststellenleiter anwesend ist. Der Vorsitzende übt das Hausrecht aus.

Der Vorsitzende hat im Rahmen der Verhandlungsleitung folgende Aufgaben:

- Eröffnen und Schließen der Sitzung
- Feststellen der Anwesenheit, der Verhinderung und der Beschlussfähigkeit
- Erteilung und Entzug des Wortes
- Abstimmungen vornehmen und auswerten
- Anwesenheitsliste führen und Niederschrift veranlassen

Beschlussfassung (§ 31 LPersVG)

Zum Zeitpunkt der Abstimmung muss die Beschlussfähigkeit des Personalrats gegeben sein (§ 31 Abs. 2 LPersVG). Beschlussfähig ist der Personalrat immer dann, wenn mindestens die Hälfte seiner Mitglieder anwesend ist. Im Verhinderungsfall erfolgt eine Stellvertretung durch Ersatzmitglieder. Erfolgt die Beschlussfassung nur durch eine Gruppe, so gelten die gleichen Prinzipien.

Beschlussfassung im schriftlichen oder elektronischen Verfahren

Die Sitzungen des Personalrats erfolgen grundsätzlich als Präsenzsitzung. Allerdings kann der Vorsitzende des Personalrats, sofern dem nicht mindestens ein Drittel der Mitglieder des Personalrats innerhalb von drei Werktagen nach Bekanntgabe widerspricht, Beschlüsse im schriftlichen oder elektronischen Verfahren fassen lassen sowie Sitzungen und Beschlussfassungen vollständig oder unter Zuschaltung einzelner Personalratsmitglieder mittels Video- oder Telefonkonferenz durchführen.

Der Personalrat hat dabei sicherzustellen, dass keine ihm nicht angehörende Person Kenntnis vom Inhalt der Sitzung nimmt. Auf Verlangen ist dies dem Personalrat gegenüber zu bestätigen und im Protokoll zu vermerken. Es muss weiterhin sichergestellt sein, dass die vorhandene Technik nach den Regelungen des Landes-Inklusionsgesetzes (InklG RP) und der Barrierefreie-Informationstechnik-Verordnung (BITV 2.0) auch für Beschäftigte mit Behinderungen barrierefrei zugänglich und nutzbar ist. Der Gesetzgeber ist bei der Neugestaltung des LPersVG zum Jahreswechsel 2024/2025 nicht vom Grundsatz der Präsenzsitzung abgerückt: Kosten- und Zeitfaktoren sind keine besonderen Umstände. Auch kann nicht das einzelne Personalratsmitglied über seine Zuschaltung entscheiden. Der Gesetzestext stellt eindeutig klar, dass ausschließlich der Vorsitzende zu einer entsprechenden Sitzung einladen kann. Die Aufzeichnung einer Sitzung per Video oder Telefonkonferenz ist unzulässig. Nehmen Mitglieder des Personalrats durch Zuschaltung mittels Video- oder Telefonkonferenz an Sitzungen teil, gelten sie als anwesend. § 37 Abs. 1 Satz 5 LPersVG gilt entsprechend mit der Maßgabe, dass die zugeschalteten Mitglieder vom Vorsitzenden festgestellt und in die Anwesenheitsliste eingetragen werden.

Persönliche Betroffenheit – Ausschluss von Beratung und Beschlussfassung (§ 31a LPersVG)

Es ist selbstverständlich, dass sich betroffene und interessierte Personen innerhalb eines objektiven und neutralen Gremiums jeder Tätigkeit in Bezug auf ihre persönliche Rechtsstellung enthalten (BVerwG v. 28.4.1967, ZBR 1968, 20).

Personalratsmitglieder und andere Teilnahmeberechtigte sind von der Beratung und Beschlussfassung über Angelegenheiten ausgeschlossen, die ihre persönlichen Interessen berühren. Darunter fällt nicht die Mitwirkung in personalratsinternen Angelegenheiten, wie z. B. interne Wahlen und Entsendungsbeschlüsse.

Von Beratung und Beschlussfassung ist ein Mitglied des Personalrats ausgeschlossen, wenn über

- Angelegenheiten, die seine persönlichen Interessen oder die seiner Angehörigen unmittelbar und individuell berühren oder an denen er auf Seiten der Dienststelle mitgewirkt hat, die die Maßnahme getroffen oder vorbereitet hat, oder
- einen Antrag auf seinen Ausschluss aus dem Personalrat

beschlossen werden soll. Angehörige im Sinne des § 31a Abs. 1 Satz 1 Nr. 1 LPersVG sind die in § 20 Abs. 5 des Verwaltungsverfahrensgesetzes in der jeweils geltenden Fassung aufgeführten Personen.

Ein Mitglied des Personalrats darf in Angelegenheiten, die seine persönlichen Interessen berühren, nicht beteiligt werden. Gleiches gilt für Angelegenheiten, an denen er auf Seiten der Dienststelle, die die Maßnahme getroffen oder vorbereitet hat, mitgewirkt hat.

Hat ein Mitglied des Personalrats Grund zu der Annahme, dass in seiner Person ein Ausschließungsgrund vorliegt, so hat es dies dem Vorsitzenden unverzüglich, spätestens jedoch vor Beginn der Beratung über die Angelegenheit anzuzeigen. Über das Vorliegen eines Ausschließungsgrunds entscheidet der Personalrat in Zweifelsfällen in Abwesenheit des Betroffenen. Das betroffene Personalratsmitglied ist vorher anzuhören. Das ausgeschlossene Mitglied hat für die Dauer der Beratung und Beschlussfassung den Sitzungsraum zu verlassen. Es wird folglich im Einzelfall darauf ankommen, ob eine bestimmte, im Personalrat zu behandelnden Angelegenheit einem Personalratsmitglied oder einem ihm zugehörigen Dritten einen unmittelbaren Vor- oder Nachteil bringt. Voraussetzung für Befangenheit eines Personalratsmitglieds ist eine unmittelbare Betroffenheit. Unmittelbare Betroffenheit und daraus resultierende Befangenheit liegt vor, wenn es sich um beteiligungspflichtige Angelegenheiten handelt, die das Personalratsmitglied selbst betreffen (eigene Einstellung, Beförderung, Höhergruppierung, Abordnung, Versetzung, Kündigung usw.).

Die persönliche Betroffenheit ist auch dann gegeben, wenn es sich um einen Angehörigen des Personalratsmitglieds handelt.

Wer zu dem Kreis der Angehörigen zählt, regelt § 20 Abs. 5 VwVfG:

Angehörige

(5) Angehörige im Sinne des Absatzes 1 Nr. 2 und 4 sind:

1. der Verlobte, auch im Sinne des Lebenspartnerschaftsgesetzes,
2. der Ehegatte,

2a. der Lebenspartner,

3. Verwandte und Verschwägerte gerader Linie,
4. Geschwister,
5. Kinder der Geschwister,
6. Ehegatten der Geschwister und Geschwister der Ehegatten,

6a. Lebenspartner der Geschwister und Geschwister der Lebenspartner,

7. Geschwister der Eltern,
8. Personen, die durch ein auf längere Dauer angelegtes Pflegeverhältnis mit häuslicher Gemeinschaft wie Eltern und Kind miteinander verbunden sind (Pflegeeltern und Pflegekinder).

Angehörige sind die in Satz 1 aufgeführten Personen auch dann, wenn

1. in den Fällen der Nummern 2, 3 und 6 die die Beziehung begründende Ehe nicht mehr besteht;

1a. in den Fällen der Nummern 2a, 3 und 6a die die Beziehung begründende Lebenspartnerschaft nicht mehr besteht;

2. in den Fällen der Nummern 3 bis 7 die Verwandtschaft oder Schwägerschaft durch Annahme als Kind erloschen ist;

3. im Falle der Nummer 8 die häusliche Gemeinschaft nicht mehr besteht, sofern die Personen weiterhin wie Eltern und Kind miteinander verbunden sind.

Ein Personalratsmitglied ist aber mit Blick auf das Gebot der Unbefangenheit von der Teilnahme an der Beratung und Beschlussfassung des Personalrats auch dann ausgeschlossen, wenn es von der Auswahlentscheidung nicht begünstigt ist, weil es im Bewerbungsverfahren nicht ausgewählt wurde. Es ist unerheblich, ob es tatsächlich befangen ist (BVerwG v. 19.10.2015, ZfPR 2016, 34; Lautenbach u. a., Personalvertretungsrecht Rheinland-Pfalz, § 31 Rn. 23).

Für das befangene Personalratsmitglied nimmt zu diesem Tagesordnungspunkt das Ersatzmitglied an der Sitzung teil (vgl. für das BetrVG: BAG v. 26.8.1981, BB 1982, 738 = DB 1991, 1937). Unterbleibt eine solche Ladung, so ist der Personalratsbeschluss rechtswidrig (LAG München v. 23.1.1991, PersR 1991, 428). In der Praxis dürfte dies auch kein Problem darstellen, da der Vorsitzende im Regelfall bei Aufstellen der Tagesordnung bereits erkennt, ob eine Befangenheit vorliegt.

Für den Fall, dass der Ausschließungsgrund erst während der Sitzung bekannt wird, tritt ein Ersatzmitglied nach § 25 Abs. 1 Satz 2 LPersVG nur dann ein, wenn es noch unverzüglich an der Sitzung teilnehmen kann. Die Ladung oder der Versuch der Ladung ist in der Sitzungsniederschrift zu vermerken.

Wirkt das befangene Personalratsmitglied an der Erörterung, Beratung oder Beschlussfassung mit, ist der Personalratsbeschluss nichtig (vgl. für das BetrVG: BAG v. 3.8.1999, BB 2000, 621 = DB 2000, 626 = Leits. ZBVR 1999, 106). Ausgenommen sind

Fälle, in denen durch die Mitwirkung des befangenen Personalratsmitglieds die Beschlussfassung nicht geändert oder beeinflusst werden konnte. Die so entstandene Nichtigkeit des Beschlusses berührt die Wirksamkeit einer Maßnahme, die die Dienststelle im Vertrauen auf das ordnungsgemäße Handeln des Personalrats durchgeführt hat, nicht.

Befangenheit des betroffenen Personalratsmitglieds/Ladung des Ersatzmitglieds (LAG München v. 23.1.1991, PersR 1991, 428)

Das Personalratsmitglied, um dessen Kündigung es geht, ist daran gehindert, an der Beratung und Beschlussfassung der Personalvertretung über die Kündigung teilzunehmen. Anstelle des betroffenen Personalratsmitgliedes ist ein Ersatzmitglied zu laden. Unterbleibt eine solche Ladung, ist der Personalratsbeschluss nichtig.

Ist der Personalratsvorsitzende befangen, so ist er daran gehindert den ihn betreffenden Personalratsbeschluss schriftlich abzufassen und gegenüber der Dienststelle zu vertreten.

Die vorstehenden zu § 31a Abs. 1 Satz 1 Nr. 1 LPersVG gemachten Ausführungen gelten entsprechend für weitere Personen, die zur Teilnahme an den Sitzungen des Personalrats berechtigt sind.

Berücksichtigung des Gruppenprinzips (§ 31 Abs. 3 LPersVG)

Die Regelungen des § 31 Abs. 3 LPersVG stellen das Gruppenprinzip in den Vordergrund.

Die Abstimmungen finden unter Berücksichtigung des Gruppenprinzips statt:

- Gemeinsame Angelegenheiten werden vom Personalrat gemeinsam beraten und beschlossen.
- Bei Angelegenheiten, die lediglich die Angehörigen einer Gruppe betreffen,beschließt der Personalrat nach gemeinsamer Beratung, sofern die Mehrheit der Vertreterinnen und Vertreter dieser Gruppe nicht widerspricht.

Wenn die Mehrheit der Vertreter der betroffenen Gruppe sich gegen die gemeinsame Beschlussfassung des Personalrats ausspricht, beschließen nur dieVertreter der Gruppe. Das gilt nicht für eine Gruppe, die im Personalrat nicht vertreten ist. Bei der

Entscheidung darüber ist auf die Mehrheit der anwesenden Gruppenmitglieder, nicht auf die Zahl der gewählten Vertreter der betreffenden Gruppe abzustellen (OVG NW v. 8.5.1995, ZBR 1995, 350).

Die Frage, ob es sich um eine gemeinsame Angelegenheit oder um eine Gruppenangelegenheit handelt, kann immer nur aus der Sicht des jeweiligen, zur Beteiligung vorliegenden Einzelfalles getroffen werden (BVerwG v. 5.2.1965 a. a. O.; Hess. VGH v. 15.3.1978, PersV 1980, 468). Unstrittig dürfte sein, dass es sich bei allen personellen Einzelangelegenheiten um klassische Gruppenangelegenheiten handelt. Denn der Beschäftigte ist entweder Arbeitnehmer oder Beamter. Während es sich bei sozialen, organisatorischen und wirtschaftlichen Angelegenheiten sowie in Angelegenheiten des Arbeitsschutzes um klassische gemeinsame Angelegenheiten handeln dürfte.

Einfache Stimmenmehrheit (§ 31 Abs. 1 LPersVG)

Beschlussfassung erfolgt – soweit der Gesetzgeber keine abweichende Regelung getroffen hat – mit einfacher Stimmenmehrheit der anwesenden Mitglieder. Der Gesetzgeber hat demnach den Mehrheitsbegriff auf die anwesenden Mitglieder abgestellt und gleichzeitig geregelt, dass Stimmenthaltung als Ablehnung gewertet wird. Bei Stimmengleichheit ist der Antrag abgelehnt. Ist die Jugend- und Auszubildendenvertretung stimmberechtigt, werden diese Stimmen mitgezählt.

Die Abstimmungsfrage muss so gestellt werden, wie die Angelegenheit zur Beteiligung vorgelegt worden ist. Im Falle einer absehbaren Stimmengleichheit kann die Abstimmung nicht dadurch manipuliert werden, dass die Abstimmungsfrage vom Vorsitzenden negativ formuliert wird.

Aufhebung oder Änderung

Der Personalrat kann einen Beschluss nur aufheben oder ändern, solange aus ihm noch keine Rechtswirkungen nach außen, das heißt außerhalb des Personalrats, entstanden sind.

Dies ist spätestens dann eingetreten, wenn die Mitteilung des Personalrats in den Zugriffsbereich des Leiters der Dienststelle gelangt ist. Sie muss ihm nicht selbst bekannt sein.

Daraus folgt, dass Personalvertretungen Beschlüsse, die noch keine Rechtswirkung nach außen erzielt haben, verändern können. Voraussetzung dafür ist grundsätzlich, dass sie mit einfacher Stimmenmehrheit der anwesenden Mitglieder beschlossen werden. Soll ein zu einem bestimmten Tagesordnungspunkt gefasster Beschluss noch einmal beraten und evtl. verändert werden, muss es der Vorsitzende zulassen, sofern dies von der einfachen Mehrheit der anwesenden Mitglieder verlangt wird. Eine erneute Behandlung der Angelegenheit in derselben Sitzung stellt aber eine Erweiterung der Tagesordnung dar, die der Zustimmung der Mehrheit von zwei Dritteln der gesetzlichen Zahl der Mitglieder bedarf.

Suspensives Veto (§ 32 Abs. 2 und § 35 Abs. 2 LPersVG)

Die Möglichkeit zur Aussetzung von Beschlüssen nach § 32 Abs. 2 und § 35 Abs. 2 LPersVG stellt eine Erweiterung des Minderheitenschutzes dar.

Die Aussetzung erfolgt wegen einer erheblichen Beeinträchtigung wichtiger Interessen der durch sie vertretenen Beschäftigten.

Den Antrag können stellen:

- die Jugend- und Auszubildendenvertretung (§ 32 Abs. 2 LPersVG)
- die Schwerbehindertenvertretung (§ 35 Abs. 2 LPersVG)

Der Gesetzgeber benennt abschließend den Kreis derjenigen, die befugt sind, den Antrag auf Aussetzung zu stellen. Die Aussetzung eines Personalrats- oder Gruppenbeschlusses erfolgt für die Dauer von sechs Arbeitstagen und hat **eine** Fristverlängerung zur Folge.

Die Aussetzungsfrist von sechs Werktagen beginnt mit dem Zeitpunkt der Beschlussfassung. Innerhalb der Aussetzungsfrist soll ein Versuch der Verständigung unternommen werden. Unmittelbar nach Ablauf der Frist erfolgt eine erneute Beschlussfassung. Wird der Ursprungsbeschluss bestätigt, ist es nicht möglich, die Aussetzung erneut zu beantragen.

Sitzungsniederschrift (§ 37 LPersVG)

Rechtsnatur

Bei der Sitzungsniederschrift handelt es sich um eine Urkunde des privaten Rechts im Sinne von § 416 ZPO. Sie unterliegt dem strafrechtlichen Schutz des § 267 StGB und kann für den Beweis von Rechten und Rechtsverhältnissen erheblich sein. Die Sitzungsniederschrift soll als Mindestangaben gemäß § 37 Abs. 1 Satz 1 LPersVG den Wortlaut der Beschlüsse und das Abstimmungsergebnis (die Stimmenmehrheit) enthalten. Das zahlenmäßige Verhältnis ist dabei anzugeben. Darüber hinaus sollten Ort und Tag der Sitzung, der behandelte Gegenstand und die gestellten Anträge enthalten sein. In der Praxis wird die Niederschrift als Ergebnisprotokoll geführt. Ein Wortprotokoll ist allerdings auch zulässig, da der Gesetzgeber von Mindestangaben spricht. Unzulässig wäre allerdings der Wechsel zwischen Wort- und Ergebnisprotokoll, wenn damit z. B. beabsichtigt ist, nur bestimmte (negative) Wortbeiträge eines bestimmten Personalratsmitglieds zu protokollieren. Die Sitzungsniederschrift ist also entweder als Wort- oder als Ergebnisprotokoll zu führen.

Die Anwesenheitsliste mit eigenhändiger Unterschrift der Teilnehmer ist der Verhandlungsniederschrift beizufügen (§ 37 Abs. 1 Satz 5 LPersVG). Im Fall der Durchführung der Sitzung per Video- oder Telefonkonferenz trägt der Vorsitzende die zugeschalteten Teilnehmer in die Liste ein (§ 31 Abs. 1 Satz 6 LPersVG). Die Liste dient dem gerichtsverwertbaren Nachweis, dass nur solche Teilnehmer anwesend waren, denen das Gesetz dieses Recht ausdrücklich einräumt. Es ist daher darauf zu achten, dass alle Teilnehmer, also nicht nur die Personalratsmitglieder, ihre Anwesenheit bestätigen.

Die Unterzeichnung der Sitzungsniederschrift erfolgt durch den Vorsitzenden und ein weiteres Personalratsmitglied (§ 37 Abs. 1 Satz 4 LPersVG).

Einsichtsrecht

Den Mitgliedern des Personalrats steht ein jederzeitiges, niemals einschränkbares Einsichtsrecht in die Sitzungsniederschriften zu (BVerwG v. 24.10.1969, ZBR 1970, 98 = PersV 1970, 107). Den weiteren Teilnehmern an einer Sitzung ist ein entsprechender Auszug aus der Niederschrift zuzuleiten (§ 37 Abs. 1 und 3 LPersVG).

Einwendungen gegen die Niederschrift (§ 37 Abs. 4 LPersVG)

Gegen die Niederschrift können Einwendungen erhoben werden. Sie sind unverzüglich schriftlich oder elektronisch zu erheben und der Niederschrift beizufügen (§ 37 Abs. 4 LPersVG). Über die Niederschrift befindet der Personalrat in der folgenden Sitzung (§ 37 Abs. 1 Satz 2 LPersVG). In der Praxis wird der Vorsitzende des Personalrats die Sitzungsniederschrift in der folgenden Sitzung „genehmigen" lassen. Eine Beschlussfassung über die Niederschrift ist weder erforderlich noch vorgesehen. Personalrats- oder Ersatzmitglieder, die an der Ursprungssitzung nicht teilgenommen haben und daher auch nicht beurteilen können, ob die Sitzungsniederschrift korrekt ist, müssten sich enthalten. Stimmenthaltungen sind aber, wie bereits dargestellt, als Ablehnung zu werten. In einer ungünstigen Konstellation könnte das dazu führen, dass die Sitzungsniederschrift abgelehnt würde.

Die Frage des Vorsitzenden muss folgerichtig lauten:

„Gibt es Einwendungen gegen die Niederschrift?"

Über die Berechtigung von schriftlich erhobenen oder in der Sitzung zu Protokoll gegebenen Einwendungen ist nicht Beschluss zu fassen.

Schutz personenbezogener Daten/Aufbewahrung personenbezogener Unterlagen (§ 72 LPersVG)

Sind dem Personalrat im Rahmen seiner Beteiligung (Mitbestimmungsverfahren, Mitwirkungsverfahren und Anhörungsverfahren) personenbezogene Unterlagen zur Verfügung gestellt worden, müssen diese nach Abschluss des Beteiligungsverfahrens zurückgegeben werden. Die Sammlung, fortlaufende aktenmäßige Auswertung sowie Speicherung in Dateien ist unzulässig.

Die Unterlagen des Personalrats, die personenbezogene Daten enthalten (z. B. Niederschrift, Personallisten), sind vor unbefugter Einsichtnahme zu schützen. Personenbezogene Unterlagen sind für die Dauer der Amtsperiode des Personalrats aufzubewahren. Sie sind spätestens nach Ablauf einer weiteren Amtszeit zu vernichten, soweit sie nicht vom Archiv der jeweiligen Gebietskörperschaft übernommen werden.

Beteiligungsrechte der Personalvertretung

Allgemeine Aufgaben der Personalvertretung (§ 69 Abs. 1 LPersVG)

Allgemeine Aufgaben sind die Zuständigkeiten, die den Personalvertretungen zugewiesen werden, ohne dass sie im Katalog der konkreten formellen Beteiligungsrechte genannt sind. § 69 Abs. 1 LPersVG erweitert also die Zuständigkeit der Personalvertretungen um die dort genannten Aufgaben. Zusammengefasst handelt es sich hierbei um dem Personalrat übertragene Überwachungs-, Schutz- und Förderungsaufgaben. Von besonderer Bedeutung ist, dass sich aus der Kombination der § 68 Abs. 1 und § 69 Abs. 1 Nr. 2 LPersVG ein Wächteramt des Personalrats ergibt.

Der Personalrat muss diese allgemeinen Aufgaben neben den förmlichen Beteiligungsrechten wahrnehmen. Eine Unterlassung würde eine grobe Vernachlässigung der gesetzlichen Befugnisse darstellen. Auch aus den allgemeinen Aufgaben heraus steht der Personalvertretung ein sehr umfassendes Informationsrecht zu. Sie kann diese Aufgaben nur wahrnehmen, wenn sie über die entsprechenden Informationen verfügt.

Das Bundesverwaltungsgericht hat in den letzten Jahren mehrfach festgestellt, dass eine Personalvertretung ihre Überwachungsaufgabe nach § 68 Abs. 1 und § 69 Abs. 1 Nr. 2 LPersVG nur dann wahrnehmen und Unbilligkeiten entgegenwirken kann, wenn sie von der Dienststelle rechtzeitig und umfassend informiert wird und ihr die erforderlichen Unterlagen zur Verfügung gestellt werden.

Allgemeine Aufgaben des Personalrats sind:

- Beantragung von Maßnahmen, die der Dienststelle und ihren Angehörigen dienen
- Überwachung, dass zugunsten der Beschäftigten geltende Gesetze, Verordnungen, Unfallverhütungsvorschriften, Tarifverträge, Dienstvereinbarungen, Verwaltungsanordnungen und sonstige Arbeitsschutzvorschriften durchgeführt werden
- Entgegennahme von Anregungen und Beschwerden von Beschäftigten und der Jugend- und Auszubildendenvertretung und, falls diese Anregungen und Beschwerden berechtigt erscheinen, durch Verhandlungen mit der Dienststellenleitung

auf ihre Erledigung hinzuwirken; die Personalvertretung hat die betroffenen Beteiligten über das Ergebnis der Verhandlungen zu unterrichten

- Beantragung von Maßnahmen, die der Gleichbehandlung von Frau und Mann dienen
- Förderung von Maßnahmen, die darauf abzielen, familienfreundliche Arbeitsbedingungen für die Beschäftigten durch die Dienststelle zu fördern
- Förderung der Eingliederung und beruflichen Entwicklung schwerbehinderter Menschen und sonstiger schutzbedürftiger Personen, insbesondere älterer Personen
- Beantragung von Maßnahmen zur beruflichen Förderung schwerbehinderter Menschen
- Enge Zusammenarbeit mit der Jugend- und Auszubildendenvertretung zur Förderung der Belange der in § 58 LPersVG genannten Beschäftigten (jugendliche Beschäftigte, Auszubildende); die Personalvertretung kann von der Jugend- und Auszubildendenvertretung Vorschläge und Stellungnahmen anfordern
- Förderung der Eingliederung ausländischer Beschäftigter in die Dienststelle und des Verständnisses zwischen ihnen und den deutschen Beschäftigten
- Wahrung der Interessen der Fernarbeitnehmenden

Informationsanspruch der Personalvertretung (§ 69 Abs. 2 LPersVG)

Der Personalrat ist zur Erfüllung seiner Aufgaben rechtzeitig, fortlaufend, umfassend und anhand der Unterlagen von der Dienststellenleitung zu unterrichten. Ihm sind die hierfür erforderlichen Unterlagen vorzulegen.

Je umfassender eine Personalvertretung über den ihrer Beteiligung unterliegenden Bereich vom Dienststellenleiter unterrichtet wird, umso nützlicher und reibungsloser wird sich die auf das Wohl der Beschäftigten und die Erfüllung der dienstlichen

Aufgaben gerichtete vertrauensvolle Zusammenarbeit gestalten lassen (BVerwG v. 26.2.1960 – VII P 4.59, n. v.).

Die Verpflichtung der Dienststellen, den Personalrat rechtzeitig, fortlaufend, umfassend und anhand der Unterlagen zu unterrichten, bezieht sich auf sämtliche Aufgaben der Personalvertretung; also nicht nur auf die Wahrnehmung formeller Beteiligungsrechte der §§ 78, 79, 80, 82, 84, 85, 86 LPersVG, sondern auch auf die Wahrnehmung der allgemeinen Aufgaben der §§ 67, 68, 69 Abs. 1 LPersVG (BVerwG v. 27.7.1983, PersV 1985, 66 = ZBR 1984, 79; BVerwG v. 4.9.1990, PersV 1991, 83 = PersR 1990, 329 = ZfPR 1990, 179 = ZBR 1991, 58 = ZTR 1991, 80; BVerwG v. 27.11.1991, PersV 1992, 228 = PersR 1992, 153; OVG NW v. 6.12.1990, PersR 1991, 298 = ZTR 1991, 262; Lautenbach u. a., Personalvertretungsrecht Rheinland-Pfalz, § 69 Rn. 44).

Rechtzeitige Unterrichtung

6

Von einer rechtzeitigen Information für den Personalrat ist auszugehen, wenn er durch seine Einwände und Vorstellungen noch gestaltend in die zur Beteiligung vorgelegte Maßnahme eingreifen kann. Dies ist aber nur dann der Fall, wenn auf Seiten der Dienststelle nicht bereits unabänderliche Fakten geschaffen worden sind, die im Beteiligungsverfahren nicht mehr verändert werden können. Die Personalvertretung wird nur dann rechtzeitig unterrichtet, wenn auf die von der Dienststelle beabsichtigte Maßnahme noch eingewirkt werden kann und nicht schon eine Vorentscheidung getroffen worden ist, die bereits vollendete Tatsachen geschaffen hat (BVerwG v. 12.1.1962, BVerwGE 13, 291 = ZBR 1962, 156 = PersV 1962, 60; BVerwG v. 28.4.1967, ZBR 1967, 274). Die Personalvertretung muss die Möglichkeit haben, sich ein eigenständiges ausgewogenes Meinungsbild zu machen.

Umfassende Unterrichtung

Die Unterrichtung des Personalrats ist dann als umfassend anzusehen, wenn ihm die Unterlagen vorliegen, die die Dienststelle ihrer Entscheidung zugrunde gelegt hat. Auf Grundlage dieser Unterlagen kommt es dann zur Beratung und Beschlussfassung einer Maßnahme. Als einschlägig sind alle Unterlagen zu betrachten, die sich auf die mitbestimmungspflichtige Maßnahme beziehen. Eine umfassende Unterrichtung der Personalvertretung fördert die Zusammenarbeit zwischen Personalvertretung und Dienststelle und liegt im Interesse der Erfüllung der dienstlichen Aufgaben und im Interesse der Beschäftigten.

Über konkrete Einzelinformationen hinaus benötigt der Personalrat den Überblick über alle Fakten und Vorhaben, die damit in Zusammenhang stehen. Nur so hat er die Möglichkeit, eventuellen Rechtsverstößen und Unbilligkeit im Vorfeld entgegenzuwirken (BVerwG v. 27.2.1985, PersR 1985, 124). Die Verpflichtung zur Information des Personalrats bleibt nicht auf die Ausübung der konkreten Beteiligungsrechte beschränkt. Vielmehr bezieht sie sich auch auf die Wahrnehmung der im Gesetz aufgezählten allgemeinen Aufgaben, insbesondere des Wächteramts.

Der Zweck dieser Vorschrift besteht also darin, dem Personalrat die notwendigen rechtlichen und tatsächlichen Grundlagen zu vermitteln. Er muss zu einer sachgerechten, das heißt seinem allgemeinen Vertretungsauftrag gerecht werdenden Entscheidung befähigt werden. Ohne eine ausreichende Information kann keine Personalvertretung die ihr vom Gesetz übertragenen Rechte und Pflichten erfüllen. Die Personalvertretung muss sich in demselben Informationsstand befinden wie der Dienststellenleiter. Nur dann ist die für eine tatsächlich wirksame Personalratsarbeit unerlässliche „geistige Waffengleichheit“ gewährleistet (OVG Rheinland-Pfalz v. 16.9.1986 – 5 A 6/86). Die Personalvertretung wäre sonst zu einem sachlichen Gespräch mit dem Dienststellenleiter nicht in der Lage, wie es gerade bei Wahrnehmung der allgemeinen Überwachungsaufgabe geboten ist.

Unterlagen, die der Personalrat zur Wahrnehmung seiner Beteiligungsrechte mehrmals oder immer wieder benötigt, sind ihm auf Dauer in Kopie von der Dienststelle zu überlassen. Dazu gehören beispielhaft der Stellenplan und die Personalbedarfsberechnung (BVerwG v. 23.1.2002 – 6 P 5/01). Das Bundesverwaltungsgericht hat diese Entscheidungspraxis stetig weiterentwickelt und so den Informationsanspruch der Personalvertretungen aufgrund ihrer allgemeinen Aufgaben (Wächteramt) kontinuierlich gestärkt. Im Spannungsfeld zwischen Informationsanspruch und individuellem personenbezogenen Datenschutz hat es aber auch Konkretisierungen gegeben. So kann ein Personalrat nicht verlangen, dass ihm die in der elektronischen Arbeitszeiterfassung gespeicherten Daten unter Namensnennung der Beschäftigten zur Verfügung gestellt werden, wenn er seine Überwachungsaufgabe bereits dann effektiv wahrnehmen kann, wenn er zunächst ausschließlich die anonymisierten Arbeitszeitlisten der Dienststelle erhält (BVerwG v. 19.3.2014 – 6 P 1.13). Hieraus lässt sich eine Art zweistufiges Verfahren ableiten. Auf der zweiten Stufe des Kontrollverfahrens kann anlassbezogen für eine effiziente zielgerichtete Wahrnehmung der dem Personalrat übertragenen Überwachungsaufgabe eine Namensnennung geboten sein.

Teilnahme an Vorstellungs- und Auswahlgesprächen (§ 69 Abs. 3 LPersVG)

Ein von der Personalvertretung benanntes Personalratsmitglied ist zu allen Vorstellungs- und Auswahlgesprächen von der Dienststelle, die das Gespräch führt, einzuladen. Versäumt es die Dienststelle, ein Mitglied des Personalrats einzuladen, muss sie das Gespräch vor Durchführung der beabsichtigten Maßnahme erneut unter Einladung eines Personalratsmitglieds durchführen.

Die Einladung eines Personalratsmitglieds hat so rechtzeitig zu erfolgen, dass der Personalrat noch die Möglichkeit hat, ein sachkundiges Personalratsmitglied zu entsenden.

Zu beachten ist ferner, dass das teilnehmende Personalratsmitglied nicht für das Gremium sprechen und für dieses keine Erklärungen abgeben kann. Im Rahmen seiner formellen Beteiligung ist das gesamte Gremium zur Entscheidung aufgerufen.

Grenzen des Informationsrechts (§ 69 Abs. 3 LPersVG)

Welche Unterlagen die Dienststelle dem Personalrat im Rahmen der Informationspflicht vorzulegen hat, ergibt sich unmittelbar aus der Vorschrift des § 69 Abs. 3 LPersVG. Daraus folgt, dass dem Personalrat kein allumfassendes Informationsrecht zusteht.

Insbesondere kann er nicht die Vorlage aller Unterlagen der Dienststelle verlangen, um dadurch eine allgemeine Kontrolle der Tätigkeit der Dienststelle vorzunehmen.

Personalakten

So setzt bereits § 69 Abs. 3 LPersVG dem Personalrat Grenzen bei der Einsicht in Personalakten oder Sammlungen von Personaldaten. Danach dürfen Personalakten nur mit Zustimmung des Beschäftigten und nur von denjenigen Mitgliedern eingesehen werden, die der Beschäftigte bestimmt hat. Ebenso dürfen dienstliche Beurteilungen dem Personalrat nur auf Verlangen des Beschäftigten zur Kenntnis gebracht werden.

Betriebliches Eingliederungsmanagement

Entsprechende Grenzen ergeben sich nach der Rechtsprechung auch im Rahmen des betrieblichen Eingliederungsmanagements (BVerwG v. 4.9.2012 – 6 P 5.11). Nach dieser Entscheidung ist die Dienststelle verpflichtet, *einem* vom Personalrat benannten Mitglied regelmäßig die Namen derjenigen Beschäftigten mitzuteilen, denen ein betriebliches Eingliederungsmanagement anzubieten ist. Ferner ist die Dienststelle verpflichtet, diesem Mitglied Einsicht in das Hinweisschreiben an die betroffenen Beschäftigten zu gewähren. Der Personalrat in seiner Gesamtheit erhält von diesen Informationen erst dann Kenntnis, wenn das vom Gremium benannte Mitglied in Wahrnehmung seines Überwachungsauftrages Rechtsverstöße oder Unregelmäßigkeiten feststellt.

Dienstliche Beurteilungen

Ebenso dürfen dienstliche Beurteilungen dem Personalrat nur auf Verlangen des Beschäftigten zur Kenntnis gebracht werden, § 69 Abs. 3 Satz 4 LPersVG. Gleichwohl bestehen keine Bedenken, wenn die Personalvertretung eine Aufgliederung des Notenspiegels nach Abteilungen und Laufbahngruppen getrennt erhält.

Die Vorlage von Unterlagen an den Personalrat muss daher ebenso wie die Information in untrennbarer Beziehung zu seinen Aufgaben und deren Wahrnehmung stehen. Die Erforderlichkeit muss sich aus einer bestimmten und konkreten Aufgabe des Personalrats ergeben. Sie besteht immer dann, wenn ohne Vorlage dieser Unterlagen die Beteiligungsrechte nicht oder nur unvollkommen wahrgenommen werden könnten.

Grundsätze der Mitbestimmung (§ 73 LPersVG)

Der Personalrat bestimmt in allen personellen, sozialen und sonstigen innerdienstlichen sowie organisatorischen und wirtschaftlichen Angelegenheiten mit, soweit nicht eine abschließende gesetzliche oder tarifvertragliche Regelung besteht, die einen Beurteilungs- oder Ermessensspielraum ausschließt.

Die Mitbestimmung entfällt ferner bei dem Erlass von Rechtsvorschriften und Organisationsentscheidungen und Verwaltungsanordnungen der Landesregierung.

Formen der Mitbestimmung (§§ 78, 79, 80, 83, 84 LPersVG)

Der Gesetzgeber unterscheidet bei der Beteiligung der Personalvertretungen unterschiedliche Formen: uneingeschränkte Mitbestimmung, eingeschränkte Mitbestimmung, Mitwirkung, Erörterung.

Die konkrete Aufzählung der Beteiligungsfälle im LPersVG hat dabei Klarheit und Rechtssicherheit geschaffen:

§§ 78, 79 und 80 Abs. 2	eingeschränkte Mitbestimmung
§ 80 Abs. 1	uneingeschränkte Mitbestimmung
§ 83	Mitwirkung bei Kündigungen
§ 84	Erörterung

Uneingeschränkte Mitbestimmung (§ 80 Abs. 1 LPersVG i. V. m. § 74 LPersVG)

In den der Mitbestimmung unterliegenden Fällen des § 80 Abs. 1 LPersVG richtet sich das Verfahren nach den Vorschriften des § 74 LPersVG. Danach kann eine Maßnahme, die der Mitbestimmung des Personalrats unterliegt, nur mit seiner Zustimmung getroffen werden, § 74 Abs. 1 LPersVG. Das Mitbestimmungsverfahren wird dadurch eingeleitet, dass der Leiter der Dienststelle den Personalrat von der beabsichtigten Maßnahme schriftlich oder elektronisch mit Begründung unterrichtet und hierzu seine Zustimmung beantragt, § 74 Abs. 2 LPersVG.

Die beabsichtigte Maßnahme ist im Rahmen der Sitzungsvorbereitung rechtzeitig und eingehend zu erörtern. Im beiderseitigen Einvernehmen kann auf die Erörterung verzichtet werden. Ist das Mitbestimmungsverfahren nicht oder nicht ordnungsgemäß durchgeführt worden und stimmt der Personalrat bei nachgeholter Befassung nicht zu, ist die Maßnahme, soweit nicht zwingende gesetzliche Bestimmungen entgegenstehen, rückgängig zu machen (§ 74 Abs. 1 Satz 2 LPersVG).

Fristen (§ 74 Abs. 2 Satz 3 und 4 LPersVG)

Die Mitteilungsfrist beginnt mit dem Zugang der Mitteilung über die beabsichtigte Maßnahme beim Personalrat, wegen der Außenvertretungsbefugnis im Regelfall also immer beim Vorsitzenden des Personalrats. Bei großen Personalvertretungen, die über eine Geschäftsstelle verfügen, wird unter Berücksichtigung der tatsächlichen Gegebenheiten und des jeweiligen Organisationsgrades auch der Eingang des Schriftsatzes auf der Geschäftsstelle als ausreichend angesehen werden können. Die Mitteilung muss in den Machtbereich des Personalrats gelangt sein und dieser muss die Möglichkeit haben, von dem Inhalt der Erklärung Kenntnis zu nehmen (SächsOVG v. 12.1.1999, PersR 2000, 76). Die Frist wird allerdings nur durch eine die Anforderungen des Gesetzes erfüllende Vorlage in Gang gesetzt.

Die Fristberechnung erfolgt nach §§ 187 bis 193 BGB, das heißt, die Frist beginnt an dem auf den Tag der Unterrichtung folgenden Werktag und endet mit Ablauf des letzten Werktages der Beteiligungsfrist. Bei der Fristberechnung sind nur Werktage im Sinne des BGB zu berücksichtigen.

Zugang eines Beteiligungsersuchens per E-Mail – Beginn des Fristlaufes

In der Praxis wird immer wieder die Frage diskutiert, wann die Beteiligungsfrist bei Übermittlung des Zustimmungsersuchens per E-Mail beginnt. Hierzu finden sich in der Entscheidung des Oberverwaltungsgerichts der Freien Hansestadt Bremen vom 6.11.2024 (Az. OVG 5 LP 213/24) entscheidende Ausführungen. Das Oberverwaltungsgericht macht in seinem Beschluss deutlich, dass es für den Zeitpunkt eines Zustimmungsantrags der Dienststelle darauf ankommt, dass es in den Zugriffsbereich des Personalrats gelangt ist. Wegen seiner Außenvertretungsbefugnis muss es also im den „Machtbereich" des Personalratsvorsitzenden gelangt sein. Die oder der Vorsitzende muss unter normalen Umständen die Möglichkeit haben, davon Kenntnis zu nehmen. Sofern das Zustellungsersuchen der Dienststelle per E-Mail innerhalb der in der Dienststelle üblichen Geschäftszeiten im Postfach des Personalrats eingeht, gilt es als zugegangen (siehe auch BGH v. 6.10.2022 – VII ZR 895/21, juris Rn. 19). Der Bundesgerichtshof (BGH) hat sich in seinem Urteil der herrschenden Meinung angeschlossen, „wonach eine E-Mail im geschäftlichen Verkehr dann dem Empfänger zugehe, wenn sie abrufbereit in seinem elektronischen Postfach eingegangen sei." Bei Behörden wird davon ausgegangen, dass sie während der üblichen Geschäfts- bzw. Bürozeiten Kenntnis nehmen können und somit die Nachricht in dem Moment als zugegangen gilt, wenn sie im elektronischen Briefkasten eingegangen ist. Es kommt dabei nicht darauf an, dass der Empfänger, in diesem Fall der Personalratsvorsitzende, tatsächlich Kenntnis genommen hat. Daraus folgt, dass der Zustimmungsantrag der Dienststelle erst dann am nächsten Tag erfolgt ist, wenn der Zeitpunkt des Zugangs nach Dienstschluss liegt.

Folgerichtig kommt es also auf die in der Dienststelle üblichen Dienstzeiten an. Unerheblich sind Öffnungszeiten beziehungsweise, ob der Personalratsvorsitzende seine persönliche Arbeitszeit innerhalb eines zugebilligten Rahmens individuell frei gestaltet. Es kommt allein auf die in der

Dienststelle übliche Dienstzeit an, nicht auf die konkreten individuellen Verhältnisse des Empfängers. Würde der Zugang abgestellt werden auf die konkreten individuellen Arbeitszeiten des Personalratsvorsitzenden, wäre der Zugang des Zustellungsantrages und somit der Fristlauf nicht rechtssicher einzuschätzen. Die individuellen Arbeitszeiten können sich ja auch im Laufe der Zeit ändern. Für Dienststellenleitung und Personalrat müssen die Uhrzeiten, innerhalb derer ein Zustimmungsersuchen noch am selben Tag als zugegangen gilt, rechtssicher erkennbar sein. Ein sonst absehbarer Streit über Beginn und Ende der Frist zur Zustimmungsverweigerung seitens des Personalrats wird dadurch vermieden. Würde man Mutmaßungen darüber anstellen, zu welchen Zeiten in der jeweiligen Dienststelle noch Beschäftigte anzutreffen sind, gibt dies weder dem Personalrat noch der Dienststellenleitung die notwendige Rechtssicherheit bei der Fristberechnung. In den Ausführungen des OVG wurde die übliche Dienstzeit mit der Rahmenarbeitszeit gleichgesetzt. An einer konkreten Arbeitszeitregelung, wie z. B. Festlegung einer Kernarbeitszeit, mangelte es. Um Rechtssicherheit für die handelnden Partner zu schaffen, empfiehlt es sich eine für den Zugang übliche Geschäftszeit mit dem Personalrat zu vereinbaren, wenn es an konkreten Regelungen zur Arbeitszeit mangelt.

Der Personalrat ist gehalten, seinen Beschluss über die beantragte Maßnahme innerhalb einer Frist von 18 Werktagen dem Dienststellenleiter schriftlich oder elektronisch mitzuteilen. Fehlt der Erklärung des Personalrats die Begründung, so ist diese unbeachtlich. Der zuständige Dienststellenleiter muss von der Personalvertretung in die Lage versetzt werden, ihren Standpunkt zu der beabsichtigten Maßnahme zu erkennen und zu erfahren, auf welche Einwendungen die Ablehnung gestützt wird. Trägt der Personalrat dabei Beschwerden oder Behauptungen tatsächlicher Art vor, die für Beschäftigte ungünstig sind oder sich nachteilig auswirken können, dann muss die Dienststelle dem Beschäftigten Gelegenheit zur Äußerung geben. Die Äußerung des Beschäftigten ist aktenkundig zu machen. Das Gleiche gilt auch, wenn die Dienststelle im Rahmen eines Beteiligungsverfahrens gegenüber dem

Personalrat entsprechende Beschwerden oder Behauptungen vorträgt (vgl. Richardi/Dietz, Betriebsverfassungsgesetz, § 69 Anm. 44). Daraus lässt sich aber kein generelles Anhörungsrecht der Beschäftigten im Rahmen eines Beteiligungsverfahrens ableiten. Allerdings steht dem Personalrat ein Selbstinformationsrecht zu, wenn sich aufgrund der von der Dienststelle vorgelegten Materialien Zweifelsfragen ergeben. In diesem Fall kann der Personalrat im Interesse einer ordnungsgemäßen Entscheidungsfindung zur Anhörung des betroffenen Beschäftigten verpflichtet sein (OVG Münster v. 4.3.1993, PersV 1994, 235 = Leits. ZfPR 1994, 57).

In den Fällen des § 80 Abs. 1 Nr. 3 LPersVG („Gewährung oder Versagung von sozialen Zuwendungen, insbesondere von Unterstützungen, Zuschüssen und Darlehen") bestimmt der Personalrat nur auf Antrag des Beschäftigten mit. Der Beschäftigte ist auf das Antragsrecht hinzuweisen.

Fristverkürzung im begründeten Einzelfall (§ 74 Abs. 2 Satz 5 LPersVG)

In besonders dringenden Fällen kann der Leiter der Dienststelle die Äußerungsfrist des Personalrats auf sechs Werktage verkürzen. Es handelt sich hierbei um eine verkürzte Frist im besonders begründeten Einzelfall. Ob die Voraussetzungen für eine Verkürzung der Beteiligungsfrist gegeben sind, entscheidet der Dienststellenleiter nach pflichtgemäßem Ermessen. Er hat seine Gründe dem Personalrat mitzuteilen. Der Dienststellenleiter kann die Erklärungsfrist weder auf einen größeren, noch auf einen geringeren Zeitraum abkürzen. Ein solcher Grund ist gegeben, wenn andernfalls Rechtsverluste bei einem Beschäftigten drohen oder Rechtsnachteile bei der Dienststelle eintreten, die gegenüber der Allgemeinheit nicht zu vertreten sind (BVerwG v. 15.11.1995, ZfPR 1996, 88).

Hält die Personalvertretung die Voraussetzungen für die Verkürzung der Äußerungsfrist für nicht gegeben, so kann sie das Verwaltungsgericht anrufen. In diesem Fall ist der Antrag auf Erlass einer einstweiligen Verfügung zulässig. Der Antrag ist innerhalb der verkürzten Frist beim zuständigen Verwaltungsgericht zu stellen.

Zustimmungsfiktion (§ 74 Abs. 2 Satz 6 LPersVG)

Sollte der Personalrat nicht innerhalb der vorstehend genannten Frist seine Zustimmung zu der von der Dienststelle vorgelegten Maßnahme unter Angabe von Gründen schriftlich oder elektronisch verweigern, so gilt die Maßnahme durch Fristablauf als gebilligt.

Im beiderseitigen Einvernehmen kann die Frist verlängert werden. Die Mitteilungsfrist beginnt mit dem Zugang der Mitteilung über die beabsichtigte Maßnahme beim Personalrat. Die Mitteilung muss in den Machtbereich des Personalrats gelangt sein und dieser muss die Möglichkeit haben von dem Inhalt der Erklärung Kenntnis zu nehmen (SächsOVG v. 12.1.1999, PersR 2000, 76). Die Frist wird allerdings nur durch eine, die Anforderungen des Gesetzes erfüllende Vorlage in Gang gesetzt.

Formelle Erfordernisse an die Zustimmungsverweigerung

Sofern der Personalrat beabsichtigt, der Maßnahme nicht zuzustimmen, hat er dies nach Zugang des Antrags innerhalb der im Gesetz genannten oder vereinbarten Fristen schriftlich oder elektronisch mitzuteilen.

Wenn der Personalrat das Schreiben, mit dem er seine Zustimmung verweigert, als eingescannte PDF-Datei als Anhang zu einer E-Mail dem Leiter der Dienststelle übermittelt, so ist das im LPersVG geforderte Schriftformerfordernis erfüllt. Das eingescannte Schreiben muss die Gründe für die Ablehnung und eine bildliche Wiedergabe der eigenhändigen Unterschrift(en) des Vorsitzenden sowie je nach Sachverhalt im Rahmen der Mitvertretungsregelung die des Gruppenvertreters enthalten, zumindest aber deren Namen wiedergeben (BVerwG v. 15.12.2016 – 5 P 9.15). Das diesen Anforderungen genügende eingescannte Schreiben trägt der Identitätsfunktion, die für die Erklärung unverzichtbar ist, ausreichend Rechnung. Für diese Feststellung ist nicht notwendigerweise eine Originalunterschrift erforderlich. Die Identität wäre bereits dann gewahrt, wenn die eigenhändige Unterschrift nicht bildlich wiedergegeben wäre (BAG v. 9.12.2008 – 1 ABR 79/07).

Nach der oben genannten Entscheidung des Bundesverwaltungsgerichtes ist ein bei fehlender Unterschrift geringfügig höheres Fälschungsrisiko zu vernachlässigen. Eine von einem Unbefugten abgegebene Zustimmungsverweigerung hätte keine Folgen. Rechtlich maßgeblich ist allein der vom Personalrat gefasste Beschluss (BVerwG a.a.O.).

Fehlt der Erklärung des Personalrats die Begründung oder haben die vom Personalrat angeführten Gründe offenkundig keinen unmittelbaren Bezug zu der konkreten Mitbestimmungsangelegenheit, so ist diese unbeachtlich. Die Dienststelle muss von der Personalvertretung in die Lage versetzt werden, deren Standpunkt zu der beabsichtigten Maßnahme zu erkennen und zu erfahren, auf welche Einwendungen die Ablehnung gestützt wird.

Vorläufige Regelungen (§ 74 Abs. 6 LPersVG)

Bei Maßnahmen, die der Natur der Sache nach keinen Aufschub dulden, kann der Leiter der Dienststelle bis zur Entscheidung vorläufige Regelungen treffen, § 74 Abs. 6 LPersVG. Ob ein Grund für eine solche vorläufige Regelung vorliegt, entscheidet der Leiter der Dienststelle nach pflichtgemäßem Ermessen. Allerdings muss er dabei berücksichtigen, dass die vorläufige Maßnahme sachlich und zeitlich auf das unbedingt notwendige Maß beschränkt bleibt. Sie darf grundsätzlich nicht so weit gehen, dass eine wirkungsvolle Ausübung des Mitbestimmungsrechts dadurch unmöglich gemacht wird. Durch die vorläufige Maßnahme dürfen weder rechtlich noch tatsächlich vollendete Tatsachen geschaffen werden. Eine solche Regelung wäre nur dann zulässig, wenn anderenfalls eine Schädigung überragender Gemeinschaftsgüter oder Interessen eintreten würde (BVerwG v. 22.8.1988, ZfPR 1989, 69). In einem derartigen Fall hat er dem Personalrat die vorläufige Regelung schriftlich oder elektronisch mitzuteilen, zu begründen und unverzüglich das Mitbestimmungsverfahren einzuleiten bzw. fortzusetzen.

Lautenbach u.a., Personalvertretungsrecht Rheinland-Pfalz, Landespersonalvertretungsgesetz § 74 Rn. 81 nennt einige Beispiele:

- Geltendmachung von Ersatzansprüchen durch Leistungsbescheid zur Verhinderung des drohenden Fristablaufs (BVerwG v. 25.10.1979, a. a. O. [Rn. 78]),

- befristetes Inkraftsetzen eines neuen Dienstplans (BVerwG v. 19.4.1988, a. a. O. [Rn. 77]; BVerwG v. 22.8.1988, a. a. O. [Rn. 77]; BVerwG v. 14.3.1989, a. a. O. [Rn. 77]; VGH BW v. 26.11.1991, PersR 1992, 258; VGH BW v. 20.4.1993, PersR 1993, 500),
- Abordnung oder Umsetzung einer Lehrkraft an eine andere Schule zur Deckung des Unterrichtsbedarfs mit einer Befristung bis zum Ende des Schulhalbjahres (BVerwG v. 16.12.1992, PersV 1993, 355 = PersR 1993, 123 = ZfPR 1993, 76; BVerwG v. 2.8.1993, a. a. O. [Rn. 78]; OVG LSA v. 13.8.2009, a. a. O. [Rn. 79]) und Abordnung von sonstigen Beschäftigten (Bayer. VGH v. 8.9.1993, a. a. O. [Rn. 77]) sowie
- Abordnung als vorläufige Regelung einer Versetzung (VGH BW v. 30.10.1986, PersV 1988, 175; OVG NW v. 12.6.1997, a. a. O. [Rn. 78]).

Bei der Beantwortung der Frage über die Zulässigkeit einer vorläufigen Regelung ist auf die zum Zeitpunkt des Erlasses der vorläufigen Regelung bestehenden objektiven Gegebenheiten abzustellen. Die Bestimmung im Personalvertretungsgesetz dient dem Schutz öffentlicher Belange. Die Aufgabenerfüllung der Dienststelle soll sichergestellt sein. Ist der Unaufschiebbarkeit ein Versäumnis der Dienststelle vorausgegangen, so rechtfertigt dies in keinster Weise eine solche Regelung (Lautenbach u. a., Personalvertretungsrecht Rheinland-Pfalz, § 74 Rn. 80).

Der Personalrat hat auch in diesen Fällen die Möglichkeit, in einem personalvertretungsrechtlichen Beschlussverfahren vom Verwaltungsgericht überprüfen zu lassen, ob die vom Dienststellenleiter genannten Dringlichkeitsgründe tatsächlich für das Verfahren nach § 74 Abs. 6 LPersVG ausreichend sind.

Nichteinigung (§ 74 Abs. 4 LPersVG)

Für den Fall der Nichteinigung zwischen Personalrat und Dienststellenleiter bestimmen die Vorschriften über das Einigungsverfahren (Verfahren bei Nichteinigung) die weitere Vorgehensweise. Die Einigungsstelle entscheidet endgültig.

Der Personalrat ist – von Fällen des Rechtsmissbrauchs abgesehen – zwecks Vermeidung des Eintritts der Billigungsfiktion gehalten, sich mit einer Mitbestimmungsvorlage bei unveränderter Sach- und Rechtslage erneut zu befassen, nachdem er einen ersten Antrag auf Zustimmung abgelehnt hatte, ohne dass der Dienststellenleiter das Stufenverfahren eingeleitet hat (BVerwG v. 12.9.2011 – BVerwG 6 PB 13.11, ZfPR 2012, 34 = PersV 2012, 29 = PersR 2011, 530).

Sowohl für die uneingeschränkte als auch die eingeschränkte Mitbestimmung sind die vom Bundesverfassungsgericht in der Entscheidung zum Mitbestimmungsgesetz des Landes Schleswig-Holstein (BVerfG v. 24.5.1995 – 2 BvF 1/92) aufgezeigten verfassungsrechtlichen Grenzen bedeutsam. In seiner Rechtsprechung macht auch das Bundesverwaltungsgericht seit dem Jahr 2002 deutlich, dass in den Beteiligungsfällen, in denen das Demokratieprinzip der vollen, uneingeschränkten Mitbestimmung entgegensteht, nur die Bestimmungen über die eingeschränkte Mitbestimmung mit einem Letztentscheidungsrecht eines Verwaltungsträgers gelten können, der gegenüber dem gewählten Organ Verantwortung trägt (BVerwG v. 24.4.2002 – 6 P 3/01, BVerwGE 116; BVerwG v. 24.4.2002 – 6 P 4/01, BVerwGE 216 = PersV 2002, 542, 545 f. = ZfPR 2002, 235; BVerwG v. 18.6.2002 – 6 P 12/01, BVerwGE 222 ff. = PersR 2002, 467, 470 f. = PersR 2003, 171). Das Bundesverwaltungsgericht hat in diesen Entscheidungen zum Zeitpunkt der Entscheidung insoweit eine planwidrige Lücke erkannt und das in den Gesetzen vorgesehene Letztentscheidungsrecht der Einigungsstelle auf ein Empfehlungsrecht reduziert. Es zeigt insoweit auf, wie innerhalb des verfassungsrechtlichen Rahmens eine Beteiligung des Personalrats in personellen Angelegenheiten der Arbeitnehmer möglich und auch rechtlich zulässig ist. Der Landesgesetzgeber Rheinland-Pfalz hat dem mit den Regelungen des § 75 Abs. 4 und 5 LPersVG Rechnung getragen.

Die oberste Dienstbehörde kann einen Beschluss der Einigungsstelle, der im Einzelfall wegen seiner Auswirkungen auf das Gemeinwesen wesentlicher Bestandteil der Regierungsgewalt ist, innerhalb eines Monats nach Zustellung des Beschlusses ganz oder teilweise aufheben und abweichend entscheiden.

Eingeschränkte Mitbestimmung (§§ 78, 79 und 80 Abs. 2 i. V. m. § 74 LPersVG)

In den der eingeschränkten Mitbestimmung unterliegenden Fällen der §§ 78, 79 und 80 Abs. 2 LPersVG richtet sich das Verfahren gleichfalls nach den Vorschriften des § 74 LPersVG.

Auch in diesem Verfahren muss sich der Personalrat innerhalb einer Frist von 18 Werktagen zu der vorgelegten Maßnahme äußern. Soweit er nicht zustimmt, muss er dies dem Leiter der Dienststelle unter Angabe von Gründen fristgerecht schriftlich oder elektronisch mitteilen. Anderenfalls gilt die dem Personalrat vorgelegte Maßnahme als gebilligt.

In den Fällen des § 78 Abs. 2 Nr. 15 und 16 LPersVG („Geltendmachung von Ersatzansprüchen gegen einen Beschäftigten; Erteilung von Abmahnungen") bestimmt der Personalrat nur auf Antrag des Beschäftigten mit. In den Fällen des § 79 Abs. 2 Nr. 13 und 14 LPersVG („Geltendmachung von Ersatzansprüchen gegen einen Beamten; vorläufige Dienstenthebung, Einbehaltung von Dienstbezügen und Erhebung der Disziplinarklage") bestimmt der Personalrat nur auf Antrag des Beschäftigten mit.

Dieser ist von der beabsichtigten Maßnahme rechtzeitig vorher in Kenntnis zu setzen und darauf hinzuweisen, dass er die Möglichkeit hat, den Personalrat zu beteiligen (§ 78 Abs. 2 Satz 2, § 79 Abs. 2 Satz 2 LPersVG).

Für den Fall der Nichteinigung zwischen Personalrat und Dienststellenleiter bestimmen die Vorschriften über das Mitbestimmungsverfahren gemäß § 74 Abs. 4 LPersVG (Verfahren bei Nichteinigung) die weitere Vorgehensweise. Wird in diesen Fällen die Einigungsstelle angerufen, so beschließt diese eine Empfehlung an die oberste Dienstbehörde. Die oberste Dienstbehörde ist an diese Empfehlung nicht gebunden. Sie entscheidet endgültig unter Beachtung von Recht und Gesetz nach pflichtgemäßem Ermessen. Zu beachten sind dabei die dienst- und beamtenrechtlichen Vorschriften, die dem Dienstherrn obliegende Fürsorgepflicht sowie der Anspruch auf eine rechtsfehlerfreie Ermessensausübung.

Bei Maßnahmen, die der Natur der Sache nach keinen Aufschub dulden, kann der Leiter der Dienststelle bis zur endgültigen Entscheidung eine vorläufige Regelung nach § 74 Abs. 6 LPersVG treffen. Es gelten die im Abschnitt „Uneingeschränkte Mitbestimmung" gemachten Ausführungen entsprechend.

Ausgewählte Einzelfälle der Mitbestimmung

Die Aufzählung der Beteiligungsfälle in § 80 Abs. 1 (uneingeschränkte Mitbestimmung), §§ 78, 79 und 80 Abs. 2 LPersVG (eingeschränkte Mitbestimmung), § 80 LPersVG (Mitwirkung bei Kündigung) und § 84 LPersVG (Erörterung) wurde vom Gesetzgeber unterschiedlich gehandhabt: Es gibt eindeutige Beteiligungstatbestände, z. B. Einstellung und Kündigung. Andere wiederum sind abstrakt gefasst, z. B. Regelung der Ordnung in der Dienststelle oder Maßnahmen zur Hebung der Arbeitsleistung. Einige Tatbestände sollen hier kurz erwähnt und stichwortartig behandelt werden. Eine komplette Abhandlung aller Tatbestände bleibt umfassenden Kommentaren zum Landespersonalvertretungsgesetz Rheinland-Pfalz vorbehalten.

Schlagwort Digitalisierung

In den kommenden Jahren werden sich Personalvertretung und Dienststelle mit der sich beschleunigenden Digitalisierung und dem Einsatz von KI in der öffentlichen Verwaltung befassen müssen. Wie wirken sich die Möglichkeiten des hybriden oder mobilen Arbeitens auf Arbeitszeitregelungen in den Behörden und die Vereinbarkeit von Arbeits- und Privatleben aus? Lässt sich die cloud-basierte Arbeit im öffentlichen Dienst mit dem Beschäftigtendatenschutz vereinbaren? Überall in der öffentlichen Verwaltung soll Künstliche Intelligenz zum Einsatz kommen, damit sie mit der technologischen Entwicklung Schritt halten kann. Wie kann ein Personalrat bei der Beteiligung an komplexen digitalisierten Verfahren in der Verwaltung Schritt halten? Wie können die Beschäftigten dabei technisch, körperlich und psychisch Schritt halten? Können digitale Arbeitsverfahren wirklich helfen, Sparvorgaben zu erfüllen oder die Auswirkungen des demografischen

Wandels zu dämpfen? Das Update der öffentlichen Verwaltung wird begleitet von großen und vielfältigen gesellschaftlichen, technischen und politischen Megatrends, die viele Fragen aufwerfen.

Um welche Fragen wird es in der Personalratsarbeit der nächsten Jahre gehen?

Digitale Verwaltung und deren Auswirkungen auf die Beschäftigten

Unter Digitalisierung versteht man heute keinen ausschließlichen technischen Vorgang mit kalkulierbaren Folgen. Es handelt sich vielmehr um die Transformation unserer bisherigen „automatisierten Gesellschaft" in eine „digitale Gesellschaft". Im Rahmen dieser Entwicklung, die sich immer mehr beschleunigt, werden sich Werte wandeln und die Arbeitsbedingungen der Beschäftigten massiv ändern. Die Personalvertretung als gewählte Interessenvertretung der Beschäftigten steht vor der Herausforderung, die mit der Digitalisierung verbundenen Veränderungen kompetent zu begleiten. Es ist ein Prozess, der sich immer mehr beschleunigt und dessen Ende und Auswirkungen heute noch nicht abzuschätzen sind.

Beteiligungsrechte bei Verwaltungsmodernisierungen, insbesondere die Einführung technischer Einrichtungen

Die Digitalisierung der Verwaltung hat in den vergangenen Jahren rasant an Fahrt gewonnen und wird sich noch mehr beschleunigen. Personalräte stehen damit im Rahmen ihrer Beteiligungsrechte vor neuen Herausforderungen. Wie kann die Einführung elektronischer Verfahren sinnvoll begleitet werden, was sind die Möglichkeiten, was die Grenzen der dem Personalrat zustehenden Beteiligung? Dabei sind Fragen des Datenschutzes sowie einer möglichen Kontrolle des Arbeitsverhaltens der Beschäftigten von besonderer Bedeutung.

Beteiligungsrechte bei Verwaltungsmodernisierungen, modernen flexiblen Arbeitszeitmodellen

Für die Beschäftigten sind bei der Gestaltung der Arbeitswelt von morgen Ideen und Regelungen von großer Bedeutung, die zu einer weiteren Flexibilisierung führen. Die Vereinbarkeit von

Arbeits- und Privatleben, der Erhalt und die Verbesserung der Motivation und Arbeitszufriedenheit in Zeiten der digitalen Transformation der Gesellschaft sind dabei zentrale Anliegen. Gute Arbeitszeitmodelle dienen nicht nur diesen Zielen; sie sind auch ein Imagefaktor, gerade bei der Gewinnung von Nachwuchskräften.

Qualifizierung der Beschäftigten, Beteiligungs- und Initiativrechte

Im Zusammenhang mit der Digitalisierung der Verwaltung ist Qualifizierung eines der Schlüsselworte. Der Personalrat ist hiervon in zweifacher Hinsicht betroffen: Qualifizierung der Beschäftigten und der Personalratsmitglieder. Der Personalrat muss dafür Sorge tragen, dass die Beschäftigungsfähigkeit aller Kolleginnen und Kollegen durch geeignete Weiterbildungen und Qualifizierungen gefördert wird und bis ins Alter erhalten bleibt. Je nach Ausgestaltung in den einzelnen Paragrafen des Landespersonalvertretungsgesetzes unterliegen Fragen der Fortbildungsplanung und die Auswahl von Teilnehmerinnen und Teilnehmern an solchen Maßnahmen der Beteiligung des Personalrats.

Zudem bietet das Initiativrecht hier Gestaltungsmöglichkeiten. Aber auch auf Seiten der Personalräte entsteht ein erhöhter Qualifizierungsbedarf. Nur so kann der Personalrat auf Augenhöhe mit der Dienststelle bleiben und gemeinsam mit ihr die digitale Zukunft gestalten.

Psychische Belastungen und Gesundheitsmanagement

Sparvorgaben, demografischer Wandel, Fachkräftemangel – auch im Hinblick auf die zunehmende Digitalisierung von Prozessen – und Wettbewerbsnachteile öffentlicher Dienstherren bei der Personalgewinnung sorgen in Verbindung mit ständig wachsenden und sich verändernden Aufgaben für teils erhebliche Mehrbelastungen der Beschäftigten. Dies führt häufig zu psychischen Belastungen für die Beschäftigten, aus denen sich ernsthafte Krankheiten wie Burnout, Depression oder Sucht entwickeln können.

Der Landesgesetzgeber hat durchaus erkannt, dass die Beteiligungsverfahren bei digitalen Angelegenheiten immer komplexer werden und einen erhöhten Beratungsbedarf erforderlich machen. Dem hat er durch die Einfügung des § 69a LPersVG (Errichtung eines Digitalisierungsausschusses) Rechnung getragen.

Einstellung einschließlich Übertragung der auszuübenden Tätigkeiten, Eingruppierung (§ 78 Abs. 2 Satz 1 Nr. 1 LPersVG)

Die Einstellung von Arbeitnehmern unterliegt der eingeschränkten Mitbestimmung des Personalrats. Es kommt eine Vereinbarung aufgrund tarifvertraglicher Vorgaben und Rahmenbedingungen (Rechte und Pflichten des Beschäftigten/der Beschäftigten) zustande, die eine Integration in die Dienststelle und ihrer weisungsabhängigen Arbeitsabläufe vorsieht.

Wichtig: Die Integrationsabsicht ist dabei der Auslöser der Mitbestimmung, nicht der Inhalt des Arbeitsvertrages.

Ein ohne Mitbestimmung des Personalrats abgeschlossener Arbeitsvertrag ist deshalb rechtswirksam, allerdings ist eine Beschäftigung in der Dienststelle ausgeschlossen, solange der Personalrat nicht zugestimmt hat. Für die Beurteilung, ob eine Integrationsabsicht in die Dienststelle besteht, können die vorgesehene Dauer der Beschäftigung und die tatsächliche Ausübung des Weisungsrechts des Dienststellenleiters ein wichtiges Indiz sein. Bei einer nur kurzfristig zu erbringenden Arbeitsleistung dürfte es in der Regel an einer Integrationsabsicht mangeln. Die Dauer der wöchentlichen Arbeitszeit oder die Höhe des vertraglich vereinbarten Entgelts sind dagegen kein Indiz. Durch die Rechtsprechung entwickelt ist auch die Mitbestimmung des Personalrats bei der Stufenzuordnung, da entsprechende Rechte bereits bei der Eingruppierung greifen, ohne dass damit die Einstellung generell verhindert werden könnte.

Eingruppierung

Die Eingruppierung ist neben der Einstellung ein gesonderter Mitbestimmungstatbestand. Eine Eingruppierung kann aber auch bei Schaffung eines völlig neuen Arbeitsplatzes notwendig sein. Die

Stufenzuordnung wird ebenfalls von der Mitbestimmung erfasst. Die Mitbestimmung bei Eingruppierung erstreckt sich nach der Rechtsprechung des Bundesverwaltungsgerichts konkret auch auf die Stufenzuordnung innerhalb der Entgeltgruppen nach § 16 Abs. 2 Satz 1 bis 3 TV-L. Diese Rechtsprechung des BVerwG ist wegen der in den jeweiligen Tarifwerken enthaltenen vergleichbaren Regelungen auch auf die entsprechenden Bestimmungen des TVöD übertragbar. Die Mitbestimmung bei Eingruppierung erstreckt sich auf die Stufenzuordnung nach § 16 Abs. 2, 3 Satz 1 bis 3 und Abs. 5 Satz 2 TVöD-Bund sowie § 16 Abs. 2 Satz 1 und 2 und Abs. 4 Satz 2 TVöD-VKA (Lautenbach u. a., Personalvertretungsrecht Rheinland-Pfalz, § 78 Rn. 70).

Die Mitbestimmung der Personalvertretung im Rahmen der Stufenzuordnung bei Eingruppierung kommt in den Fällen des § 16 Abs. 2 Satz 3 TVöD-VKA erst zum Zuge, wenn die Dienststelle unter Beachtung der Mitbestimmung bei der Lohngestaltung gemäß § 80 Abs. 1 Nr. 8 LPersVG Grundsätze zur Anrechnung förderlicher Berufstätigkeit beschlossen hat. Sofern für das Arbeitsverhältnis die einschlägigen tariflichen Regelungen gelten, ergibt sich die Eingruppierung aus deren Anwendung. Aber auch eine übertarifliche Eingruppierung unterliegt der Mitbestimmung. Weist der Dienststellenleiter einem Arbeitnehmer einen neuen Arbeitsplatz zu und beabsichtigt er die Beibehaltung der bisherigen Eingruppierung, so unterliegt dies der Mitbestimmung des Personalrats bei Eingruppierung; dies gilt auch, wenn der neue Arbeitsplatz schon einmal unter Beteiligung des Personalrats bewertet worden war (BVerwG v. 8.11.2011 – 6 P 23.10). Die Aufgabe des Personalrats ist es, darauf zu achten, dass hierbei die Behandlung aller Arbeitnehmer nach Recht und Billigkeit erfolgt (Gleichbehandlungs-, Leistungsgrundsatz) und die bestehenden Regelungen richtig angewendet werden. Da die Eingruppierung ein Akt strikter Rechtsanwendung ist, steht dem Personalrat im Rahmen seiner Mitbestimmung bei Eingruppierung nur ein Mitbeurteilungsrecht zu. Dem Personalrat steht hier kein Mitgestaltungsrecht zu. Es handelt sich folgerichtig um eine Art Richtigkeits- oder Plausibilitätskontrolle bezogen auf die Anwendung der tariflichen Bestimmungen durch die Dienststelle (Lautenbach u. a., Personalvertretungsrecht Rheinland-Pfalz, § 78 Rn. 56).

Weist der Dienststellenleiter einem Arbeitnehmer einen neuen Arbeitsplatz zu und beabsichtigt er die Beibehaltung der bisherigen Eingruppierung, so unterliegt dies der Mitbestimmung des Personalrats bei Eingruppierung; dies gilt auch, wenn der neue Arbeitsplatz schon ein- mal unter Beteiligung des Personalrats bewertet worden war (BVerwG v. 8.11.2011 – 6 P 23.10). Die Aufgabe des Personalrats ist es, darauf zu achten, dass hierbei die Behandlung aller Arbeitnehmer nach Recht und Billigkeit erfolgt (Gleichbehandlungs-, Leistungsgrundsatz) und die bestehenden Regelungen richtig angewendet werden.

Übertragung einer höher oder niedriger zu bewertenden Tätigkeit für eine Dauer von mehr als zwei Monaten, Höher- oder Herabgruppierung (§ 78 Abs. 2 Satz 1 Nr. 3 LPersVG)

Die Übertragung führt zur Zuordnung zu einer anderen Entgeltgruppe. Unerheblich ist, aus welchem Grund der Arbeitgeber diese Feststellung trifft, z. B. durch Übertragung einer höherwertigen Tätigkeit, Veränderung des Aufgabenbereichs, Erfüllen persönlicher Voraussetzungen. Die Mitbestimmung erstreckt sich auch auf die Stufenzuordnung. Die Rückgruppierung kann entweder einvernehmlich, durch Übertragung einer niedriger zu bewertenden Tätigkeit oder durch die Korrektur einer falsch vorgenommenen Eingruppierung erfolgen.

Übertragung einer höher oder niedriger zu bewertenden Tätigkeit

Der Mitbestimmungstatbestand ist erfüllt, wenn einem Arbeitnehmer, abweichend von der bisherigen Tätigkeit, für die Dauer von mehr als zwei Monaten eine Tätigkeit übertragen werden soll, die den Tätigkeitsmerkmalen einer höheren oder auch einer niedrigeren Entgeltgruppe zuzuordnen ist. Die Übertragung einer höher zu bewertenden Tätigkeit erfolgt in der Regel durch Zueisung eines anderen höherwertigen Aufgabenbereiches oder einer Übertragung zusätzlicher höherwertiger Aufgaben. Wird einem Arbeitnehmer ein anderer Arbeitsplatz als der bisherige zugewiesen oder wird seine Tätigkeit so verändert, dass die Gesamttätigkeit einer niedrigeren Entgeltgruppe entspricht, ist der

Tatbestand der Übertragung einer niedriger bewerteten Tätigkeit erfolgt. Die jeweilige Übertragung hat von der dafür sachlich zuständigen Stelle zu erfolgen. In beiden Fällen bedarf es einer Änderung des Arbeitsvertrages. Im Falle der Übertragung einer höher zu bewertenden Tätigkeit wird dies im gegenseitigen Einvernehmen erfolgen. Ausreichend sind eine schriftliche Mitteilung des Arbeitgebers und eine stillschweigende Annahme durch den Arbeitnehmer. Die Übertragung einer niedriger bewerteten Tätigkeit führt in der Folge in aller Regel zu einer Änderungskündigung, die dann allerdings wieder der Mitwirkung des Personalrats nach § 83 Abs. 1 LPersVG unterliegt.

Höher- oder Herabgruppierung

Bei der Höher- oder Herabgruppierung handelt es sich um eine Form der Umgruppierung. Beide Varianten stehen im unmittelbaren Zusammenhang mit der Feststellung des Arbeitgebers, dass die aktuelle Tätigkeit des Arbeitnehmers nach dem gültigen Tarifvertrag nicht mehr den Merkmalen der Entgeltgruppe entspricht, in die er eingruppiert worden ist. Die aktuelle Tätigkeit muss also nach dem für die Dienststelle maßgeblichen Tarifvertrag einer höheren oder niedrigeren Entgeltgruppe entsprechen. Im Rahmen seiner Mitbestimmung hat der Personalrat, wie auch bei der Eingruppierung, hier eine sogenannte Richtigkeits-/Plausibilitätskontrolle. Er hat also zu prüfen, ob die mitgeteilte Tätigkeit zu dem von der Dienststelle festgestellten Ergebnis im Tarifvertrag führt. Ferner hat er darauf zu achten, dass die Dienststelle die Entgeltordnung in gleichen oder vergleichbaren Fällen einheitlich anwendet (vgl. Altvater u. a., Bundespersonalvertretungsgesetz, § 75 Rn. 41 ff.).

Absehen von der Ausschreibung von zu besetzenden Dienstposten (§ 78 Abs. 2 Satz 1 Nr. 19 LPersVG)

Stellen im öffentlichen Dienst sind grundsätzlich auszuschreiben. Die Ausschreibung dient der Absicherung des Bewerberverfahrensanspruchs und ist aus Art. 33 Abs. 2 Grundgesetz (GG) abgeleitet, wonach jeder Deutsche nach seiner Eignung, Befähigung und fachlichen Leistung gleichen Zugang zu einem öffentlichen Amt hat (Grundsatz der Bestenauslese).

Die Mitbestimmung des Personalrats greift unabhängig davon ein, ob die Nichtvornahme der Ausschreibung auf einem speziellen Regelwerk gründet oder in das Ermessen des Dienststellenleiters gestellt ist. Eine weitgehende Pflicht zur dienststellenbezogenen Ausschreibung eröffnet sich, wenn Frauen in einzelnen Bereichen unterrepräsentiert sind. Ein Zwang zur Ausschreibung kann insbesondere in größeren Dienststellen auch im Zusammenhang mit § 18 Teilzeit- und Befristungsgesetz (TzBfG) entstehen, weil befristet Beschäftigte auf unbefristete Stellen hinzuweisen sind. Nach einem Urteil des BVerwG v. 14.1.2010 (6 P 10.09) rechtfertigt sich die Beteiligung des Personalrats bereits aus der Überlegung, dass die Auswahl der Person, mit der eine freie Stelle besetzt werden soll, in der Regel das berufliche Fortkommen oder sonstige Belange und Vorstellungen anderer in der Dienststelle Beschäftigten berührt. Deshalb besteht ein entsprechendes schutzwürdiges kollektives Interesse an der Mitbestimmung des Personalrats, um sein Recht der Richtigkeitskontrolle auszuüben. Zugleich wird mit der Mitbestimmung des Personalrats – so das BVerwG – vermieden, dass die Exekutive in die Lage versetzt wird, durch die Ausgestaltung der Ausnahmetatbestände die Mitbestimmung nach Belieben auszuschließen oder einzuschränken. Beabsichtigt der Dienststellenleiter, von einer Ausschreibungspraxis generell oder für den Einzelfall abzuweichen, muss er den Personalrat im Wege der Mitbestimmung beteiligen (BVerwG v. 4.2.2014 – 6 PB 36.13).

Erlass von Richtlinien über die personelle Auswahl bei Einstellungen, Versetzungen, Übertragungen von anderen Tätigkeiten, bei Übertragung von Funktionen, die einen Anspruch auf Zahlung einer Zulage auslösen und bei Kündigungen (§ 78 Abs. 3 Nr. 4 LPersVG)

Dieser Tatbestand der eingeschränkten Mitbestimmung ist – wie viele andere auch – aus dem Betriebsverfassungsgesetz entnommen. Bei den Richtlinien handelt es sich um generelle (abstrakte) Regelungen, die in den genannten Bereichen Transparenz und eine gleichmäßige Behandlung für die Einzelentscheidungen schaffen sollen. Sie gelten für:

- Einstellungen
- Versetzungen
- Übertragungen von anderen Tätigkeiten
- bei Übertragung von Funktionen, die einen Anspruch auf Zahlung einer Zulage auslösen
- Kündigungen

Richtlinien können entweder als Anweisung – mit Zustimmung des Personalrats – oder in Form einer Dienstvereinbarung ergehen. Die Mitbestimmung erfasst alle Beschäftigtengruppen. Zudem schließt eine Mitbestimmung bei dieser generellen Regelung die Beteiligung bei den personellen Einzelmaßnahmen, die sich aus einer Richtlinie ergeben, keinesfalls aus. Aufgabe des Personalrats ist es, als Sachwalter der Interessen der Beschäftigten darauf zu achten, dass solche Regelungen rechtmäßig ergehen und die Interessen der Beschäftigten dabei ausreichend berücksichtigt werden.

Gestaltung der Arbeitsplätze (§ 80 Abs. 1 Satz 1 Nr. 6 LPersVG)

Nach der Rechtsprechung des Bundesverwaltungsgerichts besteht der Zweck der Mitbestimmung darin, durch anforderungsgerechte Gestaltung der Arbeitsplätze die Beschäftigten vor physischer oder psychischer Überforderung zu schützen (BVerwG, Beschluss v. 30.8.1985 – 6 P 20.83, PersR 85, 184). Vom Mitbestimmungsrecht sind die räumlichen Bedingungen erfasst. Bei Telearbeit kann das auch der häusliche Arbeitsplatz sein. Arbeitsplatz kann auch der Raum eines Kraftfahrzeuges (LKW oder PKW) sein, in dem ein Beschäftigter sich ständig oder überwiegend aufhält.

Zur Gestaltung eines Arbeitsplatzes zählen u. a.:

- das Mobiliar
- technische Geräte
- Anzahl der Arbeitsplätze in einem Raum

- Lichtverhältnisse
- Belüftung, Lärm

Die Mitbestimmung wird auch hier durch eine beabsichtigte Maßnahme ausgelöst, also nicht erst dann, wenn ein Arbeitsplatz bereits vollständig gestaltet ist. Vom Mitbestimmungstatbestand nicht umfasst werden Einrichtungen wie Flure, Treppen, Pausen- und Sanitätsräume; die Mitbestimmung beschränkt sich auf die Gestaltung solcher Räumlichkeiten innerhalb der Dienststelle, in denen Arbeit zu leisten ist (BVerwG v. 17.2.1986).

Beginn und Ende der täglichen Arbeitszeit und der Pausen sowie die Verteilung der Arbeitszeit auf die einzelnen Wochentage (§ 80 Abs. 1 Satz 1 Nr. 7 LPersVG)

Die uneingeschränkte Mitbestimmung bei der Arbeitszeit beruht auf den kollektiven Interessen der Beschäftigten und greift immer dann, wenn die Dienststelle Regelungen trifft, die Teile oder die Gesamtheit der Beschäftigten berühren. Sie greift auch, wenn nur Teile der Arbeitszeit betroffen sind. Eine Einschränkung der Mitbestimmung ist nur insoweit gegeben, als gesetzliche oder tarifliche Vorgaben Vorrang haben und der Dienststelle kein eigenständiger Handlungsspielraum mehr verbleibt oder eine Dienstvereinbarung abgeschlossen wurde.

6

Beispiel:

Die Mitbestimmung erstreckt sich nicht nur auf den Beginn und das Ende der täglichen Arbeitszeit, sondern auch auf Pausen, die Verteilung auf die einzelnen Wochentage. Die Anordnung von Rufbereitschaft ist eine Festlegung zu Beginn und Ende der Arbeitszeit und unterliegt daher der Mitbestimmung der Personalvertretung (BVerwG v. 4.9.2012 – 6 P 10.11).

Die Anordnung von vorhersehbarer Mehrarbeit oder vorhersehbaren Überstunden, Verlängerung oder Verkürzung der regelmäßigen täglichen Arbeitszeit unterliegt allerdings nur der eingeschränkten Mitbestimmung nach § 80 Abs. 2 Nr. 7 LPersVG. Muss für eine Gruppe von Beschäftigten die tägliche Arbeitszeit gemäß § 80 Abs. 1 Satz 1 Nr. 7 und § 80 Abs. 2 Nr. 7 LPersVG nach Erfordernissen, die die Dienststelle nicht voraussehen kann, unregelmäßig und kurzfristig festgesetzt werden, so beschränkt sich die Mitbestimmung auf die Grundsätze der Aufstellung der Dienstpläne, insbesondere für die Anordnung von Dienst- oder Rufbereitschaft, Mehrarbeit und Überstunden. Die Ausgestaltung der Arbeitszeit ist in besonderer Weise über Dienstvereinbarungen möglich und damit ein erstrangiges Handlungsfeld für Personalvertretungen über das Initiativrecht.

Regelung der Ordnung in der Dienststelle und des Verhaltens der Beschäftigten (§ 80 Abs. 1 Satz 1 Nr. 11 LPersVG)

Unter diesen Tatbestand, der der uneingeschränkten Mitbestimmung unterliegt, werden alle Regelungen des Leiters der Dienststelle zusammengefasst, die die Beschäftigten gleichermaßen betreffen.

Dazu gehören insbesondere:

Verbot des Radiohörens, Verbot, eigene Elektrogeräte mitzubringen, Rauchverbot, Vergabe dienststelleneigener Parkplätze, Hausordnung, Mülltrennung, Dienstkleiderordnung, generelle Krankengespräche, Mobbing- oder Suchtvereinbarungen.

Die Mitbestimmung greift auch, wenn die Regelung aufgrund einer gesetzlichen Vorgabe erfolgt und dem Leiter der Dienststelle ein Gestaltungsspielraum bleibt. So gibt es ein gesetzliches Rauchverbot in öffentlichen Gebäuden, Ausgestaltung und Umsetzung können aber individuell geregelt werden. Von solchen Regelungen können auch andere Beteiligungstatbestände tangiert sein. Mobbing- oder Suchtvereinbarungen können auch im Rahmen der Verhütung von Gesundheitsschädigungen/Gesundheitsgefährdungen im Rahmen der Beteiligung nach § 86 LPersVG (Beteiligung beim Arbeitsschutz) getroffen werden.

Die Vergabe dienststelleneigener Parkplätze nebst der Nutzungsbedingungen unterliegt der Mitbestimmung des Personalrats nach dem Beteiligungstatbestand des § 80 Abs. 1 Satz 1 Nr. 11

LPersVG. Wird allerdings eine Parkfläche oder ein Parkhaus von der Dienststelle angemietet, handelt es sich um die Errichtung einer Sozialeinrichtung im Sinne von § 80 Abs. 1 Nr. 1 LPersVG.

Einführung neuer Arbeitsmethoden sowie wesentliche Änderung oder wesentliche Ausweitung bestehender Arbeitsmethoden, insbesondere in Rationalisierungs-, Digitalisierungs- und Technologieangelegenheiten (§ 80 Abs. 2 Nr. 1 LPersVG)

Bei der Einführung neuer Arbeitsmethoden (§ 80 Abs. 2 Nr. 1 erster Halbsatz LPersVG) bestimmt der Personalrat im Wege der eingeschränkten Mitbestimmung mit. Voraussetzung ist allerdings eine erhebliche und andauernde körperliche oder geistige Auswirkung der beabsichtigten Maßnahme auf den oder die Beschäftigten. Die umfassende Umstellung und Neugestaltung von gewohnten Abläufen in der Arbeitserledigung sind hier ebenso gemeint wie die Verteilung von Aufgaben auf einen anderen Personenkreis (Teamarbeit) oder die Konzentration auf einzelne Beschäftigte. Substanziell veränderte neue Softwareprogramme, die den Arbeitsplatz des Beschäftigten in besonderer Weise neu prägen, sind ebenfalls hierunter zu fassen. Im Einzelfall ist jedoch die Abgrenzung zu anderen Beteiligungstatbeständen wie die Hebung der Arbeitsleistung, die Erleichterung im Arbeitsablauf oder die grundlegende Veränderung von Arbeitsverfahren und -abläufen nicht immer einfach.

6

Einführung, Anwendung, Änderung oder Erweiterung technischer Einrichtungen und Verfahren, die geeignet sind, Daten von Beschäftigten zu verarbeiten oder zu nutzen (§ 80 Abs. 2 Nr. 2 LPersVG)

Unter dem Begriff „Einführung" ist nicht nur die erste Installierung der technischen Einrichtung, sondern auch deren Einbindung in bereits bestehende Einrichtungen sowie auch wegen einer schnellen und leichten Verknüpfungsmöglichkeit der Anschluss zusätzlicher Geräte an bereits vorhandene zu verstehen (Beckschulze-Henkel, DB 2001, 1491, 1500).

Unter „Anwendung" versteht man die allgemeine Handhabung der eingeführten technischen Einrichtung, also die Festlegung der Art und Weise ihrer Verwendung. Nach der Rechtsprechung des Bundesverwaltungsgerichtes reicht es aus, wenn die technische Einrichtung nach ihrer Konstruktion oder konkreten Verwendungsweise in der Lage ist, entsprechende Verhaltens- und/ oder Leistungsdaten zu erheben. Der Tatbestand ist selbst dann erfüllt, wenn ein entsprechendes Programm noch nicht vorhanden ist, die technische Einrichtung aber unmittelbar die Überwachung der Beschäftigten ermöglicht und ohne Weiteres mit einem entsprechenden Programm versehen werden kann (BVerwG v. 5.2.1990 – 6 PB 14.89, PersR 1990, 114; BVerwG v. 27.11.1991, ZBR 1992, 275 = PersV 1992, 385 = ZfPR 1992, 100; BVerwG v. 23.9.1992 – 6 P 26.90, BVerwGE 91, 45 = Leits. ZBR 1993, 129 = PersV 1993, 225 = ZfPR 1993, 40).

Wichtig: Voraussetzung für die Erfüllung des Tatbestandes ist damit allein, dass die technische Einrichtung unmittelbar die Überwachung von Verhalten und/oder Leistung der Beschäftigten ermöglicht (HessVGH v. 29.3.1989). Maßgeblich ist demnach nicht, ob die Dienststelle entsprechende Kontrollen beabsichtigt und ob die Daten gesammelt und ausgewertet werden sollen (HessVGH v. 14.11.1990, Leits. ZBR 1991, 255). Allein entscheidend für das Auslösen des Mitbestimmungstatbestandes ist, ob eine Verhaltens- und/oder Leistungskontrolle möglich ist.

Beim heutigen Stand der Technik ist davon auszugehen, dass die meisten technischen Einrichtungen eine Verhaltens- und/oder Leistungskontrolle ermöglichen. Der Sinn des Beteiligungstatbestandes ist es, eine ausreichende Berücksichtigung der persönlichen Belange und des Schutzes der Persönlichkeitsrechte der Beschäftigten sicherzustellen. Nach einer Entscheidung des Sächsischen Verfassungsgerichtshofs greift der Beteiligungstatbestand in besonderer Weise in die Rechte und Interessen der Beschäftigten und damit in die Grundrechtssphäre ein.

Maßnahmen zur Hebung der Arbeitsleistung und Erleichterung des Arbeitsablaufs (§ 80 Abs. 2 Nr. 5 LPersVG)

Unter dem Tatbestand „Maßnahmen zur Hebung der Arbeitsleistung" ist nach der Rechtsprechung des Bundesverwaltungsgerichts jede Maßnahme des Leiters der Dienststelle zu verstehen, die bei einem Beschäftigten zu einer körperlichen und/oder geistigen Mehrbelastung führt, die er an anderer Stelle nicht ausgleichen kann. Dabei müssen die folgenden Voraussetzungen erfüllt sein:

- es muss sich um eine beabsichtigte Maßnahme handeln,
- sie muss auf Dauer oder zumindest auf einen längeren Zeitraum angelegt sein,
- sie muss eine physische und/oder psychische Mehrbelastung darstellen,
- es darf keinen Ausgleich geben.

Sind diese Voraussetzungen erfüllt, greift das Mitbestimmungsrecht des Personalrats. Hintergrund des Beteiligungsrechtes ist es, überhöhte Leistungsanforderungen körperlicher und/oder geistiger Art und den daraus resultierenden permanenten Leistungsdruck von einzelnen Beschäftigten abzuwenden. Der Mitbestimmungstatbestand „Maßnahmen zur Erleichterung des Arbeitsablaufs" setzt voraus, dass die Erleichterung ständig wiederkehrende Arbeitsvorgänge betrifft (BVerwG v. 14.3.1986, PersV 1986, 469; VGH BW v. 27.11.1984, ZBR 1985, 175). Arbeitsablauf ist die funktionelle, räumliche und zeitliche Abfolge der unterschiedlichen unselbstständigen Arbeitsvorgänge (Arbeitsschritte) zur Erzielung eines bestimmten Arbeitsergebnisses und der äußere Verlauf jedes einzelnen dieser Arbeitsvorgänge. Hierzu gehören auch Arbeitsvorgänge, die unregelmäßig vorkommen.

Maßnahmen des Arbeits- und Gesundheitsschutzes einschließlich der Erstellung von Arbeitsschutzprogrammen sowie Einzelregelungen, die, sei es auch mittelbar, der Verhütung von Arbeitsunfällen und Berufskrankheiten sowie dem Gesundheitsschutz dienen (§ 80 Abs. 2 Nr. 8 LPersVG)

Im Rahmen dieses eingeschränkten Mitbestimmungsrechts hat der Personalrat darauf zu achten, dass die Dienststelle präventiv alle notwendigen Maßnahmen zur Verhütung von Dienst- und Arbeitsunfällen, Berufskrankheiten und sonstigen Gesundheitsschädigungen sowie von Gesundheitsgefährdungen ergreift.

Dafür ist der Dienststellenleiter als gesetzlicher Vertreter der Behörde allein verantwortlich.

Die Begriffe Dienst- bzw. Arbeitsunfall sind im jeweiligen Beamtenversorgungsgesetz und im SGB VII definiert. Der Begriff „sonstige Gesundheitsschädigungen" ist im Sinne der Arbeitsschutzregelungen auszulegen. Solche Schädigungen können sowohl physischer als auch psychischer Art sein. Gegenstand der Mitbestimmung ist die jeweils vorgesehene Maßnahme im Einzelfall oder genereller Art.

Vorbeugende (präventive) Maßnahmen können sein:

- Verhaltensmaßnahmen (z. B. Alkohol- oder Rauchverbote, Verhalten bei Mobbing)
- Organisatorische Maßnahmen (z. B. Sicherung von Arbeiten in gefährdeten Bereichen)
- Technische Maßnahmen (z. B. Schutzausrüstung)
- Medizinische Maßnahmen (z. B. vorbeugende Untersuchungen, Impfungen)

Sondertatbestand Kündigungen

Der Personalrat hat bei Kündigungen ein Recht zur Mitwirkung. Das Verfahren der Mitwirkung des Personalrats richtet sich nach den Vorschriften des § 83 i. V. m. § 82 LPersVG.

Mitwirkung bei ordentlichen Kündigungen (§ 83 Abs. 1 i. V. m. § 82 LPersVG)

Die Mitwirkung als Form der Beteiligung der Personalvertretung ist in § 83 Abs. 1 LPersVG vorgesehen, sofern eine ordentliche Kündigung durch den Arbeitgeber ausgesprochen werden soll (Lautenbach u. a., Personalvertretungsrecht Rheinland-Pfalz, §§ 82 Rn. 2).

Danach ist, soweit der Personalrat an Entscheidungen mitwirkt, die von der Dienststelle beabsichtigte Maßnahme vor ihrer Durchführung mit dem Ziel einer Verständigung rechtzeitig und eingehend mit ihm zu erörtern. In diesem Verfahren muss sich der Personalrat innerhalb einer Frist von 10 Werktagen zu der vorgelegten Maßnahme äußern. Soweit er Einwendungen hat, muss er diese dem Leiter der Dienststelle unter Angabe von Gründen fristgerecht mitteilen. Anderenfalls gilt die dem Personalrat vorgelegte Maßnahme gleichfalls als gebilligt.

Der Personalrat kann gegen die Kündigung Einwendungen erheben, wenn nach seiner Ansicht

- bei der Auswahl der zu kündigenden Arbeitnehmerin oder des zu kündigenden Arbeitnehmers soziale Gesichtspunkte nicht oder nicht ausreichend berücksichtigt worden sind,
- die Kündigung gegen eine Richtlinie im Sinne des § 78 Abs. 3 Nr. 4 Buchst. c LPersVG verstößt,
- die zu kündigende Arbeitnehmerin oder der zu kündigende Arbeitnehmer an einem anderen Arbeitsplatz in derselben Dienststelle oder in einer anderen Dienststelle desselben Verwaltungszweiges an demselben Dienstort einschließlich seines Einzugsgebietes weiterbeschäftigt werden kann,
- die Weiterbeschäftigung der Arbeitnehmerin oder des Arbeitnehmers nach zumutbaren Umschulungs- oder Fortbildungsmaßnahmen möglich ist, oder
- die Weiterbeschäftigung der Arbeitnehmerin oder des Arbeitnehmers unter geänderten Vertragsbedingungen möglich ist und die Arbeitnehmerin oder der Arbeitnehmer das Einverständnis hiermit erklärt.

Dabei braucht er sich nicht nur auf die in § 83 Abs. 1 Satz 3 Nr. 1 bis 5 LPersVG aufgeführten Tatbestände zu stützen, sondern er kann auch andere als die gesetzlichen Gründe vortragen; bei dem gesetzlichen Katalog handelt es sich nicht um eine abschließende Aufzählung (BAG v. 29.9.1983, PersV 1985, 293). Das heißt für die Praxis, der Personalrat kann weitere Gründe anführen. Zumindest einer der in § 83 Abs. 1 Satz 3 Nr. 1 bis 5 LPersVG aufgeführten Tatbestände muss aber angegeben sein. Der Einwendungskatalog umreißt lediglich die Voraussetzungen für einen Weiterbeschäftigungsanspruch (LAG München v. 9.3.1988, PersR 1989, 22).

Der Sinn für die Beteiligung des Personalrats liegt vor allem darin, zu prüfen, ob die Kündigungsschutzbestimmungen beachtet sind oder eine andere Möglichkeit der Weiterbeschäftigung besteht (BVerwG v. 9.2.1979, BVerwGE 57, 276 = ZBR 1979, 279 = PersV 1980, 426 = RiA 1979, 150; BAG v. 27.3.2003, PersR 324; Lautenbach u. a., Personalvertretungsrecht Rheinland-Pfalz, § 83 Rn. 23). Wird dem Arbeitnehmer dennoch gekündigt, so muss die Dienststelle ihm mit der Kündigung eine Abschrift der Stellungnahme des Personalrats zuleiten. Das gilt jedoch nicht, wenn die Stufenvertretung (§§ 52 Abs. 1, 94, 97, 104, 111) die Einwendungen nicht aufrechterhalten hat (Lautenbach u. a., Personalvertretungsrecht Rheinland-Pfalz, § 83 Rn. 77).

Entspricht die Dienststelle den Einwendungen des Personalrats nicht oder nicht im vollen Umfang, so teilt sie dem Personalrat ihre Entscheidung unter Angabe der Gründe schriftlich mit. Der Personalrat einer nachgeordneten Dienststelle kann in diesem Fall binnen vier Werktagen nach Zugang der Mitteilung die Angelegenheit auf dem Dienstweg den übergeordneten Dienststellen, bei denen Stufenvertretungen bestehen, mit dem Antrag auf Entscheidung vorlegen. In diesem Fall hat die Dienststelle die beabsichtigte Maßnahme bis zur Entscheidung der angerufenen Dienststelle auszusetzen.

Die übergeordnete Dienststelle entscheidet nach Verhandlung mit der bei ihr bestehenden Stufenvertretung über die Angelegenheit. Die oberste Dienstbehörde entscheidet nach Verhandlung mit dem bei ihr gebildeten Hauptpersonalrat endgültig. § 89 Abs. 1 LPersVG findet entsprechend Anwendung. Der obersten Dienstbehörde entspricht demnach

- bei kommunalen Gebietskörperschaften die Vertretungskörperschaft und
- bei sonstigen Körperschaften, Anstalten und Stiftungen des öffentlichen Rechts mit einstufigem Verwaltungsaufbau, die der Aufsicht des Landes unterstehen, das in ihrer Satzung oder Verfassung vorgesehene Beschlussorgan.

Eine Anrufung der Einigungsstelle ist nicht möglich.

Es kommt beim Mitwirkungsverfahren somit allein auf die Initiative des Personalrats an, ob im Fall einer teilweisen oder im Ganzen erfolgten Nichtberücksichtigung seiner Ablehnungsgründe durch die Dienststelle das Stufenverfahren eröffnet wird.

Mitwirkung bei fristlosen und außerordentlichen Kündigungen (§ 83 Abs. 3 LPersVG)

Vor fristlosen Entlassungen und außerordentlichen Kündigungen ist der Personalrat nach § 83 Abs. 3 LPersVG anzuhören. Der Dienststellenleiter hat die beabsichtigte Maßnahme gegenüber dem Personalrat zu begründen. Beabsichtigt die Personalvertretung Einwendungen zu erheben, so muss sie seine Bedenken unverzüglich, spätestens aber binnen vier Werktagen dem Leiter der Dienststelle schriftlich oder elektronisch mitteilen.

Unwirksamkeit der Kündigung (§ 83 Abs. 3 LPersVG)

Ist der Personalrat gar nicht oder nicht ordnungsgemäß beteiligt worden, hat dies die Unwirksamkeit der Kündigung zur Folge.

Beteiligungsfrist

Die Beteiligungsfrist wird nur durch eine, den Anforderungen des Gesetzes genügende Vorlage in Gang gesetzt. Der Dienststellenleiter, der eine Maßnahme beabsichtigt, muss zur Regelung der Angelegenheit in eigener Zuständigkeit befugt sein. Handelt er aufgrund der Weisung einer übergeordneten Stelle, so muss ihm ein Gestaltungsspielraum hinsichtlich der beabsichtigten Maßnahme verbleiben (BVerwG v. 10.3.1992, ZfPR 1992, 107).

Die Fristberechnung erfolgt nach §§ 187 bis 193 BGB.

Fristbeginn

Wichtig: Die Beteiligungsfrist beginnt nur dann zu laufen, wenn es sich bei der dem Personalrat vorgelegten Angelegenheit um eine „beabsichtigte Maßnahme" handelt und diese ausreichend begründet ist. Es handelt sich dann um eine beabsichtigte Maßnahme, wenn der Leiter der Dienststelle seine Vorüberlegungen abgeschlossen hat und sie sich nicht mehr im Planungsstadium befindet. Von einer konkret beabsichtigten Maßnahme kann also noch nicht gesprochen werden, solange der Dienststellenleiter noch mit Erwägungen darüber befasst ist, ob und wie er eine beteiligungspflichtige Maßnahme veranlassen will. Allerdings darf die Maßnahme noch nicht eingeleitet worden sein, denn der Personalrat muss die Möglichkeit haben, mit seiner Auffassung noch einwirken zu können.

Der Personalrat muss also bei Eingang einer Angelegenheit zunächst prüfen, ob diese bereits das Stadium der beabsichtigten Maßnahme erreicht hat. Ist dies nicht der Fall, so handelt es sich um eine Einbindung des Personalrats im Rahmen der vertrauensvollen Zusammenarbeit und der daraus resultierenden Informationsverpflichtung. Eine Frist wird dadurch nicht in Gang gesetzt. Sodann hat der Personalrat zu prüfen, ob die beabsichtigte Maßnahme von der Dienststelle genau bezeichnet und ausreichend begründet worden ist. Er muss aufgrund der gegebenen Informationen in der Lage sein, die wesentlichen Gesichtspunkte erkennen zu können, um sich ein eigenständiges Meinungsbild zu machen. Alle für das Beteiligungsverfahren relevanten Punkte müssen in der Unterrichtung enthalten und für den Personalrat erkennbar sein. Ist die Information der Dienststelle unzureichend, unvollständig oder nicht nachvollziehbar, beginnt die Beteiligungsfrist nicht zu laufen. Der Personalrat muss in diesen Fällen gemäß dem Grundsatz der vertrauensvollen Zusammenarbeit innerhalb der Beteiligungsfrist den Mangel rügen und vorsorglich darauf hinweisen, dass die Frist nicht in Gang gesetzt ist.

Sind die vorstehend erörterten Kriterien erfüllt, das heißt, bei der zur Beteiligung vorgelegten Angelegenheit handelt es sich um eine beabsichtigte Maßnahme, die ausreichend begründet ist, so ist die Frist in Gang gesetzt. Im beiderseitigen Einvernehmen kann sie verlängert werden.

Ausschließlich der Leiter der Dienststelle hat die Möglichkeit, sein Beteiligungsersuchen zurückzuziehen und zu einem späteren Zeitpunkt erneut an den Personalrat zu richten. Streitigkeit über den Beginn der Frist und auch die Frage, ob eine von der

Dienststelle gegebene Begründung ausreichend war, können in einem personalvertretungsrechtlichen Eil- und Hauptsacheverfahren vor dem Verwaltungsgericht geklärt werden.

Komplexe Sachverhalte und Maßnahmen

In der Praxis zeigt sich immer wieder das Problem, dass Beteiligungsverfahren sehr komplex sind. Gerade bei Fragen der Verwaltungsmodernisierung und den damit in Zusammenhang stehenden Privatisierungs- und Rationalisierungsentscheidungen oder Organisationsveränderungen wird die im Gesetz vorgesehene Frist nicht ausreichen. In diesen Fällen hat die Dienststelle die Möglichkeit, dem Personalrat im Rahmen der vertrauensvollen Zusammenarbeit vor Beginn der eigentlichen Frist ausreichend Gelegenheit zur Einarbeitung zu geben. Dies wird regelmäßig der Fall sein, wenn objektiv erkennbar ist, dass es dem Personalrat wegen des besonders komplexen Sachverhaltes oder großen Umfangs der Maßnahme nicht zumutbar ist, eine Stellungnahme innerhalb der Frist abzugeben. Die Dienststelle ist nicht daran gehindert, die Angelegenheit erst zu einem späteren Zeitpunkt als beabsichtigte Maßnahme zur Beteiligung vorzulegen und dadurch die Frist in Gang zu setzen (Nassauer, ZfPR 11/2003, 313 ff.).

Änderung der Sach- oder Rechtslage

Ändert sich nach Beteiligung des Personalrats an der von der Dienststelle beabsichtigten Maßnahme die Rechtslage oder kann die Dienststelle die Angelegenheit nicht zum vereinbarten Zeitpunkt bzw. wie beantragt durchführen, so muss sie ein erneutes Beteiligungsverfahren einleiten. Es beginnt eine neue Frist zu laufen. Ändert sich der zugrunde liegende Sachverhalt im laufenden Beteiligungsverfahren, wird ebenfalls eine neue Frist in Gang gesetzt. Gegebenenfalls kann der Personalrat die Einleitung eines neuen Beteiligungsverfahrens verlangen.

Heilung unterbliebener Beteiligung

Das Personalvertretungsrecht kennt, von wenigen Ausnahmen abgesehen (Wahlanfechtung, Weiterbeschäftigung von Mitgliedern der JAV, außerordentliche Kündigung von Personalratsmitgliedern), keine Verfristung. Beteiligt die Dienststelle den Personalrat zu einem späteren Zeitpunkt und stimmt dieser dann der Maßnahme zu, so hat er von Beginn an geheilt. Dies gilt allerdings nicht für Maßnahmen, die bereits ausgelaufen sind (z. B. befristete Einstellung). Der Personalrat hat immer die Möglichkeit, verwaltungsgerichtlich feststellen zu lassen, dass er zu beteiligen gewesen wäre. Daneben kommt aber auch dem individuellen Arbeits- oder Dienstrecht eine Bedeutung zu. Es obliegt in einem solchen Verfahren dem Arbeits- oder Verwaltungsrichter, seine Konsequenzen aus einer fehlerhaften oder gar unterlassenen Beteiligung zu ziehen.

Ausnahmen von der Beteiligung (§§ 81, 92 LPersVG)

Der Gesetzgeber hat eine Reihe von Einschränkungen der Beteiligung vorgenommen und dazu Regelungen getroffen.

Personelle Angelegenheiten (§ 81 LPersVG)

§ 81 Ausnahmen von der Mitbestimmung in personellen Angelegenheiten

In Personalangelegenheiten der in § 5 Abs. 5 und 6 und § 11 Abs. 3 bezeichneten Beschäftigten, der Beamtinnen und Beamten der Besoldungsordnung B, auch wenn ihnen ein dieser Besoldungsordnung zugeordneter Dienstposten übertragen werden soll, und der vergleichbaren Arbeitnehmerinnen und Arbeitnehmer, der Beamtinnen und Beamten auf Zeit, der unmittelbaren Mitarbeiterinnen und Mitarbeiter, der Leiterin oder des Leiters und der stellvertretenden Leiterin oder des stellvertretenden Leiters der Dienststelle bei obersten Landesbehörden sowie der Beschäftigten mit überwiegend wissenschaftlicher oder künstlerischer Tätigkeit bestimmt der Personalrat nur mit, wenn sie es beantragen. Diese Personen sind von der beabsichtigten Maßnahme rechtzeitig vorher in Kenntnis zu setzen und auf ihr Antragsrecht hinzuweisen. In Personalangelegenheiten der in § 41 Abs. 1 LBG bezeichneten Beamtinnen und Beamten sowie Arbeitnehmerinnen und Arbeitnehmer in einer dort benannten Funktion bestimmt der Personalrat nicht mit.

Die nach § 41 Abs. 1 LBG bezeichneten Beamtinnen und Beamten, Arbeitnehmerinnen und Arbeitnehmer sind:

- Staatssekretärinnen und Staatssekretäre
- Ministerialdirektorinnen und Ministerialdirektoren
- die Sprecherin oder der Sprecher der Landesregierung sowie Beamtinnen und Beamte, die mit ihrer Zustimmung schriftlich zu Referentinnen und Referenten für Presse- oder Öffentlichkeitsarbeit bei einer obersten Landesbehörde bestellt worden sind
- die Ständige Vertreterin oder der Ständige Vertreter der oder des Bevollmächtigten des Landes beim Bund und für Europa
- die Präsidentin oder der Präsident und die Vizepräsidentin oder der Vizepräsident der Aufsichts- und Dienstleistungsdirektion
- Präsidentinnen und Präsidenten sowie Vizepräsidentinnen und Vizepräsidenten der Struktur- und Genehmigungsdirektionen
- die Leiterin oder der Leiter der Abteilung für Verfassungsschutz bei dem für den Verfassungsschutz zuständigen Ministerium
- die Beauftragte oder der Beauftragte der Landesregierung für Migration und Integration

Ist die Mitbestimmung des Personalrats in Bezug auf den in § 81 Satz 1 LPersVG genannten Personenkreis von einem Antrag des Beschäftigten abhängig, so ist dieser auch bereits dann erforderlich, wenn die dort erfasste Aufgabe erst übertragen werden soll. Ist eine von der vorstehend genannten Vorschrift erfasste Stelle zu besetzen, hat der Personalrat nur dann einen Anspruch auf Vorlage der Bewerbungsunterlagen, wenn der von der Dienststelle ausgewählte Bewerber einen Antrag auf Beteiligung gestellt hat. Das Mitbestimmungsverfahren wird nicht dadurch ausgelöst, dass einer oder mehrere der weiteren Bewerber, die nicht zum Zuge gekommen sind, einen Antrag auf Beteiligung gestellt haben (BVerwG v. 20.3.2002 – 6 P 6/01).

Körperschaften des öffentlichen Rechts ohne Gebietshoheit, rechtsfähige Anstalten und Stiftungen des öffentlichen Rechts (§ 92 LPersVG)

Für Körperschaften des öffentlichen Rechts ohne Gebietshoheit sowie rechtsfähige Anstalten und Stiftungen des öffentlichen Rechts sind weitere Ausnahmen in § 92 Abs. 1 LPersVG geregelt. Danach gelten die §§ 73 und 78 LPersVG nicht für Personalangelegenheiten der leitenden Angestellten der Körperschaften des öffentlichen Rechts ohne Gebietshoheit sowie der rechtsfähigen Anstalten und Stiftungen des öffentlichen Rechts, wenn sie nach Dienststellung und Dienstvertrag

1. zur selbständigen Einstellung und Entlassung von Beschäftigten der Dienststelle berechtigt sind oder
2. Generalvollmacht oder Prokura haben oder
3. im Wesentlichen eigenverantwortlich Aufgaben wahrnehmen, die ihnen regelmäßig wegen ihrer Bedeutung für den Bestand und die Entwicklung der Dienststelle im Hinblick auf besondere Erfahrungen und Kenntnisse übertragen werden.

Wer ist zu selbständigen Entscheidungen in mitbestimmungspflichtigen Personalangelegenheiten im Sinne von § 92 Abs. 1 Satz 1 Nr. 1 LPersVG befugt?

§ 11 Abs. 3 LPersVG nennt Beschäftigte, die zu mitbestimmungspflichtigen Entscheidungen in Personalangelegenheiten befugt sind. Es muss sich bei den zu treffenden Entscheidungen um Personalangelegenheiten von nicht untergeordneter Bedeutung handeln. Dies ist nur der Fall, wenn die Dienstkraft die Kompetenz zu Maßnahmen hat, die zwischen Dienststelle und Personalrat förmlich zu verhandeln sind. Die Dienstkraft muss stellenplan- bzw. geschäftsordnungsmäßig die Befugnis haben, in Personalangelegenheiten in eigener Verantwortung endgültig zu entscheiden. Nicht beteiligungspflichtige Personalangelegenheiten, welche der Personalrat etwa im Rahmen seiner allgemeinen Aufgaben verfolgt, sind dagegen von nur untergeordneter Bedeutung (BVerwG v. 22.6.2005 – 6 P 2/05). Zur Beantwortung der Frage, wer zu selbständigen Entscheidungen in mitbestimmungspflichtigen Personalangelegenheiten befugt ist, ist im

Regelfall auf die Zeichnungsbefugnis abzustellen. Bereitet ein Beschäftigter Entscheidungen nur vor und ist dann an die Zustimmung eines Vorgesetzten gebunden, so zählt er nicht zu diesem Personenkreis. Es handelt sich hierbei unter anderem um den Leiter der Dienststelle, seinen ständigen Vertreter sowie bei obersten Dienstbehörden den Leiter der Abteilung für Personal- und Verwaltungsangelegenheiten.

Verweigerung der Zustimmung

Das Landespersonalvertretungsgesetz Rheinland-Pfalz enthält keine konkreten Regelungen über Versagungsgründe, d. h. keinen sog. Versagungskatalog. Der Personalrat kann seine Zustimmungsverweigerung mit dem Vortrag von Tatsachen, aber auch mit der Darlegung seiner Rechtsauffassung begründen. Die Versagungsbegründung muss allerdings inhaltlich bestimmten Mindestanforderungen genügen. So hat der Personalrat konkrete sachliche Gründe für die Verweigerung seiner Zustimmung geltend zu machen. Diese müssen einen hinreichenden sachlichen Bezug zu dem konkreten gesetzlichen Beteiligungstatbestand haben. Die vom Personalrat angegebenen Gründe müssen aus der Sicht eines sachkundigen Dritten zumindest zutreffend sein können.

Beachtlichkeit einer Zustimmungsverweigerung

Verweigert der Personalrat seine Zustimmung zu einer Maßnahme, ist dies nach ständiger Rechtsprechung des Bundesverwaltungsgerichts unbeachtlich, wenn die angegebenen Gründe offensichtlich außerhalb der Mitbestimmung liegen. Lassen sich die angeführten Gründe keinem Mitbestimmungstatbestand zuordnen, so gibt die Personalvertretung zu erkennen, dass sie keine Regelung auf der Grundlage eines Mitbestimmungsrechts anstrebt, sondern die Zustimmung ohne einen vom Gesetz gebilligten Grund verweigert. In einer derart unbeachtlichen Zustimmungsverweigerung gilt die Maßnahme nach Ablauf der gesetzlichen Stellungnahmefrist als gebilligt, und die Maßnahme kann durchgeführt werden (BVerwG v. 9.12.1992 – 6 P 16.91). Allerdings sind die vom Personalrat genannten Ablehnungsgründe nicht schon dann unbeachtlich, wenn sie offensichtlich außerhalb des betroffenen Mitbestimmungstatbestandes liegen. Sie sind erst dann unbeachtlich, wenn die vom Personalrat vorgetragene Begründung offenkundig keinen Bezug zu den überhaupt in Betracht kommenden Mitbestimmungstatbeständen enthält.

Allgemeinpolitische Überlegungen (wie arbeitsmarkt-, haushalts- oder tarifpolitische Begründungen) erfüllen außerhalb des konkreten Einzelfalles nicht den Anspruch der Beachtlichkeit.

Bringt der Personalrat eine auf den konkreten Einzelfall bezogene Begründung vor, ist es der Dienststelle nach der oben zitierten Entscheidung des Bundesverwaltungsgerichts verwehrt, die angegebene Begründung einer Schlüssigkeitsprüfung zu unterziehen und die einzelnen Gründe auf ihre Richtigkeit zu untersuchen. Dies bleibt allein Sache der Einigungsstelle. Der Abbruch des Verfahrens ist nur zulässig, wenn die Ablehnung des Personalrats rechtsmissbräuchlich ist oder die Ablehnungsgründe von vornherein und eindeutig nichtzutreffend sein können, sie nach keiner vertretbaren Betrachtungsweise auch nur möglich erscheinen. Maßgeblich ist demnach nicht, ob die Begründung des Personalrats zutreffend ist oder ob ihr aus der Betrachtungsweise der Dienststelle eine fehlerhafte Bewertung zugrunde gelegt worden ist. Es kommt hierbei nicht auf die Betrachtungsweise der Dienststelle an (VG Dresden v. 11.1.2002 – K 2183/01, Rehak, SächsVBl. Heft 1/2003 S. 15).

Nach der Rechtsprechung des Bundesverwaltungsgerichts und der Instanzgerichte gilt der Grundsatz, dass dem Personalrat kein allgemeinpolitisches Mandat zusteht, sondern er auf die Geltendmachung der Interessen der Beschäftigten beschränkt ist.

Der Ablehnungsgrund muss sich folgerichtig auf diesen Schutzzweck der Mitbestimmung zurückführen lassen.

Allerdings dürfen an die Begründung der Zustimmungsverweigerung des Personalrats keine strengen Anforderungen gestellt werden, denn es ist zu berücksichtigen, dass eine

Personalvertretung nicht immer über spezielle dienstrechtliche Kenntnisse verfügen kann (OVG Koblenz v. 17.10.2012 – 5 A 10523/12. OVG).

Die Zustimmungsverweigerung eines Personalrats muss, um wirksam zu sein, neben bestimmten formellen Erfordernissen auch inhaltliche Voraussetzungen erfüllen. Nur dann wird das Einigungsverfahren ausgelöst (Lautenbach, PersV 2007, 259 ff.).

Grenzen der Beteiligung (§§ 73, 75 Abs. 6 LPersVG)

Der Gesetzgeber macht in § 73 und § 75 Abs. 6 LPersVG deutlich, dass einer Beteiligung der Personalvertretungen Grenzen gesetzt sind. Die Mitbestimmung entfällt bei dem Erlass von

- Rechtsvorschriften und
- Organisationsentscheidungen und Verwaltungsanordnungen der Landesregierung.

Ferner dürfen Entscheidungen der Dienststelle, die wegen ihrer Auswirkungen auf das Gemeinwohl wesentlicher Bestandteil der Regierungsverantwortung sind, nicht auf neutrale Stellen übertragen werden, die außerhalb der Regierungsverantwortung stehen. Die Personalvertretungen und die Einigungsstelle verfügen über keine hinreichende demokratische Legitimation; sie sind verfassungsrechtlich weder das Volk, noch von diesem gewählt. Die von der Verwaltung zu erfüllenden Aufgaben werden vom Parlament (dem gewählten Organ) bestimmt.

Eine die Mitbestimmung des Personalrats ausschließende gesetzliche Regelung ist gegeben, wenn sie einen Ausschließlichkeitscharakter besitzt. Bedarf es also zum Vollzug keines Ausführungsaktes, ist die Regelung als vollständig, erschöpfend und umfassend anzusehen. In diesem Fall hat die Personalvertretung lediglich die Möglichkeit einer Beteiligung im Rahmen der Richtigkeitskontrolle aufgrund eines allgemeinen Überwachungsauftrages (Wächteramt).

Beispiele:

Entscheidungen der Regierung oder des gewählten Organs über die Auflösung oder Zusammenlegung von Dienststellen, Errichtung von Dienststellen, Privatisierungen usw. Diese Entscheidungen sind der Beteiligung der Personalvertretungen entzogen.

Ist jedoch die Ausgestaltung einer gesetzlichen Regelung als Einzelmaßnahme dem Dienststellenleiter überlassen, dann „unterliegt dessen Entscheidung – auch bei reinen normenvollziehenden Maßnahmen ohne Ermessensspielraum – der Richtigkeitskontrolle des Personalrats im Wege der Mitbestimmung" (BVerwG v. 18.5.2004 – 6 P 13/03, BVerGE 121, 38; BVerwG v. 1.6.2007 – 6 PB 4/07). In der personalvertretungsrechtlichen Praxis wird es sich zurzeit häufig um Maßnahmen der Verwaltungsmodernisierung handeln.

Maßnahme mit innerdienstlichem Charakter (Schutzzweckgrenze)

Verbleibt allerdings im Zusammenhang mit einer mitbestimmungspflichtigen organisatorischen Maßnahme ein selbständiger Handlungsspielraum im innerdienstlichen Bereich, entfällt folgerichtig das Beteiligungsrecht des Personalrats nicht. Unter dem Gesichtspunkt der vom Bundesverfassungsgericht und vom Bundesverwaltungsgericht definierten sogenannten Schutzzweckgrenze ist die Mitbestimmung nur dann ausgeschlossen, wenn die zur Rede stehende Maßnahme keinen innerdienstlichen Charakter aufweist (BVerwG v. 19.5.2003 – 6 P 16/02, ZfPR 10/2003, 266 ff.). Ist eine Personalvertretung bei der Umsetzung der Maßnahmen, z. B. der Zusammenlegung von Dienststellen oder dem Stellenabbau, jeweils im Einzelfall zu beteiligen, so muss sie ihre Beteiligung unter Berücksichtigung des politischen Willens ausüben. Aufgabe der Personalvertretung wird es in diesem Fall sein, die Interessen der Beschäftigten zu wahren und darauf zu achten, dass bei der Einzelfallentscheidung die rechtlichen Bestimmungen von der Dienststelle beachtet werden und eine sachgerechte Sozialauswahl stattfindet.

Initiativrecht in Angelegenheiten der Mitbestimmung (§ 74 Abs. 3 LPersVG)

Zur effektiven Wahrnehmung der Interessen der Beschäftigten hat der Gesetzgeber der Personalvertretung im Rahmen der Bestimmungen des § 74 Abs. 3 LPersVG das Recht eingeräumt, selbst die Initiative zu ergreifen und Maßnahmen vorzuschlagen.

Maßnahmen für die Gesamtheit der Beschäftigten

Nach § 74 Abs. 3 LPersVG kann der Personalrat in sozialen und sonstigen innerdienstlichen Angelegenheiten, in personellen sowie in organisatorischen und wirtschaftlichen Angelegenheiten eine Maßnahme, die seiner Mitbestimmung unterliegt, schriftlich bei der Dienststellenleitung beantragen.

Bei einer Maßnahme, die nur einzelne Beschäftigte betrifft und keine Auswirkungen auf Belange der Gesamtheit der in der Dienststelle Beschäftigten hat, ist ein solcher Antrag nur mit Zustimmung des betroffenen Beschäftigten zulässig. § 74 Abs. 5 LPersVG findet in diesen Fällen keine Anwendung. Werden Angelegenheiten, die der Mitbestimmung der Personalvertretung unterliegen, nicht geregelt oder bleiben sie lange ungeregelt, steht der Personalvertretung das Recht zu, einen Initiativantrag zu stellen (BVerwG v. 13.2.1976, BVerwGE 50, 176 = ZBR 1976, 351 = PersV 1977, 179).

Der Leiter der Dienststelle hat innerhalb von 18 Werktagen nach Zugang des Antrages zu entscheiden. Ist innerhalb der Frist eine Entscheidung seitens der Dienststelle nicht möglich, hat sie einen Zwischenbescheid zu erteilen. Eine Ablehnung ist zu begründen.

Sollte der Dienststellenleiter dem Antrag des Personalrats nicht entsprechen, so bestimmt sich das weitere Verfahren grundsätzlich nach den Vorschriften des § 74 Abs. 4 und 5 LPersVG. In den im Gesetz näher bestimmten organisatorischen und wirtschaftlichen Angelegenheiten entscheidet die Dienststellenleitung endgültig; § 74 Abs. 4 und 5 LPersVG finden keine Anwendung.

In folgenden organisatorischen und wirtschaftlichen Angelegenheiten des § 80 Abs. 2 LPersVG besteht nach § 74 Abs. 3 Satz 5 LPersVG ein uneingeschränktes Initiativrecht des Personalrats:

- Nr. 1 Alternative 1 (Einführung neuer Arbeitsmethoden)
- Nr. 2 Alternative 3 (Änderung technischer Einrichtungen und Verfahren, die geeignet sind, Daten von Beschäftigten zu verarbeiten oder zu nutzen)
- Nr. 5 Alternative 2 (Maßnahmen zur Erleichterung des Arbeitsablaufs)
- Nr. 6 (Fragen des Arbeitssystems sowie des Dienstes in Bereitschaft und Abruf)
- Nr. 7 Alternative 2 (Verlängerung oder Verkürzung der regelmäßigen täglichen Arbeitszeit)
- Nr. 8 (Maßnahmen des Arbeits- und Gesundheitsschutzes einschließlich der Erstellung von Arbeitsschutzprogrammen sowie Einzelregelungen, die, sei es auch mittelbar, der Verhütung von Arbeitsunfällen und Berufskrankheiten sowie dem Gesundheitsschutz dienen)

Allgemeines formloses Initiativrecht

Beantragt der Personalrat in Wahrnehmung seiner allgemeinen Aufgaben eine Maßnahme nach § 69 Abs. 1 Nr. 1 LPersVG, die nicht seiner Mitbestimmung unterliegt, so kann er auch diese der Dienststelle vorschlagen. Der Leiter der Dienststelle erörtert die Maßnahme mit dem Personalrat und entscheidet endgültig.

Personelle Maßnahmen zugunsten Einzelner

Bei einer Maßnahme, die nur einzelne Beschäftigte betrifft und keine Auswirkungen auf Belange der Gesamtheit der in der Dienststelle Beschäftigten hat, ist ein Antrag nach § 74 Abs. 3 Satz 2 LPersVG nur mit Zustimmung des betroffenen Beschäftigten zulässig.

Eingeschränktes Initiativrecht zugunsten Einzelner aus Sicht der Rechtsprechung

Das Bundesverwaltungsgericht hat für den Bereich des eingeschränkten Initiativrechts in seiner Rechtsprechung Abstand von seiner bisherigen Entscheidungspraxis genommen. Nach der bis dahin erfolgten ständigen Rechtsprechung war es einem Personalrat verwehrt, zu Gunsten einzelner Beschäftigter initiativ zu werden. In personellen Angelegenheiten konnte ein Personalrat nur zur Wahrung der kollektiven Interessen der Beschäftigten im Wege des Initiativrechts tätig werden.

Mit der Entscheidung vom 24.10.2001 (BVerwG – 6 P 13/00) hat das Bundesverwaltungsgericht die Grundsätze des Initiativrechts in personellen Angelegenheiten neu bestimmt:

Die Befugnis des Personalrats, in Wahrnehmung seiner Mitbestimmungsrechte personelle Maßnahmen zugunsten einzelner – sogar namentlich benannter – Beschäftigter zu beantragen, steht nicht im Widerspruch zu seiner generellen Aufgabenstellung. Das Gericht hat sich damit für ein individualrechtliches Verfahren entschieden. Dies gilt umso mehr, als das Bundesverwaltungsgericht in einer weiteren Entscheidung (BVerwG v. 24.10.2002 – 6 P 13/00, PersV 2002, 260) zum Landespersonalvertretungsrecht Nordrhein-Westfalen hervorgehoben hat, dass der Personalrat beim Dienststellenleiter Maßnahmen zugunsten einzelner, namentlich benannter Beschäftigter beantragen kann.

Es ist davon auszugehen, dass das Bundesverwaltungsgericht generell dort ein Initiativrecht in personellen Angelegenheiten bejaht, wo das Letztentscheidungsrecht eines Vertreters der obersten Dienstbehörde sichergestellt ist. Die Wahrnehmung individualrechtlicher Interessen im Rahmen des Initiativrechts steht somit auch nicht im Gegensatz zu der Entscheidung des Bundesverfassungsgerichts. Das dort geforderte Letztentscheidungsrecht bei Angelegenheiten, die die Wahrnehmung des Amtsauftrages nicht nur erheblich berühren, und dazu gehört das individualrechtliche Initiativrecht in personellen Angelegenheiten, ist durch das Letztentscheidungsrecht in Angelegenheiten der §§ 78 und 79 LPersVG sichergestellt. Aus diesem Grund stellt ein entsprechender Antrag auch keinen Eingriff in das

Auswahlermessen dar. Soweit das Letztentscheidungsrecht eines Vertreters der obersten Dienstbehörde sichergestellt ist, steht dem Personalrat auch ein Initiativrecht in personellen Einzelangelegenheiten zu (ZfPR 4/2002, 101 ff. = PersV 2002, 347 ff. = PersR 2003, 51 ff. = Widmaier in PersV 1/2 2004, 23 ff.).

So hat konkret das Verwaltungsgericht Braunschweig festgestellt, dass dem Personalrat ein auf die Höhergruppierung eines namentlich benannten Arbeitnehmers gerichteter Initiativantrag zusteht (VG Braunschweig v. 21.6.2010 – 9 A 3/10).

Erörterungsrechte (§ 84 LPersVG)

Der Gesetzgeber hat in § 84 LPersVG Fälle definiert, die mit der Personalvertretung rechtzeitig und eingehend zu erörtern sind:

1. Personalplanung, Personalanforderungen einschließlich des geplanten Personalausgabenbudgets zum Haushaltsvoranschlag vor der Weiterleitung,
2. Aufteilung des Personalausgabenbudgets,
3. Erstellung und Anpassung von Gleichstellungsplänen,
4. wesentliche Änderungen der Behördenorganisation und der Geschäftsverteilung,
5. Erweiterung von Dienststellen,
6. Neu-, Aus- und Umbau von Dienstgebäuden,
7. Vergabe oder Privatisierung von Arbeiten oder Aufgaben, die bisher durch Beschäftigte der Dienststelle wahrgenommen werden

Auch im Wege der Erörterung muss die Mitteilung des Leiters der Dienststelle umfassend sein. Nur so ist sichergestellt, dass die Personalvertretung in die Lage versetzt wird, sich ein ausgewogenes, eigenständiges Meinungsbild machen zu können. Eine Begründung der Maßnahme ist vom Gesetzgeber zwar nicht vorgesehen, würde aber dem Gebot der vertrauensvollen Zusammenarbeit entsprechen.

Die Dienststelle muss der Personalvertretung rechtzeitig die Absicht mitteilen, eine bestimmte Maßnahme durchführen zu wollen. Die Personalvertretung muss die Möglichkeit zur Äußerung erhalten. Die Dienststelle ist im Falle der ablehnenden Äußerung der Personalvertretung zu der beabsichtigten Maßnahme durch die Personalvertretung nicht gehindert, ihre Maßnahme durchzuführen. Ein Stufenverfahren ist nicht möglich. Allerdings ist die Dienststelle nach § 2 Abs. 1 LPersVG aufgerufen, ihre Entscheidung und Abwägung aller vom Personalrat vorgetragenen Argumente zu treffen. Eine ohne Erörterung mit der Personalvertretung durchgeführte Maßnahme ist rechtswidrig. Gerade weil die Erörterung ein erheblich abgeschwächtes Beteiligungsrecht ist, muss sichergestellt sein, dass diese vor Durchführung der beabsichtigten Maßnahme erfolgt (BVerwG v. 9.5.1985, ZBR 1985, 347).

Gibt der Personalrat einer nachgeordneten Dienststelle zu den Personalanforderungen einschließlich des geplanten Personalausgabenbudgets eine Stellungnahme ab, so ist diese mit der Personalanforderung der übergeordneten Dienststelle vorzulegen.

In den Fällen des Satzes 1 Nr. 7 LPersVG „Vergabe oder Privatisierung" ist der Personalrat auf sein Verlangen rechtzeitig durch das zur Entscheidung befugte Beschlussorgan anzuhören.

Teilnahme an Prüfungen (§ 85 LPersVG)

An Prüfungen, die eine Dienststelle den Beschäftigten ihres Bereichs abnimmt, kann ein Mitglied des für diesen Bereich zuständigen Personalrats, das von diesem benannt ist, beratend teilnehmen. Zur Prüfung gehört auch die Beratung des Prüfungsergebnisses (§ 85 LPersVG). Das Teilnahmerecht bezieht sich auf jede Art von Prüfung. Die Auswahl des an der Prüfung teilnehmenden Personalratsmitglieds erfolgt durch Plenumsbeschluss. Bei seiner Beschlussfassung hat der Personalrat darauf zu achten, dass es sich um ein für die Prüfung sachverständiges Mitglied handelt. Dem teilnehmenden Mitglied ist nicht das Recht eingeräumt, in den Prüfungsablauf einzugreifen. Das Personalratsmitglied ist aber dadurch nicht gehindert, aufklärende, dem Prüfungsablauf dienende Fragen zu stellen. Nach der Wortwahl des Gesetzes ist dem Personalratsmitglied nämlich nicht nur die Anwesenheit gestattet, sondern die „beratende Teilnahme".

Seine Teilnahme dient den Interessen des Prüflings. So hat das Personalratsmitglied darauf zu achten, dass Prüfungsbestimmungen eingehalten und die zu Gunsten der Beschäftigten geltenden Regelungen beachtet werden. Er soll Mittler zwischen Prüfling und Prüfungskommission sein und dafür Sorge tragen, dass nicht einzelne Prüflinge aus unsachlichen Erwägungen heraus unterschiedlich behandelt werden.

Beteiligung beim Arbeitsschutz (§ 86 LPersVG)

Aus der Vorschrift des § 86 LPersVG ergibt sich für den Personalrat eine Reihe von Rechten und Pflichten:

- Pflicht, bei der Vorbeugung und Bekämpfung von Unfall- und Gesundheitsgefahren die für den Arbeitsschutz zuständigen Behörden, die Träger der gesetzlichen Unfallversicherung und die übrigen in Betracht kommenden Stellen durch Anregung, Beratung und Auskunft zu unterstützen,
- Pflicht, sich für die Durchführung der Vorschriften über den Arbeitsschutz und die Unfallverhütung in der Dienststelle einzusetzen,
- Recht auf Hinzuziehung in Angelegenheiten des Arbeitsschutzes,
- Teilnahmerecht an Besprechungen in Sicherheitsfragen,
- Recht auf Aushändigung von Durchschriften zu Unfallanzeigen.

Der Personalrat erhält die Niederschriften über Untersuchungen, Besichtigungen und Besprechungen, zu denen er hinzuzuziehen war.

Bei der Abwehr von Unfall- und Gesundheitsgefahren ist dem Personalrat kein förmliches Beteiligungsrecht eingeräumt worden. Er soll den Leiter der Dienststelle, die für den Arbeitsschutz zuständigen Behörden, die Träger der gesetzlichen Unfallversicherung und die übrigen in Betracht kommenden Stellen beraten und unterstützen. Es ist nicht erforderlich, dass der Personalrat insgesamt tätig wird. Ausreichend ist, wenn das Gremium eines oder mehrere Mitglieder durch Beschluss beauftragt, die hierzu besonders sachverständig sind. Der Personalrat hat die

Möglichkeit, Einrichtungen außerhalb der Dienststelle einzuschalten, die für Arbeitsschutzmaßnahmen zuständig sind. Er kann diesen externen Sachverstand nutzen, um sich beraten zu lassen, um eine Hausbegehung durchzuführen oder um Mängel aufzuzeigen. Das Recht und die Pflicht der Personalvertretung bestehen unabhängig vom Sicherheitsbeauftragten oder -ausschuss. Aus dem Grundsatz der vertrauensvollen Zusammenarbeit ist abzuleiten, dass der Leiter der Dienststelle über ein entsprechendes Tätigwerden vorher zu unterrichten ist.

Die Personalvertretung ist verpflichtet, ihre Tätigkeit auch auf alle den Arbeitsschutz und die Unfallverhütung betreffenden gesetzlichen, tariflichen und sonstigen Regelungen zu richten. Dazu zählen u. a. die folgenden allgemeinen Bestimmungen:

- Allgemeines Gleichbehandlungsgesetz (AGG)
- Arbeitsschutzgesetz (ArbSchG)
- Arbeitsstättenverordnung (ArbStättV)
- Arbeitszeitgesetz (ArbZG)
- Arbeitszeitverordnung (AZV)
- Bundesbeamtengesetz (BBG)
- Bundesdatenschutzgesetz (BDSG)
- Bundes-Immissionsschutzgesetz (BImSchG)
- Urlaubsverordnung Rheinland-Pfalz (UrlVO)
- Gesetz über Betriebsärzte, Sicherheitsingenieure und andere Fachkräfte für Arbeitssicherheit
- Jugendarbeitsschutzgesetz (JArbSchG)
- Mutterschutzgesetz (MuSchG)
- Sozialgesetzbuch, insbesondere SGB IX (Rehabilitation und Teilhabe von Menschen mit Behinderungen)

Die Beteiligungspflicht der Personalvertretung umfasst nicht nur, Anregungen und Auskunft zu geben sowie die Beratung, sondern auch das aktive Eintreten für eine strikte Beachtung aller Arbeitsschutz- und Unfallverhütungsvorschriften. So hat die Personalvertretung dafür zu sorgen, dass beanstandete Mängel abgestellt oder behoben werden. Der Gesetzgeber hat mit dieser

Regelung den Personalrat zu einer aktiven Mitwirkung verpflichtet. Kommt eine Personalvertretung ihren Aufgaben nach § 86 LPersVG nicht nach, so kann dies den Tatbestand einer Pflichtverletzung nach § 22 Abs. 1 LPersVG erfüllen.

Beteiligung als unbedingte Pflicht

Der Personalrat kann auf sein Recht nicht verzichten oder es übertragen. Der Gesetzgeber hat der Personalvertretung mit den Regelungen über die unterschiedlichen Formen der Beteiligung Rechte eingeräumt und gleichzeitig die Verpflichtung auferlegt, diese auch in Anspruch zu nehmen. Nimmt eine Personalvertretung die ihr eingeräumten Rechte nicht wahr, so kann diese Untätigkeit den Tatbestand des § 22 Abs. 1 LPersVG „grobe Vernachlässigung der gesetzlichen Pflichten" erfüllen.

Rechtsfolgen einer fehlerhaften Mitbestimmung (§ 74 Abs. 1 Satz 2 LPersVG)

Ist das Mitbestimmungsverfahren nicht oder nicht ordnungsgemäß durchgeführt worden und stimmt der Personalrat bei nachgeholter Befassung nicht zu, ist die Maßnahme, soweit nicht zwingende gesetzliche Bestimmungen entgegenstehen, rückgängig zu machen.

Das Mitbestimmungsrecht der Personalvertretung kann auf unterschiedliche Weise verletzt werden. So kann das Beteiligungsverfahren in unzulässiger Weise abgebrochen oder die Maßnahme umgesetzt werden, bevor die Beteiligungsfrist der Personalvertretung abgelaufen ist und diese zugestimmt hat. Am häufigsten dürfte in der Praxis allerdings der Fall auftreten, dass die Personalvertretung überhaupt nicht beteiligt wird.

Ist durch eine Maßnahme der Dienststelle ein Recht der Personalvertretung verletzt worden und stimmt der Personalrat der Maßnahme nicht nachdrücklich zu, sind ihre Folgen zu beseitigen, soweit nicht zwingende gesetzliche Bestimmungen entgegenstehen (Lautenbach u. a., Personalvertretungsrecht Rheinland-Pfalz, § 74 Rn. 9). Die Rechtswirkungen einer unterlassenen Beteiligung können in der Praxis recht unterschiedlich sein. Es kommt darauf an, ob es sich um rechtsgeschäftliche Handlungen nach dem Privatrecht (Arbeitsrecht) oder um (öffentlich-rechtliche) Verwaltungsakte handelt.

Beispiele:

Einstellung eines Arbeitnehmers
Nach der Rechtsprechung des Bundesarbeitsgerichtes hat zum Schutz des betroffenen Arbeitnehmers ein Arbeitsvertrag auch dann Bestand, wenn die Personalvertretung der Einstellung nicht zugestimmt hat oder sie nicht beteiligt worden ist. Der Vertrag ist allerdings „schwebend unwirksam", bis die Personalvertretung zugestimmt hat. In der Praxis bedeutet dies, dass die Dienststelle den Bewerber nicht beschäftigen darf. Dieser muss täglich seine Arbeitsleistung anbieten und hat Anspruch auf Erfüllung aus dem Vertrag.

Ernennung eines Beamten
Eine ohne Beteiligung oder Zustimmung der Personalvertretung vorgenommene Ernennung bleibt für den Beamten wirksam. Nach dem Beamtenrecht ist die Entgegennahme der Urkunde ausschlaggebend. Die beteiligungspflichtige Maßnahme ist allerdings rechtswidrig. Folge ist, dass die Dienststelle das Mitbestimmungsverfahren nachholen muss.

Höhergruppierung eines Arbeitnehmers
Eine Höhergruppierung ist ohne vorherige Zustimmung des Personalrats unwirksam. Der Arbeitgeber ist aber zur Zahlung nach der höheren Vergütungsgruppe verpflichtet.

Kündigung
Die Kündigung eines Arbeitnehmers ist zivilrechtlich unwirksam, wenn es die Dienststelle versäumt hat, das Beteiligungsverfahren durchzuführen.

6

Teilnahme an den Sitzungen der Vertretungskörperschaft (§ 88 Abs. 4 LPersVG)

Stehen in Dienststellen kommunaler Gebietskörperschaften soiale oder personelle Angelegenheiten der Beschäftigten beziehungsweise organisatorische Angelegenheiten in den Sitzungen der Vertretungskörperschaft oder ihrer Ausschüsse zur Beratung an, so ist der Vorsitzende des Personalrats einzuladen. Er kann in nichtöffentlicher Sitzung die Beschlüsse des Personalrats darlegen. Eine Teilnahme an der Beratung und Beschlussfassung der Vertretungskörperschaft oder des Ausschusses erfolgt nicht.

Dienstvereinbarungen (§ 76 LPersVG)

Rechtliche Rahmenbedingungen

Eine Dienstvereinbarung dient dazu, bestimmte Angelegenheiten für die nach dem Gesetz handelnden Partner verbindlich festzulegen, soweit sie nicht lediglich Einzelmaßnahmen betreffen und soweit nicht Rechtsvorschriften oder tarifliche Regelungen entgegenstehen (§ 76 Abs. 1 Satz 1 2. Halbsatz LPersVG). Sie kann in allen Angelegenheiten des Personalvertretungsrechts abgeschlossen werden.

Personalvertretung und Dienststelle führen gemeinsame Erörterungen mit dem Ziel durch, zu einer gemeinsamen übereinstimmenden Willenserklärung zu gelangen. Für die Dienstvereinbarung sind zwingend Schriftform, gemeinsame Unterzeichnung und die Bekanntgabe vorgeschrieben. Dienstvereinbarungen, die für einen größeren Bereich abgeschlossen werden, gehen den Dienstvereinbarungen für einen kleineren Bereich vor. Dies ist auch dann der Fall, wenn bereits bestehende Dienstvereinbarungen abweichende Regelungen enthalten.

Rechtsnatur

In der Literatur gibt es zwei unterschiedliche Theorien über die Rechtsnatur einer Dienstvereinbarung. Die Dienstvereinbarung ist nach der Vertragstheorie ein öffentlich-rechtlicher Vertrag zwischen der Dienststelle und der Personalvertretung. Dem gegenüber steht die Satzungstheorie, nach der eine Dienstvereinbarung den Charakter einer Satzung hat und somit ein Gesetz im materiellen Sinne ist.

Von der Rechtsprechung ist der Theorienstreit nicht entschieden. Für die Arbeit der Personalvertretung ist es unerheblich, welcher

Rechtsnatur die Dienstvereinbarung ist. Soweit eine Dienstvereinbarung keine Ausnahmeregelungen zulässt, ist der Inhalt unabdingbar. Sie gilt für alle Beschäftigten der Dienststelle beziehungsweise des Bereiches, für den sie abgeschlossen worden ist. Dienstvereinbarungen schaffen für die Dienststelle und die dort Beschäftigten unmittelbar geltendes Recht. Nach ihren Vorschriften müssen alle gegenwärtig oder auch zukünftig in der Dienststelle Beschäftigten vom Dienststellenleiter behandelt werden. Von ihr kann nicht durch Einzelabrede für einzelne Beschäftigte abgewichen werden. Das ordnungsgemäße Zustandekommen einer Dienstvereinbarung ist durch die Verwaltungsgerichte überprüfbar.

Kündigung, Erlöschen einer Dienstvereinbarung

Die Gültigkeit einer Dienstvereinbarung endet durch

- Zeitablauf
- Erlöschen der Dienststelle oder Zusammenlegung von Dienststellen
- Übereinstimmende Willenserklärung von Personalrat und Dienststelle
- Kündigung
- Bindende Entscheidung der Einigungsstelle
- Abschluss einer anderslautenden höherrangigen Dienstvereinbarung
- Anderslautendes höheres Recht (Gesetz, Rechtsverordnung, Tarifvertrag)
- Ablauf des Tarifvertrages

Ist keine gesonderte Kündigungsfrist vereinbart, so ist nur eine fristgerechte Kündigung mit einer Frist von drei Monaten möglich. Die Dienststelle kann jederzeit die Dienstvereinbarung ganz oder teilweise aufheben, wenn ihr das in Ausübung ihrer Regierungsverantwortung für eine gemeinwohlorientierte Staatstätigkeit angezeigt erscheint (§ 76 Abs. 4 LPersVG). Die Aufhebung ist von der Dienststelle gegenüber dem abschließenden Personalrat zu begründen.

Die Geltung einer abgeschlossenen Dienstvereinbarung hängt grundsätzlich von der Existenz der Dienststelle ab. Die Dienstvereinbarung verliert ihren Geltungsgrund und wird unwirksam, wenn eine Dienststelle erlischt oder sonst in einer Weise so verändert wird, dass sie ihre Identität einbüßt. Dies bedeutet aber umgekehrt auch, dass eine Dienstvereinbarung so lange fortbesteht, wie die Dienststelle ihrem Wesen und ihren Aufgaben nach erhalten bleibt. Das trifft auch dann zu, wenn eine Dienststelle aufgrund einer Umorganisation der Verwaltung einem anderen Rechtsträger zugeordnet wird (Fischer/Goeres, GKÖD, Band V, K 73 Anm. 23). Folgerichtig ist im Falle eines Rechtsträgerwechsels die Wahrung der Identität der Dienststelle die weitere und letztlich entscheidende Voraussetzung für die Fortgeltung einer Dienstvereinbarung (BVerwG v. 25.6.2003 – 6 P 1/03, PersV 1/2 2004, S. 48 f.).

Nachwirkung (§ 76 Abs. 3 LPersVG)

Unter Nachwirkung versteht man die Weitergeltung ihrer Bestimmungen bis zum Abschluss einer neuen Vereinbarung.

Uneingeschränkte Mitbestimmung

In den Angelegenheiten, in denen ein Spruch der Einigungsstelle die Einigung zwischen Dienststelle und Personalrat ersetzen kann (uneingeschränkte Mitbestimmung), gelten die Regelungen weiter, bis sie durch eine andere Dienstvereinbarung ersetzt werden.

Eingeschränkte Mitbestimmung

Dienstvereinbarungen, die personelle Angelegenheiten der §§ 78 und 79 LPersVG sowie organisatorische und wirtschaftliche Angelegenheiten des § 80 Abs. 2 LPersVG zum Gegenstand haben, gelten hingegen nach ihrem Ablauf nicht weiter, da in diesen Fällen die Einigungsstelle lediglich eine Empfehlung beschließt (eingeschränkte Mitbestimmung).

Ebenfalls ausgeschlossen ist eine Nachwirkung immer dann, wenn der Regelungsgegenstand nicht oder nicht mehr der Regelungsmacht der Vertragspartner unterliegt.

Beteiligung der Stufenvertretungen und des Gesamtpersonalrats (§§ 52 ff., §§ 56 f. LPersVG)

Stufenvertretungen (§§ 52 ff. LPersVG)

Für den Geschäftsbereich mehrstufiger Verwaltungen sind gemäß den Bestimmungen des § 52 Abs. 1 LPersVG bei den Behörden der Mittelstufe Bezirkspersonalräte, bei den obersten Behörden Hauptpersonalräte zu bilden.

Abweichende Regelungen

Für Amtszeit und Mitgliedschaft der Stufenvertretung gelten die gleichen gesetzlichen Regelungen wie für die örtlichen Personalvertretungen. Die Bestimmungen des Landespersonalvertretungsgesetzes über die Geschäftsordnung und die Rechtsstellung der Personalratsmitglieder gelten mit einigen nachstehend aufgeführten beispielhaften Abweichungen entsprechend:

6

- Für die Einladung des Wahlvorstands zur konstituierenden Sitzung gilt § 55 Abs. 3 LPersVG mit der Maßgabe, dass die Mitglieder der Stufenvertretung spätestens zwölf Werktage nach der Feststellung des Wahlergebnisses einzuberufen und durchzuführen sind.
- Stufenvertretungen haben keinen Anspruch auf Anwendung des Katalogs über die Anzahl der von ihrer dienstlichen Tätigkeit für die Personalratsarbeit ganz freizustellenden Mitglieder nach § 40 Abs. 2 LPersVG. Der Umfang der Freistellung kann durch Dienstvereinbarung geregelt werden.

Zuständigkeit (§ 53 LPersVG)

Die Zuständigkeit der Stufenvertretungen bestimmt sich nach § 53 LPersVG.

In Angelegenheiten, in denen die Dienststelle nicht zur Entscheidung befugt ist, ist an Stelle des Personalrats die bei der zuständigen Dienststelle gebildete Stufenvertretung zu beteiligen (§ 53

Abs. 1 LPersVG). Diese Regelung betrifft die Fälle, in denen der Leiter einer nachgeordneten Dienststelle in der Sache keine Entscheidungsbefugnisse besitzt und die vom Leiter der Mittelbehörde oder der obersten Dienstbehörde zu entscheidende Maßnahme über den Bereich der (eigenen) örtlichen Dienststelle hinausreicht (BVerwG v. 14.4.1961, BVerwGE 12, 198).

Die Stufenvertretung ist folglich immer dann zu beteiligen, wenn der Leiter der Mittelbehörde oder der obersten Dienstbehörde eine Angelegenheit regelt, welche die Beschäftigten der Mittelbehörde beziehungsweise der obersten Dienstbehörde und der nachgeordneten Behörden gleichermaßen betrifft (BVerwG v. 13.9.2002 – 6 P 4/02).

Der Personalrat einer Mittelbehörde oder einer obersten Dienstbehörde ist in den Fällen zuständig, in denen deren Leitung wie die Leitung einer nachgeordneten Dienststelle tätig wird (§ 53 Abs. 2 LPersVG).

In personalvertretungsrechtlichen Angelegenheiten, in denen die Entscheidung von einer Stelle getroffen wird, die einem anderen Verwaltungszweig oder einer anderen Körperschaft angehört als die Dienststelle, auf die oder deren Beschäftigte sich die Maßnahme erstreckt, hat die entscheidungsbefugte Stelle den Personalrat der Dienststelle, auf die oder deren Beschäftigte sich die Maßnahme erstreckt, zu beteiligen und die Dienststelle zu unterrichten (§ 53 Abs. 3 LPersVG).

Sind in einer Angelegenheit mehrere Personalvertretungen nebeneinander zu beteiligen, so hat die entscheidungsbefugte Dienststelle den bei dieser Mittelbehörde gebildeten Bezirkspersonalrat zu beteiligen und die Mittelbehörde zu unterrichten (§ 53 Abs. 4 Satz 1 LPersVG). Das Gleiche gilt für den Fall, dass sich eine Angelegenheit auf Dienststellen mehrerer Mittelbehörden erstreckt. Die entscheidungsbefugte Stelle hat dann den Hauptpersonalrat zu beteiligen, der bei der obersten Dienstbehörde besteht, die diesen Mittelbehörden übergeordnet ist, und die oberste Dienstbehörde zu unterrichten (§ 53 Abs. 4 Satz 2 LPersVG).

Bei beabsichtigten ressortübergreifenden Maßnahmen nach den §§ 78 Abs. 3, 79 Abs. 3 und 80 LPersVG hat das federführende

Ministerium den bei ihm gebildeten Hauptpersonalrat zu beteiligen. Gleichzeitig hat es die Hauptpersonalräte der anderen von der Maßnahme betroffenen Dienststellen zu unterrichten und ihnen Gelegenheit zur Stellungnahme gegenüber dem Hauptpersonalrat des federführenden Ministeriums zu geben. Ist für den Geschäftsbereich des federführenden Ministeriums kein Hauptpersonalrat gebildet, so übernimmt der dort gebildete Personalrat diese Aufgabe. Die federführende Personalvertretung hat mit ihrem Beschluss über die beantragte Maßnahme auch die Stellungnahme der anderen Hauptpersonalräte zu übermitteln. § 53 Abs. 8 LPersVG findet sinngemäß Anwendung. Keine Anwendung finden hingegen die Absätze 3 und 4 des § 53 LPersVG.

Ist in einer neu errichteten Dienststelle noch keine Personalvertretung gebildet worden, ist für die Dauer von längstens sechs Monaten die bei der übergeordneten Dienststelle gebildete Stufenvertretung zu beteiligen (§ 53 Abs. 6 LPersVG).

Wird im Geschäftsbereich mehrstufiger Verwaltungen eine Maßnahme von einer Dienststelle getroffen, bei der keine für eine Beteiligung an dieser Maßnahme zuständige Personalvertretung vorgesehen ist, so ist die Stufenvertretung bei der nächsthöheren Dienststelle, zu deren Geschäftsbereich die entscheidende Dienststelle und die von der Entscheidung Betroffenen gehören, zu beteiligen (§ 53 Abs. 7 LPersVG).

In Angelegenheiten, die einzelne Beschäftigte oder Dienststellen betreffen, muss die Stufenvertretung dem Personalrat, in dessen Bereich die Maßnahme wirksam wird, Gelegenheit zur Stellungnahme geben (§ 53 Abs. 8 Satz 1 LPersVG). Erst dann kann sie im Rahmen ihrer Zuständigkeit einen Beschluss fassen. In diesem Fall verdoppeln sich die Fristen des § 74 Abs. 2 Satz 4 und 5 LPersVG und des § 82 Abs. 2 Satz 1 LPersVG. Die Stufenvertretung ist an die Stellungnahme der Personalvertretung nicht gebunden. Sie entscheidet eigenständig aufgrund ihrer Zuständigkeit durch Beschluss. Entscheidet sich die Stufenvertretung entgegen dem Votum des Personalrats oder der Personalräte, hat sie diesen oder diese zu unterrichten und ihre Entscheidung umfassend zu begründen (§ 53 Abs. 8 Satz 3 LPersVG).

Eine Zuständigkeit der Stufenvertretung ist auch dann gegeben, wenn sie im Rahmen des Mitbestimmungs- und Mitwirkungsverfahrens nach den §§ 74 Abs. 4 und 82 Abs. 4 LPersVG angerufen wird (Verfahren bei Nichteinigung).

Welche Personalvertretung zu beteiligen ist, hängt davon ab, in welcher Eigenschaft der Leiter der Mittelbehörde oder der obersten Dienstbehörde tätig wird, für welchen Bereich er die beabsichtigte Maßnahme treffen will und welche Beschäftigten von der Maßnahme betroffen sind. Das Bundesverwaltungsgericht stellt in der oben erwähnten Entscheidung vom 13.9.2002 nicht mehr allein darauf ab, in welcher Funktion der Leiter der Mittelbehörde oder der obersten Dienstbehörde tätig wird, sondern legt nunmehr den Gesamtvorgang bei Beantwortung der Frage nach der zu beteiligenden Personalvertretung zugrunde (ZfPR 12/2002, 328; ZfPR 11/2003, 292). Hat die beabsichtigte Maßnahme ausschließlich Auswirkungen auf die Dienststelle „Mittelbehörde" oder „oberste Dienstbehörde" und ist sie allein auf diese bezogen, dann ist der dort gebildete örtliche Personalrat zu beteiligen. Die bei der Dienststelle „Mittelbehörde" oder „oberste Dienstbehörde" gebildete Stufenvertretung ist als erstzuständige Personalvertretung immer nur ersatzweise anstelle des Personalrats einer bestimmten Dienststelle zu beteiligen. Sie ist nicht dazu berufen, zentral bei allen Dienststellen die im Bereich der übergeordneten Dienststelle auftretenden personalvertretungsrechtlichen Belange erstmals geltend zu machen und dabei untereinander auszugleichen (OVG Rheinland-Pfalz v. 17.7.2007 – 4 A 11396/06.OVG).

Unterlassene/fehlerhafte Einbeziehung

Obwohl der Gesetzgeber die Einbeziehung des Personalrats zwingend vorgeschrieben hat, führt eine unterlassene oder fehlerhafte Anhörung nicht zur Unwirksamkeit des Beschlusses der Stufenvertretung. Sie hat auch keine Auswirkung auf die Entscheidung der Dienststelle, bei der die Stufenvertretung gebildet ist. Bei der gesetzlichen Regelung handelt es sich um eine interne Ordnungsvorschrift, die nur das Binnenverhältnis der Personalvertretungen berührt (BVerwG – 2 C 28/82, PersV 87, 74). Unter

Umständen kann es sich bei einem solchen Verstoß aber um eine Pflichtverletzung im Sinne des § 22 Abs. 1 LPersVG handeln. In einem solchen Fall kann das darauf gestützte personalvertretungsrechtliche Beschlussverfahren nur auf der Ebene eingeleitet werden, bei der die Stufenvertretung gebildet ist.

Eine Stufenvertretung ist aber keine vorgesetzte oder übergeordnete Personalvertretung. Sie kann weder Entscheidungen der Personalvertretungen nachgeordneter Behörden aufheben, noch Berufungsinstanz für deren Entscheidungen sein (BVerwG v. 18.6.1965, PV 1965, 229). Gesondert zu betrachten ist aber das Verfahren bei Nichteinigung.

Gesamtpersonalrat (§§ 56 f. LPersVG)

Der Gesamtpersonalrat ist in allen Angelegenheiten zu beteiligen, in denen der Leiter der verselbstständigten Dienststelle nicht zur Entscheidung befugt ist, weil diese allein der Leiter der Hauptdienststelle zu treffen hat. Für die Verteilung der Zuständigkeit zwischen Personalrat und Gesamtpersonalrat sind die Bestimmungen des § 53 Abs. 1 und 8 LPersVG entsprechend anzuwenden. Soweit die Zuständigkeit des Gesamtpersonalrats begründet ist, ist er anstelle der Personalräte der Dienststelle zu beteiligen. Das bedeutet, dass die Zuständigkeit des Gesamtpersonalrats und des (örtlichen) Personalrats der personalvertretungsrechtlich verselbstständigten Nebenstelle stark von den tatsächlichen Gegebenheiten und Zuständigkeiten des Leiters der Nebenstelle abhängt. Je mehr Zuständigkeiten beim Leiter der personalvertretungsrechtlich verselbstständigten Teildienststelle und damit bei dem dortigen Personalrat liegen, umso weniger Kompetenzen hat der Gesamtpersonalrat und umgekehrt (BVerwG v. 29.5.1991 – 6 P 12/89, ZBR 1992, 88).

Abgrenzung der Zuständigkeit (§ 56 Abs. 2 LPersVG)

In der Praxis nicht immer ganz einfach ist eine klare Abgrenzung der Zuständigkeiten zwischen Gesamtpersonalrat und dem (örtlichen) Personalrat der Hauptdienststelle.

- Zuständigkeit Personalrat der Hauptdienststelle: Betrifft eine Entscheidung des Leiters der Gesamtdienststelle ausschließlich die Hauptdienststelle und nicht die Gesamtdienststelle oder einen verselbstständigten Dienststellenteil, so ist der bei der Hauptdienststelle gebildete (örtliche) Personalrat zu beteiligen (BVerwG v. 15.7.2004 – 6 P 1/04).
- Zuständigkeit Gesamtpersonalrat: Der Gesamtpersonalrat ist immer dann zu beteiligen, wenn der Leiter der Gesamtdienststelle für eine beteiligungspflichtige Angelegenheit zuständig ist, die über den Kernbereich der Hauptdienststelle hinausreicht und von der nicht nur die Beschäftigten der Hauptdienststelle betroffen sind. Die beabsichtigte Maßnahme muss also die Gesamtdienststelle und/oder einen beziehungsweise mehrere nach § 5 Abs. 3 LPersVG verselbstständigte Dienststellenteile betreffen. Die dort tätigen Beschäftigten müssen von der Angelegenheit betroffen sein (vgl. Beschluss des HessVGH v. 13.9.1989 – BPV TK 197/87, ZfPR 1991, 73). Regelt also der Leiter der Hauptdienststelle eine mitbestimmungspflichtige Angelegenheit, welche die Beschäftigten der Hauptdienststelle und diejenigen der verselbstständigten Nebenstellen gleichermaßen betrifft, so ist der Gesamtpersonalrat zur Mitbestimmung berufen (BVerwG v. 20.8.2003 – 6 C 5/03, PersV 1/2 2004, 52).

Ob eine personelle Maßnahme nur die Beschäftigten einer Dienststelle betrifft, ist nicht danach zu beurteilen, ob eine solche Maßnahme abstrakt betrachtet die Belange der Beschäftigten anderer Dienststellen berühren kann. Es kommt im konkret zu entscheidenden Fall darauf an, ob die Belange tatsächlich berührt sind (BVerwG v. 15.7.2004 a. a. O.). Soweit die Rechtsprechung nunmehr auch von der Betroffenheit der Beschäftigten ausgeht, bedeutet dies für die Praxis, dass personelle Angelegenheiten häufig eine Angelegenheit der gesamten Dienststelle darstellen und dass dann folgerichtig der Gesamtpersonalrat zu beteiligen ist.

Verfahren bei Nichteinigung, Einigungsstelle

7

Verfahren bei Nichteinigung §§ 74 Abs. 4 und 82 Abs. 4 LPersVG)

Hinweis: Dargestellt wird das Verfahren der Nichteinigung im klassischen dreistufigen Verwaltungsaufbau. Sofern der Aufbau nicht dreistufig ist oder die erstinstanzliche Beteiligung im dreistufigen Verwaltungsaufbau nicht auf der untersten Ebene stattfindet, verkürzt sich das Verfahren entsprechend.

Abbruch des Verfahrens

Der Leiter der Dienststelle ist grundsätzlich nicht befugt, die Erfolgsaussichten des Stufenverfahrens selbst einzuschätzen, das Einigungsverfahren abzubrechen und die Maßnahmen gegen den Willen der Personalvertretung durchzuführen (BVerwG v. 12.3.1996, BVerwGE 74, 100). Im Vorfeld der Entscheidung der Einigungsstelle darf grundsätzlich keiner der personalvertretungsrechtlichen Partner den anderen zwingen, sich seiner rechtlichen oder sachlichen Auffassung anzuschließen.

Der Abbruch des Verfahrens ist nur dann zulässig, wenn die Ablehnungsgründe der Personalvertretung nicht auf die Gründe des Versagungskatalogs gestützt werden. Diese Ablehnung wäre nämlich rechtsmissbräuchlich und somit unbeachtlich. Das Stufenverfahren müsste nicht durchgeführt werden. Das Verfahren kann also nur dann abgebrochen werden, wenn die Ablehnung des Personalrats rechtsmissbräuchlich ist oder die Ablehnungsgründe von vornherein und eindeutig nichtzutreffend sein können und sie nach keiner vertretbaren Betrachtungsweise möglich erscheinen. Maßgeblich ist demnach nicht, ob die Begründung des Personalrats zutreffend ist oder ob ihr aus der Betrachtungsweise der Dienststelle eine fehlerhafte Bewertung zugrunde gelegt worden ist. Es kommt hierbei nicht auf die Betrachtungsweise der Dienststelle an (VG Dresden v. 11.1.2002 – K 2183/01, Rehak, SächsVBl. Heft 1/2003 S. 15). Zu berücksichtigen ist ferner, dass der Personalrat im Regelfall nicht über eine juristische Fachkompetenz verfügt. Einem Dienststellenleiter steht eine Kompetenz zur „Vorabbeurteilung" der vom Personalrat angegebenen Verweigerungsgründe zu (OVG LSA v. 27.2.2004, ZfPR online 07/2005, 5).

Nichteinigung zwischen Dienststelle und Personalrat der Dienststelle

Fälle der Mitwirkung (§ 82 Abs. 4 LPersVG)

Kommt zwischen dem Leiter einer nachgeordneten Dienststelle und dem bei ihr gebildeten Personalrat in den Fällen der Mitwirkung eine Einigung nicht zustande, so kann der Personalrat die Angelegenheit binnen vier Werktagen nach Zugang der übergeordneten Dienststelle, bei der eine Stufenvertretung besteht, mit dem Antrag auf Entscheidung vorlegen, § 82 Abs. 4 LPersVG. Die Dienststelle muss den Vollzug der Maßnahme bis zur Entscheidung aussetzen.

Fälle der Mitbestimmung (§ 74 Abs. 4 LPersVG)

Kommt in den Fällen der Mitbestimmung zwischen dem Leiter einer nachgeordneten Dienststelle und dem bei ihr gebildeten Personalrat eine Einigung nicht zustande, so können der Leiter der Dienststelle oder die Personalvertretung die Angelegenheit innerhalb von zwölf Werktagen auf dem Dienstweg der übergeordneten Dienststelle, bei der eine Stufenvertretung besteht, vorlegen, § 74 Abs. 4 LPersVG. Legt der Leiter der Dienststelle die Angelegenheit der übergeordneten Dienststelle vor, so teilt er dies dem Personalrat unter Angabe der Gründe mit. Der Leiter der übergeordneten Dienststelle (Mittelbehörde) hat die Stufenvertretung (Bezirkspersonalrat) zu unterrichten und deren Zustimmung zu beantragen.

Die jeweilige Vorlagefrist beginnt mit dem Zugang des Schreibens des Personalrats, mit dem dieser seine Zustimmung zu der Maßnahme verweigert. Die Fristberechnung erfolgt auch hier nach §§ 187 bis 193 BGB. Der Gesetzgeber fordert nicht, dass die Angelegenheit innerhalb der Vorlagefrist der übergeordneten Dienststelle zugegangen sein muss. Sie muss nur nachweisbar innerhalb dieser Frist auf den Dienstweg gebracht worden sein.

Die Rechte eines „örtlichen" Personalrats gehen mit der Einleitung des Stufenverfahrens auf die Stufenvertretung über. Das Stufenverfahren wird eingeleitet, indem die übergeordnete Behörde die Stufenvertretung von der streitigen Maßnahme unterrichtet. Findet dieser Übergang nicht statt, weil die übergeordnete Behörde das Verfahren abbricht, kann nur die Personalvertretung, die eine entsprechende Rechtsposition innehat, ein personalvertretungsrechtliches Beschlussverfahren einleiten. In dieser Konstellation wäre es der „örtliche" Personalrat.

Nichteinigung zwischen Mittelbehörde und Bezirkspersonalrat

Fälle der Mitwirkung (§ 82 Abs. 4 LPersVG)

In den Fällen der Mitwirkung verhandelt die übergeordnete Dienststelle (Mittelbehörde) mit der Stufenvertretung und entscheidet sodann. Der Bezirkspersonalrat kann die Angelegenheit binnen vier Werktagen nach Zugang der Mitteilung der übergeordneten Dienststelle, bei der eine Stufenvertretung besteht, mit dem Antrag auf Entscheidung vorlegen, § 82 Abs. 4 LPersVG.

Fälle der Mitbestimmung (§ 74 Abs. 4 LPersVG)

Unterliegt eine Maßnahme der Mitbestimmung und will der Leiter der übergeordneten Dienststelle (Mittelbehörde) die Maßnahme ebenfalls durchsetzen, so hat er die Stufenvertretung (Bezirkspersonalrat) unverzüglich zu unterrichten und ihre Zustimmung zu beantragen. Kommt zwischen dem Leiter einer übergeordneten Dienststelle und dem bei ihr gebildeten Bezirkspersonalrat keine Einigung zustande, so kann der Leiter oder der Bezirkspersonalrat die Angelegenheit innerhalb von zwölf Werktagen auf dem Dienstweg der obersten Dienststelle vorlegen (§ 74 Abs. 4 LPersVG).

Nichteinigung zwischen oberster Dienstbehörde und Hauptpersonalrat

Fälle der Mitwirkung

In den Fällen der Mitwirkung verhandelt die oberste Dienstbehörde mit der bei ihr gebildeten Stufenvertretung und entscheidet sodann endgültig.

Fälle der Mitbestimmung (§ 74 Abs. 4 LPersVG)

Der Leiter der obersten Dienstbehörde hat in den Fällen der Mitbestimmung, sofern er an der Maßnahme festhält, den Hauptpersonalrat innerhalb von 24 Werktagen zu unterrichten und dessen Zustimmung zu beantragen, § 74 Abs. 4 LPersVG.

Kommt zwischen dem Leiter der obersten Dienstbehörde und dem bei ihr bestehenden Hauptpersonalrat eine Einigung nicht zustande, so entscheidet oder empfiehlt die Einigungsstelle. Die Einigungsstelle soll binnen eines Monats nach der Erklärung eines Beteiligten, die Entscheidung der Einigungsstelle herbeiführen zu wollen, entscheiden, § 74 Abs. 5 Satz 1 LPersVG.

Wird die Einigungsstelle nicht angerufen, obwohl auf der obersten Ebene eine Einigung nicht erzielt worden ist, kann die Dienststelle die Maßnahme nicht umsetzen.

Unmittelbare Anrufung der Einigungsstelle

Sind der Leiter der Dienststelle und oberste Dienstbehörde identisch, so kann die Einigungsstelle unmittelbar angerufen werden. Beabsichtigt also der Leiter der obersten Dienstbehörde für seine Dienststelle eine mitbestimmungspflichtige Maßnahme und kommt es zu keiner Einigung mit dem zuständigen (örtlichen) Personalrat, ist die Einigungsstelle unmittelbar anzurufen. Das gilt auch, wenn der Leiter der obersten Dienstbehörde für seinen gesamten Geschäftsbereich eine mitbestimmungspflichtige Maßnahme beabsichtigt und er keine Einigung mit dem zuständigen Hauptpersonalrat erzielt. Betroffen sind die Fälle, in denen zwischen dem Leiter der obersten Dienstbehörde und dem Hauptpersonalrat oder dem Leiter der obersten Dienstbehörde und dem (örtlichen) Personalrat für den Bereich der Dienststelle im „erstinstanzlichen" Beteiligungsverfahren eine Einigung nicht zustande gekommen ist.

Die Durchführung des Verfahrens nach § 82 Abs. 4 LPersVG im Rahmen der Mitwirkung ist nicht möglich, da es an einer übergeordneten Dienststelle, bei der eine Stufenvertretung besteht, mangelt.

Anrufung der obersten Dienstbehörde und der Einigungsstelle bei Körperschaften, Anstalten und Stiftungen des öffentlichen Rechts (§ 89 LPersVG)

Der obersten Dienstbehörde im Sinne des Personalvertretungsgesetzes entspricht

- bei kommunalen Gebietskörperschaften die Vertretungskörperschaft,
- bei sonstigen Körperschaften, Anstalten und Stiftungen des öffentlichen Rechts mit einstufigem Verwaltungsaufbau, die der Aufsicht des Landes unterstehen, das in der jeweiligen Satzung oder Verfassung vorgesehene Beschlussorgan.

Vertretungskörperschaften im Sinne von § 89 Abs. 1 Satz 1 Nr. 1 LPersVG sind:

- der Gemeinderat, der Stadtrat, der Verbandsgemeinderat und der Ortsgemeinderat nach § 28 Abs. 1 Satz 1 und Abs. 2 Satz 1, § 29 und § 64 Abs. 2 Nr. 1 Gemeindeordnung,
- der Kreistag nach § 21 Abs. 1 Satz 1 und § 22 Landkreisordnung und
- der Bezirkstag nach §§ 4 und 5 Bezirksordnung.

In Zweifelsfällen bestimmt die zuständige oberste Landesbehörde die anzurufende Stelle. Die Vertretungskörperschaft und das Beschlussorgan können ihre Aufgaben als oberste Dienstbehörde einem Ausschuss oder der Dienststellenleitung übertragen, § 89 Abs. 1 Satz 3 LPersVG.

Für die Praxis von besonderer Bedeutung ist die auf Initiative der Kommunalen Spitzenverbände vom Gesetzgeber getroffene Regelung in § 89 Abs. 1 Satz 3 LPersVG. Danach können die Vertretungskörperschaften oder die Beschlussorgane ihre Aufgaben als oberste Dienstbehörde nicht nur einem Ausschuss, sondern auch der Dienststellenleitung (§ 5 Abs. 5 LPersVG) übertragen. Sofern davon Gebrauch gemacht wird, sind in einem Einigungsverfahren die Mitglieder der Einigungsstelle nicht mehr von der Vertretungskörperschaft oder dem Beschlussorgan oder von einem entsprechend beauftragten Ausschuss zu bestellen. Hierfür liegt die Kompetenz bei dem Leiter der Dienststelle. Der rechtsstaatlich sinnvolle

Devolutiveffekt wäre durch eine solche Übertragung allerdings gefährdet (Lautenbach u. a., Personalvertretungsrecht Rheinland-Pfalz, § 89 Rn. 9). Mit der Festlegung durch den Gesetzgeber auf die Vertretungskörperschaft oder das Beschlussorgan sollte verhindert werden, dass sich die Dienststellenleitung erneut mit der von ihr vorgelegten Maßnahme befasst und erneut in derselben Angelegenheit entscheidet. Rechtsstaatlich vertretbar wäre es, wenn eine Meinungsverschiedenheit oder ein Rechtsstreit von einer höheren Instanz überprüft werden kann (Lautenbach u. a., Personalvertretungsrecht Rheinland-Pfalz, § 89 Rn. 7).

Kommt in Mitbestimmungsangelegenheiten eine Einigung zwischen Personalrat und Dienststelle nicht zustande, so kann die Dienststellenleitung die Angelegenheit der obersten Dienstbehörde vorlegen. Die Vorlage erfolgt unter Beachtung der maßgeblichen Sitzungsfristen für deren nächste Sitzung zur Behandlung im nichtöffentlichen Teil. Auf Verlangen des Personalrats ist die Angelegenheit von der Dienststelle vorzulegen. Nach § 89 Abs. 2 Satz 2 LPersVG gilt § 88 Abs. 4 LPersVG auch für die dort nicht genannten Mitbestimmungsfälle entsprechend. Ebenfalls gilt § 74 Abs. 5 LPersVG entsprechend. Kann also zwischen der obersten Dienstbehörde und der bei ihr bestehenden zuständigen Personalvertretung keine Einigung erzielt werden, so entscheidet die Einigungsstelle. Diese kann sowohl von dem Personalrat als auch der obersten Dienstbehörde angerufen werden. Dem Personalrat ist ein Auszug aus der Niederschrift über die Beschlussfassung unverzüglich zuzuleiten.

Für das weitere Verfahren und die Anrufung der Einigungsstelle gelten die vorstehend gemachten Ausführungen unter Berücksichtigung des § 89 Abs. 3 LPersVG entsprechend.

Die Einigungsstelle

Bildung der Einigungsstelle (§§ 75 und 89 Abs. 3 LPersVG)

Die Einigungsstelle wird bei der jeweiligen obersten Dienstbehörde gebildet. Aufgrund einer Dienstvereinbarung kann die Einigungsstelle für die Dauer der Amtszeit der bei der obersten Dienstbehörde bestehenden Personalvertretung als ständige Einrichtung gebildet werden.

Sie besteht aus jeweils drei Beisitzern, die von der zuständigen obersten Dienstbehörde und der dort bestehenden zuständigen Personalvertretung unverzüglich nach Feststellung der Nichteinigung bestellt werden, sowie einem unparteiischen Mitglied, das den Vorsitz führt. Auf die Person dieses Mitglieds müssen sich beide Parteien einigen. Wird eine Einigung über die Person des unparteiischen Mitglieds nicht erzielt, so erfolgt die Bestellung durch den Präsidenten des Oberverwaltungsgerichts Rheinland-Pfalz. Das unparteiische Mitglied ist innerhalb von zehn Werkagen nach Benennung der übrigen Mitglieder zu bestellen. Unter den von der Personalvertretung bestellten Beisitzern muss sich je ein Beamter und ein Vertreter der übrigen Gruppen befinden, es sei denn, die Angelegenheit betrifft lediglich die Beamten oder einen der in einem Arbeitsverhältnis stehenden Beschäftigten. Beide Geschlechter sollen in der Einigungsstelle vertreten sein. Die Mitglieder der Einigungsstelle üben ihr Amt unabhängig und frei von Weisungen aus.

Die oberste Dienstbehörde hat die Dienststellenleitung, sofern diese nicht schriftlich auf ihre Mitgliedschaft verzichtet, als Mitglied der Einigungsstelle zu bestellen. Die oberste Dienstbehörde ist bei kommunalen Gebietskörperschaften die Vertretungskörperschaft und bei sonstigen Körperschaften, Anstalten und Stiftungen des öffentlichen Rechts mit einstufigem Verwaltungsaufbau, die der Aufsicht des Landes unterstehen, das in ihrer Satzung oder Verfassung vorgesehene Beschlussorgan.

Verhandlung der Einigungsstelle (§ 75 Abs. 3 LPersVG)

Die Verhandlung vor der Einigungsstelle ist nicht öffentlich. Den Beteiligten ist Gelegenheit zur mündlichen Äußerung zu geben. Im Einvernehmen mit diesen kann die Äußerung auch schriftlich erfolgen.

Beschlussfassung der Einigungsstelle (§ 75 Abs. 4 LPersVG)

Die Einigungsstelle entscheidet nach mündlicher Beratung durch Beschluss, der schriftlich abzufassen und zu begründen ist. Er wird von den Mitgliedern der Einigungsstelle mit Stimmenmehrheit gefasst. Bei der Beschlussfassung hat sich das unparteiische Mitglied zunächst der Stimme zu enthalten. Kommt allerdings ein Mehrheitsbeschluss nicht zustande, so nimmt es nach erneuter Beratung an der Beschlussfassung teil. Der Beschluss ist den Beteiligten unverzüglich zu übersenden. Die Beteiligten sind – mit Ausnahme der in § 75 Abs. 5 LPersVG genannten Fälle – an den Beschluss der Einigungsstelle gebunden, § 75 Abs. 4 LPersVG.

Empfehlung der Einigungsstelle (§ 75 Abs. 5 LPersVG)

Die Einigungsstelle beschließt nach § 75 Abs. 5 LPersVG eine Empfehlung an die oberste Dienstbehörde in folgenden Fällen:

1. in personellen Angelegenheiten der Beamtinnen und Beamten
2. in personellen Angelegenheiten der Arbeitnehmerinnen und Arbeitnehmer
3. in organisatorischen und wirtschaftlichen Angelegenheiten
4. in Fragen der Lehrveranstaltungen im Rahmen des Vorbereitungsdienstes einschließlich
5. der Auswahl der Lehrpersonen
6. in Angelegenheiten, die Forschung, künstlerische Betätigung und Lehre unmittelbar berühren

Die endgültige Entscheidung trifft die oberste Dienstbehörde. Bei kommunalen Gebietskörperschaften sowie sonstigen Körperschaften, Anstalten und Stiftungen des öffentlichen Rechts mit einstufigem Verwaltungsaufbau entscheidet die Dienststellenleitung unter Berücksichtigung der Empfehlung endgültig, § 89 Abs. 3 Satz 3 LPersVG.

Aufhebung eines Beschlusses der Einigungsstelle (§ 75 Abs. 6 LPersVG)

Die oberste Dienstbehörde kann einen, die Beteiligten bindenden Beschluss der Einigungsstelle, der im Einzelfall wegen seiner Auswirkungen auf das Gemeinwesen wesentlicher Bestandteil der Regierungsgewalt ist, ganz oder teilweise aufheben, § 75 Abs. 6 LPersVG. Dies muss innerhalb eines Monats nach Zustellung des

Beschlusses der Einigungsstelle geschehen. Die Mitglieder der Einigungsstelle sind unverzüglich über die Entscheidung und deren Gründe schriftlich zu unterrichten. In kommunalen Gebietskörperschaften sowie sonstigen Körperschaften, Anstalten und Stiftungen des öffentlichen Rechts mit einstufigem Verwaltungsaufbau kann die oberste Dienstbehörde bei Vorliegen der Voraussetzungen des § 75 Abs. 6 LPersVG einen Beschluss der Einigungsstelle in ihrer nächsten Sitzung ganz oder teilweise aufheben (§ 79 Abs. 3 Satz 4 LPersVG). Sie hat ihn dann zur endgültigen Entscheidung der Dienststellenleitung zuzuleiten.

Verwaltungsgerichtlicher Rechtsschutz (§ 121 LPersVG)

Gegen den Beschluss der Einigungsstelle kann nach § 121 LPersVG das Verwaltungsgericht angerufen werden. Nach einer Entscheidung des Bundesverwaltungsgerichtes vom 21.10.1983 (BVerwGE 68, 1169) unterliegen Beschlüsse der Einigungsstelle in vollem Umfang der Kontrolle durch die Verwaltungsgerichte. Das Verwaltungsgericht Berlin hat in einer Entscheidung vom 29.6.1994 (PersR 1994, 574) festgestellt, dass die Fachkammern der Verwaltungsgerichte zur Nachprüfung der Rechtmäßigkeit von Entscheidungen der Einigungsstelle befugt sind. Die gerichtliche Kontrolle erstreckt sich jedoch nur auf die Frage, ob die Entscheidung der Einigungsstelle geltendes Recht verletzt; als Entscheidung ist dabei allein die Beschlussformel zu verstehen.

Kosten der Einigungsstelle (§ 43 LPersVG)

Die Kosten der Einigungsstelle sind Kosten im Sinne des § 43 LPersVG. Sie sind von der Dienststelle zu tragen. Daneben erhält das unparteiische Mitglied für die Behandlung jedes Falles eine Aufwandsentschädigung.

Personalversammlung (§§ 47 ff. LPersVG)

8

Zusammensetzung, Leitung und Hausrecht der Personalversammlung (§ 47 Abs. 1 LPersVG)

Zusammensetzung (§ 47 Abs. 1 Satz 1 LPersVG)

Die Personalversammlung setzt sich aus allen Beschäftigten der Dienststelle zusammen. Dazu gehören auch die nicht wahlberechtigten Beschäftigten und der Leiter der Dienststelle. Es kommt bei der Zugehörigkeit zur Personalversammlung also nicht auf die Wahlberechtigung an, sondern auf die Beschäftigung in der Dienststelle im Sinne der Beschäftigtendefinition. Beschäftigte, die sich in Elternzeit befinden, gehören zum Teilnehmerkreis (BAG v. 31.5.1989).

Leitung und Hausrecht (§ 47 Abs. 1 Satz 2 LPersVG)

Die Leitung der Personalversammlung obliegt dem Vorsitzenden des Personalrats, § 47 Abs. 1 Satz 2 LPersVG, bei dessen Verhinderung seinem Stellvertreter. Auch wenn der Leiter der Dienststelle teilnimmt, liegt die Versammlungsleitung beim Personalratsvorsitzenden. Die Ausübung des Hausrechts liegt beim Leiter der Versammlung, also dem Vorsitzenden des Personalrats. Er trägt die Verantwortung für die gesetzeskonforme Durchführung, eröffnet und schließt die Personalversammlung, erteilt das Wort und kann dieses gegebenenfalls auch entziehen. Ferner ist er verantwortlich für eine eventuell zu fertigende Niederschrift. Es besteht nach dem Landespersonalvertretungsgesetz kein Zwang zur Anfertigung einer Niederschrift. Für die Praxis ist zu empfehlen, ein Protokoll anzufertigen.

Virtuelle Teilnahme (§ 47 Abs. 4 LPersVG)

Im Einvernehmen mit der Dienststellenleitung kann der Personalrat die Teilnahme von Beschäftigten an der Personalversammlung mittels Videokonferenz ermöglichen. Ferner kann eine Personalversammlung in Nebenstellen oder Teile einer Dienststelle übertragen werden. Dabei ist darauf zu achten, dass nur vorhandene Technik, die von der Dienststelle zur Nutzung freigegeben worden ist, eingesetzt wird. Es sind organisatorische Maßnahmen zu treffen, die die Kenntnisnahme durch Dritte verhindern.

Eine Aufzeichnung ist unzulässig. Insoweit ist § 31 Abs. 1 Sätze 6 und 7 LPersVG entsprechend anzuwenden.

Einberufung (§ 48 Abs. 1 LPersVG)

Die Personalversammlung ist mindestens einmal in jedem Kalenderjahr, erstmals in dem auf die Personalratswahl folgenden Kalenderjahr durchzuführen, § 48 Abs. 1 Satz 1 LPersVG. Mindestens einmal in jedem Kalenderjahr hat der Personalrat in einer Personalversammlung einen Tätigkeitsbericht zu erstatten, § 48 Abs. 1 Satz 2 LPersVG.

Zur Einberufung einer Personalversammlung bedarf es eines förmlichen Beschlusses der Personalvertretung. Unterlässt eine Personalvertretung die Einberufung einer ordentlichen Personalversammlung, so stellt dies einen Pflichtverstoß im Sinne des § 22 LPersVG dar (BVerwG v. 25.2.1972, PersV 1972, 214). Der Personalrat hat die Dienststellenleitung rechtzeitig vom Zeitpunkt der Personalversammlung zu verständigen (§ 47 Abs. 5 LPersVG). Aus dem Grundsatz der vertrauensvollen Zusammenarbeit heraus empfiehlt es sich, den Termin einer Personalversammlung mit dem Leiter der Dienststelle abzustimmen. Kann allerdings kein Einvernehmen erzielt werden, legt die Personalvertretung den endgültigen Termin unter Berücksichtigung der dienstlichen Verhältnisse fest (OVG Münster v. 4.9.1989, ZBR 1990, 30).

Gebot der Nichtöffentlichkeit (§ 47 Abs. 1 Satz 3 LPersVG)

Der Versammlungsleiter hat darauf zu achten, dass das Gebot der Nichtöffentlichkeit eingehalten wird, § 47 Abs. 1 Satz 3 LPersVG. Lässt er einen Verstoß gegen dieses Gebot zu, so kann es sich, insbesondere, wenn es wissentlich geschieht, um eine Pflichtverletzung im Sinne des § 22 LPersVG handeln. Nehmen nicht berechtigte Personen an einer Personalversammlung teil, verliert diese ihren eigentlichen Charakter als dienststelleninternes Ausspracheforum und wird zur öffentlichen Versammlung. In diesem Fall darf eine Dienststelle weder Kosten tragen, noch Dienstbefreiung gewähren.

Praxis-Tipp:

In Dienststellen ab einer nicht mehr überschaubaren Beschäftigtenzahl ist immer zu empfehlen, zu Beginn der Versammlung die Nichtöffentlichkeit herzustellen. Dies geschieht in der Praxis, indem der Versammlungsleiter auf die Nichtöffentlichkeit hinweist und nichtberechtigte Personen auffordert, den Veranstaltungsort zu verlassen.

Durchführung während der Arbeitszeit (§ 49 LPersVG)

Unter Berücksichtigung der dienstlichen Verhältnisse finden die Personalversammlungen während der Arbeitszeit statt. Die Beschäftigten haben das Recht, an einer Personalversammlung teilzunehmen, sind dazu aber nicht verpflichtet. Die Teilnahme an einer Personalversammlung hat keine Minderung der Dienstbezüge oder Arbeitsentgelte zur Folge.

Eine Personalversammlung ist ein gesetzlich vorgesehener Betandteil des Arbeitslebens. Behinderungen und durch sie verursachte Beeinträchtigungen des Dienstbetriebes sind grundsätzlich hinzunehmen (OVG Münster v. 4.9.1989, ZBR 1990, 30). Müssen Personalversammlungen ausnahmsweise außerhalb der Dienstzeit durchgeführt werden, so ist für die Teilnahme Freizeitausgleich in entsprechendem Umfang zu gewähren. Gleiches gilt für Wege- und Fahrtzeiten sowie für Teilzeitbeschäftigte, die außerhalb ihrer Arbeitszeit an einer Personalversammlung teilnehmen.

Aufgaben der Personalversammlung (§ 50 LPersVG)

Die Befugnisse und Zuständigkeiten der Personalversammlung werden in § 50 LPersVG geregelt. Die Personalversammlung ist kein dem Personalrat übergeordnetes Organ. Sie dient dem Meinungsaustausch und der Information der Beschäftigten. Sie ist das Ausspracheforum, das Anträge und Beschwerden an den Personalrat herantragen kann, auf dessen Bestand aber keinen Einfluss hat. Der Personalrat seinerseits ist verpflichtet, die Beschäftigten in geeigneter Weise über die Behandlung der Anträge und die weiteren Maßnahmen zu unterrichten. Die Personalversammlung ist kein „Beschäftigtenparlament", das dem Personalrat Anweisungen geben kann oder ihm gegenüber Weisungs- und Machtbefugnisse besitzt. Die Beschäftigten können in der Aussprache zu den Handlungen des Personalrats Stellung nehmen. Erörterungsgegenstände können zunächst alle Themen sein, mit denen der Personalrat im Rahmen seines gesetzlichen Auftrages befasst ist.

Beispiele:

Fragen zu Tarif-, Besoldungs- und Sozialangelegenheiten sowie Fragen der Frauenförderung und der Vereinbarkeit von Familie und Beruf

Die weiteren Themen müssen in erster Linie die Beschäftigten und die Arbeitsbedingungen innerhalb der Dienststelle im weitesten Sinne betreffen (OVG Münster v. 4.9.1989, ZBR 1990, 30). Dabei ist alles zu unterlassen, was geeignet ist, die Arbeit und den Frieden der Dienststelle zu beeinträchtigen. Insbesondere dürfen Dienststelle und Personalvertretung keine Maßnahmen des Arbeitskampfes gegeneinander durchführen. Sie müssen sich so verhalten, dass das Vertrauen der Verwaltungsangehörigen in die Objektivität und Neutralität ihrer Amtsführung nicht beeinträchtigt wird.

Wichtig: Unzulässig ist eine Behandlung dieser Themen, wenn keine konkrete Frage mit Dienststellenbezug zur Diskussion steht. Die Tagesordnung der Personalversammlung darf keine unzulässigen Erörterungspunkte enthalten. Entsteht die Diskussion solcher Themen außerhalb der Tagesordnung, so muss der Versammlungsleiter in Ausübung seines Hausrechts dies unterbinden. Lässt er eine entsprechende Diskussion zu, begeht er einen Pflichtverstoß nach § 22 LPersVG.

Arten der Personalversammlung

Ordentliche Personalversammlung mindestens einmal im Kalenderjahr zur Abgabe eines Tätigkeitsberichtes (§ 48 Abs. 1 Satz 1 und 2 LPersVG)

Die Personalvertretung ist zwingend dazu verpflichtet, mindestens einmal im Kalenderjahr eine ordentliche Personalversammlung durchzuführen. Sie ist vom gewählten Personalrat erstmals in dem auf die Personalratswahl folgenden Kalenderjahr durchzuführen.

Dazu gehört auch die Verpflichtung, einen Tätigkeitsbericht zu erstatten. Der Gesetzgeber lässt dem Personalrat durch den Wortlaut des Gesetzes „mindestens einmal in jedem Kalenderjahr hat ... zu erstatten" keinen Spielraum. Weitere Punkte können erörtert werden. Der Tätigkeitsbericht dient der Unterrichtung der Beschäftigten und muss in seinen Grundzügen vom Personalrat beschlossen werden (BVerwG v. 26.5.1970, BVerwGE 28, 295 = ZBR 1970, 262 = PersV 1970, 260; BVerwG v. 8.10.1975, PersV 1976, 420). Nach einer Entscheidung des Oberverwaltungsgerichtes Berlin zum LPersVG Berlin stellt das Nichterstatten des Tätigkeitsberichtes einen Pflichtverstoß im Sinne des Gesetzes dar (OVG Berlin v. 12.5.1971, PersV 1972, 215).

Der Personalrat hat bei Abgabe des Tätigkeitsberichtes die Schweigepflicht zu berücksichtigen und die Friedenspflicht einzuhalten. Bei den Beschäftigten dürfen keine Zweifel an der neutralen Amtsführung der Personalvertretung entstehen. Dem Leiter der Dienststelle ist Gelegenheit zur Stellungnahme zu geben.

Die Personalversammlung zur Abgabe eines Tätigkeitsberichtes darf nicht als Teilversammlung nach § 47 Abs. 2 LPersVG durchgeführt werden.

Stufenvertretungen und der Gesamtpersonalrat sind nicht berechtigt, Personalversammlungen durchzuführen.

Teilversammlung (§ 47 Abs. 1 Satz 3 LPersVG)

Kann nach den dienstlichen Verhältnissen, der Eigenart der Dienststelle oder anderen sachlichen Gegebenheiten eine gemeinsame Versammlung aller Beschäftigten nicht stattfinden, so sind Teilversammlungen abzuhalten. Gründe hierfür können vorliegen, wenn

- im Schichtdienst gearbeitet wird,
- der Dienstbetrieb aufrechterhalten werden muss,
- keine geeigneten Räumlichkeiten zur Verfügung stehen.

Grundsätzlich ist aber immer von einer Vollversammlung aller Beschäftigten der Dienststelle auszugehen. Allgemeine Praktikabilitätserwägungen sind als Grundlage für die Entscheidung des Personalrats zur Durchführung von Teilversammlungen nicht ausreichend. Entscheidet sich der Personalrat für die Durchführung einer solchen Versammlung, dann muss hierfür ein sachlich anzuerkennender Grund vorliegen. Der Personalrat ist nicht berechtigt, diese Art der Versammlung als Alternative zur Vollversammlung durchzuführen. Aus objektiver Betrachtungsweise müssen die dienstlichen Verhältnisse eine Vollversammlung unmöglich machen oder die Durchführung muss in besonderem Maße unpraktikabel sein.

Wird eine solche Versammlung in einer räumlich weit entfernt liegenden Teildienststelle, die sich personalvertretungsrechtlich nicht verselbstständigt hat, abgehalten, so führt diese der Vorsitzende des Personalrats als Versammlungsleiter durch. Teilnahmeberechtigt sind nur die Beschäftigten der Teildienststelle und die Personalratsmitglieder, die dieser angehören (BVerwG v. 5.5.1973, BVerwGE 42, 175 = ZBR 1974, 109 = PersV 1974, 85). Dem Personalrat muss aber das Recht zustehen, durch Beschluss festzulegen, dass weitere Personalratsmitglieder oder der gesamte Personalrat gemeinsam mit dem Vorsitzenden eine solche Teilversammlung durchführen. Denn alle Mitglieder des Personalrats sind die „Vertretung der Gesamtheit der Beschäftigten" wie auch die der nicht verselbstständigten Teildienststelle.

Außerordentliche Personalversammlung (§ 48 Abs. 3 LPersVG)

Eine außerordentliche Personal(teil-)versammlung kann nach pflichtgemäßem Ermessen immer dann durchgeführt werden, wenn aktuelle Themen mit Dienststellenbezug einer zeitnahen alsbaldigen Erörterung bedürfen. Die Initiative dazu kann ausgehen

- vom Leiter der Dienststelle,
- von einem Viertel der wahlberechtigten Beschäftigten.

Auf Antrag des Leiters der Dienststelle oder eines Viertels der Beschäftigten ist der Personalrat verpflichtet, innerhalb von 20 Werktagen eine Personal- oder Teilversammlung durchzuführen und den beantragten Gegenstand auf die Tagesordnung zu setzen.

Versammlungen für einen bestimmten Personenkreis oder für bestimmte Verwaltungseinheiten (§ 47 Abs. 2 LPersVG)

Der Personalrat ist berechtigt für einen bestimmten Personenkreis oder für bestimmte Verwaltungseinheiten Versammlungen durchzuführen.

Gemeinsame Personalversammlungen (§ 47 Abs. 3 LPersVG)

Zur Behandlung gemeinsamer Angelegenheiten kann auf Beschluss der zuständigen Personalräte eine gemeinsame Personalversammlung mehrerer Dienststellen oder Dienststellenteile durchgeführt werden. Die Personalräte bestimmen zugleich, welcher der Vorsitzenden die Leitung der gemeinsamen Personalversammlung übernimmt.

Personalversammlung auf Antrag bei Nichteinberufung (§ 48 Abs. 4 LPersVG)

Hat im vorhergegangenen Kalenderjahr keine Personalversammlung zur Abgabe des Tätigkeitsberichts stattgefunden, kann eine in der Dienststelle vertretene Gewerkschaft einen Antrag auf Einberufung stellen. Der Personalrat ist dann verpflichtet, „innerhalb von 20 Werktagen" nach Eingang des Antrags eine Personalversammlung durchzuführen.

Weitere Teilnahmerechte

Teilnahmerecht/-pflicht des Leiters der Dienststelle (§ 51 Abs. 1 LPersVG)

Der Leiter der Dienststelle ist berechtigt, an allen Personalversammlungen teilzunehmen. Die Dienststellenleitung ist unter Mitteilung der Tagesordnung rechtzeitig einzuladen, § 51 Abs. 1 LPersVG. Der Termin der Personalversammlung sollte daher rechtzeitig abgestimmt werden.

Rederecht und Auskunftspflicht (§ 51 Abs. 1 Satz 1 LPersVG)

Seitens der Dienststellenleitung bestehen ein Rederecht und eine Auskunftspflicht. Auf Befragen muss sie sich äußern. Der Gesetzgeber gesteht der Dienststellenleitung ausdrücklich nicht das Recht auf Teilnahme mit beratender Stimme zu. Allerdings ist ihr oder ihren Beauftragten in der Personalversammlung das Wort zu erteilen.

Berichtspflicht (§ 48 Abs. 2 LPersVG)

Ferner besteht für die Dienststellenleitung nach § 48 Abs. 2 LPersVG eine Berichtspflicht in den dort aufgeführten Angelegenheiten:

- die Aufgabenentwicklung der Dienststelle
- über die Personalentwicklung unter besonderer Berücksichtigung der Maßnahmen, die der Gleichstellung von Frau und Mann dienen
- die Situation der schwerbehinderten Beschäftigten
- die Arbeitsweise der Dienststelle unter besonderer Berücksichtigung der technologischen Entwicklung

Diesen Bericht hat die Dienststellenleitung vorher dem Personalrat zur Kenntnis zu geben und mit ihm zu erörtern.

Vertretung (§ 5 Abs. 5 LPersVG)

Der Leiter der Dienststelle kann sich im Fall einer Verhinderung von seinem ständigen Vertreter vertreten lassen (vgl. § 5 Abs. 5 LPersVG). Liegt kein zwingender Grund vor und gewinnt die Personalvertretung den Eindruck, dass sich der Leiter der Dienststelle bewusst der Teilnahme entziehen will, obwohl er eingeladen worden ist, so stellt dies einen Verstoß gegen den Grundsatz der vertrauensvollen Zusammenarbeit dar. Die Personalvertretung ist in diesem Fall zu einer Dienstaufsichtsbeschwerde berechtigt.

Teilnahmerecht der Beauftragten aller in der Dienststelle vertretenen Gewerkschaften (§ 51 Abs. 2 LPersVG)

Die Vertreter aller in der Dienststelle vertretenen Gewerkschaften haben das Recht, an den Personalversammlungen teilzunehmen. Es steht den Gewerkschaften frei, darüber zu befinden, wen sie als Beauftragten entsenden wollen. Der Wortlaut des Gesetzes gestattet es auch, mehrere Personen zu entsenden. Dies kann insbesondere dann notwendig sein, wenn deren Anwesenheit wegen ihrer besonderen Sachkompetenz im Hinblick auf die unterschiedlichen Tagesordnungspunkte erforderlich ist.

Beratungsrecht

Die Beauftragten haben kein Stimmrecht, nehmen aber „mit beratender Stimme" teil und können insoweit zur Sache sprechen. Von der Durchführung einer Personalversammlung sind alle in der Dienststelle vertretenen Gewerkschaften gleichzeitig und in gleicher Weise zu benachrichtigen (VGH Baden-Württemberg v. 21.3.1988, ZBR 1989, 153 = Leits. ZfPR 1989, 114). Diese Benachrichtigung hat auch die Bekanntgabe der Tagesordnung mit zu umfassen, um den Gewerkschaften ausreichend Gelegenheit zur Prüfung zu geben, ob sie von ihrem Teilnahmerecht Gebrauch machen wollen. Dies gilt auch für solche Gewerkschaften, die nur jugendliche Beschäftigte zu ihren Mitgliedern zählen (VGH Baden-Württemberg v. 21.3.1988, ZBR 1989, 153 = Leits. ZfPR 1989, 114 = dbb Rechtsprechung zum Personalvertretungsrecht, 10. Ausgabe, 31). Unterlässt die Personalvertretung die Information über den Zeitpunkt und den Ort einer Personalversammlung sowie die Mitteilung der Tagesordnung, so kann dies – insbesondere wenn es vorsätzlich geschieht – einen Verstoß nach § 22 LPersVG darstellen.

Teilnahmerecht eines Vertreters der Arbeitgebervereinigung (§ 51 Abs. 2 LPersVG)

Die Arbeitgebervereinigung, der der Arbeitgeber angehört, kann Beauftragte zur Teilnahme an der Personalversammlung entsenden. Auch dieser Beauftragte hat kein Stimmrecht, nimmt jedoch „mit beratender Stimme" teil. Er kann insoweit zur Sache sprechen.

Teilnahmerecht von Beauftragten der Jugend- und Auszubildendenvertretung, der Schwerbehindertenvertretung, der Stufenvertretung und des Gesamtpersonalrats (§ 51 Abs. 3 LPersVG)

An einer Personalversammlung können auch beauftragteMitglieder der in § 51 Abs. 3 LPersVG genannten Vertretungen teilnehmen. Die Beauftragten haben kein Stimmrecht, nehmen aber

„mit beratender Stimme" teil und können insoweit zur Sache sprechen.

Sachverständige oder kundige Auskunftspersonen (§ 51 Abs. 4 LPersVG)

Unter bestimmten Voraussetzungen können Sachverständige oder kundige Auskunftspersonen zu einer Personalversammlung geladen werden. Dies wird immer dann der Fall sein, wenn ohne die speziellen Sachkenntnisse der Auskunftsperson eine sachgerechte Beratung einzelner Tagesordnungspunkte nicht möglich scheint.

Kosten der Personalversammlung

Versammlungskosten (§ 43 Abs. 1 LPersVG)

Die Durchführung einer Personalversammlung gehört zu den Aufgaben und Pflichten einer Personalvertretung. Die Kosten sind folglich als „durch die Tätigkeit des Personalrats" entstanden von der Dienststelle zu tragen. Der Grundsatz der sparsamen Verwendung der Haushaltsmittel verpflichtet die Personalvertretung, nach pflichtgemäßem Ermessen eine kostengünstige Lösung zu finden. Dies gilt insbesondere, wenn zum Beispiel geeignete Räumlichkeiten angemietet werden müssen. Die Anmietung von Räumen für die Durchführung von Personalversammlungen kommt allerdings nur in Betracht, wenn keine geeigneten Räume in der Dienststelle selbst vorhanden sind (OVG NRW v. 26.8.1993 – 1 A 21/91.PVL). Es entspricht dem Gebot der vertrauensvollen Zusammenarbeit, dies vorher mit dem Leiter der Dienststelle zu erörtern.

Fahrtkosten der Beschäftigten (§ 49 Abs. 2 LPersVG)

Den Beschäftigten sind die notwendigen Fahrtkosten für die Reise von der Beschäftigungsstelle zum Versammlungsort und zurück zu erstatten. Die Bestimmungen des Landesreisekostengesetzes sind anzuwenden. Diese Regelung gilt nicht für Beamte im Vorbereitungsdienst sowie für Auszubildende, die an zentralen Ausbildungslehrgängen teilnehmen.

Dienst und Arbeitsunfall

Erleidet ein Teilnehmer an der Personalversammlung einen Unfall, sind die Bestimmungen des § 7 LPersVG beziehungsweise des Siebenten Buches Sozialgesetzbuch (SGB VII) anzuwenden, da es sich um eine „Wahrnehmung von Rechten ... nach diesem Gesetz" handelt.

Gerichtliche Entscheidungen – der personalvertretungsrechtliche Rechtsschutz

Zuständigkeit (§ 121 LPersVG)

Die Verwaltungsgerichte entscheiden grundsätzlich alle Streitigkeiten auf dem Gebiet des öffentlichen Rechts, soweit diese nicht durch Gesetz ausdrücklich anderen Gerichten zugewiesen sind. Ihnen sind die personalvertretungsrechtlichen Streitigkeiten im Bereich des Landespersonalvertretungsgesetzes zugewiesen (§ 121 Abs. 1 LPersVG).

Zuständigkeitsregelungen in § 121 Abs. 1 LPersVG

Wahlberechtigung und Wählbarkeit (§ 121 Abs. 1 Nr. 1 LPersVG)

Die Verwaltungsgerichte entscheiden bei Streitigkeiten über die Wahlberechtigung nach § 10 und § 59 Abs. 1 LPersVG. Bei Meinungsverschiedenheiten kann ein Beschlussverfahren mit dem Ziel eingeleitet werden, die Wahlberechtigung festzustellen. Ein Rechtsschutzinteresse ist nach einer Entscheidung des Bundesverwaltungsgerichts immer dann zu bejahen, wenn eine Klärung des Wahlrechts auch für die Zukunft angestrebt wird (BVerwG v. 18.10.1978, BVerwGE 56, 330 = PersV 1979, 500). Bestreitet der Wahlvorstand einem Wahlbewerber die Wählbarkeit gemäß § 11 LPersVG, so kann dieser vor der Wahl die Feststellung seiner Wählbarkeit beim Verwaltungsgericht beantragen. Ist das Verfahren nicht vor der Wahl rechtskräftig abgeschlossen, kann es nach Durchführung der Wahl nicht weitergeführt werden (BVerwG v. 23.10.1959, BVerwGE 9, 249). Antragsgrund kann aber eventuell die Begründung einer Wahlanfechtung sein.

Wahl, Amtszeit und Zusammensetzung (§ 121 Abs. 1 Nr. 2 LPersVG)

Streitigkeiten über die Wahl der Personal- sowie der Jugend- und Auszubildendenvertretung (§ 58 LPersVG) sind Streitigkeiten, die nicht mit einer Wahlanfechtung ausgetragen werden können. Dies sind z. B. Streitigkeiten über die Notwendigkeit zur Errichtung einer Personalvertretung, die vertretungsrechtliche Abgrenzung der Dienststelle im Sinne von § 5 LPersVG, die Bildung von Teilpersonalräten, die Gültigkeit von Vorabstimmungen und die Kosten der Wahl. Ebenso gehören dazu Meinungsverschiedenheiten über Zusammensetzung und Geschäftsführung des Wahlvorstands. Die Verwaltungsgerichte sind nach dieser Vorschrift auch zuständig für die Feststellung über die Wählbarkeit nach § 23 Abs. 1 Nr. 7 LPersVG.

Streitigkeiten über die Amtszeit sind sowohl alle Streitigkeiten über die Amtszeit der Vertretungen als auch über die individuelle Amtszeit eines Mitglieds oder Ersatzmitglieds dieser Gremien.

Bei Meinungsverschiedenheiten über die Zusammensetzung der Personal-, der Jugend- und Auszubildendenvertretung und der Vertretung der nichtständig Beschäftigten ist die Zuständigkeit der Verwaltungsgerichte gegeben.

Zuständigkeit, Geschäftsführung und Rechtsstellung (§ 121 Abs. 1 Nr. 3 LPersVG)

Streitigkeiten über die Zuständigkeiten

Die Verwaltungsgerichte entscheiden über alle Rechtsfragen, die sich aus der Wahrnehmung von Aufgaben und Befugnissen der Personalvertretung sowie der Jugend- und Auszubildendenvertretung ergeben. Entschieden werden nach dieser Generalklausel die Meinungsverschiedenheiten über die Rechte und Pflichten der vorstehend genannten Vertretungsorgane. Darunter fallen vor allem Fragen über Umfang und Art der Beteiligung sowie den Zeitpunkt der Einleitung des Beteiligungsverfahrens (§§ 73 bis 86 LPersVG).

Streitigkeiten über die Geschäftsführung

Gemeint sind hier alle Streitigkeiten, die mit der Tätigkeit der Personalvertretung, der Jugend- und Auszubildendenvertretung oder der Vertretung der nichtständig Beschäftigten – beginnend mit der konstituierenden Sitzung – nach innen oder außen zusammenhängen. Darunter fallen Streitigkeiten, die mit den Aufgaben und Befugnissen der Organe der Personalvertretung, der Jugend- und Auszubildendenvertretung, der Art und Weise der Amtsführung sowie der gedeihlichen Zusammenarbeit der einzelnen Vertretungen untereinander und mit der Dienststelle

9

im Zusammenhang stehen. Im Einzelnen kann es sich dabei um folgende Streitigkeiten handeln:

- Zusammensetzung des Vorstands
- Wahl des Vorstands
- Wahl des Vorsitzenden und der Stellvertreter
- Zuständigkeit des Vorsitzenden und des Vorstands
- Fragen der Herausgabe einer „Personalratsinfo"
- Ladung und Leitung der Personalratssitzung
- Nichtöffentlichkeit der Personalratssitzung
- Beschlussfassung und Beschlussfähigkeit
- Aussetzung von Beschlüssen
- Fragen der Sitzungsniederschrift
- Bereitstellung des erforderlichen Geschäftsbedarfs durch die Dienststelle
- Pflicht zur Einberufung einer Personalversammlung

Streitigkeiten über die Rechtsstellung

Die Verwaltungsgerichte entscheiden über Streitigkeiten, welche sich auf die vertretungsrechtliche und nicht auf die dienstrechtliche Rechtsstellung des Mitglieds der Personalvertretung, der Jugend- und Auszubildendenvertretung oder der Vertretung der nichtständig Beschäftigten beziehen. Die Fragen der Rechtsstellung sind häufig auch gleichzeitig Fragen der Geschäftsführung. Ergänzend können hierzu gehören:

- Fragen der Freistellung, Dienstbefreiung und der Minderung der Arbeitsbelastung
- Anspruch auf Zeitausgleich, sofern Personalratstätigkeit außerhalb der Dienstzeit anfällt
- Teilnahme an Schulungs- und Bildungsveranstaltungen

Bestehen oder Nichtbestehen von Dienstvereinbarungen (§ 121 Abs. 1 Nr. 4 LPersVG)

Die Verwaltungsgerichte entscheiden darüber, ob eine Dienstvereinbarung besteht oder nicht.

Wichtig: Streitigkeiten über die Auslegung oder die Durchführung von Dienstvereinbarungen fallen unter die Generalklausel des § 121 Abs. 1 Nr. 3 LPersVG.

Beschäftigte, die Ansprüche aus einer Dienstvereinbarung ableiten und durchsetzen wollen, müssen je nach Statusgruppe das Arbeitsgericht oder die für Beamtenangelegenheiten zuständigen Spruchkörper der Verwaltungsgerichte anrufen. Es handelt sich hierbei um Fragen individualrechtlicher Ansprüche des einzelnen Beschäftigten, für die eine Zuständigkeit der Fachkammern/-senate für Personalvertretungsrecht nicht gegeben ist (vgl. zum SächsPersVG, Vogelgesang/Bieler/Kleffner/Rehak, § 88 Rn. 62).

Pflicht zur Rückgängigmachung von Maßnahmen, soweit Rechte Dritter oder öffentliche Interessen nicht entgegenstehen (§ 121 Abs. 1 Nr. 5 LPersVG)

Kommt eine Dienststelle ihrer Verpflichtung nach den Bestimmungen der §§ 67 Abs. 2 Satz 2 und 74 Abs. 1 Satz 2 LPersVG nicht nach, steht der Personalvertretung das Recht zu diese verwaltungsgerichtlich feststellen zu lassen.

Zuständigkeitsregelungen für konkrete Einzelfälle

Weiterbeschäftigung Auszubildender (§ 8 LPersVG)

Geschützt sind nach § 8 LPersVG die Auszubildenden, die Mitglied in einer Jugend- und Auszubildendenvertretung sind. Zu den in einem Berufsausbildungsverhältnis im Sinne dieses Gesetzes stehenden Beschäftigten gehören nur Auszubildende, die in einem Arbeitnehmerberuf ausgebildet werden. Mitglieder einer Jugend- und Auszubildendenvertretung, die im Beamtenverhältnis auf Widerruf einen Vorbereitungsdienst absolviert haben, genießen nicht den Weiterbeschäftigungsschutz nach § 8 LPersVG.

Die in einem Berufsausbildungsverhältnis nach dem Berufsbildungsgesetz, dem Krankenpflegegesetz oder dem Hebammengesetz stehenden Beschäftigten (Auszubildende) können ihre Weiterbeschäftigung nach erfolgreichem Abschluss der Ausbildung gemäß § 8 Abs. 2 LPersVG schriftlich, aber auch per E-Mail verlangen, sofern diese mit einer qualifizierten Signatur nach dem Signaturgesetz versehen ist und damit das Schriftformerfordernis erfüllt (OVG Hamburg v. 15.1.2011 – 8 Bf 272/09.PVL, ZfPR online 2010 Nr. 3, 10 ff. = PersV 2010, 231 ff.). Will der Arbeitgeber das Arbeitsverhältnis nicht fortsetzen, weil er z. B. keine Beschäftigungsmöglichkeit für den Auszubildenden hat, so muss er spätestens bis zum Ablauf von zwei Wochen nach Beendigung des Berufsausbildungsverhältnisses das Verwaltungsgericht anrufen.

Wahlanfechtung (§ 19 LPersVG)

Die Verwaltungsgerichte entscheiden über Wahlanfechtungen nach § 19 LPersVG. Die Anfechtung kann auch auf die Wahl einer Gruppe beschränkt sein. Der Antrag muss binnen einer Frist von zwölf Werktagen nach Bekanntgabe des Wahlergebnisses beim Verwaltungsgericht eingegangen sein. Eine Wahlanfechtung bleibt erfolglos, wenn sich bei ordnungsgemäßer Durchführung das Wahlergebnis nicht verändern würde.

Ausschluss aus der Personalvertretung, Auflösung der Personalvertretung (§ 22 Abs. 1 LPersVG)

Die einzelnen Mitglieder und der Personalrat als Gremium sind zur gewissenhaften Ausübung der ihnen vom Gesetz übertragenen Aufgaben verpflichtet. Die Verwaltungsgerichte entscheiden über den Ausschluss von Personalratsmitgliedern oder die Auflösung der Personalvertretung wegen grober Vernachlässigung der gesetzlichen Befugnisse bzw. grober Verletzung der gesetzlichen Pflichten nach § 22 Abs. 1 LPersVG. Antragsberechtigt sind ein Viertel der Wahlberechtigten, eine in der Dienststelle vertretene Gewerkschaft, der Leiter der Dienststelle und die Personalvertretung.

Außerordentliche Kündigung von Personalratsmitgliedern (§ 70 LPersVG)

Die außerordentliche Kündigung eines Personalratsmitglieds, das in einem Arbeitsverhältnis steht, bedarf der Zustimmung des Personalrats (§ 70 Abs. 1 bis 3 LPersVG). Verweigert der Personalrat seine Zustimmung zu der außerordentlichen Kündigung oder äußert er sich nicht innerhalb der gesetzlichen Frist von drei Tagen, so kann die Dienststelle das Verwaltungsgericht anrufen. Die Zustimmung des Personalrats kann auf Antrag vom Verwaltungsgericht ersetzt werden. In dem verwaltungsgerichtlichen Verfahren ist der betroffene Arbeitnehmer Beteiligter.

Antragsarten

Das Beschlussverfahren wird auf Antrag eingeleitet (§ 121 Abs. 2 LPersVG i. V. m. § 81 ArbGG). Mit Ausnahme der Wahlanfechtung, der außerordentlichen Kündigung von Personalratsmitgliedern sowie des Antrags zur Weiterbeschäftigung Auszubildender ist es an keine Frist gebunden. Personalvertretungsrecht kennt insoweit keine Verfristung. Für die Antragstellung sind unterschiedliche Antragsarten maßgeblich, die davon abhängig sind, was mit dem gerichtlichen Verfahren begehrt wird.

Feststellungsantrag

Dieser Antrag ist der wichtigste und im personalvertretungsrechtlichen Beschlussverfahren am häufigsten gestellte Antrag. Er ist immer dann zulässig, wenn es um die Klärung und Feststellung von Zuständigkeiten im Verhältnis von Personalrat und Dienststelle sowie die Abgrenzung gegenseitiger Zuständigkeiten im Bereich des Personalvertretungsrechts geht. Für einen Feststellungsantrag muss ein konkreter Anlass vorliegen. Dabei kann es sich zum Beispiel um die Erklärung der Dienststelle handeln, sie halte eine bestimmte Maßnahme für nicht beteiligungsfähig. Auch ein abstrakter Feststellungsantrag ist dann zulässig, wenn der Anlass gebende Vorgang und die vom Feststellungsbegehren erfassten künftigen Sachverhalte in den Grundzügen übereinstimmen (BVerwG v. 16.9.2004 – 6 PB 6/04).

Leistungs- oder Verpflichtungsantrag

Diese Art der Anträge ist zulässig, wenn von dem in erster Linie Beteiligten ein bestimmtes Verhalten oder eine bestimmte Leistung gefordert wird. Darunter fallen unter anderem folgende Streitigkeiten:

- Freistellung eines bestimmten Personalratsmitglieds durch den Dienststellenleiter
- Weiterbeschäftigungsansprüche nach erfolgreicher Beendigung der Ausbildung
- Ersatz von Kosten
- Sachansprüche der Personalvertretung

Dagegen kann die Personalvertretung in einem Beschlussverfahren nicht die Verpflichtung einer Dienststelle zur Unterlassung einer bestimmten Maßnahme feststellen lassen.

Gestaltungsantrag

Hier wird vom Gericht die Vornahme einer richterlichen Gestaltung begehrt. Dies ist etwa der Fall, wenn die Aufhebung eines Dienststellenbescheides begehrt wird, mit dem ein Erstattungsantrag von Reisekosten abgelehnt worden ist, die in Ausübung der Personalratstätigkeit entstanden sind.

Unterlassungsantrag

Die Möglichkeit eines Unterlassungsantrages ist in der Literatur sehr umstritten. Die Personalvertretung hat keinen Anspruch auf Unterlassung des Vollzugs einer Maßnahme, die nach ihrer Auffassung beteiligungspflichtig gewesen wäre. Hier greift das ausschließliche Direktionsrecht des Leiters der Dienststelle. Sie hat lediglich die Möglichkeit, vom Leiter der Dienststelle die Rücknahme der Maßnahme zu fordern und, wenn dies nicht geschieht, einen Feststellungsantrag beim Verwaltungsgericht zu stellen.

Die Zulässigkeit eines Antrages auf Unterlassen eines pflichtwidrigen Verhaltens des Dienststellenleiters ist deshalb umstritten.

Untersuchungsgrundsatz

Das Gericht ist dazu verpflichtet, den Sachverhalt von Amts wegen zu erforschen (§ 83 Abs. 1 Satz 1 ArbGG). Der Antragsteller muss aber den personalvertretungsrechtlich erheblichen Sachverhalt vortragen. Im Übrigen haben die Beteiligten an der Aufklärung des Sachverhalts mitzuwirken.

Bildung von Fachkammern/-senaten (§ 122 LPersVG)

Zuständigkeit (§ 122 Abs. 1 Satz 1 LPersVG)

Regelungen über die fachliche und örtliche Zuständigkeit der Verwaltungsgerichte finden sich in § 122 Abs. 1 Satz 1 LPersVG. Die fachliche Zuständigkeit der Fachkammern der Verwaltungsgerichte ist immer dann gegeben, wenn die betreffende Streitigkeit ihre Grundlage und ihre Regelung in den Vorschriften des Personalvertretungsgesetzes findet. Die örtliche Zuständigkeit der Fachkammern kann abweichend von der örtlichen Zuständigkeit der Verwaltungsgerichte geregelt sein.

Zusammensetzung der Fachkammern/-senate (§ 122 Abs. 2 LPersVG)

Die Fachkammern/-senate bestehenaus einem Berufsrichter als Vorsitzendem und aus zwei oder vier ehrenamtlichen Richtern (§ 122 Abs. 2 LPersVG). Die Berufung der ehrenamtlichen Richterinnen oder Richter erfolgt durch die jeweilige Landesregierung oder die von ihr beauftragte Stelle. Sie werden je zur Hälfte von den unter den Beschäftigten vertretenen Gewerkschaften und den in § 1 LPersVG bezeichneten Verwaltungen und Gerichten vorgeschlagen. Voraussetzung für die Berufung ist ein hauptberufliches Beschäftigungsverhältnis im „öffentlichen Dienst des Bundes", also der in § 1 LPersVG genannten Einrichtungen.

Der Fachsenat wird tätig in der Besetzung mit einer oder einem Vorsitzenden, zwei Richterinnen oder Richtern oder einer Richterin und einem Richter und je einer oder einem nach § 122 Abs. 2 berufenen ehrenamtlichen Richterin oder ehrenamtlichen Richter (§ 122 Abs. 3 LPersVG).

Voraussetzungen für das Verfahren nach § 121 LPersVG

Das Beschlussverfahren nach § 121 LPersVG wird grundsätzlich in drei Rechtszügen durchgeführt. Das Verwaltungsgericht und das Oberverwaltungsgericht sind Tatsacheninstanzen. Das Bundesverwaltungsgericht ist ausschließlich Rechtsprüfungsinstanz und an die Feststellungen der Tatsachengerichte gebunden. Das Beschlussverfahren wird auf Antrag eingeleitet (§ 121 Abs. 2 LPersVG i. V. m. § 81 ArbGG). Mit Ausnahme der Wahlanfechtung und des Antrages zur Weiterbeschäftigung Auszubildender ist es an keine Frist gebunden.

Verfahren im ersten Rechtszug

Beteiligtenfähigkeit/Antragsbefugnis

Antragsberechtigt ist jeder, der eine personalvertretungsrechtliche Rechtsposition innehat und deren Inhalt sowie Umfang er gerichtlich klären bzw. deren Beeinträchtigung er abwehren möchte. Die individuelle Antragsbefugnis richtet sich immer nach der zu klärenden Rechtsfrage. Das Fachkammerverfahren kennt nur Antragsteller und Beteiligte (BVerwG v. 20.6.1958, BVerwGE 7, 140 = ZBR 1959, 279). Der Dienststellenleiter ist immer dann am Verfahren beteiligt, wenn er nicht selbst Antragsteller ist.

Einleitung des Verfahrens/Prozessvertretung

Die Einleitung des Verfahrens erfolgt durch Antrag (§ 121 Abs. 2 LPersVG i. V. m. § 81 ArbGG). In der ersten Instanz können die Beteiligten selbst auftreten. Eine Prozessvertretung ist nicht erforderlich. In der Praxis ist den Personalvertretungen zu empfehlen, sich durch einen Gewerkschaftsvertreter, eine fachkompetente Person oder einen Fachanwalt vertreten zu lassen.

Beachtung von Fristen

Mit Ausnahme des Verfahrens über die Weiterbeschäftigung Auszubildender (§ 8 LPersVG), der Wahlanfechtung (§ 19 LPersVG) sowie der außerordentlichen Kündigung von Personalratsmitgliedern (§ 70 LPersVG) sind die Anträge nicht fristgebunden. Eine Antragstellung sollte aber möglichst aktuell und zeitnah erfolgen.

Rechtsschutzbedürfnis

Auch im personalvertretungsrechtlichen Verfahren muss ein Rechtsschutzbedürfnis bestehen. Nach Abschluss des ersten Rechtszuges muss das Rechtsschutzbedürfnis in der Rechtsmittelinstanz weiterbestehen.

Das Rechtsschutzbedürfnis für die Durchführung eines personalvertretungsrechtlichen Beschlussverfahrens nach Erledigung des konkreten Streitfalles ist nur dann zu bejahen, wenn sich zwischen den Verfahrensbeteiligten der Streit auch tatsächlich wiederholen kann. Die strittige und entscheidungserhebliche Rechtsfrage muss sich zwischen denselben Verfahrensbeteiligten auch künftig mit einiger Wahrscheinlichkeit erneut stellen (BVerwG v. 12.11.2002 – 6 P 2/02). Gleiches gilt, wenn nach dem Sachvortrag des Antragstellers nicht nur die Klärung eines konkreten Einzelfalles, sondern die Klärung der dahinterstehenden abstrakten Rechtsfrage angestrebt war (BVerwG v. 15.2.1994 – 6 P 9/92, ZfPR 1994, 84).

Die Verwaltungsgerichte sind außenstehende Stellen im Sinne des § 67 Abs. 6 LPersVG. Das Gericht kann einen Antrag nach § 121 LPersVG wegen fehlenden Rechtsschutzbedürfnisses zurückweisen, wenn es zu der Auffassung gelangt, dass von der einreichenden Stelle nicht alles für die Einigung unternommen worden ist (BVerwG v. 5.2.1972, PersV 1972, 36).

Beendigung des Verfahrens

Die Fachkammer des Verwaltungsgerichts entscheidet durch Beschluss (§ 121 Abs. 2 LPersVG i. V. m. § 84 ArbGG). Das Verfahren kann durch Vergleich oder Erledigungserklärung (§ 83a ArbGG) beendet werden, soweit die Beteiligten über den Gegenstand des Vergleichs verfügen können. Ein Antrag kann bis zur Verkündung der Entscheidung jederzeit zurückgenommen werden (§ 81 Abs. 2 Satz 1 ArbGG). Der Gegenstandswert der anwaltlichen Tätigkeit ist nach § 33 Abs. 1 RVG von der Fachkammer auf Antrag durch Beschluss festzusetzen. Im Übrigen ist das Verfahren frei von Gerichtskosten, Gebühren und Auslagen. Für die Beschwerde gegen verfahrensbeendende Beschlüsse des Verwaltungsgerichts im Hauptsacheverfahren gelten § 124 Abs. 2 und § 124a der Verwaltungsgerichtsordnung (VwGO) entsprechend. Über die Zulassung der Beschwerde kann ohne mündliche Verhandlung entschieden werden.

Rechtskraft

Rechtskraft tritt ein, wenn entweder die Rechtsmittelfrist ungenutzt verstrichen ist oder das Beschwerde- bzw. Rechtsmittelbeschwerdegericht das Rechtsmittel als unzulässig verworfen oder als unbegründet abgewiesen hat.

Verfahren im zweiten Rechtszug

Prozessvertretung

Die Beschwerdeschrift muss von einem Anwalt oder einem Gewerkschaftsvertreter unterzeichnet sein (§ 89 Abs. 1 ArbGG). Darüber hinaus können die Beteiligten auch in der zweiten Instanz selbst auftreten, obwohl dies wenig sinnvoll erscheint.

Rechtsmittel

Das Rechtsmittel der Beschwerde ist gegen alle das Verfahren beendenden Beschlüsse der Fachkammer zulässig (§ 87 Abs. 1 ArbGG). Die Beschwerde muss binnen eines Monats nach Zustellung des Beschlusses der Fachkammer eingelegt und binnen eines Monats nach Einlegung begründet werden (§ 67 Abs. 2 i. V. m. § 66 Abs. 1 ArbGG).

Beschwerdebegründung

Die Beschwerdebegründung, für die Schriftform erforderlich ist, muss angeben, auf welche Gründe und auf welche neuen Tatsachen und Beweisgründe sie gestützt wird (§ 89 Abs. 2 Satz 1 ArbGG). Eine Bezugnahme auf das erstinstanzliche Vorbringen reicht nicht aus.

Verfahren im dritten Rechtszug

Rechtsbeschwerde

Gegen den das Verfahren beendenden Beschluss des Oberverwaltungsgerichts findet die Rechtsbeschwerde an das Bundesverwaltungsgericht statt (§ 92 Abs. 1 Satz 1 ArbGG). Hat das Gericht der zweiten Instanz in seinem verfahrensbeendenden Beschluss die Rechtsbeschwerde zugelassen, so ist sie binnen eines Monats nach Zustellung des Beschlusses einzulegen. Die Rechtsbeschwerde ist zuzulassen, wenn die Rechtssache grundsätzliche Bedeutung hat oder von einer anderen Entscheidung eines anderen Verwaltungsgerichts zweiter Instanz abweicht und die Entscheidung auf dieser Abweichung beruht. Eine personalvertretungsrechtliche Rechtsfrage hat keine grundsätzliche Bedeutung, wenn ihre Klärung nur eine geringe Anzahl von Dienststellen vorübergehend betrifft (BVerwG v. 22.8.2005, 6 PB 5/05).

Nichtzulassungsbeschwerde

Die Nichtzulassung der Rechtsbeschwerde kann eigenständig angefochten werden (§ 92a ArbGG). Wird von dem Gericht der zweiten Instanz die Rechtsbeschwerde nicht zugelassen, so steht den Beteiligten unter bestimmten Voraussetzungen die Nichtzulassungsbeschwerde an das Bundesverwaltungsgericht zu. Wird die Nichtzulassung mit der Beschwerde angefochten, so muss in der Begründung die grundsätzliche Bedeutung dargelegt oder die Entscheidung, von der die Entscheidung der zweiten Instanz abweicht, bezeichnet werden. Grundsätzliche Bedeutung kommt einer Rechtssache immer dann zu, wenn sie eine erhebliche zu klärende Rechtsfrage aufwirft, die im Interesse der Einheit und der Fortbildung des Rechts einer Klärung bedarf (BVerwG v. 8.2.2007 – 6 B 6/07).

Einstweiliger Rechtsschutz

Für die Beantragung einer einstweiligen Verfügung im personalvertretungsrechtlichen Beschlussverfahren besteht immer dann Raum, wenn bei Vorliegen der übrigen Voraussetzungen Ansprüche der Beteiligten in Frage stehen, die im Fachkammerverfahren durchgesetzt werden können (§ 121 Abs. 2 LPersVG i. V. m. § 85 Abs. 1 Satz 1 ArbGG).

Eine einstweilige Verfügung kann beantragt werden, wenn ein Verfügungsgrund gegeben ist. Dieser liegt vor, wenn Anlass für die Gewährung einstweiligen Rechtsschutzes besteht. Zusätzlich muss ein Verfügungsanspruch vorliegen, der vorläufig bis zur rechtskräftigen Entscheidung im Hauptsacheverfahren geschützt werden soll. Verfügungsgrund und Verfügungsanspruch müssen glaubhaft gemacht werden.

Im Wege einer einstweiligen Verfügung kann nicht ein bestimmtes Tätigwerden oder das Unterlassen konkreter Handlungen durchgesetzt werden. Der Erlass einer einstweiligen Verfügung im personalvertretungsrechtlichen Verfahren, die darauf gerichtet ist, dem Dienststellenleiter aufzugeben, eine Maßnahme zu unterlassen oder rückgängig zu machen, ist mangels entsprechenden Anspruchs nicht möglich (VG Meiningen v. 14.7.1994, PersR 1994, 576).

Nach der Rechtsprechung des Bundesverwaltungsgerichts besteht aber die Möglichkeit, den Dienststellenleiter zu verpflichten, „das Beteiligungsverfahren einzuleiten und/oder ihm einstweilen Fortgang zu geben" (BVerwG v. 27.7.1990 – 6 PB 12/89). Es ist danach möglich, den Dienststellenleiter durch Erlass einer einstweiligen Verfügung zur Fortführung des abgebrochenen Beteiligungsverfahrens zu verpflichten. Sowohl von der zuständigen Fachkammer des Verwaltungsgerichts als auch vom Sächsischen Oberverwaltungsgericht wurde ein entsprechendes Verfahren als statthaft angesehen (VG Dresden v. 13.7.2001 – 9 K 1139/01). Die Entscheidung im einstweiligen Verfügungsverfahren darf nur ausnahmsweise die Entscheidung in der Hauptsache vorwegnehmen. Dies ist nur dann der Fall, wenn die Effektivität des Rechtsschutzes eine Vorwegnahme rechtfertigt. Die Voraussetzungen liegen vor, wenn ein wirksamer Rechtsschutz im Hauptsacheverfahren nicht mehr erreichbar wäre „und dies für den Anspruchsteller zu schlechthin unzumutbaren Folgen führen würde, insbesondere wenn die Versagung der Anordnung zu einem irreparablen Zustand führt" (OVG Münster v. 21.3.1985 – CB 14/85).

Landespersonalvertretungsgesetz (LPersVG)

in der Fassung der Bekanntmachung vom 24. November 2000 (GVBl. S. 529)

Zuletzt geändert durch
Landesgesetz zum Abbau verzichtbarer Anordnungen der Schriftform im Verwaltungsrecht des Landes

vom 20. Dezember 2024 (GVBl. S. 473)

Inhaltsübersicht

Erster Teil
Personalvertretungen

I. Abschnitt
Allgemeine Bestimmungen

§ 1 Geltungsbereich

In den Verwaltungen (einschließlich der Schulen) und öffentlich-rechtlichen Betrieben des Landes, der kommunalen Gebietskörperschaften und der sonstigen nicht bundesunmittelbaren Körperschaften, Anstalten und Stiftungen des öffentlichen Rechts sowie den Gerichten des Landes werden zur Vertretung der Interessen der Beschäftigten Personalvertretungen gebildet.

§ 2 Zusammenarbeit zwischen Dienststelle, Personalvertretungen, Gewerkschaften und Arbeitgebervereinigungen

(1) Dienststelle und Personalvertretung arbeiten unter Beachtung der Gesetze und Tarifverträge vertrauensvoll und in engem Zusammenwirken mit den in der Dienststelle vertretenen Gewerkschaften und Arbeitgebervereinigungen zum Wohl der Beschäftigten und zur Erfüllung der der Dienststelle obliegenden Aufgaben zusammen.

(2) Zur Wahrung der in diesem Gesetz genannten Aufgaben und Befugnisse der in der Dienststelle vertretenen Gewerkschaften ist deren Beauftragten nach vorheriger Unterrichtung der Leiterin oder des Leiters oder der stellvertretenden Leiterin oder des stellvertretenden Leiters der Dienststelle Zugang zu der Dienststelle zu gewähren, soweit dem nicht unumgängliche Notwendigkeiten des Dienstablaufs, zwingende Sicherheitsvorschriften oder der Schutz von Dienstgeheimnissen entgegenstehen.

(3) Die Aufgaben der Gewerkschaften und der Vereinigungen der Arbeitgeber, insbesondere die Wahrnehmung der Interessen ihrer Mitglieder, werden durch dieses Gesetz nicht berührt. Auf Verlangen einer Gewerkschaft oder einer Vereinigung der Arbeitgeber hat die Dienststelle in ihrem Intranet den Internetauftritt der Gewerkschaft oder der Vereinigung der Arbeitgeber zu verlinken.

§ 3 Verbot abweichender Regelungen

Durch Tarifvertrag oder Dienstvereinbarung kann das Personalvertretungsrecht nicht abweichend von diesem Gesetz geregelt werden.

§ 4 Beschäftigte

(1) Beschäftigte im Sinne dieses Gesetzes sind Beamtinnen und Beamte sowie Arbeitnehmerinnen und Arbeitnehmer einschließlich der zu ihrer Ausbildung in der Dienststelle Tätigen. Richterinnen und Richter sowie Staatsanwältinnen und Staatsanwälte gelten als Beschäftigte im Sinne dieses Gesetzes, wenn sie gemäß §§ 27 und 84 Abs. 4 des Landesrichtergesetzes (LRiG) nicht mehr zum Richterrat (Hauptrichterrat) oder zum Staatsanwaltsrat (Hauptstaatsanwaltsrat) wahlberechtigt sind. Beschäftigte sind auch arbeitnehmerähnliche Personen

im Sinne des § 12a des Tarifvertragsgesetzes (TVG). Als Beschäftigte im Sinne dieses Gesetzes gelten ferner Personen, die für die Dienststelle in Heimarbeit oder in Fernarbeit (außerhalb der Dienststelle mit ihr durch elektronische Mittel verbunden) tätig werden.

(2) In jeder Dienststelle bilden je eine Gruppe

1. die Beamtinnen und Beamten sowie
2. die Arbeitnehmerinnen und Arbeitnehmer.

(3) Wer Beamtin oder Beamter ist, bestimmen die Beamtengesetze. Die in Absatz 1 genannten Richterinnen und Richter, Staatsanwältinnen und Staatsanwälte sowie die Beschäftigten, die sich in der Ausbildung für eine Beamtenlaufbahn befinden, gelten als Beamtinnen und Beamte im Sinne dieses Gesetzes.

(4) Arbeitnehmerinnen und Arbeitnehmer im Sinne dieses Gesetzes sind Beschäftigte, die aufgrund eines Arbeitsvertrags in einem Arbeitsverhältnis zu einem der in § 1 genannten Rechtsträger stehen oder sich in einer beruflichen Ausbildung in einem privatrechtlichen Verhältnis zu einem dieser Rechtsträger befinden. Als Arbeitnehmerinnen und Arbeitnehmer gelten auch arbeitnehmerähnliche Personen nach § 12a TVG.

(5) Als Beschäftigte im Sinne dieses Gesetzes gelten nicht

1. Ehrenbeamtinnen und Ehrenbeamte,
2. Personen, die im Rahmen einer Schul- oder Hochschulausbildung ein Praktikum ableisten,
3. Personen, deren Beschäftigung vorwiegend durch Beweggründe karitativer oder religiöser Art bestimmt ist,
4. Personen, die überwiegend zu ihrer Heilung, Wiedereingewöhnung, sittlichen Besserung oder Erziehung beschäftigt werden, und
5. Personen, die nicht länger als zwei Monate beschäftigt sind.

§ 5 Dienststellen

(1) Dienststellen im Sinne dieses Gesetzes sind die einzelnen Behörden und Verwaltungsstellen der in § 1 genannten Verwaltungen, die öffentlich-rechtlichen Betriebe und die Gerichte.

(2) Die einer Mittelbehörde unmittelbar nachgeordnete Behörde bildet mit den ihr nachgeordneten Stellen eine Dienststelle; dies gilt nicht, soweit auch die weiter nachgeordneten Stellen im Verwaltungsaufbau nach Aufgabenbereich und Organisation selbständig sind. Mittelbehörde im Sinne dieses Gesetzes ist die der obersten Dienstbehörde unmittelbar nachgeordnete Behörde, der andere Dienststellen nachgeordnet sind.

(3) Nebenstellen oder Teile einer Dienststelle, die räumlich weit von dieser entfernt liegen, gelten als selbständige Dienststellen, wenn die Mehrheit der wahlberechtigten Beschäftigten dies in geheimer Abstimmung beschließt. Der Beschluss ist erstmals für die folgende Wahl und so lange wirksam, bis er durch Beschluss der Mehrheit der wahlberechtigten Beschäftigten in geheimer Abstimmung mit Wirkung für die folgende Wahl aufgehoben wird.

(4) Bei gemeinsamen Dienststellen des Bundes und der in § 1 genannten Körperschaften, Anstalten und Stiftungen des öffentlichen Rechts gelten nur die nicht im Bundesdienst Beschäftigten als zur Dienststelle gehörig. Im Übrigen wird bei Dienststellen, denen Beschäftigte mehrerer Dienstherren angehören, nur eine gemeinsame Personalvertretung gebildet.

(5) Für die Dienststelle handelt ihre Leiterin oder ihr Leiter. Sie oder er kann sich durch die ständige Vertreterin oder den ständigen Vertreter vertreten lassen. Für den Verhinderungsfall kann sie oder er sich bei den obersten Dienstbehörden, bei den Struktur- und Genehmigungsdirektionen und bei der Aufsichts- und Dienstleistungsdirektion durch die Leiterin oder den Leiter der für Personalangelegenheiten zuständigen Abteilung vertreten lassen. Weitergehende Vertretungsregelungen können durch Dienstvereinbarungen getroffen werden. Die Verhinderungsvertretung nach Satz 3 gilt nicht für Besprechungen nach § 67 Abs. 1. § 99 Abs. 3 bleibt unberührt.

(6) Wird die Dienststelle von einem Kollegialorgan geleitet, bestimmt dieses nach seiner Geschäftsordnung, welches seiner Mitglieder gegenüber dem Personalrat für die Dienststelle handelt und durch wen es ständig vertreten wird.

(7) Vertreterinnen oder Vertreter nach Absatz 5 und 6 sind mit den sachlich notwendigen Vollmachten zu versehen.

§ 6 Schutzbestimmungen

Personen, die Aufgaben oder Befugnisse nach diesem Gesetz wahrnehmen, dürfen darin nicht behindert werden. Sie dürfen wegen ihrer Tätigkeit nicht benachteiligt oder begünstigt werden; dies gilt auch für ihre berufliche Entwicklung.

§ 7 Unfallfürsorge, Ersatz von Sachschäden

(1) Erleidet eine Beamtin oder ein Beamter anlässlich der Wahrnehmung von Rechten oder der Erfüllung von Pflichten nach diesem Gesetz einen Unfall, der im Sinne der beamtenrechtlichen Unfallfürsorgevorschriften ein Dienstunfall wäre, so sind diese Vorschriften entsprechend anzuwenden. Für die übrigen Beschäftigten sind insoweit die maßgeblichen Bestimmungen des Siebten Buches Sozialgesetzbuch entsprechend anzuwenden.

(2) Hinsichtlich des Ersatzes von Sachschäden, die anlässlich der Wahrnehmung von Rechten oder der Erfüllung von Pflichten nach diesem Gesetz entstehen, sind die beamtenrechtlichen Schadenersatzvorschriften entsprechend anzuwenden.

§ 8 Schutz Auszubildender in besonderen Fällen

(1) Beabsichtigt der Arbeitgeber, in einem Berufsausbildungsverhältnis nach dem Berufsbildungsgesetz, dem Krankenpflegegesetz, dem Pflegeberufegesetz oder dem Hebammengesetz stehende Beschäftigte (Auszubildende), die Mitglieder einer Personalvertretung oder Jugend- und Auszubildendenvertretung sind, nach erfolgreicher Beendigung des Berufsausbildungsverhältnisses nicht in ein Arbeitsverhältnis auf unbestimmte Zeit zu übernehmen, so hat er ihnen dies drei Monate vor Beendigung des Berufsausbildungsverhältnisses schriftlich mitzuteilen. Gleiches gilt für Beamtinnen und Beamte im Vorbereitungsdienst, die aus-

schließlich für eine Tätigkeit in der öffentlichen Verwaltung ausgebildet werden, wenn sie nicht in das Beamtenverhältnis auf Probe übernommen werden.

(2) Verlangen die in Absatz 1 Satz 1 genannten Beschäftigten innerhalb der letzten drei Monate vor Beendigung des Berufsausbildungsverhältnisses schriftlich vom Arbeitgeber die Weiterbeschäftigung, so gilt zwischen beiden im Anschluss an das erfolgreiche Berufsausbildungsverhältnis ein Arbeitsverhältnis auf unbestimmte Zeit als begründet.

(3) Die Absätze 1 und 2 gelten auch, wenn das Berufsausbildungsverhältnis vor Ablauf eines Jahres nach Beendigung der Amtszeit der Personalvertretung oder der Jugend- und Auszubildendenvertretung erfolgreich endet.

(4) Der Arbeitgeber kann spätestens bis zum Ablauf von zwei Wochen nach Beendigung des Berufsausbildungsverhältnisses beim Verwaltungsgericht beantragen,

1. festzustellen, dass ein Arbeitsverhältnis nach den Absätzen 2 oder 3 nicht begründet wird, oder
2. das bereits nach den Absätzen 2 oder 3 begründete Arbeitsverhältnis aufzulösen,

wenn Tatsachen vorliegen, aufgrund derer dem Arbeitgeber unter Berücksichtigung aller Umstände die Weiterbeschäftigung nicht zugemutet werden kann. In dem Verfahren vor dem Verwaltungsgericht ist die Personalvertretung, bei einem Mitglied der Jugend- und Auszubildendenvertretung auch diese, beteiligt.

(5) Die Absätze 2 bis 4 sind unabhängig davon anzuwenden, ob der Arbeitgeber seiner Mitteilungspflicht nach Absatz 1 nachgekommen ist.

§ 9 Verletzung personalvertretungsrechtlicher Pflichten der Dienststellenleitung

Die schuldhafte Verletzung einer der Dienststellenleitung nach diesem Gesetz obliegenden Pflicht ist ein Dienstvergehen nach § 47 des Beamtenstatusgesetzes.

II. Abschnitt
Personalrat

1. Unterabschnitt
Wahl und Zusammensetzung

§ 10 Wahlberechtigung

(1) Wahlberechtigt sind alle Beschäftigten.

(2) Wer zu einer Dienststelle abgeordnet ist, wird in ihr wahlberechtigt, sobald die Abordnung länger als drei Monate gedauert hat; im gleichen Zeitpunkt verliert er das Wahlrecht bei der abgebenden Dienststelle. Auszubildende, Beamtinnen und Beamte im Vorbereitungsdienst und Beschäftigte in entsprechender Berufsausbildung sind bei Abordnung bis zu sechs Monaten nur bei ihrer Ausbildungsbehörde wahlberechtigt. Wahlberechtigt bei der abgebenden Dienststelle sind Beschäftigte, die einer gemeinsamen Einrichtung nach § 44b

des Zweiten Buches Sozialgesetzbuch (SGB II) mit der Bezeichnung „Jobcenter" nach § 6d SGB II oder einem privaten Arbeitgeber zur Arbeitsleistung überlassen werden; die Bestimmungen des Betriebsverfassungsgesetzes bleiben unberührt. Beschäftigte, die als Mitglieder einer Stufenvertretung oder einer Jugend- und Auszubildendenstufenvertretung oder des Gesamtpersonalrats freigestellt sind, sowie Beschäftigte, die im Rahmen ihrer Aus- und Fortbildung besonderen Ausbildungs- und Schulungsstätten zugewiesen sind, sind nur bei ihrer Heimatdienststelle wahlberechtigt. Das Gleiche gilt für Beschäftigte, die bei mehreren Dienststellen verwendet werden.

(3) Beschäftigte, die zu mehreren Gruppen gehören, sind nur für die Gruppe wahlberechtigt, als deren Angehörige sie überwiegend beschäftigt sind. Bei gleichem Umfang der Beschäftigung entscheiden die Beschäftigten durch Erklärung gegenüber dem Wahlvorstand, für welche Gruppe sie das Wahlrecht ausüben.

(4) Die Leiterin oder der Leiter der Dienststelle und die stellvertretende Leiterin oder der stellvertretende Leiter nach § 5 Abs. 5 sowie die Mitglieder einer kollegialen Dienststellenleitung sind für die Personalvertretung bei ihrer Dienststelle nicht wahlberechtigt.

§ 11 Wählbarkeit

(1) Wählbar sind alle Wahlberechtigten, die am Wahltag das 18. Lebensjahr vollendet haben und die seit sechs Monaten bei Dienststellen, für die Personalvertretungen auf der Grundlage der §§ 1 und 95 des Bundespersonalvertretungsgesetzes gebildet werden, beschäftigt sind. Auf Beamtinnen und Beamte im Vorbereitungsdienst sowie Beschäftigte in entsprechender Berufsausbildung finden die Einschränkungen des Satzes 1 keine Anwendung. Wählbar sind auch Beschäftigte, die nach § 10 Abs. 2 Satz 3 wahlberechtigt sind. Nicht wählbar ist, wer infolge strafgerichtlicher Verurteilung die Fähigkeit, Rechte aus öffentlichen Wahlen zu erlangen, nicht besitzt.

(2) Wer zu einer Dienststelle abgeordnet ist, wird in ihr wählbar, sobald die Abordnung länger als drei Monate gedauert hat, und verliert im gleichen Zeitpunkt die Wählbarkeit bei der abgebenden Dienststelle. Dies gilt nicht, wenn die Rückkehr zur abgebenden Dienststelle binnen weiterer neun Monate feststeht. Bei Beschäftigten in der Berufsausbildung gilt die Zuweisung zu einer anderen Dienststelle als Abordnung.

(3) Nicht wählbar sind für die Personalvertretung bei ihrer Dienststelle Beschäftigte, die zu selbständigen Entscheidungen in mitbestimmungspflichtigen Personalangelegenheiten der Dienststelle befugt sind.

§ 12 Bildung von Personalräten und Zahl der Personalratsmitglieder

(1) In allen Dienststellen mit in der Regel mindestens fünf Wahlberechtigten, von denen drei wählbar sind, werden Personalräte gebildet.

(2) Dienststellen, bei denen die Voraussetzungen des Absatzes 1 nicht gegeben sind, werden von der übergeordneten Dienststelle im Einvernehmen mit der Stufenvertretung einer benachbarten Dienststelle zugeteilt.

(3) Der Personalrat besteht in Dienststellen mit in der Regel

5	bis	20	Beschäftigten aus einer Person,
21	bis	50	Beschäftigten aus drei Mitgliedern,
51	bis	100	Beschäftigten aus fünf Mitgliedern,
101	bis	250	Beschäftigten aus sieben Mitgliedern,
251	bis	500	Beschäftigten aus neun Mitgliedern,
501	bis	750	Beschäftigten aus elf Mitgliedern,
751	bis	1000	Beschäftigten aus 13 Mitgliedern,
1001	bis	2000	Beschäftigten aus 15 Mitgliedern,
2001	bis	3000	Beschäftigten aus 17 Mitgliedern,
3001	bis	4000	Beschäftigten aus 19 Mitgliedern,
4001	bis	5000	Beschäftigten aus 21 Mitgliedern,
5001	und mehr		Beschäftigten aus 23 Mitgliedern.

(4) Maßgebend für die Ermittlung der Zahl der Personalratsmitglieder ist der zehnte Werktag vor Erlass des Wahlausschreibens.

§ 13 Verteilung der Sitze auf die Gruppen

(1) Sind in der Dienststelle Angehörige verschiedener Gruppen beschäftigt, so muss jede Gruppe entsprechend der Zahl der in der Regel beschäftigten Gruppenangehörigen im Personalrat vertreten sein, wenn dieser aus mindestens drei Mitgliedern besteht. Absatz 4 findet entsprechende Anwendung. Kann gleich starken Gruppen nicht die gleiche Anzahl von Sitzen im Personalrat zur Verfügung gestellt werden, so entscheidet das Los darüber, welche dieser Gruppen einen Sitz mehr erhält. Macht eine Gruppe von ihrem Recht, im Personalrat vertreten zu sein, keinen Gebrauch, so verliert sie ihren Anspruch auf Vertretung.

(2) Der Wahlvorstand errechnet die Verteilung der Sitze auf die Gruppen nach den Grundsätzen der Verhältniswahl.

(3) Eine Gruppe erhält bei in der Regel

weniger als 51			Gruppenangehörigen mindestens eine Vertreterin oder einen Vertreter,
51	bis	200	Gruppenangehörigen mindestens zwei Vertreterinnen und Vertreter,
201	bis	600	Gruppenangehörigen mindestens drei Vertreterinnen und Vertreter,
601	bis	1000	Gruppenangehörigen mindestens vier Vertreterinnen und Vertreter,
1001	bis	3000	Gruppenangehörigen mindestens fünf Vertreterinnen und Vertreter,
3001	und mehr		Gruppenangehörigen mindestens sechs Vertreterinnen und Vertreter

im Personalrat.

(4) Ein Personalrat, für den in § 12 Abs. 3 drei Mitglieder vorgesehen sind, besteht aus vier Mitgliedern, wenn eine Gruppe mindestens ebenso viele Beschäftigte zählt wie die beiden anderen Gruppen zusammen. Das vierte Mitglied steht der stärksten Gruppe zu.

(5) Eine Gruppe, der in der Regel nicht mehr als fünf Beschäftigte angehören, erhält nur dann eine Vertretung, wenn sie mindestens ein Zwanzigstel der Beschäftigten der Dienststelle umfasst. Erhält sie keine Vertretung und findet Gruppenwahl statt, so kann sich jede Angehörige oder jeder Angehöriger dieser Gruppe durch Erklärung gegenüber dem Wahlvorstand einer anderen Gruppe anschließen.

§ 14 Abweichende Verteilung

(1) Die Verteilung der Mitglieder des Personalrats auf die Gruppen kann abweichend von § 13 geordnet werden, wenn dies die Angehörigen jeder Gruppe vor der Neuwahl in getrennter und geheimer Abstimmung beschließen. Der Beschluss bedarf der Mehrheit der Stimmen der abstimmenden Wahlberechtigten jeder Gruppe.

(2) Für jede Gruppe können auch Angehörige anderer Gruppen vorgeschlagen werden. Die Gewählten vertreten die Gruppe, für die sie vorgeschlagen sind. Satz 2 gilt auch für Ersatzmitglieder.

§ 15 Wahlgrundsätze

(1) Der Personalrat wird in geheimer und unmittelbarer Wahl gewählt. Er soll sich aus Angehörigen der verschiedenen Beschäftigungsarten zusammensetzen. Die Geschlechter sollen in den Wahlvorschlägen entsprechend ihrem Zahlenverhältnis vertreten sein.

(2) Besteht der Personalrat aus mehr als einer Person, so wählen die Beamtinnen und Beamten sowie die Arbeitnehmerinnen und Arbeitnehmer ihre Vertreterinnen und Vertreter (§ 13) je in getrennten Wahlgängen, es sei denn, dass die wahlberechtigten Angehörigen jeder Gruppe vor der Neuwahl in getrennter und geheimer Abstimmung die gemeinsame Wahl beschließen. Der Beschluss bedarf der Mehrheit der Stimmen aller Wahlberechtigten jeder Gruppe.

(3) Die Wahl wird nach den Grundsätzen der Verhältniswahl durchgeführt. Wird nur ein Wahlvorschlag eingereicht, so findet Personenwahl statt. In Dienststellen, deren Personalrat aus einer Person besteht, wird dieser mit einfacher Stimmenmehrheit gewählt. Das Gleiche gilt für Gruppen, die nur durch ein Mitglied im Personalrat vertreten sind.

(4) Zur Wahl des Personalrats können die wahlberechtigten Beschäftigten und die in der Dienststelle vertretenen Gewerkschaften Wahlvorschläge machen. Jeder Wahlvorschlag der Beschäftigten muss von mindestens einem Zwanzigstel der wahlberechtigten Gruppenangehörigen, jedoch mindestens von drei Wahlberechtigten, unterzeichnet sein. In jedem Fall genügt die Unterzeichnung durch 50 wahlberechtigte Beschäftigte. Beschäftigte, die zu selbständigen Entscheidungen in mitbestimmungspflichtigen Personalangelegenheiten der Dienststelle befugt sind, dürfen keine Wahlvorschläge machen oder unterzeichnen.

(5) Ist gemeinsame Wahl beschlossen worden, so muss jeder Wahlvorschlag der Beschäftigten von mindestens einem Zwanzigstel der wahlberechtigten Beschäftigten unterzeichnet sein; Absatz 4 Satz 2 bis 4 gilt entsprechend.

(6) Jede Beschäftigte oder jeder Beschäftigte kann nur auf einem Wahlvorschlag benannt werden und nur einen Wahlvorschlag unterzeichnen.

§ 16 Wahlvorstand

(1) Spätestens drei Monate vor Ablauf seiner Amtszeit bestellt der Personalrat drei Wahlberechtigte als Wahlvorstand und bestimmt, wer von ihnen den Vorsitz führt und dessen Vertretung wahrnimmt. Sind in der Dienststelle Angehörige verschiedener Gruppen beschäftigt, so muss jede Gruppe im Wahlvorstand vertreten sein; sie kann auf dieses Recht verzichten. Beide Geschlechter sollen im Wahlvorstand vertreten sein. Für jedes Mitglied des Wahlvorstands soll ein Ersatzmitglied bestellt werden; die Sätze 2 und 3 gelten entsprechend.

(2) Besteht zwei Monate vor Ablauf der Amtszeit des Personalrats kein Wahlvorstand oder besteht in einer personalratsfähigen Dienststelle (§ 12 Abs. 1) kein Personalrat, so beruft die Dienststellenleitung auf Antrag von mindestens drei Wahlberechtigten oder einer in der Dienststelle vertretenen Gewerkschaft eine Personalversammlung zur Wahl des Wahlvorstands ein. Die Zusammensetzung des Wahlvorstands richtet sich nach Absatz 1. Die Personalversammlung wählt eine Versammlungsleiterin oder einen Versammlungsleiter.

(3) Findet eine Personalversammlung nicht statt oder wählt die Personalversammlung keinen Wahlvorstand, so bestellt ihn die Dienststellenleitung auf Antrag von mindestens drei Wahlberechtigten oder einer in der Dienststelle vertretenen Gewerkschaft.

§ 17 Aufgaben des Wahlvorstands

(1) Der Wahlvorstand hat die Wahl rechtzeitig einzuleiten, sie durchzuführen und das Wahlergebnis festzustellen. Kommt der Wahlvorstand dieser Verpflichtung nicht nach, so ersetzt ihn das Verwaltungsgericht auf Antrag von mindestens drei Wahlberechtigten oder einer in der Dienststelle vertretenen Gewerkschaft. Der vom Verwaltungsgericht bestellte Wahlvorstand hat unverzüglich die Wahl einzuleiten oder fortzuführen.

(2) Die Vorsitzende oder der Vorsitzende des Wahlvorstands beruft dessen Sitzungen ein und verständigt rechtzeitig die in der Dienststelle vertretenen Gewerkschaften über Ort und Zeit der Sitzungen. Je eine Beauftragte oder je ein Beauftragter dieser Gewerkschaften ist berechtigt, an den Sitzungen des Wahlvorstands mit beratender Stimme teilzunehmen.

(3) Unverzüglich nach Abschluss der Wahl nimmt der Wahlvorstand öffentlich die Auszählung der Stimmen vor, stellt das Ergebnis in einer Niederschrift fest und gibt es den Angehörigen der Dienststelle durch Aushang bekannt. Der Dienststellenleitung und den in der Dienststelle vertretenen Gewerkschaften ist eine Abschrift der Niederschrift zu übersenden.

§ 18 Verbot der Wahlbehinderung und Kosten der Wahl

(1) Niemand darf die Wahl des Personalrats behindern oder in einer gegen die guten Sitten verstoßenden Weise, insbesondere durch Zufügen oder Androhen

von Nachteilen oder Versprechen von Vorteilen, beeinflussen. Insbesondere dürfen die Wahlberechtigten in der Ausübung des aktiven und passiven Wahlrechts nicht beschränkt werden. Die Dienststellenleitung hat sich jeder Einflussnahme auf die Wahl zu enthalten.

(2) Die Bestimmungen über den Schutz der Mitglieder der Personalvertretung (§ 70) gelten für Mitglieder des Wahlvorstands sowie für Wahlbewerberinnen und Wahlbewerber entsprechend.

(3) Die Kosten der Wahl trägt die Dienststelle. Notwendige Versäumnisse von Arbeitszeit infolge der Vorbereitung der Wahl, der Ausübung des Wahlrechts, der Teilnahme an Personalversammlungen zur Bildung eines Wahlvorstands (§ 16 Abs. 2) oder der Betätigung als Wahlvorstand haben keine Minderung der Dienstbezüge oder des Arbeitsentgelts zur Folge. Für die Mitglieder des Wahlvorstands gelten die Bestimmungen über Freizeitausgleich (§ 39 Abs. 4) und Reisekostenerstattung (§ 43 Abs. 4) entsprechend.

(4) In jedem Wahlvorstand hat in der Regel je ein Wahlvorstandsmitglied Anspruch auf Freistellung bis zu fünf Werktagen für die Teilnahme an Schulungs- und Bildungsveranstaltungen unter Weiterzahlung der Dienstbezüge oder des Arbeitsentgelts, soweit die Veranstaltungen Kenntnisse vermitteln, die für die Arbeit des Wahlvorstands geeignet sind. Stehen der Teilnahme an der Schulungs- und Bildungsveranstaltung nach Auffassung der Dienststellenleitung zwingende dienstliche Gründe entgegen, hat sie dem Wahlvorstandsmitglied die Teilnahme an einer sachgleichen Veranstaltung zu ermöglichen. Die Dienststelle trägt entsprechend § 41 Abs. 4 die durch die Teilnahme entstehenden Kosten.

§ 19 Anfechtung der Wahl

(1) Mindestens drei Wahlberechtigte, jede in der Dienststelle vertretene Gewerkschaft oder die Dienststellenleitung können binnen einer Frist von zwölf Werktagen, vom Tag der Bekanntgabe des Wahlergebnisses an gerechnet, die Wahl beim Verwaltungsgericht anfechten, wenn gegen wesentliche Bestimmungen über das Wahlrecht, die Wählbarkeit oder das Wahlverfahren verstoßen worden und eine Berichtigung nicht erfolgt ist, es sei denn, dass durch den Verstoß das Wahlergebnis nicht geändert oder beeinflusst werden konnte. Bis zur Rechtskraft der Entscheidung führen die gewählten Mitglieder des Personalrats ihr Amt fort.

(2) Ist die Wahl für ungültig erklärt, setzt das Verwaltungsgericht einen Wahlvorstand ein. Dieser hat unverzüglich die Neuwahl einzuleiten, durchzuführen und das Wahlergebnis festzustellen. Er nimmt bis zur Neuwahl die Aufgaben des Personalrats wahr.

(3) Wird die Wahl nur einer Gruppe für ungültig erklärt, so gilt Absatz 2 Satz 1 und 2 mit der Maßgabe entsprechend, dass der Wahlvorstand aus Angehörigen dieser Gruppe zu bilden ist. Das Verwaltungsgericht bestimmt zur Wahrnehmung der Befugnisse der Gruppe im Personalrat bis zur Neuwahl so viele wählbare Gruppenangehörige, wie der Gruppe Sitze im Personalrat zustehen.

2. Unterabschnitt
Amtszeit

§ 20 Beginn und Dauer der Amtszeit

Die regelmäßige Amtszeit des Personalrats beträgt vier Jahre; die Amtszeit des Personalrats der Studienreferendarinnen und Studienreferendare beträgt zwei Jahre, die des Personalrats der Anwärterinnen und Anwärter für die Lehrämter 18 Monate und die des Personalrats der Rechtsreferendarinnen und Rechtsreferendare ein Jahr. Die Amtszeit beginnt am Tag nach der Feststellung des Wahlergebnisses oder, wenn zu diesem Zeitpunkt noch ein Personalrat besteht, mit dem Ablauf seiner Amtszeit. Sie endet spätestens am 31. Mai des Jahres, in dem nach § 21 Abs. 1 die regelmäßigen Personalratswahlen stattfinden.

§ 21 Zeitpunkt der Personalratswahl

(1) Die regelmäßigen Personalratswahlen finden alle vier Jahre in der Zeit vom 1. März bis 31. Mai statt.

(2) Außerhalb dieser Zeit ist der Personalrat zu wählen, wenn

1. mit Ablauf von zwei Jahren, vom Tag nach der Feststellung des Wahlergebnisses gerechnet, die Zahl der regelmäßig Beschäftigten um die Hälfte, mindestens aber um 50 gestiegen oder gesunken ist, ausgenommen bei Stufenvertretungen, oder
2. die Gesamtzahl der Mitglieder des Personalrats auch nach Eintreten sämtlicher Ersatzmitglieder in der Reihenfolge nach § 25 Abs. 2 und 3 um mehr als ein Viertel der vorgeschriebenen Zahl gesunken ist oder
3. der Personalrat mit der Mehrheit seiner Mitglieder seinen Rücktritt beschlossen hat oder
4. die Personalratswahl mit Erfolg angefochten ist oder
5. der Personalrat durch rechtskräftige gerichtliche Entscheidung aufgelöst ist oder
6. in der Dienststelle kein Personalrat besteht.

(3) Soweit im Falle des Absatzes 2 Nr. 6 mehrere Dienststellen zu einer neuen Dienststelle zusammengelegt werden, führen die bisherigen Personalräte die Geschäfte gemeinsam weiter, bis der neue Personalrat gewählt ist, längstens jedoch für die Dauer eines Jahres. Die Anberaumung und Leitung der ersten Sitzung der bisherigen Personalräte obliegt der oder dem Vorsitzenden des Personalrats der aufgelösten Dienststelle mit dem größten Beschäftigtenstand. In dieser Sitzung sind der Vorsitz, die Stellvertretung und die Geschäftsführung festzulegen. Der gemeinsame Personalrat hat innerhalb einer Frist von drei Wochen seit Bildung der neuen Dienststelle den Wahlvorstand zu bestellen.

(4) In den Fällen des Absatzes 2 Nummer 1 bis 3 führt der Personalrat die Geschäfte weiter, bis der neue Personalrat gewählt ist. Er hat innerhalb einer Frist von drei Wochen seit Eintritt der Voraussetzungen für eine Neuwahl den Wahlvorstand zu bestellen.

(5) Ist eine in der Dienststelle vorhandene Gruppe, die bisher im Personalrat vertreten war, durch kein Mitglied des Personalrats mehr vertreten, so wählt diese Gruppe neue Mitglieder.

(6) Hat außerhalb des für die regelmäßigen Personalratswahlen festgelegten Zeitraumes eine Personalratswahl stattgefunden, so ist der Personalrat in dem auf die Wahl folgenden nächsten Zeitraum der regelmäßigen Personalratswahlen neu zu wählen. Hat die Amtszeit des Personalrats zu Beginn des für die regelmäßigen Personalratswahlen festgelegten Zeitraumes noch nicht ein Jahr betragen, so ist der Personalrat in dem übernächsten Zeitraum der regelmäßigen Personalratswahlen neu zu wählen.

§ 22 Ausschluss von Mitgliedern und Auflösung des Personalrats

(1) Auf Antrag eines Viertels der Wahlberechtigten oder einer in der Dienststelle vertretenen Gewerkschaft kann das Verwaltungsgericht nach Anhörung der in der Dienststelle vertretenen Gewerkschaften den Ausschluss eines Mitglieds aus dem Personalrat oder die Auflösung des Personalrats wegen grober Vernachlässigung seiner gesetzlichen Befugnisse oder wegen grober Vernachlässigung seiner gesetzlichen Pflichten beschließen. Der Personalrat kann aus den gleichen Gründen den Ausschluss eines Mitglieds beantragen. Die Dienststellenleitung kann den Ausschluss eines Mitglieds aus dem Personalrat oder die Auflösung des Personalrats wegen grober Verletzung seiner gesetzlichen Pflichten beantragen.

(2) Ist der Personalrat aufgelöst, so setzt das Verwaltungsgericht einen Wahlvorstand ein. Dieser hat unverzüglich die Neuwahl einzuleiten, durchzuführen und das Wahlergebnis festzustellen. Er nimmt bis zur Neuwahl die Aufgaben des Personalrats wahr.

§ 23 Erlöschen der Mitgliedschaft

(1) Die Mitgliedschaft im Personalrat erlischt durch

1. Ablauf der Amtszeit,
2. Niederlegung des Amtes,
3. Beendigung des Beschäftigungsverhältnisses,
4. Ausscheiden aus der Dienststelle,
5. Verlust der Wählbarkeit,
6. gerichtliche Entscheidung nach § 22 Abs. 1,
7. gerichtliche Entscheidung, dass das Mitglied nicht wählbar war, auch wenn sie in einem Verfahren ergeht, das nach Ablauf der in § 19 Abs. 1 Satz 1 genannten Anfechtungsfrist anhängig geworden ist.

(2) Die Mitgliedschaft im Personalrat wird durch einen Wechsel der Gruppenzugehörigkeit eines Mitglieds nicht berührt; dieses bleibt Vertreterin oder Vertreter der Gruppe, für die es gewählt ist.

§ 24 Ruhen der Mitgliedschaft

Die Mitgliedschaft von Beamtinnen und Beamten im Personalrat ruht, solange ihnen die Führung der Dienstgeschäfte verboten oder sie wegen eines gegen sie schwebenden Disziplinarverfahrens vorläufig des Dienstes enthoben sind.

§ 25 Ersatzmitglieder

(1) Scheidet ein Mitglied aus dem Personalrat aus, tritt ein Ersatzmitglied ein und wird Mitglied des Personalrats. Ist ein Mitglied des Personalrats zeitweilig verhindert, tritt ein Ersatzmitglied für die Dauer der Verhinderung ein und hat die Rechte und Pflichten eines Personalratsmitglieds.

(2) Ist das ausgeschiedene oder verhinderte Mitglied nach den Grundsätzen der Verhältniswahl gewählt worden, werden die Ersatzmitglieder der Reihe nach aus den nicht gewählten Beschäftigten derjenigen Vorschlagslisten entnommen, denen die zu ersetzenden Mitglieder angehören.

(3) Bei Personenwahl sind Ersatzmitglieder die nicht gewählten Beschäftigten mit der nächsthöheren Stimmenzahl.

(4) Ein Ersatzmitglied bleibt Vertreterin oder Vertreter der Gruppe, für die es kandidiert hat, auch wenn es vor Eintritt in den Personalrat die Gruppenzugehörigkeit wechselt.

(5) In den Fällen der erfolgreichen Anfechtung der Personalratswahl und der Auflösung des Personalrats durch rechtskräftige gerichtliche Entscheidung treten Ersatzmitglieder nicht ein.

3. Unterabschnitt Geschäftsführung

§ 26 Bildung des Vorstands

Der Personalrat wählt aus seiner Mitte die Vorsitzende oder den Vorsitzenden und bei drei Mitgliedern eine Stellvertreterin oder einen Stellvertreter, bei mehr als drei Mitgliedern eine Stellvertreterin und einen Stellvertreter oder zwei Stellvertreterinnen oder zwei Stellvertreter. Die Reihenfolge der Stellvertretung bestimmt der Personalrat. Sofern im Personalrat Mitglieder verschiedener Gruppen vertreten sind, dürfen die Stellvertreterin oder der Stellvertreter nicht der Gruppe der Vorsitzenden oder des Vorsitzenden angehören und müssen selbst unterschiedlichen Gruppen angehören. Die Gruppe kann auf die Vertretung im Vorstand verzichten. Sind nur zwei Gruppen vertreten, darf die erste Stellvertreterin oder der erste Stellvertreter nicht derselben Gruppe angehören wie die Vorsitzende oder der Vorsitzende. Hat der Personalrat elf oder mehr Mitglieder, so wählt er aus seiner Mitte zwei weitere Mitglieder in den Vorstand. Sind Mitglieder des Personalrats aus Wahlvorschlagslisten mit verschiedenen Bezeichnungen gewählt worden und sind im Vorstand Mitglieder aus derjenigen Liste nicht vertreten, die die größte oder zweitgrößte Anzahl, mindestens jedoch ein Drittel aller von den Angehörigen der Dienststelle abgegebenen Stimmen erhalten hat, so ist eines der weiteren Vorstandsmitglieder aus dieser Liste zu wählen. Beide Geschlechter sollen im Vorstand vertreten sein.

§ 27 Aufgaben des Vorstands

(1) Der Vorstand führt die laufenden Geschäfte. Ist kein Vorstand gebildet, obliegt die Führung der laufenden Geschäfte der Vorsitzenden oder dem Vorsitzenden.

(2) Die Vorsitzende oder der Vorsitzende vertritt den Personalrat im Rahmen der von diesem gefassten Beschlüsse. Zur Entgegennahme von Erklärungen, die dem Personalrat gegenüber abzugeben sind, ist die Vorsitzende oder der Vorsitzende befugt.

(3) Der Personalrat kann für den Fall der Verhinderung der Vorsitzenden oder des Vorsitzenden und der Stellvertreterin oder des Stellvertreters Regelungen über die Vertretung treffen. Sie sind der Dienststellenleitung mitzuteilen.

§ 28 Ausschüsse

(1) Der Personalrat kann zur Vorbereitung von Entscheidungen Ausschüsse mit beratender Funktion bilden. Dabei sollen die Gruppen angemessen vertreten sein.

(2) Werden Ausschüsse gebildet, zu denen Vertreterinnen oder Vertreter der Dienststelle und der Personalräte gehören (gemeinsame Ausschüsse), hat der Personalrat das Recht, Sachverständige zu bestellen.

§ 29 Sitzungen des Personalrats

(1) Spätestens sechs Werktage nach dem Wahltag findet die konstituierende Sitzung des Personalrats statt. Die Vorsitzende oder der Vorsitzende des Wahlvorstands hat die Sitzung einzuberufen und zu leiten, bis der Personalrat eine Vorsitzende oder einen Vorsitzenden gewählt hat.

(2) Die weiteren Sitzungen beraumt die Vorsitzende oder der Vorsitzende des Personalrats an, setzt die Tagesordnung fest und leitet die Verhandlung. Die Vorsitzende oder der Vorsitzende hat die Mitglieder des Personalrats rechtzeitig unter Mitteilung der Tagesordnung zu laden. Dies gilt auch für die Ladung der Gewerkschaften, von Gleichstellungsbeauftragten, der Schwerbehindertenvertretung sowie des Vertrauensmannes der Zivildienstleistenden und der Mitglieder der Jugend- und Auszubildendenvertretung, soweit sie ein Recht auf Teilnahme an der Sitzung haben. Die Tagesordnung muss alle Angelegenheiten enthalten, die sich aus der Erfüllung der gesetzlichen Aufgaben des Personalrats ergeben; ihre Ergänzung bedarf einer Mehrheit von zwei Dritteln der gesetzlichen Zahl der Mitglieder des Personalrats.

(3) Auf Antrag

10

1. eines Viertels der Mitglieder des Personalrats,
2. der Mehrheit der Vertreterinnen und Vertreter einer Gruppe,
3. der Dienststellenleitung,
4. der Gleichstellungsbeauftragten in Angelegenheiten, die die Gleichstellung von Frau und Mann betreffen,

5. der Schwerbehindertenvertretung in Angelegenheiten, die schwerbehinderte Beschäftigte betreffen,
6. des Vertrauensmannes der Zivildienstleistenden in Angelegenheiten, die Zivildienstleistende betreffen, oder
7. der Mehrheit der Mitglieder der Jugend- und Auszubildendenvertretung in Angelegenheiten, die in § 58 genannte Beschäftigte betreffen,

hat die Vorsitzende oder der Vorsitzende eine Sitzung anzuberaumen und den Gegenstand, dessen Beratung beantragt ist, auf die Tagesordnung zu setzen. Ein Antrag, der nicht rechtzeitig gestellt wurde, kann aufgrund eines einstimmigen Beschlusses des Personalrats behandelt werden.

(4) Die Dienststellenleitung nimmt an den Sitzungen, die auf ihr Verlangen anberaumt sind, und an den Sitzungen, zu denen sie ausdrücklich eingeladen ist, teil. Sie darf während der Beratung und Beschlussfassung des Personalrats nicht anwesend sein.

(5) Der Personalrat kann beschließen, dass Beauftragte von Stufenvertretungen berechtigt sind, mit beratender Stimme an seinen Sitzungen teilzunehmen.

(6) Auf Antrag eines Viertels der Mitglieder oder der Mehrheit der Vertreterinnen und Vertreter einer Gruppe des Personalrats kann eine Beauftragte oder ein Beauftragter einer im Personalrat vertretenen Gewerkschaft an den Sitzungen beratend teilnehmen.

(7) In Angelegenheiten einzelner Beschäftigter kann der Personalrat beschließen, dass diese während der Personalratssitzungen gehört werden.

(8) In den Fällen der Absätze 5 und 7 sind den Betroffenen die notwendigen Reisekosten nach den Bestimmungen des Landesreisekostengesetzes zu erstatten.

§ 30 Nichtöffentlichkeit und Zeitpunkt der Sitzungen

(1) Die Sitzungen des Personalrats sind nicht öffentlich. Sie finden in der Regel während der Arbeitszeit statt. Der Personalrat hat bei der Anberaumung seiner Sitzungen auf die dienstlichen Erfordernisse Rücksicht zu nehmen. Die Dienststellenleitung ist vom Zeitpunkt der Sitzungen zu verständigen.

(2) Der Personalrat kann die Teilnahme des ihm zur Sachbearbeitung nach § 43 Abs. 2 zur Verfügung gestellten Personals sowie sachkundiger Personen gestatten. Sie dürfen jedoch mit Ausnahme von zur Vorbereitung der Niederschrift hinzugezogenen Beschäftigten während der Beratung und Beschlussfassung des Personalrats nicht anwesend sein.

§ 31 Beschlussfassung

(1) Die Beschlüsse des Personalrats werden in einer Personalratssitzung gefasst, die in der Regel als Präsenzsitzung in Anwesenheit seiner Mitglieder vor Ort stattfindet. Sie bedürfen der einfachen Stimmenmehrheit der anwesenden Mitglieder des Personalrats, soweit in diesem Gesetz nichts anderes bestimmt ist. Stimmenthaltung gilt als Ablehnung. Bei Stimmengleichheit ist ein Antrag abgelehnt. Die oder der Vorsitzende des Personalrats kann Beschlüsse im schriftlichen oder elektronischen Verfahren fassen lassen sowie Sitzungen und

Beschlussfassungen vollständig oder unter Zuschaltung einzelner Personalratsmitglieder mittels Video- oder Telefonkonferenz durchführen, wenn dem nicht mindestens ein Drittel der Mitglieder innerhalb von drei Werktagen nach Bekanntgabe widerspricht. Eine Aufzeichnung ist unzulässig. Mitglieder, die mittels Video- oder Telefonkonferenz an Sitzungen teilnehmen, gelten als anwesend. § 37 Abs. 1 Satz 5 gilt entsprechend mit der Maßgabe, dass die Vorsitzende oder der Vorsitzende vor Beginn der Beratung die zugeschalteten Mitglieder feststellt und in die Anwesenheitsliste einträgt.

(2) Der Personalrat ist nur beschlussfähig, wenn mindestens die Hälfte seiner Mitglieder anwesend ist; Stellvertretung durch Ersatzmitglieder ist zulässig. Kann ein Mitglied des Personalrats an der Sitzung nicht teilnehmen, so hat es dies unter Angabe der Gründe unverzüglich der Vorsitzenden oder dem Vorsitzenden mitzuteilen. In diesem Fall ist die Einladung des jeweiligen Ersatzmitglieds sicherzustellen.

(3) Über Angelegenheiten, die lediglich die Angehörigen einer Gruppe betreffen, wird nach gemeinsamer Beratung vom Personalrat beschlossen, sofern die Mehrheit der Vertreterinnen und Vertreter dieser Gruppe nicht widerspricht; bei Widerspruch beschließen nur die Vertreterinnen und Vertreter der Gruppe. Das gilt nicht für eine Gruppe, die im Personalrat nicht vertreten ist. Satz 1 gilt entsprechend für Angelegenheiten, die lediglich die Angehörigen von zwei Gruppen betreffen.

§ 31a Ausschluss von Beratung und Beschlussfassung

(1) Ein Mitglied des Personalrats ist ausgeschlossen von der Beratung und Beschlussfassung

1. über Angelegenheiten, die seine persönlichen Interessen oder die seiner Angehörigen unmittelbar und individuell berühren oder bei denen es aufseiten der Dienststelle mitgewirkt hat, die die Maßnahme trifft oder vorbereitet hat, oder
2. über einen Antrag auf seinen Ausschluss aus dem Personalrat.

Angehörige im Sinne des Satzes 1 Nr. 1 sind die in § 20 Abs. 5 des Verwaltungsverfahrensgesetzes in der Fassung vom 23. Januar 2003 (BGBl. I S. 122) in der jeweils geltenden Fassung aufgeführten Personen. Hat ein Mitglied des Personalrats Grund zu der Annahme, dass in seiner Person ein Ausschließungsgrund vorliegt, so hat es dies der oder dem Vorsitzenden unverzüglich, spätestens jedoch vor Beginn der Beratung über die Angelegenheit anzuzeigen. Über das Vorliegen eines Ausschließungsgrunds entscheidet der Personalrat in Zweifelsfällen in Abwesenheit der oder des Betroffenen. Das betroffene Personalratsmitglied ist vorher anzuhören. Das ausgeschlossene Mitglied hat für die Dauer der Beratung und Beschlussfassung über die Angelegenheit nach Satz 1 den Sitzungsraum zu verlassen.

(2) Absatz 1 Satz 1 Nr. 1 gilt entsprechend für weitere Personen, die zur Teilnahme an den Sitzungen des Personalrats berechtigt sind.

(3) Werden die den Ausschließungsgrund begründenden Umstände erst während der Sitzung bekannt, tritt ein Ersatzmitglied nach § 25 Abs. 1 Satz 2 nur ein, wenn es auf die Ladung durch die Vorsitzende oder den Vorsitzenden des Personalrats hin unverzüglich an der Sitzung teilnehmen kann.

(4) Ein Beschluss ist nichtig, wenn an der Beratung oder Beschlussfassung ein ausgeschlossenes Mitglied mitgewirkt hat, es sei denn, dass durch die Mitwirkung die Beschlussfassung nicht geändert oder beeinflusst werden konnte. Die Nichtigkeit des Beschlusses berührt die Wirksamkeit einer Maßnahme, die die Dienststelle im Vertrauen auf den Beschluss des Personalrats durchgeführt hat, nicht.

§ 32 Teilnahme und Stimmrecht der Jugend- und Auszubildendenvertretung

(1) Die Jugend- und Auszubildendenvertretung kann zu allen Sitzungen des Personalrats eine Vertreterin oder einen Vertreter zur beratenden Teilnahme entsenden. Werden Angelegenheiten behandelt, die besonders in § 58 genannte Beschäftigte betreffen, hat zu diesem Tagesordnungspunkt die gesamte Jugend- und Auszubildendenvertretung Teilnahme- und Stimmrecht.

(2) Stimmt die Jugend- und Auszubildendenvertretung in Angelegenheiten nach Absatz 1 Satz 2 der beabsichtigten Maßnahme nicht zu oder ist sie nicht beteiligt worden, so ist der Beschluss des Personalrats auf ihren Antrag auf die Dauer von sechs Werktagen vom Zeitpunkt der Beschlussfassung an auszusetzen; die Frist des § 74 Abs. 2 Satz 4 verlängert sich entsprechend. In dieser Zeit hat der Personalrat die beabsichtigte Maßnahme erneut mit der Jugend- und Auszubildendenvertretung mit dem Ziel der Einigung zu erörtern.

(3) Die Jugend- und Auszubildendenvertretung kann beim Personalrat beantragen, Angelegenheiten, die besonders in § 58 genannte Beschäftigte betreffen und über die sie beraten hat, auf die nächste Tagesordnung zu setzen. Der Personalrat soll Angelegenheiten, die besonders in § 58 genannte Beschäftigte betreffen, der Jugend- und Auszubildendenvertretung zur Beratung zuleiten.

§ 33 Teilnahme des Vertrauensmannes der Zivildienstleistenden

An der Behandlung von Angelegenheiten, die auch die Zivildienstleistenden betreffen (§§ 19 bis 22 des Zivildienstvertrauensmann-Gesetzes vom 16. Januar 1991 – BGBl. I S. 47, 53 – in der jeweils geltenden Fassung), kann der Vertrauensmann der Zivildienstleistenden mit beratender Stimme teilnehmen.

§ 34 Teilnahme der Gleichstellungsbeauftragten

Ist in der Dienststelle eine Gleichstellungsbeauftragte mit unmittelbarem Vortragsrecht bei der Leiterin oder dem Leiter der Dienststelle bestellt, kann der Personalrat diese zu seinen Sitzungen oder zu Sitzungen seiner Ausschüsse einladen. Die Gleichstellungsbeauftragte kann Anregungen zur Behandlung von Angelegenheiten geben, die die Gleichstellung von Frau und Mann betreffen.

§ 35 Teilnahme der Schwerbehindertenvertretung

(1) Die Schwerbehindertenvertretung hat das Recht, an allen Sitzungen des Personalrats und dessen Ausschüssen beratend teilzunehmen. Sie kann beantragen, Angelegenheiten, die einzelne schwerbehinderte Menschen oder die

schwerbehinderten Menschen als Gruppe besonders betreffen, auf die Tagesordnung der nächsten Sitzung zu setzen.

(2) Erachtet sie einen Beschluss des Personalrats als eine erhebliche Beeinträchtigung wichtiger Interessen schwerbehinderter Menschen oder ist sie entgegen § 95 Abs. 2 Satz 1 des Neunten Buches Sozialgesetzbuch nicht beteiligt worden, wird auf ihren Antrag der Beschluss für die Dauer von sechs Werktagen vom Zeitpunkt der Beschlussfassung an ausgesetzt. Die Frist des § 74 Abs. 2 Satz 4 verlängert sich entsprechend. In dieser Zeit hat der Personalrat die beabsichtigte Maßnahme erneut mit der Schwerbehindertenvertretung mit dem Ziel der Einigung zu erörtern.

(3) Die Schwerbehindertenvertretung ist zu Besprechungen des Personalrats mit der Dienststellenleitung gemäß § 67 Abs. 1 beratend hinzuzuziehen.

§ 36 Gemeinsame Aufgaben von Personalrat und Richter- oder Staatsanwaltsrat

Sind an einer Angelegenheit sowohl der Personalrat als auch der Richterrat oder der Staatsanwaltsrat beteiligt, so teilt die Vorsitzende oder der Vorsitzende des Personalrats dem Richterrat oder dem Staatsanwaltsrat den entsprechenden Teil der Tagesordnung mit und gibt ihm Gelegenheit, an der Sitzung des Personalrats teilzunehmen (§§ 45 und 84 LRiG). Auf Antrag des Richterrats oder des Staatsanwaltsrats oder der Dienststellenleitung hat die Vorsitzende oder der Vorsitzende des Personalrats eine Sitzung anzuberaumen und die gemeinsame Angelegenheit, deren Beratung beantragt ist, auf die Tagesordnung zu setzen.

§ 37 Sitzungsniederschrift

(1) Über jede Sitzung des Personalrats ist eine Niederschrift aufzunehmen, die mindestens den Wortlaut der Beschlüsse und die Stimmenmehrheit, mit der sie gefasst sind, enthält. Über die Niederschrift befindet der Personalrat in der folgenden Sitzung. Bei Verhandlungen des Personalrats mit der Dienststellenleitung ist mindestens das Ergebnis der Verhandlungen in der Niederschrift festzuhalten. Die Niederschrift ist von der Vorsitzenden oder dem Vorsitzenden und einem weiteren Mitglied des Personalrats zu unterzeichnen. Der Niederschrift ist eine Anwesenheitsliste beizufügen, in die sich jede Teilnehmerin und jeder Teilnehmer eigenhändig einzutragen hat.

(2) Die Mitglieder des Personalrats, die Mitglieder der Jugend- und Auszubildendenvertretung sowie die Schwerbehindertenvertretung haben das Recht, zur Wahrnehmung der ihnen in dieser Funktion obliegenden Aufgaben Sitzungsunterlagen und Niederschriften einzusehen. Der Gleichstellungsbeauftragten steht dieses Recht für diejenigen Sitzungsteile zu, an denen sie hätte teilnehmen dürfen.

(3) Haben die Leiterin oder der Leiter der Dienststelle, der Vertrauensmann der Zivildienstleistenden, Beauftragte von Stufenvertretungen oder Beauftragte von Gewerkschaften an der Sitzung teilgenommen, so ist ihnen der entsprechende Teil der Niederschrift abschriftlich zuzuleiten.

(4) Einwendungen gegen die Niederschrift sind unverzüglich schriftlich oder elektronisch zu erheben und der Niederschrift beizufügen.

§ 38 Geschäftsordnung

Sonstige Bestimmungen über die Geschäftsführung können in einer Geschäftsordnung getroffen werden. Sie bedarf der Annahme durch zwei Drittel der gesetzlichen Mitgliederzahl.

§ 39 Ehrenamt, Arbeitszeitversäumnis und Freizeitausgleich

(1) Die Mitglieder des Personalrats führen ihr Amt unentgeltlich als Ehrenamt. Sie sind in ihrer Tätigkeit an Weisungen der Dienststelle nicht gebunden. Die Tätigkeit im Personalrat darf nicht zur Beeinträchtigung des beruflichen Werdegangs führen.

(2) Die Mitglieder des Personalrats sind von ihrer beruflichen Tätigkeit befreit, soweit sie es für die ordnungsgemäße Durchführung ihrer Aufgaben oder die ordnungsgemäße Wahrnehmung ihrer Befugnisse als erforderlich ansehen durften. Nicht nach § 40 freigestellte Mitglieder des Personalrats haben ihre Vorgesetzte oder ihren Vorgesetzten zu unterrichten, bevor sie den Arbeitsplatz zur Ausübung der Personalratstätigkeit verlassen.

(3) Versäumnis der Arbeitszeit nach Absatz 2 hat keine Minderung der Dienstbezüge oder des Arbeitsentgelts zur Folge; den Beschäftigten dürfen keine wirtschaftlichen Nachteile entstehen. Führt das Versäumnis dazu, dass die restliche dienstplanmäßige Arbeitszeit nicht mehr erfüllt werden kann, so gilt sie als erfüllt.

(4) Werden Personalratsmitglieder durch die Erfüllung ihrer Aufgaben oder die Wahrnehmung ihrer Befugnisse außerhalb ihrer Arbeitszeit beansprucht, so ist ihnen Dienstbefreiung in entsprechendem Umfang zu gewähren. Der Ausgleich von Reisezeiten erfolgt entsprechend § 10 der Arbeitszeitverordnung vom 9. Mai 2006 (GVBl. S. 200, BS 2030-1-3) in der jeweils geltenden Fassung, soweit nicht abweichende tarifvertragliche Regelungen bestehen. Der Anspruch ist vor Ablauf eines Monats zu erfüllen, es sei denn, dass etwas anderes vereinbart wird.

(5) Die Dienstbezüge oder das Arbeitsentgelt von Mitgliedern des Personalrats dürfen bis zum Ablauf eines Jahres nach dem Erlöschen der Mitgliedschaft nicht geringer bemessen werden als die Dienstbezüge oder das Arbeitsentgelt vergleichbarer Beschäftigter. Das gilt auch für allgemeine Zuwendungen.

(6) Soweit nicht zwingende dienstliche Erfordernisse entgegenstehen, dürfen Mitglieder des Personalrats bis zum Ablauf eines Jahres nach dem Erlöschen der Mitgliedschaft nur mit Tätigkeiten beschäftigt werden, die den Tätigkeiten vergleichbarer Beschäftigter gleichwertig sind.

§ 40 Freistellungen

(1) Die Mitglieder des Personalrats sind auf Antrag von ihrer dienstlichen Tätigkeit freizustellen, wenn und soweit es zur ordnungsgemäßen Durchführung der Aufgaben und Wahrnehmung der Befugnisse des Personalrats erforderlich ist.

(2) Von ihrer dienstlichen Tätigkeit sind nach Absatz 1 mindestens ganz freizustellen in Dienststellen mit in der Regel

300 bis 600 Beschäftigten	ein Mitglied,
mehr als 600 Beschäftigten	zwei Mitglieder, bei mehr als 1000 Beschäftigten zusätzlich je angefangene weitere 1000 Beschäftigte ein weiteres Mitglied.

Auf Antrag des Personalrats sollen anstelle der ganzen Freistellung eines Mitglieds mehrere Mitglieder zum Teil freigestellt werden. In Dienststellen mit weniger als 300 Beschäftigten sind entsprechend der Staffel nach Satz 1 Teilfreistellungen vorzunehmen.

(3) Durch Dienstvereinbarung können im Rahmen der Staffel des Absatzes 2 andere Regelungen getroffen werden. Kommt eine Einigung nicht zustande, entscheidet auf Antrag des Personalrats ohne Durchführung des Stufenverfahrens gemäß § 74 Abs. 4 die Einigungsstelle verbindlich. Für die Bildung der Einigungsstelle und das Verfahren gilt § 75 Abs. 1 bis 4, 6 und 7.

(4) Bei der Auswahl der freizustellenden Mitglieder hat der Personalrat zunächst die nach § 26 gewählten Vorstandsmitglieder in der Reihenfolge ihrer Stellvertretung und sodann die weiteren Vorstandsmitglieder zu berücksichtigen. Die so ausgewählten Vorstandsmitglieder können zugunsten anderer auf eine Freistellung verzichten.

(5) Durch die Freistellung nach Absatz 1 bis 3 dürfen dem Personalratsmitglied keine wirtschaftlichen Nachteile entstehen. Für ein freigestelltes Personalratsmitglied, bei dem die Freistellung zu einem Wechsel des Beschäftigungsorts führt, ist der maßgebende Dienstort im Sinne des Reisekostenrechts der Sitz der Dienststelle, der das Personalratsmitglied angehört. § 39 Abs. 5 und 6 gilt mit der Maßgabe, dass sich der Zeitraum für die Weiterzahlung der Dienstbezüge oder des Arbeitsentgelts und für die weitere Beschäftigung für Mitglieder des Personalrats, die mindestens zwölf Jahre freigestellt waren, auf zwei Jahre erhöht.

(6) Nach Absatz 1 bis 3 freigestellte Personalratsmitglieder dürfen von inner- und außerbetrieblichen Maßnahmen der Berufsbildung nicht ausgeschlossen werden. Innerhalb eines Jahres nach Beendigung der Freistellung eines Personalratsmitglieds ist diesem Gelegenheit zu geben, eine wegen der Freistellung unterbliebene dienststellenübliche berufliche Entwicklung nachzuholen. Für Mitglieder des Personalrats, die mindestens zwölf Jahre freigestellt waren, erhöht sich der Zeitraum nach Satz 2 auf zwei Jahre.

§ 41 Schulungs- und Bildungsmaßnahmen

(1) Die Mitglieder des Personalrats sind unter Fortzahlung der Dienstbezüge oder des Arbeitsentgelts für die Teilnahme an Schulungs- und Bildungsveranstaltungen vom Dienst freizustellen, soweit diese Kenntnisse vermitteln, die sie für die Tätigkeit im Personalrat für erforderlich halten durften. Dafür stehen jedem Personalratsmitglied während der regelmäßigen Amtszeit des Personal-

rats 20 Kalendertage zur Verfügung. Dies erhöht sich für Beschäftigte, die erstmals das Amt eines Personalratsmitglieds übernehmen und auch nicht zuvor Mitglied der Jugend- und Auszubildendenvertretung waren, um weitere fünf Kalendertage. Stehen der Teilnahme an der Schulungs- und Bildungsveranstaltung nach Auffassung der Dienststellenleitung zwingende dienstliche Erfordernisse entgegen, kann sie innerhalb einer Frist von zwei Wochen nach Eingang des Antrags ohne Durchführung des Stufenverfahrens gemäß § 74 Abs. 4 die Einigungsstelle anrufen. Die Einigungsstelle entscheidet verbindlich. Für die Bildung der Einigungsstelle und das Verfahren gilt § 75 Abs. 1 bis 4, 6 und 7.

(2) Für Ersatzmitglieder, die nach § 25 Abs. 1 in absehbarer Zeit Mitglied des Personalrats werden oder als Verhinderungsvertreterin oder Verhinderungsvertreter eintreten, gilt Absatz 1 mit der Maßgabe entsprechend, dass ihnen fünf Kalendertage zur Verfügung stehen. Mit Erwerb der Mitgliedschaft im Personalrat wird dies auf die Zeit nach Absatz 1 angerechnet.

(3) Unbeschadet des Absatzes 1 hat jedes Mitglied des Personalrats während seiner regelmäßigen Amtszeit Anspruch auf Freistellung vom Dienst unter Fortzahlung der Dienstbezüge oder des Arbeitsentgelts für insgesamt 15 Kalendertage zur Teilnahme an Schulungs- und Bildungsveranstaltungen, die von der Landes- oder Bundeszentrale für politische Bildung als geeignet anerkannt sind. Beschäftigte, die erstmals das Amt eines Personalratsmitglieds übernehmen und auch nicht zuvor Mitglied der Jugend- und Auszubildendenvertretung gewesen sind, haben einen Anspruch nach Satz 1 für insgesamt 20 Kalendertage. Freistellungen nach Rechtsvorschriften außerhalb dieses Gesetzes oder durch tarifvertragliche Regelungen werden auf die Zeiten nach den Sätzen 1 und 2 angerechnet.

(4) Auf die Schulungs- und Bildungsveranstaltungen nach den Absätzen 1 bis 3 findet § 39 Abs. 4 Anwendung. Die durch die Teilnahme an Schulungs- und Bildungsveranstaltungen nach Absatz 1 und 2 entstehenden Kosten einschließlich der Teilnehmergebühren, Unterbringungs-, Verpflegungs- und Reisekosten trägt die Dienststelle im Rahmen der zur Verfügung stehenden Haushaltsmittel. Für die durch die Teilnahme an Schulungs- und Bildungsveranstaltungen nach Absatz 3 entstehenden Reisekosten gilt Satz 2 entsprechend.

(5) Die Mitgliedschaft in mehreren Personalvertretungen führt nicht zu einer Erhöhung des Freistellungsumfangs.

§ 42 Sprechstunden

(1) Der Personalrat kann Sprechstunden während der Arbeitszeit einrichten. Zeit und Ort bestimmt er im Einvernehmen mit der Dienststellenleitung. Kommt ein Einvernehmen nicht zustande, entscheidet ohne Durchführung des Stufenverfahrens gemäß § 74 Abs. 4 die Einigungsstelle verbindlich. Für die Bildung der Einigungsstelle und das Verfahren gilt § 75 Abs. 1 bis 4, 6 und 7.

(2) Führt die Jugend- und Auszubildendenvertretung keine eigenen Sprechstunden durch, kann an gesonderten Sprechstunden des Personalrats für in § 58 genannte Beschäftigte ein Mitglied der Jugend- und Auszubildendenvertretung teilnehmen.

(3) Die Beschäftigten sind berechtigt, während der Arbeitszeit und ohne Minderung der Dienstbezüge oder des Arbeitsentgelts die Sprechstunden des Personalrats aufzusuchen oder den Personalrat in anderer Weise in Anspruch zu nehmen. Stehen dem Besuch der Sprechstunde zwingende dienstliche Gründe entgegen, können Beauftragte des Personalrats mit den Beschäftigten an deren Arbeitsplatz sprechen. Die Beschäftigten dürfen wegen der Inanspruchnahme des Personalrats nicht benachteiligt werden.

§ 43 Kosten und Sachaufwand

(1) Die durch die Tätigkeit des Personalrats entstehenden Kosten trägt die Dienststelle.

(2) Für Sitzungen, Sprechstunden und laufende Geschäftsführung hat die Dienststelle in erforderlichem Umfang Räume, den Geschäftsbedarf und Bürokräfte zur Verfügung zu stellen. Bei Bedarf sind auch Sachbearbeiterinnen oder Sachbearbeiter zeitweise zur Vorbereitung von Beschlüssen zur Verfügung zu stellen.

(3) Die Dienststellenleitung hat dem Personalrat geeignete Anschlagflächen in der Dienststelle zur Verfügung zu stellen und die Kosten für erforderliche Informationsschriften des Personalrats zu übernehmen. Für Bekanntmachungen und Informationen kann der Personalrat die in der Dienststelle üblicherweise genutzten Informations- und Kommunikationssysteme nutzen.

(4) Für Reisen von Mitgliedern des Personalrats, die zur Erfüllung ihrer Aufgaben notwendig sind, werden Reisekosten nach den Bestimmungen des Landesreisekostengesetzes erstattet.

(5) Lehnt die Dienststellenleitung einen Antrag des Personalrats auf Übernahme von Kosten ab oder stellt sie Räume, Geschäftsbedarf, Büropersonal oder Sachbearbeiterinnen oder Sachbearbeiter nach Absatz 2 oder 3 nicht im erforderlichen Umfang zur Verfügung, so entscheidet auf Antrag des Personalrats ohne Durchführung des Stufenverfahrens gemäß § 74 Abs. 4 die Einigungsstelle verbindlich. Für die Bildung der Einigungsstelle und das Verfahren gilt § 75 Abs. 1 bis 4, 6 und 7.

§ 44 Aufwandsentschädigung

Die von ihrer dienstlichen Tätigkeit ganz freigestellten Personalratsmitglieder erhalten eine monatliche Aufwandsentschädigung. Nur teilweise, aber mindestens für die Hälfte der regelmäßigen Arbeitszeit freigestellte Personalratsmitglieder erhalten die Hälfte der Aufwandsentschädigung nach Satz 1. Die Landesregierung bestimmt durch Rechtsverordnung die Höhe der Aufwandsentschädigung.

§ 45 Beitragsverbot

Der Personalrat darf für seine Zwecke von den Beschäftigten keine Beiträge erheben oder annehmen.

4. Unterabschnitt
Arbeitsgemeinschaften auf Bezirks- und Landesebene

§ 46 Beratung gemeinsamer Angelegenheiten von Personalräten auf Bezirks- und Landesebene

(1) Die Stufenvertretungen bilden bei Bedarf je eine Arbeitsgemeinschaft auf der Ebene der Hauptpersonalräte und der Ebene der Bezirkspersonalräte. Die Personalräte der obersten Landesbehörden, bei denen kein Hauptpersonalrat gebildet wird, gelten insoweit als Hauptpersonalräte. Jede Stufenvertretung entsendet je ein Mitglied in ihre Arbeitsgemeinschaft.

(2) Die Arbeitsgemeinschaften der Stufenvertretungen können Angelegenheiten auf der jeweiligen Ebene abstimmen, die von allgemeiner Bedeutung sind und über den Geschäftsbereich einer Stufenvertretung dieser Ebene hinausgehen. Die Befugnisse und Aufgaben der Personalvertretungen nach diesem Gesetz werden hierdurch nicht berührt.

(3) Die Personalräte bei der Staatskanzlei und den Ministerien können Angelegenheiten, die die Staatskanzlei und die Ministerien gleichermaßen betreffen und einheitlich geregelt werden sollten, in gemeinsamen Sitzungen erörtern. Die Besprechungsergebnisse sind den Mitgliedern der Landesregierung mitzuteilen. Die Befugnisse und Pflichten der Personalräte bei der Staatskanzlei und den Ministerien werden durch diese Regelung nicht berührt.

(4) Die Bestimmungen über Arbeitszeitversäumnis und Freizeitausgleich (§ 39 Abs. 2 bis 4) gelten entsprechend.

III. Abschnitt
Personalversammlung

§ 47 Allgemeines

(1) Die Personalversammlung besteht aus den Beschäftigten der Dienststelle. Sie wird von der Vorsitzenden oder dem Vorsitzenden des Personalrats geleitet. Sie ist nicht öffentlich. Kann nach den dienstlichen Verhältnissen, der Eigenart der Dienststelle oder anderen sachlichen Gegebenheiten eine gemeinsame Versammlung aller Beschäftigten nicht stattfinden, so sind Teilversammlungen abzuhalten.

(2) Der Personalrat kann ferner Versammlungen in bestimmten Verwaltungseinheiten der Dienststelle oder Versammlungen eines bestimmten Personenkreises (Teilversammlungen) durchführen.

(3) Auf Beschluss der zuständigen Personalräte kann zur Behandlung gemeinsamer Angelegenheiten eine gemeinsame Personalversammlung mehrerer Dienststellen oder Dienststellenteile stattfinden. Die Personalräte bestimmen zugleich, welches der vorsitzenden Mitglieder die Leitung der gemeinsamen Versammlung übernimmt.

(4) Der Personalrat kann im Einvernehmen mit der Dienststellenleitung mittels Videokonferenz die Teilnahme von Beschäftigten an einer Personalversammlung ohne Anwesenheit am Versammlungsort ermöglichen und eine Personalversammlung in Nebenstellen oder Teile der Dienststelle übertragen; § 31 Abs. 1 Satz 6 und 7 gilt entsprechend.

(5) Die jeweilige Dienststellenleitung ist vom Zeitpunkt der Versammlungen rechtzeitig zu verständigen.

§ 48 Einberufung, Tätigkeitsbericht

(1) Personalversammlungen sind mindestens einmal in jedem Kalenderjahr, erstmals in dem auf die Personalratswahl folgenden Kalenderjahr durchzuführen. Mindestens einmal in jedem Kalenderjahr hat der Personalrat in einer Personalversammlung einen Tätigkeitsbericht zu erstatten; diese Versammlung darf nicht als Teilversammlung nach § 47 Abs. 2 durchgeführt werden.

(2) Mindestens einmal in jedem Kalenderjahr hat die Dienststellenleitung über die Aufgabenentwicklung der Dienststelle, über die Personalentwicklung unter besonderer Berücksichtigung der Maßnahmen, die der Gleichstellung von Frau und Mann dienen, über die Situation der schwerbehinderten Beschäftigten sowie über die Arbeitsweise der Dienststelle unter besonderer Berücksichtigung der technologischen Entwicklung Bericht zu erstatten. Diese Berichte hat die Dienststellenleitung vorher dem Personalrat zur Kenntnis zu geben und mit ihm zu erörtern.

(3) Der Personalrat ist auf Wunsch der Dienststellenleitung oder eines Viertels der Beschäftigten verpflichtet, innerhalb von 20 Werktagen eine Personal- oder Teilversammlung durchzuführen und den beantragten Beratungsgegenstand auf die Tagesordnung zu setzen.

(4) Auf Antrag einer in der Dienststelle vertretenen Gewerkschaft muss der Personalrat innerhalb von 20 Werktagen nach Eingang des Antrags eine Personalversammlung nach Absatz 1 durchführen, wenn im vorhergegangenen Kalenderjahr keine Personalversammlung stattgefunden hat.

§ 49 Zeitpunkt, Freizeitausgleich

(1) Personalversammlungen finden während der Arbeitszeit statt, soweit nicht zwingende dienstliche Verhältnisse eine andere Regelung erfordern. Die Teilnahme an einer Personalversammlung hat keine Minderung der Dienstbezüge oder des Arbeitsentgelts sowie aller Zulagen zur Folge. Soweit die Teilnahme außerhalb der Arbeitszeit erfolgt, ist als Ausgleich Dienstbefreiung in entsprechendem Umfang zu gewähren.

(2) Den Beschäftigten werden die notwendigen Fahrtkosten für die Reise von der Beschäftigungsstelle zum Versammlungsort und zurück nach den Bestimmungen des Landesreisekostengesetzes erstattet. Dies gilt nicht für Beamtinnen und Beamte im Vorbereitungsdienst sowie für Auszubildende, die an zentralen Ausbildungslehrgängen teilnehmen.

§ 50 Aufgaben

(1) Die Personalversammlung darf alle Angelegenheiten behandeln, die die Dienststelle oder ihre Beschäftigten, im Falle des § 47 Abs. 3 die jeweiligen Dienststellen oder Dienststellenteile oder ihre Beschäftigten betreffen, insbesondere Tarif-, Besoldungs- und Sozialangelegenheiten sowie Fragen der Gleichstellung von Frau und Mann. Sie kann dem Personalrat im Rahmen seiner Aufgaben und Befugnisse Anträge unterbreiten und zu seinen Beschlüssen Stellung nehmen. Der Personalrat hat die Beschäftigten in geeigneter Weise umgehend über die Behandlung der Anträge und die Durchführung entsprechender Maßnahmen zu informieren.

(2) Das Verbot parteipolitischer Betätigung ist zu beachten.

(3) Niemand darf für Äußerungen in der Personalversammlung benachteiligt oder disziplinarischen Maßnahmen unterworfen werden, es sei denn, dass durch sie gröblich gegen dienstliche Pflichten verstoßen wird.

§ 51 Teilnahme weiterer Personen

(1) Die Dienststellenleitung ist unter Mitteilung der Tagesordnung rechtzeitig einzuladen. Ihr oder ihren Beauftragten ist in der Personalversammlung das Wort zu erteilen.

(2) Beauftragte der in der Dienststelle vertretenen Gewerkschaften und der Arbeitgebervereinigung, der die Dienststelle angehört, sind berechtigt, mit beratender Stimme an der Personalversammlung teilzunehmen. Sie können Änderungen oder Ergänzungen der Tagesordnung beantragen. Der Personalrat hat ihnen die Einberufung der Personalversammlung rechtzeitig unter Übersendung der Tagesordnung und Angabe von Versammlungsort und -zeit mitzuteilen.

(3) An der Personalversammlung können Beauftragte der Jugend- und Auszubildendenvertretung, der Schwerbehindertenvertretung, der Stufenvertretungen und des Gesamtpersonalrats mit beratender Stimme teilnehmen. Absatz 2 Satz 3 gilt entsprechend.

(4) Der Personalrat oder die Personalversammlung können zu einzelnen Tagesordnungspunkten Sachverständige oder kundige Auskunftspersonen hinzuziehen.

IV. Abschnitt
Stufenvertretungen, Gesamtpersonalrat

1. Unterabschnitt
Stufenvertretungen

10

§ 52 Stufenvertretungen

(1) Für den Geschäftsbereich mehrstufiger Verwaltungen und Gerichte werden bei der Mittelbehörde (§ 5 Abs. 2 Satz 2) ein Bezirkspersonalrat und bei der obersten Dienstbehörde ein Hauptpersonalrat gebildet.

(2) Bei einer der obersten Dienstbehörde nachgeordneten Behörde, deren Geschäftsbereich sich auf das ganze Land erstreckt, nimmt die Aufgaben des Hauptpersonalrats wahr

a) der Bezirkspersonalrat, wenn nachgeordnete Dienststellen vorhanden sind,

b) der Personalrat der Behörde, wenn nachgeordnete Dienststellen nicht vorhanden sind.

Die zum Geschäftsbereich dieser Behörden gehörenden Beschäftigten nehmen an der Bildung des Hauptpersonalrats und, soweit nachgeordnete Dienststellen nicht vorhanden sind, an der Bildung des Bezirkspersonalrats nicht teil. Die Sätze 1 und 2 gelten nicht für die nachgeordneten Behörden des Geschäftsbereichs „Umwelt" des hierfür fachlich zuständigen Ministeriums sowie für den nachgeordneten Schulbereich des für das Schulwesen zuständigen Ministeriums.

(3) Für die Schulen werden Stufenvertretungen nach Maßgabe des § 97 gebildet.

§ 53 Zuständigkeit

(1) In Angelegenheiten, in denen die Leitung einer übergeordneten Dienststelle, bei der eine Stufenvertretung besteht, entscheidet, ist anstelle des Personalrats die Stufenvertretung zu beteiligen.

(2) Wird die Leitung einer übergeordneten Dienststelle wie die Leitung einer nachgeordneten Dienststelle tätig, ist der bei der übergeordneten Dienststelle bestehende Personalrat zu beteiligen.

(3) In Angelegenheiten, in denen die Entscheidung von einer Stelle getroffen wird, die einem anderen Verwaltungszweig oder einer anderen Körperschaft angehört als die Dienststelle, auf die oder deren Beschäftigte sich die Maßnahme erstreckt, hat die entscheidungsbefugte Stelle den Personalrat der Dienststelle, auf die oder deren Beschäftigte sich die Maßnahme erstreckt, zu beteiligen und die Dienststelle zu unterrichten.

(4) Erstreckt sich eine Maßnahme im Sinne von Absatz 3 auf mehrere Dienststellen in dem Bereich einer Mittelbehörde, hat die entscheidungsbefugte Stelle den bei dieser Mittelbehörde gebildeten Bezirkspersonalrat zu beteiligen und die Mittelbehörde zu unterrichten. Erstreckt sie sich auf Dienststellen mehrerer Mittelbehörden, hat die entscheidungsbefugte Stelle den Hauptpersonalrat zu beteiligen, der bei der obersten Dienstbehörde besteht, die diesen Mittelbehörden übergeordnet ist, und die oberste Dienstbehörde zu unterrichten.

(5) Bei beabsichtigten Maßnahmen eines federführenden Fachministeriums mit Wirkung über den eigenen Geschäftsbereich hinaus, die Angelegenheiten nach § 78 Abs. 3, § 79 Abs. 3 und § 80 zum Gegenstand haben, hat das federführende Fachministerium den bei sich bestehenden Hauptpersonalrat zu beteiligen und gleichzeitig alle anderen Hauptpersonalräte der Dienststellen, auf die sich die Maßnahme erstreckt, zu unterrichten und darauf hinzuweisen, dass sie eine Stellungnahme gegenüber dem Hauptpersonalrat des federführenden Fachministeriums abgeben können. Ist bei dem federführenden Fach-

ressort kein Hauptpersonalrat gebildet, nimmt diese Funktion der dort bestehende Personalrat wahr. Mit dem Beschluss über die beantragte Zustimmung hat die federführende Personalvertretung dem Fachministerium auch die Stellungnahmen der anderen Hauptpersonalräte zu übermitteln. Absatz 8 Satz 2 gilt entsprechend. Die Absätze 3 und 4 finden keine Anwendung.

(6) Ist eine Dienststelle neu errichtet und ist bei ihr ein Personalrat noch nicht gebildet worden, ist bis auf die Dauer von längstens sechs Monaten die bei der übergeordneten Dienststelle gebildete Stufenvertretung zu beteiligen.

(7) Wird im Geschäftsbereich mehrstufiger Verwaltungen eine Maßnahme von einer Dienststelle getroffen, bei der keine für eine Beteiligung an dieser Maßnahme zuständige Personalvertretung vorgesehen ist, so ist die Stufenvertretung bei der nächsthöheren Dienststelle, zu deren Geschäftsbereich die entscheidende Dienststelle und die von der Entscheidung Betroffenen gehören, zu beteiligen.

(8) Ist nach Absatz 1 eine Stufenvertretung zuständig, hat sie vor einem Beschluss in Angelegenheiten, die einzelne Beschäftigte oder Dienststellen betreffen, dem Personalrat oder den Personalräten Gelegenheit zur Stellungnahme zu geben. In diesem Fall verdoppeln sich die Fristen des § 74 Abs. 2 Satz 4 und 5 und des § 82 Abs. 2 Satz 1. Entscheidet sich die Stufenvertretung entgegen dem Votum des Personalrats oder der Personalräte, hat sie diesen oder diese zu unterrichten und ihre Entscheidung umfassend zu begründen.

(9) Für die Befugnisse und Pflichten der Stufenvertretungen gelten die Bestimmungen der §§ 67 bis 86 entsprechend.

§ 54 Wahl und Zusammensetzung der Stufenvertretung

(1) Die Mitglieder des Bezirkspersonalrats werden von den zum Geschäftsbereich der Mittelbehörde, die Mitglieder des Hauptpersonalrats von den zum Geschäftsbereich der obersten Dienstbehörde gehörenden Beschäftigten gewählt.

(2) Die Stufenvertretung besteht bei in der Regel

	bis zu	3 000	Beschäftigten aus neun Mitgliedern,
3 001	bis	5 000	Beschäftigten aus 13 Mitgliedern,
5 001	bis	10 000	Beschäftigten aus 17 Mitgliedern,
10 001	und mehr		Beschäftigten aus 19 Mitgliedern.

Im Übrigen gelten für Wahl und Zusammensetzung die §§ 10, 11 und 12 Abs. 4, § 13 Abs. 1, 2 und 5 sowie die §§ 14 bis 19 entsprechend; in der Stufenvertretung erhält jede Gruppe mindestens eine Vertreterin oder einen Vertreter. Nicht wählbar sind Beschäftigte, die zu selbständigen Entscheidungen in mitbestimmungspflichtigen Personalangelegenheiten der Dienststelle, bei der die Stufenvertretung zu errichten ist, befugt sind. Eine Personalversammlung zur Bestellung des Bezirks- oder Hauptwahlvorstands findet nicht statt. An ihrer Stelle übt die Leitung der Dienststelle, bei der die Stufenvertretung zu errichten ist, die Befugnis zur Bestellung des Wahlvorstands nach § 16 Abs. 3 aus.

(3) Werden in einer Verwaltung die Personalräte und Stufenvertretungen gleichzeitig gewählt, so führen die bei den Dienststellen bestehenden Wahlvorstände die Wahlen der Stufenvertretungen im Auftrag des Bezirks- oder Hauptwahlvorstands durch; andernfalls bestellen auf sein Ersuchen die Personalräte oder, wenn solche nicht bestehen, die Dienststellenleitungen die örtlichen Wahlvorstände für die Wahl der Stufenvertretungen.

§ 55 Amtszeit, Geschäftsführung und Rechtsstellung

(1) Für die Amtszeit und Geschäftsführung der Stufenvertretungen gelten die §§ 20 bis 28, 29 Abs. 1 Satz 2, Abs. 2 bis 8, §§ 30 bis 39, § 40 Abs. 1, 4 bis 6, §§ 41 bis 45 entsprechend. Der Umfang der Freistellung kann durch Dienstvereinbarung geregelt werden. Der Schutz der Mitglieder der Stufenvertretung bestimmt sich nach § 70.

(2) Dienststellenleitung und Stufenvertretung sollen mindestens einmal im Vierteljahr zu Besprechungen im Sinne von § 67 Abs. 1 zusammentreten.

(3) Die konstituierende Sitzung der Stufenvertretung findet spätestens zwölf Werktage nach der Feststellung des Wahlergebnisses statt. Die weiteren Sitzungen werden von dem Vorstand vorbereitet. Sie finden nach Bedarf, in der Regel einmal im Monat, statt.

(4) Über Angelegenheiten, in denen die Stufenvertretung mitbestimmt, kann die Vorsitzende oder der Vorsitzende im schriftlichen Verfahren abstimmen lassen. Die Abstimmung muss in einer Personalratssitzung erfolgen, wenn im Einzelfall ein Drittel der Mitglieder dem schriftlichen Verfahren widerspricht.

2. Unterabschnitt
Gesamtpersonalrat

§ 56 Gesamtpersonalrat

(1) In den Fällen des § 5 Abs. 3 wird neben den einzelnen Personalräten ein Gesamtpersonalrat gebildet.

(2) Für die Verteilung der Zuständigkeit zwischen Personalrat und Gesamtpersonalrat gilt § 53 Abs. 1 und 8 entsprechend. Soweit die Zuständigkeit des Gesamtpersonalrats begründet ist, ist er anstelle der Personalräte der Dienststelle zu beteiligen.

§ 57 Wahl, Zusammensetzung und Tätigkeit

Die Mitglieder des Gesamtpersonalrats werden von den Beschäftigten aller Dienststellen gewählt, für die der Gesamtpersonalrat errichtet ist. Für die Größe, die Wahl und die Zusammensetzung, die Amtszeit, die Geschäftsführung, die Befugnisse und Pflichten des Gesamtpersonalrats und seiner Mitglieder gelten § 53 Abs. 9, § 54 Abs. 2 und 3 und § 55 entsprechend.

V. Abschnitt
Jugend- und Auszubildendenvertretung

§ 58 Errichtung

In Dienststellen, in denen Personalvertretungen gebildet sind und denen in der Regel mindestens fünf Beschäftigte angehören, die das 18. Lebensjahr noch nicht vollendet haben (jugendliche Beschäftigte) oder sich in einer beruflichen Ausbildung befinden (Auszubildende), werden Jugend- und Auszubildendenvertretungen gebildet.

§ 59 Wahlberechtigung, Wählbarkeit

(1) Wahlberechtigt sind alle in § 58 genannten Beschäftigten. § 10 Abs. 2 gilt entsprechend.

(2) Wählbar sind

1. alle Auszubildenden, die am Wahltag das 16. Lebensjahr vollendet haben, sowie
2. alle übrigen Beschäftigten, die am Wahltag das 16. Lebensjahr, aber noch nicht das 25. Lebensjahr vollendet haben, und

im Übrigen die Wählbarkeitsvoraussetzungen des § 11 erfüllen.

Unbeschadet des Erlöschens der Mitgliedschaft in der Jugend- und Auszubildendenvertretung nach § 23 Abs. 1 Nr. 5 bleiben gewählte Beschäftigte bis zum Ende der laufenden Wahlperiode im Amt.

§ 60 Zusammensetzung

(1) Die Jugend- und Auszubildendenvertretung besteht in Dienststellen mit in der Regel

5	bis	20	in § 58 genannten Beschäftigten aus einer Person,
21	bis	50	in § 58 genannten Beschäftigten aus drei Mitgliedern,
51	bis	200	in § 58 genannten Beschäftigten aus fünf Mitgliedern,
mehr	als	200	in § 58 genannten Beschäftigten aus sieben Mitgliedern.

(2) Die Jugend- und Auszubildendenvertretung soll sich aus Angehörigen der verschiedenen Beschäftigungsarten der der Dienststelle angehörenden in § 58 genannten Beschäftigten zusammensetzen.

(3) In den Wahlvorschlägen sollen die Geschlechter entsprechend ihrem Anteil unter den in § 58 genannten Beschäftigten der Dienststelle vertreten sein.

§ 61 Wahl und Amtszeit

(1) Spätestens zwei Monate vor Ablauf ihrer Amtszeit bestimmt die Jugend- und Auszubildendenvertretung drei Beschäftigte, die in § 58 genannte Beschäftigte sein sollen, als Wahlvorstand und legt fest, wer von ihnen den Vorsitz führt und dessen Vertretung wahrnimmt. § 16 Abs. 1 Satz 2 bis 4 gilt entsprechend.

(2) Besteht sechs Wochen vor Ablauf der Amtszeit der Jugend- und Auszubildendenvertretung kein Wahlvorstand, so beruft der Personalrat aufgrund eigener Beschlussfassung, auf Antrag von mindestens drei in § 58 genannten Beschäftigten oder einer in der Dienststelle vertretenen Gewerkschaft eine Jugend- und Auszubildendenversammlung zur Wahl des Wahlvorstands ein. Findet die Versammlung nicht statt oder wählt sie keinen Wahlvorstand, so bestellt ihn die Dienststellenleitung auf Antrag von einem der Berechtigten nach Satz 1.

(3) Die Jugend- und Auszubildendenvertretung wird in geheimer und unmittelbarer Wahl gewählt. Die Wahl wird nach den Grundsätzen der Personenwahl durchgeführt. Werden mehrere Wahlvorschläge eingereicht, so findet Verhältniswahl statt. Besteht die Jugend- und Auszubildendenvertretung aus einer Person, so wird sie mit einfacher Stimmenmehrheit gewählt. Im Übrigen gelten für die Wahl § 15 Abs. 4 und 6 sowie die §§ 17 bis 19 entsprechend.

(4) Die regelmäßige Amtszeit der Jugend- und Auszubildendenvertretung beträgt zwei Jahre. Sie beginnt am Tage nach der Feststellung des Wahlergebnisses oder, wenn zu diesem Zeitpunkt noch eine Jugend- und Auszubildendenvertretung besteht, mit dem Ablauf ihrer Amtszeit. Die Bestimmungen über den Ausschluss von Mitgliedern und die Auflösung des Personalrats (§ 22), das Erlöschen der Mitgliedschaft (§ 23), das Ruhen der Mitgliedschaft (§ 24) sowie die Ersatzmitglieder (§ 25) gelten entsprechend. Die regelmäßigen Wahlen der Jugend- und Auszubildendenvertretungen finden alle zwei Jahre in der Zeit vom 1. März bis 31. Mai statt; für Wahlen außerhalb dieser Zeit gilt § 21 Abs. 2 Nr. 2 bis 6 und Abs. 3 und 5 entsprechend.

(5) Besteht die Jugend- und Auszubildendenvertretung aus drei oder mehr Mitgliedern, so wählt sie aus ihrer Mitte eine Vorsitzende oder einen Vorsitzenden und eine Stellvertreterin oder einen Stellvertreter.

§ 62 Aufgaben

(1) Die Jugend- und Auszubildendenvertretung hat folgende allgemeine Aufgaben:

1. Maßnahmen, die den in § 58 genannten Beschäftigten dienen, insbesondere in Fragen der Berufsausbildung und der Übernahme der Auszubildenden in ein Beschäftigungsverhältnis, beim Personalrat zu beantragen,

2. darüber zu wachen, dass zugunsten der in § 58 genannten Beschäftigten geltende Gesetze, Verordnungen, Unfallverhütungsvorschriften, Tarifverträge, Dienstvereinbarungen, Verwaltungsanordnungen und sonstige Arbeitsschutzvorschriften durchgeführt werden,

3. Anregungen und Beschwerden von in § 58 genannten Beschäftigten, insbesondere in Fragen der Berufsausbildung, entgegenzunehmen und, falls sie berechtigt erscheinen, beim Personalrat auf eine Erledigung hinzuwirken; sie hat die betroffenen jugendlichen Beschäftigten über den Stand und das Ergebnis der Verhandlungen zu unterrichten,

4. Maßnahmen, die dem Abbau von Benachteiligungen von weiblichen Jugendlichen und Auszubildenden dienen, beim Personalrat, zu beantragen.

(2) Zur Durchführung ihrer Aufgaben ist die Jugend- und Auszubildendenvertretung durch den Personalrat anhand der einschlägigen Unterlagen rechtzeitig und umfassend zu unterrichten.

(3) Der Personalrat hat die Jugend- und Auszubildendenvertretung zu Besprechungen mit der Dienststellenleitung hinzuzuziehen, wenn Angelegenheiten behandelt werden, die auch in § 58 genannte Beschäftigte betreffen.

(4) Die Jugend- und Auszubildendenvertretung kann nach Unterrichtung des Personalrats Sitzungen abhalten. Die Bestimmungen über die konstituierende Sitzung und die weiteren Sitzungen (§ 29 Abs. 1 und 2) gelten entsprechend. An den Sitzungen kann ein vom Personalrat beauftragtes Mitglied mit beratender Stimme teilnehmen.

(5) Die Jugend- und Auszubildendenvertretung oder ein von ihr beauftragtes Mitglied hat das Recht, nach Unterrichtung des Personalrats Arbeits- und Ausbildungsplätze zu begehen.

§ 63 Jugend- und Auszubildendenversammlung

Die Jugend- und Auszubildendenvertretung hat einmal in jedem Kalenderhalbjahr eine Jugend- und Auszubildendenversammlung durchzuführen. Diese soll möglichst unmittelbar vor oder nach einer ordentlichen Personalversammlung stattfinden. Sie wird von der Vorsitzenden oder dem Vorsitzenden der Jugend- und Auszubildendenvertretung geleitet. Die oder der Vorsitzende des Personalrats oder ein vom Personalrat beauftragtes anderes Mitglied soll an der Versammlung teilnehmen. Die für Personalversammlungen geltenden Bestimmungen sind entsprechend anzuwenden.

§ 64 Jugend- und Auszubildendenstufenvertretung

Für den Geschäftsbereich mehrstufiger Verwaltungen werden, soweit Stufenvertretungen bestehen, bei den Behörden der Mittelstufen Bezirksjugend- und Auszubildendenvertretungen und bei den obersten Dienstbehörden Hauptjugend- und Auszubildendenvertretungen gebildet. Für diese Jugend- und Auszubildendenstufenvertretungen gelten § 54 Abs. 1 und 3 sowie die §§ 58 bis 62 entsprechend.

§ 65 Gesamtjugend- und Auszubildendenvertretung

(1) Besteht in einer Dienststelle ein Gesamtpersonalrat und gehören mehr als einer Dienststelle in der Regel mindestens fünf in § 58 genannte Beschäftigte an, ist eine Gesamtjugend- und Auszubildendenvertretung zu bilden.

(2) In die Gesamtjugend- und Auszubildendenvertretung entsendet jede Jugend- und Auszubildendenvertretung ein Mitglied.

(3) Besteht im Bereich der Gesamtdienststelle nur eine Jugend- und Auszubildendenvertretung, nimmt diese auch die Aufgaben und Befugnisse der Gesamtjugend- und Auszubildendenvertretung wahr.

(4) Für die Gesamtjugend- und Auszubildendenvertretung gelten die Bestimmungen über die Zuständigkeit des Gesamtpersonalrats (§ 56 Abs. 2) und die Amtszeit der Jugend- und Auszubildendenvertretung (§ 61 Abs. 4 Satz 1) entsprechend.

§ 66 Entsprechende Anwendung von Bestimmungen

(1) Für die Jugend- und Auszubildendenvertretung, die Jugend- und Auszubildendenstufenvertretung und die Gesamtjugend- und Auszubildendenvertretung gelten die Bestimmungen über Nichtöffentlichkeit und Zeitpunkt der Sitzungen (§ 30), Beschlussfassung (§ 31), Ausschluss von Beratung und Beschlussfassung (§ 31a), Sitzungsniederschrift (§ 37), Schulungs- und Bildungsmaßnahmen (§ 41) sowie Kosten und Sachaufwand (§ 43) entsprechend. Die Bestimmungen über Arbeitszeitversäumnis und Freizeitausgleich (§ 39 Abs. 2 bis 4) finden mit der Maßgabe Anwendung, dass hierdurch weder der berufliche Werdegang noch das Ausbildungsziel gefährdet werden dürfen; auf Antrag der jeweiligen Vertretung kann ohne Durchführung des Stufenverfahrens gemäß § 74 Abs. 4 die Einigungsstelle verbindlich entsprechende Maßnahmen der Dienststellenleitung aufheben. Für die Bildung der Einigungsstelle und das Verfahren gilt § 75 Abs. 1 bis 4, 6 und 7.

(2) Für die Mitglieder der Jugend- und Auszubildendenvertretung, Jugend- und Auszubildendenstufenvertretung und der Gesamtjugend- und Auszubildendenvertretung gelten die Bestimmungen über den Schutz der Mitglieder der Personalvertretung (§ 70) entsprechend.

VI. Abschnitt
Beteiligung des Personalrats

1. Unterabschnitt
Allgemeines

§ 67 Regeln der Zusammenarbeit

(1) Dienststellenleitung und Personalrat haben einmal im Vierteljahr zu Besprechungen zusammenzutreten. In ihnen soll auch die Gestaltung des Dienstbetriebes behandelt werden, insbesondere alle Vorgänge, beabsichtigte Maßnahmen und Initiativen, die die Beschäftigten wesentlich berühren. Die Dienststellenleitung hat zu Vorschlägen der Personalvertretung nach Beratung mit dieser unverzüglich Stellung zu nehmen. Dienststellenleitung und Personalrat haben über strittige Fragen mit dem ernsten Willen zur Einigung zu verhandeln und Vorschläge für die Beilegung von Meinungsverschiedenheiten zu machen.

(2) Dienststelle und Personalvertretung haben alles zu unterlassen, was geeignet ist, die Arbeit und den Frieden in der Dienststelle zu beeinträchtigen. Ist durch eine Maßnahme der Dienststelle ein Recht der Personalvertretung verletzt worden und stimmt der Personalrat der Maßnahme nicht nachträglich zu, sind ihre Folgen, soweit nicht zwingende gesetzliche Bestimmungen entgegenstehen, zu beseitigen.

(3) Maßnahmen des Arbeitskampfes zwischen Dienststelle und Personalvertretung sind unzulässig; Arbeitskämpfe tariffähiger Parteien werden hierdurch nicht berührt. Mittelbare oder unmittelbare Auswirkungen eines Arbeitskampfes zwischen tariffähigen Parteien berühren die Rechte und Pflichten von Dienststelle und Personalvertretung nach diesem Gesetz nicht.

(4) Dienststelle und Personalrat haben jede Werbung zugunsten politischer Parteien sowie sonstige Betätigungen, die dazu bestimmt sind, die Ziele politischer Parteien unmittelbar zu fördern, in der Dienststelle zu unterlassen. Die Behandlung von Angelegenheiten tarif-, besoldungs- und sozialpolitischer Art, die die Dienststelle oder ihre Beschäftigten unmittelbar oder mittelbar betreffen, wird hierdurch nicht berührt.

(5) Beschäftigte werden durch ihre Mitgliedschaft in der Personalvertretung in ihrer Meinungsfreiheit nicht beschränkt. Beschäftigte, die im Rahmen dieses Gesetzes Aufgaben übernehmen, werden dadurch in der Betätigung für ihre Gewerkschaft auch in der Dienststelle nicht beschränkt.

(6) Außenstehende Stellen dürfen erst angerufen werden, wenn eine Einigung in der Dienststelle nicht erzielt worden ist. Die Personalvertretung ist im Rahmen ihrer Aufgaben berechtigt, mit Stellen außerhalb der Dienststelle oder der Verwaltung zusammenzuarbeiten.

§ 68 Grundsätze für die Behandlung der Dienststellenangehörigen

(1) Dienststelle und Personalvertretung haben darüber zu wachen, dass alle Angehörigen der Dienststelle nach Recht und Billigkeit behandelt werden, insbesondere, dass jede Benachteiligung aus Gründen ihrer Rasse oder wegen ihrer ethnischen Herkunft, ihrer Abstammung oder sonstigen Herkunft, ihrer Nationalität, ihrer Religion oder Weltanschauung, ihrer Behinderung, ihres Alters, ihrer politischen oder gewerkschaftlichen Betätigung oder Einstellung oder wegen ihres Geschlechts oder ihrer sexuellen Identität unterbleibt.

(2) Die Personalvertretung hat sich für die Wahrung der Vereinigungsfreiheit der Beschäftigten einzusetzen.

§ 69 Allgemeine Aufgaben und Informationsrecht der Personalvertretung

(1) Die Personalvertretung hat folgende allgemeine Aufgaben:

1. Maßnahmen, die der Dienststelle und ihren Angehörigen dienen, zu beantragen,
2. darüber zu wachen, dass zugunsten der Beschäftigten geltende Gesetze, Verordnungen, Unfallverhütungsvorschriften, Tarifverträge, Dienstvereinbarungen, Verwaltungsanordnungen und sonstige Arbeitsschutzvorschriften durchgeführt werden,
3. Anregungen und Beschwerden von Beschäftigten und der Jugend- und Auszubildendenvertretung entgegenzunehmen und, falls sie berechtigt erscheinen, durch Verhandlungen mit der Dienststellenleitung auf ihre Erledigung hinzuwirken; die Personalvertretung hat die betroffenen Beteiligten über das Ergebnis der Verhandlungen zu unterrichten,

4. Maßnahmen zu beantragen, die der Gleichbehandlung von Frau und Mann dienen,
5. Maßnahmen zur Förderung familienfreundlicher Arbeitsbedingungen der Beschäftigten durch die Dienststelle zu fördern,
6. die Eingliederung und berufliche Entwicklung schwerbehinderter Menschen und sonstiger schutzbedürftiger Personen, insbesondere älterer Personen, zu fördern,
7. Maßnahmen zur beruflichen Förderung schwerbehinderter Menschen zu beantragen,
8. mit der Jugend- und Auszubildendenvertretung zur Förderung der Belange der in § 58 genannten Beschäftigten eng zusammenzuarbeiten; die Personalvertretung kann von der Jugend- und Auszubildendenvertretung Vorschläge und Stellungnahmen anfordern,
9. die Eingliederung ausländischer Beschäftigter in die Dienststelle und das Verständnis zwischen ihnen und den deutschen Beschäftigten zu fördern,
10. die Interessen der Fernarbeitnehmerinnen und Fernarbeitnehmer zu wahren.

(2) Zur Durchführung ihrer Aufgaben ist die Personalvertretung rechtzeitig, fortlaufend, umfassend und anhand der Unterlagen von der Dienststellenleitung zu unterrichten. Die Unterrichtung hat sich auf sämtliche Auswirkungen der von der Dienststelle erwogenen Maßnahme auf die Beschäftigten zu erstrecken, insbesondere auf die Folgen für Arbeitsplätze, Arbeitsbedingungen, Arbeitsinhalte, Arbeitsorganisation und Qualifikationsanforderungen. Auf Verlangen hat die Dienststellenleitung die erwogene Maßnahme mit der Personalvertretung zu beraten.

(3) Zu allen Vorstellungs- und Auswahlgesprächen ist ein von der Personalvertretung benanntes Mitglied des Personalrats einzuladen, dessen Dienststelle die Gespräche führt; § 53 Abs. 1 findet entsprechende Anwendung. Dies gilt nicht in den Fällen des § 81 Satz 1. Finden die Vorstellungs- und Auswahlgespräche ohne Einladung nach Satz 1 statt, sind sie vor Durchführung der vorgesehenen Maßnahme unter Nachholung der Einladung erneut durchzuführen. Dem Personalratsmitglied sind die erforderlichen Unterlagen vorzulegen. Personalakten dürfen nur mit Zustimmung der Beschäftigten und nur von den von ihnen bestimmten Mitgliedern der Personalvertretung eingesehen werden. Dienstliche Beurteilungen sind auf Verlangen der Beschäftigten der Personalvertretung zur Kenntnis zu bringen. Ein Mitglied des Personalrats ist auf Verlangen der oder des zu Beurteilenden an dem Beurteilungsgespräch zu beteiligen. Die Personalvertretung kann sich zur Durchführung ihrer Aufgaben auch aller von der Dienststelle verwendeten technischen Mittel bedienen.

(4) Bei Meinungsverschiedenheiten in Angelegenheiten nach Absatz 2 und 3 entscheidet ohne Durchführung des Stufenverfahrens gemäß § 74 Abs. 4 die Einigungsstelle verbindlich. Für die Bildung der Einigungsstelle und das Verfahren gilt § 75 Abs. 1 bis 4, 6 und 7.

(5) Die Personalvertretung kann Gutachten oder Stellungnahmen von Sachverständigen oder Auskunftspersonen einholen, soweit sie dies zu einer ordnungsgemäßen Erfüllung ihrer Aufgaben für erforderlich hält. Für die Geheimhaltungspflicht der Sachverständigen und Auskunftspersonen gilt § 71 entsprechend. Bei Meinungsverschiedenheiten wegen der Kosten entscheidet ohne Durchführung des Stufenverfahrens gemäß § 74 Abs. 4 die Einigungsstelle verbindlich. Für die Bildung der Einigungsstelle und das Verfahren gilt § 75 Abs. 1 bis 4, 6 und 7.

(6) Die oder der Personalratsvorsitzende oder ein beauftragtes Personalratsmitglied hat jederzeit das Recht, die Dienststelle zu begehen und die Beschäftigten an ihrem Arbeitsplatz aufzusuchen.

(7) Bei dienstlichen Gesprächen der in § 5 Abs. 5 und 6 sowie § 11 Abs. 3 bezeichneten Beschäftigten zur Überprüfung von Pflichtverletzungen, die zu arbeits- oder disziplinarrechtlichen Maßnahmen führen können, haben die Beschäftigten das Recht, ein Mitglied des Personalrats hinzuzuziehen.

(8) In den Fällen des Absatzes 3 Satz 6 und des Absatzes 7 ist die oder der Beschäftigte über das beabsichtigte Gespräch rechtzeitig vorher zu unterrichten und auf das Recht hinzuweisen, ein Mitglied des Personalrats an dem Gespräch zu beteiligen und nach Absatz 3 Satz 5 zu verlangen, dass dienstliche Beurteilungen der Personalvertretung zur Kenntnis zu bringen sind. Wird die Unterrichtungs- oder die Hinweispflicht nach Satz 1 verletzt, ist das Gespräch unter Nachholung der Unterrichtungs- und der Hinweispflicht zu wiederholen. Maßnahmen nach Absatz 7 können erst danach getroffen werden; bereits durchgeführte Maßnahmen sind rückgängig zu machen, soweit nicht zwingende gesetzliche Bestimmungen entgegenstehen.

§ 69a Digitalisierungsausschuss

(1) In Dienststellen mit in der Regel mehr als einhundert Beschäftigten kann die Personalvertretung zur Vorbereitung ihrer Beschlüsse in den Angelegenheiten des § 80 Abs. 2 Nr. 1 bis 5 und 14 bis 16 und 18 jeweils die Bildung eines Digitalisierungsausschusses beantragen. Er hat die Aufgabe, die erwogene Maßnahme der Dienststelle unter Berücksichtigung der aktuellen Erkenntnisse über Digitalisierung von Verwaltungsleistungen und Daten eingehend zu beraten und der Dienststelle und dem Personalrat seine Stellungnahme zuzuleiten. Die Stellungnahme soll das Meinungsbild der Ausschussmitglieder wiedergeben. Die Personalvertretung hat den Antrag innerhalb von zwölf Werktagen nach Unterrichtung über erwogene Maßnahmen nach § 69 Abs. 2 Satz 1 bei der Dienststellenleitung zu stellen. Diese hat den Digitalisierungsausschuss rechtzeitig und umfassend über die erwogene Maßnahme unter Vorlage der erforderlichen Unterlagen zu unterrichten.

(2) Der Digitalisierungsausschuss besteht aus mindestens drei und höchstens sechs Mitgliedern, die der Dienststelle angehören müssen. Die Mitglieder der Dienststelle werden von der Dienststellenleitung und die Mitglieder der Personalvertretung von dem Personalrat entsandt. Die Dienststelle entsendet zwei oder drei Mitglieder. Die Personalvertretung kann so viele Mitglieder wie die

Dienststelle entsenden. Die Mitglieder sollen je nach Art der Mitbestimmungsangelegenheit über die erforderlichen digitalen Kenntnisse verfügen.

§ 70 Schutz der Mitglieder der Personalvertretung

(1) Die außerordentliche Kündigung von Mitgliedern des Personalrats, die in einem Arbeitsverhältnis stehen, einschließlich der, sei es auch nur vorübergehend, nachgerückten Ersatzmitglieder bedarf der Zustimmung der Personalvertretung.

(2) Verweigert der Personalrat seine Zustimmung oder äußert er sich nicht innerhalb von drei Werktagen nach Eingang des Antrags, kann das Verwaltungsgericht sie auf Antrag der Dienststellenleitung ersetzen, wenn die außerordentliche Kündigung unter Berücksichtigung aller Umstände gerechtfertigt ist. Dabei hat das Verwaltungsgericht besonders die Stellung des Personalrats und seine Funktionsfähigkeit zu würdigen. In dem Verfahren vor dem Verwaltungsgericht sind die betroffenen Arbeitnehmerinnen und Arbeitnehmer Beteiligte.

(3) Hat das Verwaltungsgericht die Zustimmung zur Kündigung ersetzt und kündigt der Arbeitgeber, können die betroffenen Arbeitnehmerinnen und Arbeitnehmer Kündigungsschutzklage erheben und sind bis zur Rechtskraft der Entscheidung weiter zu beschäftigen.

(4) Mitglieder des Personalrats, einschließlich der, sei es auch nur vorübergehend, nachgerückten Ersatzmitglieder, dürfen gegen ihren Willen nur versetzt, abgeordnet, umgesetzt oder zugewiesen werden, wenn dies unter Berücksichtigung der Mitgliedschaft im Personalrat aus wichtigen dienstlichen Gründen unvermeidbar ist und wenn der Personalrat der Versetzung, Abordnung, Umsetzung oder Zuweisung zugestimmt hat.

(5) Für Beamtinnen und Beamte im Vorbereitungsdienst gilt Absatz 4 nicht. Absatz 4 gilt ferner nicht bei der Versetzung, Abordnung, Umsetzung oder Zuweisung dieser Beschäftigten zu einer anderen Dienststelle im Anschluss an den Vorbereitungsdienst. Die Mitgliedschaft der in Satz 1 bezeichneten Beschäftigten im Personalrat ruht, solange sie entsprechend den Erfordernissen des Vorbereitungsdienstes zu einer anderen Dienststelle versetzt, abgeordnet oder zugewiesen sind. Die Sätze 1 bis 3 finden in den Fällen des § 130 Abs. 2 des Landesbeamtengesetzes (LBG) entsprechende Anwendung.

§ 71 Verschwiegenheitspflicht

(1) Personen, die Aufgaben oder Befugnisse nach diesem Gesetz wahrnehmen oder wahrgenommen haben, müssen über die ihnen dabei bekannt gewordenen Angelegenheiten Stillschweigen bewahren. Die Verschwiegenheitspflicht besteht nicht gegenüber den übrigen Mitgliedern der Personalvertretung, den Beauftragten der in der Dienststelle vertretenen Gewerkschaften und den zuständigen Arbeitgebervereinigungen, wenn und soweit sie nach den Bestimmungen dieses Gesetzes hinzugezogen werden. Sie entfällt ferner gegenüber der vorgesetzten Dienststelle und der bei ihr gebildeten Stufenvertretung sowie gegenüber dem Gesamtpersonalrat. Gleiches gilt im Verhältnis der Stufenvertretung und des Gesamtpersonalrats zum Personalrat. Die Ver-

schwiegenheitspflicht besteht ferner nicht gegenüber den für den Arbeitsschutz zuständigen Behörden, den Trägern der gesetzlichen Unfallversicherung und den übrigen für den Arbeitsschutz tätigen Stellen im Rahmen dieser Aufgaben.

(2) Die Verschwiegenheitspflicht besteht nicht für Angelegenheiten oder Tatsachen, die offenkundig sind oder ihrer Bedeutung nach keiner Geheimhaltung bedürfen.

(3) Die datenschutzrechlichen Vorschriften dieses Gesetzes finden keine Anwendung, soweit das Recht der Europäischen Union, im Besonderen die Verordnung (EU) 2016/679 des Europäischen Parlaments und des Rates vom 27. April 2016 zum Schutz natürlicher Personen bei der Verarbeitung personenbezogener Daten, zum freien Datenverkehr und zur Aufhebung der Richtlinie 95/46/EG (Datenschutz-Grundverordnung) (ABl. EU Nr. L 119 S. 1) in der jeweils geltenden Fassung, unmittelbar gilt. Auf die ergänzenden Bestimmungen des Landesdatenschutzgesetzes wird verwiesen.

§ 72 Behandlung personenbezogener Unterlagen

(1) Personenbezogene Unterlagen, die anlässlich eines Mitbestimmungsverfahrens, Mitwirkungsverfahrens und Anhörungsverfahrens zur Verfügung gestellt wurden, sind nach dessen Abschluss zurückzugeben. Ihre Sammlung, fortlaufende aktenmäßige Auswertung sowie Speicherung in Dateien ist unzulässig.

(2) Unterlagen des Personalrats, die personenbezogene Daten enthalten (z. B. Niederschriften, Personallisten), sind vor unbefugter Einsichtnahme zu schützen. Die Dienststelle hat dem Personalrat geeignete Sicherungseinrichtungen zur Verfügung zu stellen.

(3) Personenbezogene Unterlagen des Personalrats sind für die Dauer der Amtsperiode des Personalrats aufzubewahren. Sie sind spätestens nach Ablauf einer weiteren Amtsperiode zu vernichten, soweit sie nicht von dem Archiv einer Gebietskörperschaft übernommen werden.

2. Unterabschnitt
Formen und Durchführung der Mitbestimmung und Mitwirkung

§ 73 Grundsätze der Mitbestimmung

(1) Der Personalrat bestimmt in allen personellen, sozialen und sonstigen innerdienstlichen sowie organisatorischen und wirtschaftlichen Angelegenheiten mit, soweit nicht eine abschließende gesetzliche oder tarifvertragliche Regelung besteht, die einen Beurteilungs- oder Ermessensspielraum ausschließt.

(2) Die Mitbestimmung entfällt ferner bei dem Erlass von

1. Rechtsvorschriften und
2. Organisationsentscheidungen und Verwaltungsanordnungen der Landesregierung.

§ 74 Verfahren

(1) Soweit eine Maßnahme der Mitbestimmung des Personalrats unterliegt, kann sie nur mit seiner Zustimmung getroffen werden. Ist das Mitbestimmungsverfahren nicht oder nicht ordnungsgemäß durchgeführt worden und stimmt der Personalrat bei nachgeholter Befassung nicht zu, ist die Maßnahme, soweit nicht zwingende gesetzliche Bestimmungen entgegenstehen, rückgängig zu machen.

(2) Die Dienststellenleitung unterrichtet den Personalrat schriftlich oder elektronisch von der beabsichtigten Maßnahme und beantragt mit Begründung seine Zustimmung. Die beabsichtigte Maßnahme ist im Rahmen der Sitzungsvorbereitung rechtzeitig und eingehend zu erörtern. Auf die Erörterung kann im beiderseitigen Einvernehmen verzichtet werden. Der Beschluss des Personalrats über die beantragte Zustimmung ist der Dienststellenleitung innerhalb von 18 Werktagen nach Zugang des Antrags mitzuteilen. In dringenden Fällen kann die Dienststellenleitung diese Frist auf sechs Werktage abkürzen. Im beiderseitigen Einvernehmen kann sie verlängert werden. Die Maßnahme gilt als gebilligt, wenn nicht der Personalrat innerhalb der genannten Frist die Zustimmung unter Angabe der Gründe schriftlich oder elektronisch verweigert. Soweit der Personalrat dabei Beschwerden oder Behauptungen tatsächlicher Art vorträgt, die für Beschäftigte ungünstig sind oder ihnen nachteilig werden können, hat die Dienststellenleitung den Beschäftigten Gelegenheit zur Äußerung zu geben; die Äußerungen sind aktenkundig zu machen. Führt die Dienststellenleitung eine Maßnahme, der der Personalrat zugestimmt hat, nicht durch, so hat sie darüber den Personalrat unter Darlegung der Gründe schriftlich oder elektronisch zu unterrichten.

(3) Der Personalrat kann in sozialen und sonstigen innerdienstlichen Angelegenheiten, in personellen sowie in organisatorischen und wirtschaftlichen Angelegenheiten eine Maßnahme, die seiner Mitbestimmung unterliegt, schriftlich oder elektronisch bei der Dienststellenleitung beantragen. Bei einer Maßnahme, die nur einzelne Beschäftigte betrifft und keine Auswirkungen auf Belange der Gesamtheit der in der Dienststelle Beschäftigten hat, ist ein Antrag nach Satz 1 nur mit Zustimmung der oder des betroffenen Beschäftigten zulässig; Absatz 5 findet keine Anwendung. Die Dienststellenleitung hat über den Antrag innerhalb von 18 Werktagen nach Zugang des Antrags zu entscheiden und den Personalrat hiervon schriftlich oder elektronisch zu unterrichten; eine Ablehnung ist zu begründen. Ist eine Entscheidung innerhalb dieser Frist nicht möglich, ist ein Zwischenbescheid zu erteilen.

(4) Kommt eine Einigung über eine von der Dienststelle beabsichtigte oder vom Personalrat vorgeschlagene Maßnahme nicht zustande, so kann die Dienststellenleitung oder der Personalrat die Angelegenheit binnen zwölf Werktagen auf dem Dienstweg der übergeordneten Dienststelle, bei der eine Stufenvertretung besteht, vorlegen. Eine Abschrift der Vorlage ist jeweils dem Personalrat beziehungsweise der Dienststellenleitung zuzuleiten. Die übergeordnete Dienststelle hat die Angelegenheit der bei ihr gebildeten Stufenvertretung innerhalb von 24 Werktagen vorzulegen; Absatz 2 gilt entsprechend.

Einigt sich die übergeordnete Dienststelle nicht mit der bei ihr bestehenden Stufenvertretung, so kann sie oder die bei ihr bestehende Stufenvertretung die Angelegenheit binnen zwölf Werktagen auf dem Dienstweg der obersten Dienstbehörde unterbreiten. Die oberste Dienstbehörde hat die Angelegenheit der bei ihr gebildeten Stufenvertretung in der Regel innerhalb von 24 Werktagen vorzulegen; Absatz 2 gilt entsprechend.

(5) Ergibt sich zwischen der obersten Dienstbehörde und der bei ihr bestehenden zuständigen Personalvertretung keine Einigung, so entscheidet die Einigungsstelle. Die Einigungsstelle soll binnen eines Monats nach der Erklärung eines Beteiligten, die Entscheidung der Einigungsstelle herbeiführen zu wollen, entscheiden.

(6) Die Dienststellenleitung kann bei Maßnahmen, die der Natur der Sache nach keinen Aufschub dulden, bis zur endgültigen Entscheidung vorläufige Regelungen treffen. Sie hat den Personalrat und die Personalvertretung, bei der sich die Angelegenheit im Verfahren der Mitbestimmung befindet, über die vorläufige Regelung unverzüglich und unter Angabe von Gründen zu unterrichten. Das Einigungsverfahren ist unverzüglich einzuleiten oder fortzusetzen.

§ 75 Einigungsstelle

(1) Zur Beseitigung von Meinungsverschiedenheiten zwischen Dienststelle und Personalvertretung wird bei der obersten Dienstbehörde eine Einigungsstelle gebildet. Die Einigungsstelle besteht aus je drei Mitgliedern, die von der obersten Dienstbehörde und der bei ihr bestehenden zuständigen Personalvertretung unverzüglich nach Eintritt des Nichteinigungsfalls bestellt werden, und einem weiteren unparteiischen Mitglied, auf dessen Person sich beide Parteien einigen müssen und das den Vorsitz führt. Kommt eine Einigung nicht zustande, so wird das unparteiische Mitglied durch die Präsidentin oder den Präsidenten des Oberverwaltungsgerichts Rheinland-Pfalz bestellt. Unter den Mitgliedern der Personalvertretung müssen sich je eine Beamtin oder ein Beamter und eine Vertreterin oder ein Vertreter der übrigen Gruppen befinden, es sei denn, die Angelegenheit betrifft lediglich Beamtinnen und Beamte oder im Arbeitsverhältnis stehende Beschäftigte. Beide Geschlechter sollen in der Einigungsstelle vertreten sein. Das unparteiische Mitglied ist innerhalb von zehn Werktagen nach Benennung der übrigen Mitglieder zu bestellen. Durch Dienstvereinbarung können weitere Einzelheiten des Verfahrens geregelt werden.

(2) Aufgrund einer Dienstvereinbarung kann die Einigungsstelle für die Dauer der Amtszeit der bei der obersten Dienstbehörde bestehenden Personalvertretung als ständige Einrichtung gebildet werden; Absatz 1 Satz 2 findet mit der Maßgabe entsprechende Anwendung, dass zwischen den Parteien eine Einigung über die Person des unparteiischen Mitgliedes für die gesamte Amtszeit erzielt wird.

(3) Die Verhandlungen der Einigungsstelle sind nicht öffentlich. Der obersten Dienstbehörde und der zuständigen Personalvertretung ist Gelegenheit zur

mündlichen Äußerung zu geben. Im Einvernehmen mit den Beteiligten kann die Äußerung schriftlich erfolgen.

(4) Die Einigungsstelle entscheidet nach mündlicher Beratung vorbehaltlich der Fälle des Absatzes 5 durch die Beteiligten bindenden Beschluss. Sie hat sich dabei an den Rahmen der geltenden Rechtsvorschriften, insbesondere des Haushaltsgesetzes und der tariflichen Regelungen, zu halten. Sie kann den Anträgen der Beteiligten teilweise entsprechen. Der Beschluss wird mit Stimmenmehrheit gefasst. Bei der Beschlussfassung hat sich das unparteiische Mitglied zunächst der Stimme zu enthalten; kommt eine Stimmenmehrheit nicht zustande, nimmt es nach weiterer Beratung an der erneuten Beschlussfassung teil. Der Beschluss ist schriftlich niederzulegen, von dem den Vorsitz führenden Mitglied zu unterschreiben und den Beteiligten schriftlich zuzustellen.

(5) Die Einigungsstelle beschließt

1. in personellen Angelegenheiten der Beamtinnen und Beamten,
2. in personellen Angelegenheiten der Arbeitnehmerinnen und Arbeitnehmer,
3. in organisatorischen und wirtschaftlichen Angelegenheiten,
4. in Fragen der Lehrveranstaltungen im Rahmen des Vorbereitungsdienstes einschließlich der Auswahl der Lehrpersonen sowie
5. in Angelegenheiten, die Forschung, künstlerische Betätigung und Lehre unmittelbar berühren,

eine Empfehlung an die oberste Dienstbehörde.

(6) Die oberste Dienstbehörde kann einen die Beteiligten bindenden Beschluss der Einigungsstelle nach Absatz 4, der im Einzelfall wegen seiner Auswirkungen auf das Gemeinwesen wesentlicher Bestandteil der Regierungsgewalt ist, innerhalb eines Monats nach Zustellung des Beschlusses ganz oder teilweise aufheben und abweichend entscheiden. Die Entscheidung ist zu begründen. Das unparteiische Mitglied der Einigungsstelle sowie die am Einigungsverfahren beteiligten Dienststellen und Personalvertretungen sind unverzüglich über die Entscheidung und deren Gründe schriftlich zu unterrichten.

(7) Das unparteiische Mitglied der Einigungsstelle erhält für die Behandlung jeden Falles eine Aufwandsentschädigung, deren Höhe die Landesregierung durch Rechtsverordnung bestimmt.

§ 76 Dienstvereinbarungen

(1) Dienstvereinbarungen sind in allen Angelegenheiten des Personalvertretungsrechts zulässig, soweit sie nicht lediglich Einzelmaßnahmen betreffen und soweit nicht Rechtsvorschriften oder tarifliche Regelungen entgegenstehen. Sie werden durch Dienststelle und Personalrat gemeinsam beschlossen, sind schriftlich niederzulegen, von beiden Seiten zu unterzeichnen und in geeigneter Weise bekannt zu machen. § 74 Abs. 3 findet keine Anwendung.

(2) Dienstvereinbarungen können, soweit nichts anderes vereinbart ist, mit einer Frist von drei Monaten gekündigt werden.

(3) Nach Ablauf einer Dienstvereinbarung gelten ihre Regelungen in Angelegenheiten, in denen ein Spruch der Einigungsstelle die Einigung zwischen Dienststelle und Personalrat ersetzen kann, weiter, bis sie durch eine andere Dienstvereinbarung ersetzt wird.

(4) Die Dienststelle kann jederzeit, auch in den Fällen der Absätze 2 und 3, die Dienstvereinbarung ganz oder teilweise aufheben, wenn ihr das in Ausübung ihrer Regierungsverantwortung für eine gemeinwohlorientierte Staatstätigkeit angezeigt erscheint. Die Aufhebung ist zu begründen.

§ 77 Durchführung von Entscheidungen

Entscheidungen, an denen der Personalrat beteiligt war, führt die Dienststelle durch, es sei denn, dass im Einzelfall etwas anderes vereinbart ist. Dies gilt ferner für Vereinbarungen zwischen Personalrat und Dienststellenleitung, auch soweit sie auf einem Spruch der Einigungsstelle beruhen.

§ 78 Mitbestimmung in personellen Angelegenheiten der Arbeitnehmerinnen und Arbeitnehmer

(1) Das Mitbestimmungsrecht des Personalrats in personellen Angelegenheiten der Arbeitnehmerinnen und Arbeitnehmer erstreckt sich auf personelle Einzelmaßnahmen und allgemeine personelle Angelegenheiten.

(2) Der Personalrat bestimmt insbesondere bei den nachfolgend aufgeführten personellen Einzelmaßnahmen mit:

1. Einstellung einschließlich Übertragung der auszuübenden Tätigkeiten, Eingruppierung,
2. Zeit- oder Zweckbefristung des Arbeitsverhältnisses, ausgenommen im Hochschulbereich,
3. Übertragung einer höher oder niedriger zu bewertenden Tätigkeit für eine Dauer von mehr als zwei Monaten, Höher- oder Herabgruppierung,
4. Übertragung einer anderen Tätigkeit für eine Dauer von mehr als zwei Monaten,
5. dauernde oder vorübergehende Übertragung einer Tätigkeit, die einen Anspruch auf Zahlung einer Zulage auslöst, sowie Widerruf einer solchen Übertragung,
6. Versetzung zu einer anderen Dienststelle und Umsetzung unter Wechsel des Dienstorts für eine Dauer von mehr als zwei Monaten binnen eines Jahres,
7. Abordnung und Zuweisung entsprechend § 20 des Beamtenstatusgesetzes für eine Dauer von mehr als zwei Monaten binnen eines Jahres sowie Aufhebung einer solchen Maßnahme,
8. Änderung der vertraglich vereinbarten Arbeitszeit,
9. Ablehnung eines Antrags auf Telearbeit und Untersagung der Teilnahme an einer sonstigen Arbeitsform außerhalb der Dienststelle, soweit diese Arbeitsformen in der Dienststelle bestehen,

10. Ablehnung eines Antrags auf Teilzeitbeschäftigung oder Urlaub ohne Fortzahlung des Arbeitsentgelts,
11. erneute Zuweisung eines Arbeitsplatzes nach Arbeitsplatzsicherungsvorschriften oder nach Ende eines Urlaubs ohne Fortzahlung des Arbeitsentgelts,
12. Weiterbeschäftigung über die Altersgrenze hinaus,
13. Anordnungen, welche die Freiheit der Wahl der Wohnung beschränken,
14. Untersagung einer Nebentätigkeit und Versehen einer Nebentätigkeit mit Auflagen,
15. Geltendmachung von Ersatzansprüchen, sofern die oder der Beschäftigte die Mitbestimmung beantragt,
16. Erteilung von Abmahnungen, sofern die oder der Beschäftigte die Mitbestimmung beantragt,
17. Auswahl für die Teilnahme an Maßnahmen der Berufsausbildung, der beruflichen Fortbildung und der beruflichen Umschulung, wenn mehr Bewerberinnen und Bewerber vorhanden sind, als Plätze zur Verfügung stehen,
18. Bestellung und Abberufung von Ausbildungsleiterinnen und Ausbildungsleitern sowie Ausbilderinnen und Ausbildern.

In den Fällen des Satzes 1 Nr. 15 und 16 ist die oder der Beschäftigte von der beabsichtigten Maßnahme rechtzeitig vorher in Kenntnis zu setzen und auf das Antragsrecht hinzuweisen.

(3) Der Personalrat bestimmt insbesondere bei den nachfolgend aufgeführten allgemeinen personellen Angelegenheiten mit:

1. Erstellung und Verwendung von Formulararbeitsverträgen, von Personalfragebogen, ausgenommen im Rahmen der Rechnungsprüfung, und von personenbezogenen Dateien,
2. Erstellung von Beurteilungsrichtlinien,
3. Durchführung der Berufsbildung (Berufsausbildung, berufliche Fortbildung und berufliche Umschulung) und Aufstellung von Grundsätzen über die Auswahl von Ausbildungsleiterinnen und Ausbildungsleitern sowie Ausbilderinnen und Ausbildern und über deren Abberufung,
4. Erlass von Richtlinien über die personelle Auswahl
   a) bei Einstellungen, Versetzungen und Übertragungen von anderen Tätigkeiten,
   b) bei Übertragung von Funktionen, die einen Anspruch auf Zahlung einer Zulage auslösen,
   c) bei Kündigungen,
5. Aufstellung von Grundsätzen über die Durchführung von Stellenausschreibungen einschließlich Inhalt, Ort und Dauer,
6. Erstellung von Richtlinien über die Teilnahme an der Telearbeit oder an sonstigen Arbeitsformen außerhalb der Dienststelle.

§ 79 Mitbestimmung in personellen Angelegenheiten der Beamtinnen und Beamten

(1) Das Mitbestimmungsrecht des Personalrats in personellen Angelegenheiten der Beamtinnen und Beamten erstreckt sich auf personelle Einzelmaßnahmen und allgemeine personelle Angelegenheiten.

(2) Der Personalrat bestimmt insbesondere bei den nachfolgend aufgeführten personellen Einzelmaßnahmen mit:

1. Einstellung,
2. Verlängerung der Probezeit,
3. Beförderung einschließlich der Übertragung eines Amtes, das mit einer Zulage ausgestattet ist, Laufbahnwechsel,
4. dauernde oder vorübergehende Übertragung einer höher oder niedriger zu bewertenden Tätigkeit,
5. Versetzung zu einer anderen Dienststelle und Umsetzung unter Wechsel des Dienstorts für eine Dauer von mehr als zwei Monaten binnen eines Jahres,
6. Abordnung und Zuweisung gemäß § 20 des Beamtenstatusgesetzes für eine Dauer von mehr als zwei Monaten binnen eines Jahres sowie Aufhebung einer solchen Maßnahme,
7. Ablehnung eines Antrags auf Telearbeit und Untersagung der Teilnahme an einer sonstigen Arbeitsform außerhalb der Dienststelle, soweit diese Arbeitsformen in der Dienststelle bestehen,
8. Ablehnung eines Antrags auf Teilzeitbeschäftigung, Ermäßigung der regelmäßigen Arbeitszeit oder Urlaub ohne Dienstbezüge,
9. Übertragung eines Dienstpostens nach Ende eines Urlaubs ohne Dienstbezüge,
10. Hinausschieben des Eintritts in den Ruhestand nach Erreichen der Altersgrenze,
11. Anordnungen, welche die Freiheit der Wahl der Wohnung beschränken,
12. Genehmigung, Versagung und Widerruf der Genehmigung sowie Untersagung einer Nebentätigkeit,
13. Geltendmachung von Ersatzansprüchen, sofern die Beamtin oder der Beamte die Mitbestimmung beantragt,
14. vorläufige Dienstenthebung, Einbehaltung von Dienstbezügen und Erhebung der Disziplinarklage, sofern die Beamtin oder der Beamte die Mitbestimmung beantragt,
15. Entlassung von Beamtinnen und Beamten auf Probe oder auf Widerruf oder Entlassung aus einem öffentlich-rechtlichen Ausbildungsverhältnis ohne eigenen Antrag,

16. vorzeitige Versetzung in den Ruhestand ohne eigenen Antrag, Versagung der vorzeitigen Versetzung in den Ruhestand und Feststellung der begrenzten Dienstfähigkeit ohne eigenen Antrag,
17. Auswahl für die Teilnahme an Maßnahmen der Ausbildung, der beruflichen Fortbildung und der Umschulung, wenn mehr Bewerberinnen und Bewerber vorhanden sind, als Plätze zur Verfügung stehen,
18. Bestellung und Abberufung von Ausbildungsleiterinnen und Ausbildungsleitern sowie Ausbilderinnen und Ausbildern,
19. Absehen von der Ausschreibung von zu besetzenden Dienstposten.

In den Fällen des Satzes 1 Nr. 13 und 14 ist die Beamtin oder der Beamte von der beabsichtigten Maßnahme rechtzeitig vorher in Kenntnis zu setzen und auf das Antragsrecht hinzuweisen.

(3) Der Personalrat bestimmt insbesondere bei den nachfolgend aufgeführten allgemeinen personellen Angelegenheiten mit:

1. Erstellung von Personalfragebogen, ausgenommen im Rahmen der Rechnungsprüfung, und von personenbezogenen Dateien,
2. Erstellung von Beurteilungsrichtlinien,
3. Aufstellung von Grundsätzen über die Durchführung der Ausbildung, der beruflichen Fortbildung und der Umschulung, über die Auswahl von Ausbildungsleiterinnen und Ausbildungsleitern sowie Ausbilderinnen und Ausbildern und über deren Abberufung,
4. Erlass von Richtlinien über die personelle Auswahl
   a) bei Einstellungen, Versetzungen und Übertragungen von höher oder niedriger bewerteten Tätigkeiten,
   b) bei Beförderungen und vergleichbaren Maßnahmen nach Absatz 2 Satz 1 Nr. 3,
5. Aufstellung von Grundsätzen über die Durchführung von Stellenausschreibungen einschließlich Inhalt, Ort und Dauer,
6. Erstellung von Richtlinien über die Teilnahme an der Telearbeit oder an sonstigen Arbeitsformen außerhalb der Dienststelle.

§ 80 Mitbestimmung in sozialen und sonstigen innerdienstlichen sowie organisatorischen und wirtschaftlichen Angelegenheiten

10

(1) Der Personalrat bestimmt insbesondere bei den nachfolgend aufgeführten sozialen und sonstigen innerdienstlichen Angelegenheiten mit:

1. Errichtung, Verwaltung und Auflösung von Sozialeinrichtungen ohne Rücksicht auf ihre Rechtsform,
2. Aufstellung von Sozialplänen einschließlich Plänen für Umschulungen zum Ausgleich oder zur Milderung von wirtschaftlichen Nachteilen, die den Beschäftigten infolge von Rationalisierungsmaßnahmen entstehen,

3. Gewährung oder Versagung von sozialen Zuwendungen, insbesondere von Unterstützungen, Zuschüssen und Darlehen, sofern die oder der Beschäftigte die Mitbestimmung beantragt,
4. Zuweisung und Kündigung von Wohnungen und sonstigen Räumlichkeiten, über die die Dienststelle verfügt, sowie allgemeine Festsetzung der Nutzungsbedingungen,
5. Zuweisung von Dienst- und Pachtland und Festsetzung der Nutzungsbedingungen,
6. Gestaltung der Arbeitsplätze,
7. Beginn und Ende der täglichen Arbeitszeit und der Pausen sowie Verteilung der Arbeitszeit auf die einzelnen Wochentage,
8. Fragen der Gestaltung des Arbeitsentgelts in der Dienststelle einschließlich der Entgeltsysteme, Aufstellung von Entgeltgrundsätzen, Einführung und Anwendung von Entgeltmethoden sowie deren Änderung,
9. Zeit, Ort und Art der Auszahlung der Dienstbezüge und der Arbeitsentgelte,
10. Einführung, Ausgestaltung und Änderung des betrieblichen Vorschlagswesens,
11. Regelung der Ordnung in der Dienststelle und des Verhaltens der Beschäftigten.

Im Falle des Satzes 1 Nr. 3 ist die oder der Beschäftigte auf das Antragsrecht hinzuweisen.

(2) Der Personalrat bestimmt insbesondere bei den nachfolgend aufgeführten organisatorischen und wirtschaftlichen Angelegenheiten mit:

1. Einführung neuer Arbeitsmethoden sowie wesentliche Änderung oder wesentliche Ausweitung bestehender Arbeitsmethoden, insbesondere in Rationalisierungs-, Digitalisierungs- und Technologieangelegenheiten,
2. Einführung, Anwendung, Änderung oder Erweiterung technischer Einrichtungen und Verfahren, die geeignet sind, Daten von Beschäftigten zu verarbeiten oder zu nutzen,
3. Einführung, Anwendung, Änderung oder Erweiterung von Verfahren, die geeignet sind, das Verhalten oder die Leistung der Beschäftigten zu überwachen,
4. Einführung, wesentliche Änderung oder wesentliche Ausweitung betrieblicher Informations- und Kommunikationssysteme,
5. Maßnahmen zur Hebung der Arbeitsleistung und Erleichterung des Arbeitsablaufs,
6. Fragen des Arbeitszeitsystems sowie des Dienstes in Bereitschaft und auf Abruf,
7. Anordnung von vorhersehbarer Mehrarbeit oder vorhersehbaren Überstunden, Verlängerung oder Verkürzung der regelmäßigen täglichen Arbeitszeit,

8. Maßnahmen des Arbeits- und Gesundheitsschutzes einschließlich der Erstellung von Arbeitsschutzprogrammen sowie Einzelregelungen, die, sei es auch mittelbar, der Verhütung von Arbeitsunfällen und Berufskrankheiten sowie dem Gesundheitsschutz dienen,
9. Aufstellung allgemeiner Grundsätze des behördlichen oder betrieblichen Gesundheits- und Eingliederungsmanagements,
10. Bestellung und Abberufung von Datenschutzbeauftragten, von Transparenzbeauftragten, von Vertrauens- oder Betriebsärztinnen und -ärzten, von Fachkräften für Arbeitssicherheit, von Sicherheitsbeauftragten, von Beauftragten für biologische Sicherheit sowie von Fachkräften und Beauftragten für den Strahlenschutz,
11. Bestellung und Abberufung von Gleichstellungsbeauftragten und von Mitgliedern der Beschwerdestelle nach § 13 Abs. 1 des Allgemeinen Gleichbehandlungsgesetzes,
12. Aufstellung allgemeiner Urlaubsgrundsätze und des Urlaubsplans sowie Festsetzung der zeitlichen Lage des Urlaubs für einzelne Beschäftigte, wenn zwischen ihnen und der Dienststellenleitung kein Einverständnis erzielt wird,
13. Vorbereitung von Verwaltungsanordnungen einer Dienststelle für die innerdienstlichen, sozialen und persönlichen Angelegenheiten der Beschäftigten ihres Geschäftsbereichs, wenn nicht nach § 98 LBG die Spitzenorganisationen der zuständigen Gewerkschaften bei der Vorbereitung zu beteiligen sind,
14. Auflösung, Einschränkung, Verlegung oder Zusammenlegung von Dienststellen oder wesentlichen Teilen von ihnen,
15. Auslagerung von Arbeit aus der Dienststelle,
16. Festlegung von Verfahren und Methoden von Wirtschaftlichkeits- und Organisationsprüfungen, mit Ausnahme von Prüfungen durch den Rechnungshof,
17. Auswahl und Beauftragung von Gutachterinnen und Gutachtern für Prüfungen nach Nummer 14,
18. Abschluss von Arbeitnehmerüberlassungs- oder Gestellungsverträgen,
19. Grundsätze der Arbeitsplatz- oder Dienstpostenbewertung.

(3) Muss für eine Gruppe von Beschäftigten die tägliche Arbeitszeit (Absatz 1 Satz 1 Nr. 7 und Absatz 2 Nr. 7) nach Erfordernissen, die die Dienststelle nicht voraussehen kann, unregelmäßig und kurzfristig festgesetzt werden, so beschränkt sich die Mitbestimmung auf die Grundsätze der Aufstellung der Dienstpläne, insbesondere für die Anordnung von Dienst- oder Rufbereitschaft, Mehrarbeit und Überstunden.

(4) Der Plan nach Absatz 1 Satz 1 Nr. 2 hat die Wirkung einer Dienstvereinbarung; § 76 Abs. 1 Satz 1 und Abs. 3 findet keine Anwendung.

§ 81 Ausnahmen von der Mitbestimmung in personellen Angelegenheiten

In Personalangelegenheiten der in § 5 Abs. 5 und 6 und § 11 Abs. 3 bezeichneten Beschäftigten, der Beamtinnen und Beamten der Besoldungsordnung B, auch wenn ihnen ein dieser Besoldungsordnung zugeordneter Dienstposten übertragen werden soll, und der vergleichbaren Arbeitnehmerinnen und Arbeitnehmer, der Beamtinnen und Beamten auf Zeit, der unmittelbaren Mitarbeiterinnen und Mitarbeiter der Leiterin oder des Leiters und der stellvertretenden Leiterin oder des stellvertretenden Leiters der Dienststelle bei obersten Landesbehörden sowie der Beschäftigten mit überwiegend wissenschaftlicher oder künstlerischer Tätigkeit bestimmt der Personalrat nur mit, wenn sie es beantragen. Diese Personen sind von der beabsichtigten Maßnahme rechtzeitig vorher in Kenntnis zu setzen und auf ihr Antragsrecht hinzuweisen. In Personalangelegenheiten der in § 41 Abs. 1 LBG bezeichneten Beamtinnen und Beamten sowie Arbeitnehmerinnen und Arbeitnehmer in einer dort benannten Funktion bestimmt der Personalrat nicht mit.

§ 82 Verfahren der Mitwirkung

(1) Soweit der Personalrat an Entscheidungen mitwirkt, ist die beabsichtigte Maßnahme vor der Durchführung mit dem Ziele einer Verständigung rechtzeitig und eingehend mit ihm zu erörtern.

(2) Äußert sich der Personalrat nicht innerhalb von zehn Werktagen oder hält er bei Erörterung seine Einwendungen oder Vorschläge nicht aufrecht, so gilt die beabsichtigte Maßnahme als gebilligt. Erhebt der Personalrat Einwendungen, so hat er der Leiterin oder dem Leiter der Dienststelle die Gründe schriftlich oder elektronisch mitzuteilen. § 74 Abs. 2 Satz 8 gilt entsprechend.

(3) Entspricht die Dienststelle den Einwendungen des Personalrats nicht oder nicht in vollem Umfang, so teilt sie dem Personalrat ihre Entscheidung unter Angabe der Gründe schriftlich oder elektronisch mit.

(4) Der Personalrat einer nachgeordneten Dienststelle kann die Angelegenheit binnen vier Werktagen nach Zugang der Mitteilung auf dem Dienstweg den übergeordneten Dienststellen, bei denen Stufenvertretungen bestehen, mit dem Antrag auf Entscheidung vorlegen. Diese entscheiden nach Verhandlung mit der bei ihnen bestehenden Stufenvertretung. § 89 Abs. 1 gilt entsprechend. Eine Abschrift seines Antrags leitet der Personalrat seiner Dienststelle zu.

(5) Ist ein Antrag gemäß Absatz 4 gestellt, so ist die beabsichtigte Maßnahme bis zur Entscheidung der angerufenen Dienststelle auszusetzen.

§ 83 Mitwirkung des Personalrats bei Kündigungen

(1) Der Personalrat wirkt bei der ordentlichen Kündigung durch den Arbeitgeber mit. § 81 gilt entsprechend. Der Personalrat kann gegen die Kündigung Einwendungen erheben, wenn nach seiner Ansicht

1. bei der Auswahl der zu kündigenden Arbeitnehmerin oder des zu kündigenden Arbeitnehmers soziale Gesichtspunkte nicht oder nicht ausreichend berücksichtigt worden sind,
2. die Kündigung gegen eine Richtlinie im Sinne des § 78 Abs. 3 Nr. 4 Buchst. c verstößt,
3. die zu kündigende Arbeitnehmerin oder der zu kündigende Arbeitnehmer an einem anderen Arbeitsplatz in derselben Dienststelle oder in einer anderen Dienststelle desselben Verwaltungszweiges an demselben Dienstort einschließlich seines Einzugsgebietes weiterbeschäftigt werden kann,
4. die Weiterbeschäftigung der Arbeitnehmerin oder des Arbeitnehmers nach zumutbaren Umschulungs- oder Fortbildungsmaßnahmen möglich ist oder
5. die Weiterbeschäftigung der Arbeitnehmerin oder des Arbeitnehmers unter geänderten Vertragsbedingungen möglich ist und die Arbeitnehmerin oder der Arbeitnehmer sein Einverständnis hiermit erklärt.

Wird eine Kündigung ausgesprochen, obwohl der Personalrat nach Satz 3 Einwendungen gegen die Kündigung erhoben hat, so ist der Arbeitnehmerin oder dem Arbeitnehmer mit der Kündigung eine Abschrift der Stellungnahme des Personalrats zuzuleiten, es sei denn, dass die Stufenvertretung die Einwendungen nicht aufrechterhalten hat.

(2) Ist im Falle des Absatzes 1 Satz 4 Klage nach dem Kündigungsschutzgesetz auf Feststellung erhoben, dass das Arbeitsverhältnis durch die Kündigung nicht aufgelöst ist, so ist der Arbeitgeber auf Verlangen der Arbeitnehmerin oder des Arbeitnehmers nach Ablauf der Kündigungsfrist zur Weiterbeschäftigung bis zum rechtskräftigen Abschluss des Rechtsstreits bei unveränderten Arbeitsbedingungen verpflichtet. Auf Antrag des Arbeitgebers kann das Arbeitsgericht ihn durch einstweilige Verfügung von der Verpflichtung zur Weiterbeschäftigung nach Satz 1 entbinden, wenn

1. die Klage der Arbeitnehmerin oder des Arbeitnehmers keine hinreichende Aussicht auf Erfolg bietet oder mutwillig erscheint oder
2. die Weiterbeschäftigung der Arbeitnehmerin oder des Arbeitnehmers zu einer unzumutbaren wirtschaftlichen Belastung des Arbeitgebers führen würde oder
3. der Widerspruch des Personalrats offensichtlich unbegründet war.

(3) Vor fristlosen Entlassungen und außerordentlichen Kündigungen ist der Personalrat anzuhören. Die Leiterin oder der Leiter der Dienststelle hat die beabsichtigte Maßnahme zu begründen. Hat der Personalrat Bedenken, so hat er sie unter Angabe der Gründe der Leiterin oder dem Leiter der Dienststelle unverzüglich, spätestens innerhalb von vier Werktagen, schriftlich oder elektronisch mitzuteilen.

(4) Eine Kündigung ist unwirksam, wenn der Personalrat nicht oder nicht ordnungsgemäß beteiligt worden ist.

3. Unterabschnitt
Sonstige Beteiligung

§ 84 Beteiligung bei organisatorischen Maßnahmen

Die Dienststellenleitung hat mit dem Personalrat rechtzeitig und eingehend zu erörtern:

1. Personalplanung, Personalanforderungen einschließlich des geplanten Personalausgabenbudgets zum Haushaltsvoranschlag vor der Weiterleitung,
2. Aufteilung des Personalausgabenbudgets,
3. Erstellung und Anpassung von Gleichstellungsplänen,
4. wesentliche Änderungen der Behördenorganisation und der Geschäftsverteilung,
5. Erweiterung von Dienststellen,
6. Neu-, Aus- und Umbau von Dienstgebäuden,
7. Vergabe oder Privatisierung von Arbeiten oder Aufgaben, die bisher durch Beschäftigte der Dienststelle wahrgenommen werden.

Gibt der Personalrat einer nachgeordneten Dienststelle zu den Personalanforderungen einschließlich des geplanten Personalausgabenbudgets gemäß Satz 1 Nr. 1 eine Stellungnahme ab, so ist diese mit den Personalanforderungen der übergeordneten Stelle vorzulegen. In den Fällen des Satzes 1 Nr. 7 ist der Personalrat auf sein Verlangen rechtzeitig durch das die Entscheidung treffende Beschlussorgan anzuhören.

§ 85 Beteiligung bei Prüfungen

An Prüfungen, die eine Dienststelle von den Beschäftigten ihres Bereichs abnimmt, kann ein Mitglied des für diesen Bereich zuständigen Personalrats, das von diesem benannt ist, beratend teilnehmen. Zur Prüfung gehört auch die Beratung des Prüfungsergebnisses.

§ 86 Beteiligung beim Arbeitsschutz

(1) Der Personalrat hat bei der Vorbeugung und der Bekämpfung von Unfall- und Gesundheitsgefahren die für den Arbeitsschutz zuständigen Behörden, die Träger der gesetzlichen Unfallversicherung und die übrigen in Betracht kommenden Stellen durch Anregung, Beratung und Auskunft zu unterstützen und sich für die Durchführung der Vorschriften über den Arbeitsschutz und die Unfallverhütung einzusetzen.

(2) Die Dienststellenleitung und die in Absatz 1 genannten Stellen sind verpflichtet, bei allen im Zusammenhang mit dem Arbeitsschutz oder der Unfallverhütung stehenden Besichtigungen und Fragen und bei Unfalluntersuchungen den Personalrat oder die von ihm genannten Personalratsmitglieder derjenigen Dienststelle hinzuzuziehen, in der die Besichtigung oder Untersuchung stattfindet. Die Dienststellenleitung hat dem Personalrat unverzüglich die den Arbeits-

schutz und die Unfallverhütung betreffenden Auflagen und Anordnungen der in Absatz 1 genannten Stellen mitzuteilen.

(3) An den Besprechungen der Dienststellenleitung mit den Sicherheitsbeauftragten nach § 22 des Siebten Buches Sozialgesetzbuch nehmen vom Personalrat beauftragte Personalratsmitglieder teil.

(4) Der Personalrat erhält einen Abdruck der Niederschriften über Untersuchungen, Besichtigungen und Besprechungen, zu denen er nach den Absätzen 2 und 3 hinzuzuziehen ist.

(5) Die Dienststellenleitung hat dem Personalrat eine Durchschrift der nach § 193 Abs. 5 Satz 1 des Siebten Buches Sozialgesetzbuch vom Personalrat mit zu unterzeichnenden Unfall- oder Berufskrankheitenanzeige oder des nach beamtenrechtlichen Vorschriften zu erstattenden Berichts auszuhändigen.

Zweiter Teil
Besondere Bestimmungen für einzelne Zweige des öffentlichen Dienstes

I. Abschnitt
Grundsatz

§ 87 Für die nachstehenden Zweige des öffentlichen Dienstes gelten die Bestimmungen des Ersten Teiles insoweit, als im Folgenden nichts anderes bestimmt ist.

II. Abschnitt
Kommunale Gebietskörperschaften sowie sonstige Körperschaften, Anstalten und Stiftungen des öffentlichen Rechts mit einstufigem Verwaltungsaufbau, die der Aufsicht es Landes unterstehen

§ 88 Kommunale Dienststellen, Wählbarkeit und Teilnahme an Sitzungen der Vertretungskörperschaft

(1) Dienststelle bei kommunalen Gebietskörperschaften ist die Verwaltungsbehörde der Gebietskörperschaft (Gemeindeverwaltung, Stadtverwaltung, Verbandsgemeindeverwaltung, Kreisverwaltung, Verwaltung des Bezirksverbandes) sowie die Ortsgemeinde; dies gilt nicht für Schulen.

(2) Eigenbetriebe und kommunale nicht rechtsfähige Anstalten, bei denen nicht nur vorübergehend mehr als 30 Beschäftigte tätig sind, erhalten eine eigene Personalvertretung, wenn die Mehrheit ihrer wahlberechtigten Beschäftigten dies in geheimer Abstimmung beschließt; an der allgemeinen Personalvertretung der Dienststelle nehmen sie nicht teil. Der Beschluss ist erstmals für die folgende Wahl und so lange wirksam, bis er durch Beschluss

der Mehrheit der wahlberechtigten Beschäftigten in geheimer Abstimmung mit Wirkung für die folgende Wahl aufgehoben wird. § 5 Abs. 3 findet keine Anwendung.

(3) Beschäftigte einer kommunalen Gebietskörperschaft, die stimmberechtigt deren Vertretungskörperschaft oder einem Ausschuss der Vertretungskörperschaft angehören, der mit mitbestimmungspflichtigen Personalangelegenheiten der Gebietskörperschaft befasst werden kann, sind für die Personalvertretungen ihrer Dienststelle nicht wählbar.

(4) Stehen soziale oder personelle Angelegenheiten der Beschäftigten oder organisatorische Angelegenheiten in den Sitzungen der Vertretungskörperschaft oder ihrer Ausschüsse zur Beratung an, so ist die oder der Personalratsvorsitzende zur Darlegung der Beschlüsse des Personalrats in nicht öffentlicher Sitzung zu laden; eine Teilnahme an der Beratung und Beschlussfassung erfolgt nicht.

§ 88a Arbeitsgemeinschaft der Personalräte auf der Ebene der Kreisverwaltungen

(1) Die Personalräte bei den Kreisverwaltungen bilden bei Bedarf die Arbeitsgemeinschaft der Personalräte der Kreisverwaltungen. Jeder Personalrat entsendet ein Mitglied in die Arbeitsgemeinschaft.

(2) Die Arbeitsgemeinschaft kann Angelegenheiten, die die Kreisverwaltungen gleichermaßen betreffen und einheitlich geregelt werden sollen, erörtern. Die Befugnisse und Pflichten der Personalräte bei den Kreisverwaltungen werden hierdurch nicht berührt.

(3) Die Bestimmungen über Arbeitszeitversäumnis und Freizeitausgleich (§ 39 Abs. 2 bis 4) gelten entsprechend.

§ 89 Oberste Dienstbehörde, Einigungsverfahren und Einigungsstelle

(1) Der obersten Dienstbehörde im Sinne dieses Gesetzes entspricht

1. bei kommunalen Gebietskörperschaften die Vertretungskörperschaft und
2. bei sonstigen Körperschaften, Anstalten und Stiftungen des öffentlichen Rechts mit einstufigem Verwaltungsaufbau, die der Aufsicht des Landes unterstehen, das in ihrer Satzung oder Verfassung vorgesehene Beschlussorgan.

In Zweifelsfällen bestimmt die zuständige oberste Landesbehörde die zuständige Stelle. Die Vertretungskörperschaft und das Beschlussorgan können ihre Aufgaben als oberste Dienstbehörde einem Ausschuss oder der Dienststellenleitung übertragen.

(2) Kommt eine Einigung in einer Mitbestimmungsangelegenheit nicht zustande, so kann die Angelegenheit durch die Dienststellenleitung der obersten Dienstbehörde unter Beachtung der maßgeblichen Sitzungsfristen für deren nächste Sitzung zur Behandlung im nicht öffentlichen Teil vorgelegt werden; auf Verlangen des Personalrats ist sie vorzulegen. § 88 Abs. 4 gilt auch für die dort nicht genannten Mitbestimmungsangelegenheiten entsprechend.

§ 74 Abs. 5 gilt entsprechend. Ein Auszug aus der Niederschrift über die Beschlussfassung ist dem Personalrat unverzüglich zuzuleiten.

(3) § 75 gilt entsprechend. Die oberste Dienstbehörde hat die Dienststellenleitung, sofern diese nicht schriftlich auf ihre Mitgliedschaft verzichtet, als Mitglied der Einigungsstelle zu bestellen. In den Fällen des § 75 Abs. 5 entscheidet die Dienststellenleitung unter Berücksichtigung der Empfehlung der Einigungsstelle endgültig. Liegen die Voraussetzungen des § 75 Abs. 6 vor, kann die oberste Dienstbehörde nach Zustellung des Beschlusses der Einigungsstelle diesen in ihrer nächsten Sitzung ganz oder teilweise aufheben und der Dienststellenleitung zur endgültigen Entscheidung zuleiten.

§ 90 Einrichtungen mit wirtschaftlicher Zweckbestimmung

(1) Besteht für wirtschaftliche Einrichtungen der öffentlichen Hand mit mehr als zehn Beschäftigten ein Verwaltungsrat, Werkausschuss oder ein vergleichbares Gremium, so müssen zu ihm mindestens in einem Drittel der Mitgliederzahl Vertreterinnen und Vertreter der Beschäftigten hinzutreten; sie haben beratende Stimme. In der Hauptsatzung kann bestimmt werden, dass der Anteil der Beschäftigten höher ist; er muss jedoch weniger als die Hälfte betragen.

(2) Das Vorschlagsrecht für die Wahl der Vertreterinnen und Vertreter der Beschäftigten sowie deren Stellvertreterinnen und Stellvertreter durch die oberste Dienstbehörde steht dem Personalrat zu. Er soll die doppelte Anzahl der zu wählenden Vertreterinnen und Vertreter der Beschäftigten vorschlagen. Die Wahl erfolgt nach § 40 Abs. 2 bis 4 der Gemeindeordnung oder § 33 Abs. 2 bis 4 der Landkreisordnung.

(3) In Einrichtungen ohne eigene Personalvertretung nach § 88 Abs. 2 müssen mindestens zwei Drittel der Vertreterinnen und Vertreter der Beschäftigten in der Einrichtung beschäftigt sein.

(4) Wirtschaftliche Einrichtungen der öffentlichen Hand im Sinne von Absatz 1 sind ihre kaufmännisch verwalteten Betriebe ohne eigene Rechtspersönlichkeit sowie Körperschaften, Anstalten und Stiftungen des öffentlichen Rechts, die überwiegend wirtschaftliche Aufgaben erfüllen.

§ 91 Zweckverbände und andere öffentlich-rechtliche Verbände

§ 88 findet auf Zweckverbände und andere öffentlich-rechtliche Verbände von kommunalen Gebietskörperschaften entsprechende Anwendung.

§ 92 Körperschaften des öffentlichen Rechts ohne Gebietshoheit, rechtsfähige Anstalten und Stiftungen des öffentlichen Rechts

(1) Die §§ 73 und 78 gelten nicht für Personalangelegenheiten der leitenden Angestellten der Körperschaften des öffentlichen Rechts ohne Gebietshoheit sowie der rechtsfähigen Anstalten und Stiftungen des öffentlichen Rechts, wenn sie nach Dienststellung und Dienstvertrag

1. zur selbständigen Einstellung und Entlassung von Beschäftigten der Dienststelle berechtigt sind oder
2. Generalvollmacht oder Prokura haben oder

3. im Wesentlichen eigenverantwortlich Aufgaben wahrnehmen, die ihnen regelmäßig wegen ihrer Bedeutung für den Bestand und die Entwicklung der Dienststelle im Hinblick auf besondere Erfahrungen und Kenntnisse übertragen werden.

Eine beabsichtigte Einstellung oder personelle Veränderung einer oder eines in Satz 1 genannten leitenden Angestellten ist dem Personalrat rechtzeitig mitzuteilen.

(2) Stehen Körperschaften des öffentlichen Rechts ohne Gebietshoheit sowie rechtsfähige Anstalten und Stiftungen des öffentlichen Rechts im Wettbewerb mit privatwirtschaftlich organisierten Unternehmen, so tritt in den Angelegenheiten des § 80 Abs. 2 Nr. 11, 12, 14 bis 16 an die Stelle der Mitbestimmung die Mitwirkung; § 74 Abs. 6 gilt entsprechend. § 74 Abs. 2 Satz 4 findet mit der Maßgabe Anwendung, dass der Beschluss des Personalrats über die beantragte Zustimmung der Dienststellenleitung innerhalb von sechs Werktagen nach Zugang des Antrags mitzuteilen ist.

(3) Die §§ 5 und 56 gelten entsprechend für Körperschaften des öffentlichen Rechts ohne Gebietshoheit sowie für rechtsfähige Anstalten und Stiftungen des öffentlichen Rechts. Für den Verhinderungsfall ist die Vertretung auch durch die Leiterin oder den Leiter der für Personalangelegenheiten zuständigen Abteilung zulässig. Weiter gehende Vertretungsregelungen können durch Dienstvereinbarung getroffen werden. Die Verhinderungsvertretung gilt nicht für Besprechungen nach § 67 Abs. 1.

(4) Bei der Zusammenlegung von Dienststellen wählen die Beschäftigten der zusammenzulegenden Dienststellen spätestens vor dem Zeitpunkt des Zusammenlegens, frühestens drei Monate vor diesem Zeitpunkt einen neuen Personalrat nach den Bestimmungen dieses Gesetzes.

III. Abschnitt
Polizei

§ 93 Personalräte bei den Polizeibehörden

(1) Es werden Personalräte gebildet bei

1. den Polizeipräsidien und deren Polizeidirektionen,
2. dem Landeskriminalamt und
3. der Hochschule der Polizei Rheinland-Pfalz.

§ 5 Abs. 3 findet keine Anwendung.

(2) Bei dem Polizeipräsidium Einsatz, Logistik und Technik bilden die Beschäftigten der Abteilung Bereitschaftspolizei, der Abteilung Spezialeinheiten und der Abteilung Wasserschutzpolizei jeweils einen eigenen Personalrat. Ebenfalls einen eigenen gemeinsamen Personalrat bilden die Beschäftigten der Abteilung Beschaffung/Verwaltung, der Abteilung Zentrale Technik, der Abteilung Zentralstelle für Gesundheitsmanagement, des Präsidialstabs sowie

des Präsidialbüros. Absatz 1 Satz 2 und Absätze 3 und 4 finden entsprechende Anwendung.

(3) Bei den Polizeipräsidien werden Gesamtpersonalräte gebildet. Sie nehmen für die in Absatz 1 Satz 1 Nr. 1 bezeichneten Personalräte gegenüber den insoweit als übergeordnete Dienststellen geltenden Polizeipräsidien die Aufgabe als Stufenvertretung nach § 74 Abs. 4 und § 82 Abs. 4 wahr.

(4) In Abweichung von § 56 Abs. 2 wird der Personalrat eines Polizeipräsidiums nur beteiligt, wenn die Leitung des Polizeipräsidiums in Angelegenheiten entscheidet, über die in einer Polizeidirektion deren Leitung zu entscheiden hätte; in den übrigen von der Leitung des Polizeipräsidiums zu entscheidenden Angelegenheiten, die sich ausschließlich auf die Beschäftigten der Hauptdienststelle erstrecken, ist der Gesamtpersonalrat zuständig.

(5) Neben den Fällen des § 79 Abs. 2 Satz 1 Nr. 5 bestimmt der Personalrat auch bei der Umsetzung unter Wechsel der Dienststelle für eine Dauer von mehr als drei Monaten mit.

(6) Eine Beteiligung der Personalvertretung findet bei Anordnungen, durch die Einsatz oder Einsatzübungen von Polizeibeamtinnen und -beamten geregelt werden, nicht statt.

(7) Die Polizeibeamtinnen und Polizeibeamten des für die Polizei zuständigen Ministeriums nehmen an der Wahl des allgemeinen Personalrats der Dienststelle teil.

§ 94 Stufenvertretung

Die Beschäftigten der Polizeibehörden sowie die Polizeibeamtinnen und -beamten des für die Polizei zuständigen Ministeriums bilden bei dem für die Polizei zuständigen Ministerium einen eigenen Hauptpersonalrat.

IV. Abschnitt
Schulen und Studienseminare

§ 95 Gruppenbildung, Erweiterung des Personalrats

Die Lehrkräfte, die pädagogischen und technischen Fachkräfte nach § 25 Abs. 8 des Schulgesetzes (SchulG) sowie das staatliche nichtpädagogische Personal an Schulen und Studienseminaren bilden gemeinsam eine weitere Gruppe im Sinne der §§ 4 und 13; die Zugehörigkeit zu dieser Gruppe schließt die Zugehörigkeit zu einer anderen Gruppe aus. Für die Beteiligung des Personalrats bleibt die allgemeine Gruppenzugehörigkeit maßgebend.

§ 96 Studienreferendarinnen und Studienreferendare, Anwärterinnen und Anwärter für die Lehrämter, Verwaltungs- und Hilfspersonal, außerunterrichtlich eingesetzte Betreuungskräfte

(1) Die Studienreferendarinnen und Studienreferendare sowie die Anwärterinnen und Anwärter für die Lehrämter bilden bei den entsprechenden Studienseminaren jeweils eine eigene Personalvertretung; an der allgemeinen Personalvertretung der Dienststelle nehmen sie nicht teil.

(2) Für das Verwaltungs- und Hilfspersonal sowie die an Ganztagsschulen in offener Form außerunterrichtlich eingesetzten Betreuungskräfte nach § 74 Abs. 3 SchulG ist die Anstellungsbehörde Dienststelle.

§ 97 Stufenvertretungen

(1) Es werden für die staatlichen Lehrkräfte (§§ 25 und 26 SchulG) sowie für das staatliche nichtpädagogische Personal an Schulen und Studienseminaren Stufenvertretungen gebildet:

1. bei der Aufsichts- und Dienstleistungsdirektion je ein Bezirkspersonalrat für
   a) Grundschulen,
   b) Förderschulen,
   c) Realschulen plus,
   d) Gymnasien und Kollegs,
   e) Integrierte Gesamtschulen,
   f) berufsbildende Schulen,
2. bei dem für das Schulwesen zuständigen Ministerium je ein Hauptpersonalrat für
   a) Grundschulen,
   b) Förderschulen,
   c) Realschulen plus,
   d) Gymnasien und Kollegs,
   e) Integrierte Gesamtschulen,
   f) berufsbildende Schulen.

Das für das Schulwesen zuständige Ministerium legt bei besonderen Versuchsschulen fest, zu welcher Stufenvertretung sie gehören.

(2) Die Stufenvertretung besteht bei in der Regel

	bis zu	1 500	Beschäftigten aus fünf Mitgliedern,
1501	bis	3 000	Beschäftigten aus sieben Mitgliedern,
3001	bis	10 000	Beschäftigten aus neun Mitgliedern,
10 001	und	mehr	Beschäftigten aus elf Mitgliedern.

§ 54 Abs. 2 Satz 1 findet keine Anwendung. Spezielle Schulformen sollen angemessen in den Stufenvertretungen vertreten sein.

(3) Die Stufenvertretungen bei dem für das Schulwesen zuständigen Ministerium und den Mittelbehörden können einen gemeinsamen schulartbezogenen Ausschuss bilden. Sie können Angelegenheiten abstimmen, die von allgemeiner Bedeutung sind und über den Geschäftsbereich einer Stufenvertretung hinausgehen. In diesen Angelegenheiten kann der gemeinsame Ausschuss

auch Besprechungen nach § 67 mit den Dienststellenleitungen führen. Die Befugnisse und Aufgaben der Stufenvertretungen im Übrigen nach diesem Gesetz werden hierdurch nicht berührt.

(4) Dienststellenleitung und Stufenvertretung müssen mindestens einmal im Halbjahr zu Besprechungen zusammentreten; die Sitzungen der Stufenvertretung finden nach Bedarf statt.

(5) Die Bestimmungen über Arbeitszeitversäumnis und Freizeitausgleich (§ 39 Abs. 2 bis 4) gelten entsprechend.

(6) Die an Privatschulen abgeordneten staatlichen Lehrkräfte, die Leiterinnen und Leiter sowie Fachleiterinnen und Fachleiter der Studienseminare, die Studienreferendarinnen und Studienreferendare, die Anwärterinnen und Anwärter für die Lehrämter sowie die pädagogischen und technischen Fachkräfte nach § 25 Abs. 8 SchulG gelten als Lehrkräfte der entsprechenden Schulart. Satz 1 gilt entsprechend für das staatliche nichtpädagogische Personal an den Studienseminaren.

(7) Gehören Beschäftigte zu mehreren Schularten, sind sie nur in der Schulart wahlberechtigt, die ihrer größeren Unterrichtsverpflichtung entspricht. § 10 Abs. 3 Satz 2 gilt entsprechend. Die Sätze 1 und 2 gelten entsprechend für das staatliche nichtpädagogische Personal an den Schulen und Studienseminaren.

(8) Beschäftigte an organisatorisch verbundenen Schulen sind ausschließlich für die Stufenvertretung gemäß Absatz 1 Satz 1 Nr. 1 Buchst. c und Nr. 2 Buchst. c wahlberechtigt. Im Falle des organisatorischen Verbundes einer Realschule plus mit einer Integrierten Gesamtschule sind alle Beschäftigten abweichend von Satz 1 ausschließlich für die Stufenvertretung gemäß Absatz 1 Satz 1 Nr. 1 Buchst. e und Nr. 2 Buchst. e wahlberechtigt.

V. Abschnitt
Hochschulen und Forschungsstätten

§ 98 Beschäftigte

Als Beschäftigte gelten nicht die Hochschullehrerinnen und Hochschullehrer, Hochschuldozentinnen und Hochschuldozenten und Lehrbeauftragten an Hochschulen sowie vergleichbare Beschäftigte an anderen Forschungsstätten. Für wissenschaftliche und künstlerische Hilfskräfte gilt § 81 Satz 1 und 2 entsprechend.

§ 99 Gruppenbildung, Erweiterung des Personalrats, Vertretung

(1) Die Beschäftigten mit überwiegend wissenschaftlicher Tätigkeit bilden gemeinsam eine weitere Gruppe im Sinne des § 4 Abs. 2; die Zugehörigkeit zu dieser Gruppe schließt die Zugehörigkeit zu einer anderen Gruppe aus. § 95 Satz 2 gilt entsprechend.

(2) Oberassistentinnen und Oberassistenten, Oberingenieurinnen und Oberingenieure, wissenschaftliche und künstlerische Assistentinnen und Assistenten, wissenschaftliche und künstlerische Beschäftigte sowie Lehrkräfte für beson-

dere Aufgaben sind Beschäftigte mit überwiegend wissenschaftlicher Tätigkeit im Sinne dieses Gesetzes.

(3) An Hochschulen richtet sich die ständige Vertretung nach § 5 Abs. 6 dieses Gesetzes in Verbindung mit § 79 Abs. 1 des Hochschulgesetzes. Im Verhinderungsfall des nach Satz 1 bestimmten Präsidiumsmitglieds kann eine Vertretung auch durch die Leiterin oder den Leiter der zuständigen Personalabteilung oder in besonderen Fällen durch die Leiterin oder den Leiter der zuständigen Fachabteilung erfolgen. Die Sätze 1 und 2 gelten auch für die Besprechungen nach § 67 Abs. 1.

§ 100 Gemeinsamer Personalrat

(1) Einen gemeinsamen Personalrat bilden die Hochschule für öffentliche Verwaltung Rheinland-Pfalz und die Zentrale Verwaltungsschule Rheinland-Pfalz.

(2) § 8 Abs. 2 findet keine Anwendung.

VI. Abschnitt
Besondere kulturelle und kulturfördernde Einrichtungen

§ 101 Theater und Orchester

Die durch Bühnennormalvertrag verpflichteten Theatermitglieder und die Orchestermitglieder bilden gemeinsam eine weitere Gruppe im Sinne der §§ 4 und 13; die Zugehörigkeit zu dieser Gruppe schließt die Zugehörigkeit zu einer anderen Gruppe aus. § 95 Satz 2 gilt entsprechend.

§ 102 (weggefallen)

VII. Abschnitt
Forsten

§ 103 Staatsforstverwaltung

Dienststellen im Sinne dieses Gesetzes sind die Zentralstelle der Forstverwaltung, die staatlichen Forstämter, die sonstigen der Zentralstelle der Forstverwaltung nachgeordneten Einrichtungen sowie das Nationalparkamt. § 5 Abs. 3 findet für die staatlichen Forstämter, die sonstigen der Zentralstelle der Forstverwaltung nachgeordneten Einrichtungen sowie das Nationalparkamt keine Anwendung.

§ 104 Beschäftigte der Staatsforstverwaltung, Stufenvertretung

(1) Beschäftigte der Staatsforstverwaltung im Sinne dieses Gesetzes sind die staatlichen Beschäftigten der Dienststellen nach § 103 sowie des Bereichs Forsten bei dem für das Forstwesen zuständigen Ministerium.

10

(2) Die staatlichen Beschäftigten der Zentralstelle der Forstverwaltung, der staatlichen Forstämter und der sonstigen der Zentralstelle der Forstverwaltung nachgeordneten Einrichtungen bilden einen Bezirkspersonalrat, der gemäß § 52 Abs. 2 Satz 1 Buchst. a auch die Aufgaben des Hauptpersonalrats wahrnimmt; das Nationalparkamt gilt insoweit als staatliches Forstamt. Die

staatlichen Beschäftigten des Bereichs Forsten bei dem für das Forstwesen zuständigen Ministerium nehmen an der Bildung des allgemeinen Hauptpersonalrats teil.

§ 105 Arbeitsverhältnis

Arbeitnehmerinnen und Arbeitnehmer in der Waldarbeit, die regelmäßig mit Unterbrechung einen befristeten Arbeitsvertrag erhalten, gelten auch während der Unterbrechung als Beschäftigte im Sinne dieses Gesetzes.

§ 106 Wählbarkeit

(1) Arbeitnehmerinnen und Arbeitnehmer in der Waldarbeit im Arbeitsverhältnis sind nur wählbar, wenn sie in den der Wahl vorausgegangenen zwölf Monaten bei der Dienststelle mindestens 150 Tage erreicht haben. § 11 Abs. 1 Satz 1 findet keine Anwendung. Hat Satz 1 zur Folge, dass nicht mindestens fünfmal so viel wählbare Beschäftigte in der Dienststelle sind, wie nach den §§ 12 und 13 zu wählen sind, genügt es, wenn sie 100 Tage erreicht haben.

(2) Mitglieder des Personalrats und die in § 58 bezeichneten Vertreterinnen und Vertreter, die während der Unterbrechung ihres Arbeitsverhältnisses bei einer privaten Arbeitgeberin oder einem privaten Arbeitgeber beschäftigt sind, können sich dieser oder diesem gegenüber nicht auf § 70 berufen.

VIII. Abschnitt
Sozialversicherungsträger

§ 107 Dienstordnungsmäßige Angestellte

Bei Sozialversicherungsträgern, die außer dienstordnungsmäßigen Angestellten auch Beamtinnen und Beamte beschäftigen, zählen diese Angestellten zur Gruppe der Beamtinnen und Beamten.

§ 108 Dienststellenleiterin oder Dienststellenleiter

Leiterin oder Leiter der Dienststelle im Sinne dieses Gesetzes ist die Vorsitzende oder der Vorsitzende oder die stellvertretende Vorsitzende oder der stellvertretende Vorsitzende des Vorstandes des Sozialversicherungsträgers. Die Vertretung durch die Geschäftsführerin oder den Geschäftsführer ist zulässig.

§ 108a AOK Rheinland-Pfalz/Saarland, IKK Südwest, Deutsche Rentenversicherung Rheinland-Pfalz

In Abweichung von § 56 Abs. 2 wird der Gesamtpersonalrat in personellen Angelegenheiten der Beschäftigten einer nach § 5 Abs. 3 verselbständigten Dienststelle oder mehrerer nach § 5 Abs. 3 verselbständigten Dienststellen nur beteiligt, wenn der Vorstand die Entscheidungen trifft.

§ 109 Betriebskrankenkassen öffentlicher Verwaltungen

Bei einer Betriebskrankenkasse einer öffentlichen Verwaltung wird kein eigener Personalrat gebildet, wenn die öffentliche Verwaltung auf ihre Kosten die für die Führung der Geschäfte erforderlichen Personen bestellt (§ 154 in Verbindung mit § 149 Abs. 2 des Fünften Buches Sozialgesetzbuch); die Aufgaben des Personalrats nimmt in diesem Fall die Personalvertretung dieser öffentlichen Verwaltung wahr.

IX. Abschnitt
Justizverwaltung

§ 110 Rechtsreferendarinnen und Rechtsreferendare

(1) Die Gesamtheit der Rechtsreferendarinnen und Rechtsreferendare eines Oberlandesgerichtsbezirks gilt als Dienststelle. Die Rechtsreferendarinnen und Rechtsreferendare nehmen an der allgemeinen Personalvertretung nicht teil. Als Leiterin oder Leiter der Dienststelle gilt die Präsidentin oder der Präsident des Oberlandesgerichts.

(2) Die Personalräte bei den beiden Oberlandesgerichten bilden einen Gesamtpersonalrat. Die Bestimmungen über den Gesamtpersonalrat gelten entsprechend.

§ 111 Stufenvertretung

Die Beschäftigten der Justizvollzugsanstalten bilden bei dem für den Strafvollzug zuständigen Ministerium eine eigene Stufenvertretung; an der allgemeinen Stufenvertretung nehmen sie nicht teil.

X. Abschnitt
Zweites Deutsches Fernsehen

§ 112 Beschäftigte

(1) Beschäftigte im Sinne dieses Gesetzes sind die beim Zweiten Deutschen Fernsehen (ZDF) durch Arbeitsvertrag unbefristet oder auf Zeit angestellten Beschäftigten einschließlich der zu ihrer Berufsausbildung Beschäftigten.

(2) Als Beschäftigte im Sinne dieses Gesetzes gelten nicht arbeitnehmerähnliche Personen gemäß § 12a TVG, die wesentlich an der Programmgestaltung mitwirken.

§ 113 Dienststellen

Als Dienststellen gelten

1. das Zentralstudio,
2. die Studios und
3. sonstige organisatorisch selbständige Einrichtungen.

10

§ 114 Dienststellenleiterin oder Dienststellenleiter

(1) Für die Dienststellen handelt die Intendantin oder der Intendant; Vertretung ist zulässig. Der Personalrat kann im Rahmen seiner Zuständigkeiten Angelegenheiten auch der Intendantin oder dem Intendanten oder der ständigen Vertreterin oder dem ständigen Vertreter unterbreiten.

(2) In den Fällen des § 67 Abs. 1 und des § 74 kann sich die Intendantin oder der Intendant durch die ständige Vertreterin oder den ständigen Vertreter, die Verwaltungsdirektorin oder den Verwaltungsdirektor oder die Leiterin oder den Leiter der Hauptabteilung Personal vertreten lassen; sie oder er kann sich im Falle des § 67 Abs. 1 für den Bereich eines Studios durch die Leiterin oder den Leiter des Studios und für den Bereich einer Einrichtung gemäß § 113 Nr. 3 durch die Leiterin oder den Leiter dieser Einrichtung vertreten lassen.

§ 115 Wahlberechtigung

(1) Volontärinnen und Volontäre sind bei der Dienststelle wahlberechtigt, der sie im Zeitpunkt der Wahl zur Ausbildung zugewiesen sind.

(2) Nicht wahlberechtigt sind die Intendantin oder der Intendant, die Verwaltungsdirektorin oder der Verwaltungsdirektor, die Leiterin oder der Leiter der Hauptabteilung Personal, die Direktorinnen und Direktoren sowie die Justitiarin oder der Justitiar.

(3) Nicht wählbar sind die Leiterinnen und Leiter der Studios und der Einrichtungen gemäß § 113 Nr. 3 sowie die Volontärinnen und Volontäre.

§ 116 Einigungsverfahren und Einigungsstelle

(1) Verweigert der Personalrat die Zustimmung oder entspricht die Intendantin oder der Intendant seinen Anträgen nicht, so muss die Angelegenheit innerhalb zweier Wochen nach Abgabe der Erklärung des Personalrats oder der Intendantin oder des Intendanten in einer gemeinsamen Sitzung erörtert werden. Ist dabei eine Einigung nicht herbeizuführen, so können beide Seiten die Angelegenheit binnen einer weiteren Woche der Einigungsstelle zur Entscheidung vorlegen.

(2) Die Einigungsstelle für das ZDF wird bei dem Zentralstudio gebildet. § 75 gilt entsprechend; hierbei entspricht der obersten Dienstbehörde die Intendantin oder der Intendant und der Regierungsgewalt im Sinne des Absatzes 6 Satz 1 die durch Staatsvertrag zugewiesene Kompetenz der Intendantin oder des Intendanten.

§ 117 Sonderregelungen der Mitbestimmung

(1) Neben den Fällen des § 78 Abs. 2 Satz 1 Nr. 13 bestimmt der Personalrat auch bei der Genehmigung, der Versagung und dem Widerruf der Genehmigung einer Nebentätigkeit mit.

(2) § 78 gilt für Beschäftigte, die maßgeblich die Programmgestaltung beeinflussen, und für Beschäftigte mit überwiegend wissenschaftlicher oder künstlerischer Tätigkeit nur, wenn sie es beantragen.

(3) § 78 gilt nicht für die außertariflichen Beschäftigten sowie die Leiterinnen und Leiter von Geschäftsbereichen, Bereichen, Abteilungen, Redaktionen, Studios und vergleichbarer Organisationseinheiten.

§ 118 Beteiligung im Fernsehrat

Über die Entsendung von Vertreterinnen und Vertretern des Personalrats in den ZDF-Fernsehrat gemäß § 21 Abs. 2 des ZDF-Staatsvertrags beschließt der Personalrat des Zentralstudios mit einfacher Mehrheit. Er soll dabei die Personalräte der Studios angemessen berücksichtigen.

§ 119 Anhörung

Dem Personalrat ist die Ausweitung, Einschränkung oder Verlagerung von Programmen rechtzeitig mitzuteilen. Er ist zu hören. Er ist auch zu hören, soweit eine Ausweitung, Einschränkung oder Verlagerung von Programmen Auswirkungen auf bestehende Rechte oder die Arbeitsplätze der Beschäftigten des ZDF haben könnte.

§ 120 Dienstvereinbarung über besondere Regeln für die Zusammenarbeit der Beschäftigten des ZDF

Der Personalrat bestimmt im Wege der Dienstvereinbarung mit über besondere Regeln für die Zusammenarbeit der Beschäftigten des ZDF, soweit eine gesetzliche oder tarifvertragliche Regelung nicht besteht. § 76 gilt entsprechend.

Dritter Teil Gerichtliche Entscheidungen, ergänzende Bestimmungen, Schlussbestimmungen

I. Abschnitt Gerichtliche Entscheidungen

§ 121 Zuständigkeit der Verwaltungsgerichte

(1) Die Verwaltungsgerichte, im dritten Rechtszug das Bundesverwaltungsgericht, entscheiden außer in den Fällen der §§ 8, 19, 22 und 70 Abs. 1 bis 3 auch über

1. Wahlberechtigung und Wählbarkeit,
2. Wahl, Zusammensetzung und Amtszeit der Personalvertretungen,
3. Zuständigkeit, Geschäftsführung und Rechtsstellung der Personalvertretungen,
4. Bestehen oder Nichtbestehen von Dienstvereinbarungen,
5. Pflicht zur Rückgängigmachung von Maßnahmen nach § 67 Abs. 2 Satz 2 und § 74 Abs. 1 Satz 2, soweit nicht Rechte Dritter oder öffentliche Interessen entgegenstehen.

(2) Die Bestimmungen des Arbeitsgerichtsgesetzes über das Beschlussverfahren gelten mit Ausnahme des § 89 Abs. 1 und der Verpflichtung der ehrenamtlichen Richterinnen und Richter nach § 91 Abs. 2 Satz 1, den Beschluss nebst Gründen zu unterschreiben, entsprechend.

§ 122 Bildung von Fachkammern (Fachsenaten)

(1) Für die nach diesem Gesetz zu treffenden Entscheidungen sind bei den Verwaltungsgerichten des ersten und zweiten Rechtszuges Fachkammern (Fachsenate) zu bilden. Die Zuständigkeit einer Fachkammer kann auf die Bezirke anderer Gerichte oder Teile von ihnen erstreckt werden.

(2) Die Fachkammer bei den Verwaltungsgerichten besteht aus einer oder einem Vorsitzenden sowie ehrenamtlichen Richterinnen und ehrenamtlichen Richtern, der Fachsenat bei dem Oberverwaltungsgericht aus einer oder einem Vorsitzenden, Richterinnen und Richtern sowie ehrenamtlichen Richterinnen und ehrenamtlichen Richtern. Die ehrenamtlichen Richterinnen und ehrenamtlichen Richter müssen Beschäftigte im Sinne dieses Gesetzes sein. Sie werden durch die Landesregierung oder die von ihr bestimmte Stelle je zur Hälfte auf Vorschlag

1. der unter den Beschäftigten vertretenen Gewerkschaften und
2. der in § 1 bezeichneten Verwaltungen und Gerichte berufen. Für die Berufung und Stellung der ehrenamtlichen Richterinnen und ehrenamtlichen Richter und ihre Heranziehung zu den Sitzungen gelten die Bestimmungen des Arbeitsgerichtsgesetzes über ehrenamtliche Richterinnen und ehrenamtliche Richter entsprechend.

(3) Die Fachkammer wird tätig in der Besetzung mit einer oder einem Vorsitzenden und zwei nach Absatz 2 Satz 3 Nr. 1 und 2 berufenen ehrenamtlichen Richterinnen oder ehrenamtlichen Richtern oder einer nach Absatz 2 Satz 3 Nr. 1 und 2 berufenen ehrenamtlichen Richterin und einem nach Absatz 2 Satz 3 Nr. 1 und 2 berufenen ehrenamtlichen Richter. Der Fachsenat wird tätig in der Besetzung mit einer oder einem Vorsitzenden, zwei Richterinnen oder Richtern oder einer Richterin und einem Richter und je einer oder einem nach Absatz 2 berufenen ehrenamtlichen Richterin oder ehrenamtlichen Richter.

II. Abschnitt
Ergänzende Bestimmungen

§ 123 Bestimmungen über die Behandlung von Verschlusssachen

(1) Soweit eine Angelegenheit, an der eine Personalvertretung zu beteiligen ist, als Verschlusssache mindestens des Geheimhaltungsgrades „VS-Vertraulich" eingestuft ist, tritt an die Stelle der Personalvertretungen ein Ausschuss. Dem Ausschuss gehören höchstens drei Mitglieder an, die der Personalrat aus seiner Mitte wählt. Die Mitglieder des Ausschusses müssen nach den dafür geltenden Bestimmungen ermächtigt sein, Kenntnis von Verschlusssachen des in Betracht kommenden Geheimhaltungsgrades zu erhalten. Personalvertretungen bei Dienststellen, die Mittelbehörden nachgeordnet sind, bilden keinen Ausschuss; an ihre Stelle tritt der Ausschuss des Bezirkspersonalrats.

(2) Wird der zuständige Ausschuss nicht gebildet, ist der Ausschuss der bei der Dienststelle bestehenden Stufenvertretung oder, wenn dieser nicht gebildet

wird, der Ausschuss der bei der obersten Dienstbehörde bestehenden Stufenvertretung zu beteiligen.

(3) Die Einigungsstelle besteht in den in Absatz 1 Satz 1 bezeichneten Fällen aus je einer Beisitzerin oder einem Beisitzer, die oder der von der obersten Dienstbehörde und der bei ihr bestehenden Stufenvertretung bestellt wird und einer oder einem unparteiischen Vorsitzenden, die nach den dafür geltenden Bestimmungen ermächtigt sind, von Verschlusssachen des in Betracht kommenden Geheimhaltungsgrades Kenntnis zu erhalten.

(4) Sonstige Personen, die in diesem Gesetz benannt sind, werden an diesen Angelegenheiten nicht beteiligt.

(5) Die oberste Dienstbehörde kann anordnen, dass in den Fällen des Absatzes 1 Satz 1 dem Ausschuss und der Einigungsstelle Unterlagen nicht vorgelegt und Auskünfte nicht erteilt werden dürfen, soweit dies zur Vermeidung von Nachteilen für das Wohl der Bundesrepublik Deutschland oder eines ihrer Länder oder aufgrund internationaler Verpflichtungen geboten ist. In Verfahren vor den Verwaltungsgerichten sind die gesetzlichen Voraussetzungen für die Anordnung glaubhaft zu machen.

III. Abschnitt
Schlussbestimmungen

§ 124 Verwaltungsreformmaßnahmen

Die Staatskanzlei, die Ministerien und der Rechnungshof werden ermächtigt, jeweils für ihren Geschäftsbereich im Einvernehmen mit dem für das allgemeine öffentliche Dienstrecht zuständigen Ministerium durch Rechtsverordnung Regelungen zu erlassen, die die Personalvertretung für den Fall sicherstellen oder erleichtern, dass kommunale Gebietskörperschaften, sonstige Körperschaften, Anstalten oder Stiftungen des öffentlichen Rechts oder Dienststellen umgebildet oder neu gebildet werden; dies gilt nicht, wenn die Umbildung oder Neubildung durch Gesetz geregelt wird. Dabei können insbesondere Bestimmungen getroffen werden über

1. die Voraussetzungen und den Zeitpunkt für die Neuwahlen der Personalvertretungen nach der Umbildung oder Neubildung,
2. die Änderung der Amtszeiten der bisherigen Personalvertretungen bis zu einem Jahr,
3. die vorübergehende Fortführung der Geschäfte durch die bisherigen Personalvertretungen,
4. die Bestellung von Wahlvorständen für die Neuwahlen der Personalvertretungen nach der Umbildung oder Neubildung.

§ 125 Durchführungsbestimmungen

(1) Die Landesregierung erlässt die zur Durchführung dieses Gesetzes erforderlichen Rechtsverordnungen, insbesondere eine Wahlordnung, die folgende Regelungen enthalten muss:

1. die Vorbereitung der Wahl, insbesondere die Aufstellung der Wählerlisten und die Errechnung der Vertreterzahl,
2. die Frist für die Einsichtnahme in die Wählerlisten und die Erhebung von Einsprüchen,
3. die Vorschlagslisten und die Frist für ihre Einreichung,
4. das Wahlausschreiben und die Fristen für seine Bekanntmachung,
5. die Stimmabgabe,
6. die Feststellung des Wahlergebnisses und die Fristen für seine Bekanntmachung,
7. die Aufbewahrung von Wahlakten.

(2) Das für das allgemeine öffentliche Dienstrecht zuständige Ministerium erlässt die zur Durchführung dieses Gesetzes erforderlichen Verwaltungsvorschriften.

§ 126 Religionsgemeinschaften

Dieses Gesetz findet keine Anwendung auf Religionsgemeinschaften und ihre karitativen und erzieherischen Einrichtungen, die kraft Satzung Teil einer Religionsgemeinschaft sind, ohne Rücksicht auf ihre Rechtsform; ihnen bleibt die selbständige Ordnung eines Personalvertretungsrechtes überlassen.

§ 127 In-Kraft-Treten

(1) Dieses Gesetz tritt am Tag nach der Verkündung in Kraft.

(2) Gleichzeitig tritt das Personalvertretungsgesetz für Rheinland-Pfalz (LPersVG) vom 5. Juli 1977 (GVBl. S. 213), zuletzt geändert durch Gesetz vom 21. November 1989 (GVBl. S. 242), BS 2035-1, außer Kraft.

Stichwortverzeichnis

11

11